CONNAISSANCE DE L'ORIENT

COLLECTION UNESCO
D'ŒUVRES REPRÉSENTATIVES

SÉRIE CHINOISE

PUBLIÉE SOUS LES AUSPICES DE L'UNESCO AVEC LA COOPÉRATION DES EXPERTS DU CONSEIL INTERNATIONAL DE LA PHILOSOPHIE ET DES SCIENCES HUMAINES ET DE M. ETIEMBLE, REPRÉSENTANT LES ÉDITIONS GALLIMARD

A la demande de l'Unesco, cette traduction a été relue par le Professeur Kaltenmark.

Chronique indiscrète des mandarins

★★

par Wou King-tseu

TRADUCTION DU CHINOIS
PAR TCHANG FOU-JOUEI

nrf

GALLIMARD / UNESCO

Titre original :

JOU-LIN WAI-CHE

CHAPITRE XXVIII

Ki Wei-siao devient « gendre adopté[1] *» à Yang-tcheou. Siao Kin-hiuan compile un recueil de morceaux choisis à Po-hia*[2].

Lorsque Pao T'ing-si arriva à la Porte Occidentale, il rencontra A-San (le troisième), le jeune serviteur de l'escorte de son frère aîné. A-San marchait devant suivi par un homme qui portait les trois offrandes sacrificielles (le bœuf, le mouton et le porc), des lingots d'argent en papier et des chevaux de papier suspendus à un fléau sur son épaule.

« Est-ce que Monsieur Ni le premier est dans le yamen, A-San ? demanda Pao T'ing-si. Vous faites porter ces choses par cet homme, où allez-vous donc avec lui ?

— Ah! c'est vous Monsieur le sixième, s'exclama A-San. Quand mon maître Monsieur le premier arriva de Nankin, au yamen du gouverneur provincial à Sou-tcheou, il envoya quelqu'un à Pékin pour chercher Madame. L'envoyé revint et dit qu'elle était morte le mois précédent. Mon maître, Monsieur le premier fut bouleversé et tomba très malade, en quelques jours il rendit l'âme. Son cercueil est placé à l'extérieur de la cité attendant d'être enterré, j'ai déménagé et habite dans une auberge. Aujourd'hui c'est le septième jour après sa mort, je porte les trois offrandes sacrificielles et des chevaux en papier pour les sacrifier et les brûler sur la tombe. »

Ayant entendu ces paroles, Pao T'ing-si resta un moment les yeux exorbités, incapable de parler.

« Quoi ? demanda-t-il finalement avec stupeur. Votre maître, Monsieur le premier est mort ?

— Oui, répondit A-San, mon maître a quitté ce monde. »

Pao T'ing-si s'effondra en pleurant. A-San l'aida à se relever. Alors au lieu d'aller vers la ville, il se rendit avec A-San là où la dépouille de son frère avait été portée, il disposa sur le cercueil la nourriture de sacrifice, versa une libation de vin et brûla la monnaie de papier.

« Votre âme n'a pu aller loin, ô frère aîné, dit-il en sanglotant. Votre frère cadet est venu juste un peu trop tard pour vous revoir une dernière fois! »

Puis il pleura amèrement pendant un bon moment, A-San arriva à le persuader de venir demeurer à son auberge.

Le jour suivant, Pao T'ing-si acheta de la nourriture de sacrifice et de la monnaie de papier avec ses frais de voyage et alla de nouveau à la tombe de son frère aîné. Il séjourna encore quelques jours à l'auberge, ce qui lui fit épuiser son argent de voyage puis A-San se sépara de lui car il quittait la ville.

Très embarrassé, après avoir réfléchi, il se décida à mettre au mont-de-piété la nouvelle robe de soie qu'il avait fait faire pour sa visite au yamen du gouverneur provincial; il en tira un taël d'argent environ. Il se décida à aller à Yang-tcheou pour voir avec Ki Wei-siao ce qu'on pourrait faire. Le bateau l'y conduisit tout droit. Chez le concierge du yamen du commissaire de l'éducation provincial il demanda le domicile de Ki Wei-siao. Le registre notifiait que Ki habitait dans le temple de la Prospérité de la Religion. Il s'y rendit aussitôt.

« Monsieur Ki? fit le moine. Il se marie aujourd'hui dans la famille des Yeou, la porte voisine de l'Union des Marchands du Sel dans la rue des Cinq Cités, allez chercher là-bas. »

Pao T'ing-si ayant gagné l'hôtel de la famille Yeou vit qu'à la porte étaient suspendues des banderoles colorées. La salle spacieuse à trois travées était remplie d'invités assis. Sur le pupitre central brûlaient deux chandelles toutes rouges, entre lesquelles était suspendu un tableau « des cent enfants » flanqué de deux sentences symétriques écrites en vermillon :

« Le vent frais et la lune brillante devraient demeurer toujours inchangés.

« Un lettré de grand talent et une jeune fille de toute beauté se doivent de s'épouser [3]. »

Ki Wei-siao portant un nouveau chapeau carré de lettré et une robe de soie écarlate recevait les hôtes; ayant vu entrer Pao T'ing-si il sursauta d'étonnement, le salua et l'invita à s'asseoir :

« Êtes-vous juste revenu de Sou-tcheou, mon oncle? demanda-t-il.

— Oui, répondit Pao T'ing-si et je tombe au bon moment : vous avez une affaire joyeuse, je suis venu pour boire à votre mariage.

— Quel est le nom de cet honorable Monsieur ? demandèrent des invités.

— C'est mon parent, il se nomme Pao, répondit Ki Wei-siao. Il est le mari de la tante de ma première femme et est par conséquent mon oncle.

— En effet, c'est votre oncle! dirent les invités. Nous nous excusons de manquer de respect!

— Veuillez me présenter à ces honorables messieurs, demanda Pao T'ing-si.

— Voici Monsieur Sin Tong-tche et voici Monsieur Kin Yu-lieou, dit Ki Wei-siao indiquant les deux hommes assis aux places d'honneur. Tous deux sont les grands lettrés célèbres de Yang-tcheou. De tous les poètes, depuis l'Antiquité jusqu'à aujourd'hui, il n'y en a jamais eu un seul capable de les égaler; de plus leur calligraphie est absolument hors pair; dans le monde entier il est impossible de trouver un troisième lettré qui rivalise avec eux. »

A ce moment-là, le dîner fut servi. Les deux grands lettrés demeurèrent aux places d'honneur, Pao T'ing-si occupant la troisième place; les autres invités, tous parents de la famille Yeou complétaient la table. Après le dîner, alors que les parents et Ki Wei-siao allaient dans une chambre intérieure se préparer pour le mariage, Pao T'ing-si resta assis à bavarder avec les deux lettrés.

« Ces riches stupides marchands de sel de Yang-tcheou sont vraiment abominables! déclara Monsieur Sin. Prenons le cas de cet individu Fong de la Bannière de la Prospérité du Bas de la Rivière, il possède plus de cent mille taëls d'argent. Il m'a prié de venir de Houei-tcheou [4], après être resté ici une demi-année, je lui dis : " Si vous voulez montrer que vous m'appréciez, alors donnez-moi carrément deux ou trois mille taëls d'argent! " Mais il ne voulut pas s'arracher un seul poil [5]! Plus tard je dis aux gens : Monsieur Fong aurait dû me donner cet argent. Le jour où il mourra, il ne pourra pas emporter avec lui un sou de sa centaine et plus de milliers de taëls et il sera un pauvre fantôme dans le Royaume des Morts. Mais quand le roi du Royaume des Morts construira son " Palais Précieux, majestueux et obscur ", à coup sûr, il me priera de dessiner ces quatre caractères sur un écriteau et me paiera dix mille taëls au moins! A ce moment-là, je pourrais en donner quelques milliers à Fong, on ne sait jamais! A quoi bon être tellement avare envers moi! » Tous se mirent à rire.

« Vous avez tout à fait raison! dit Monsieur Kin. Il n'y a pas longtemps Monsieur Fang du Bas de la Rivière me demanda d'écrire deux sentences symétriques pour lui : vingt-deux caractères en tout. Il envoya un serviteur avec quatre-vingts taëls pour me remercier, je fis entrer le garçon tout près de moi et lui ordonnai : " Allez dire à votre maître que le prix de la calligraphie de Monsieur Kin a été fixé dans le Palais du Prince à Pékin : un petit caractère coûte un taël, un grand caractère coûte dix taëls. A ce taux, ces vingt-deux caractères valent équitablement deux cent vingt taëls au cours du marché. Même si vous avez deux cent dix-neuf taëls neuf, cela ne vaut pas la peine de venir chercher ces deux sentences symétriques. " Après que le serviteur fut retourné à la maison et eut transmis mes paroles, Fang, ce cochon, pour montrer qu'il avait de l'argent, vint en chaise à porteurs dans mon logement et me paya les deux cent vingt taëls d'argent. Mais quand je lui donnai les rouleaux de sentences, en deux coups, il les déchira en pièces! Immédiatement j'entrai en rage, j'ouvris ses paquets d'argent et jetai toute la monnaie dans la rue pour laisser les porteurs de sel et les glaneurs de crottes les ramasser! Messieurs! Dites-moi, des hommes vulgaires comme cela ne sont-ils pas détestables ?! »

A ce moment précis Ki Wei-siao revint.

« Vous êtes en train de raconter des histoires des marchands de sel stupides! dit-il en souriant. Or, récemment j'ai entendu dire qu'il y a six *Tsing* (monstres) à Yang-tcheou.

— Il n'y a que cinq *Tsing* (monstres), c'est tout, dit Monsieur Sin Tong-tche. Pourquoi dites-vous six *Tsing* ?

— Si, si, il y a exactement six monstres, dit Ki Wei-siao, écoutez bien : des marchands de sel, ceux qui s'assoient dans la chaise à porteurs sont les *Tchai-tsing* (créanciers monstrueux), les porteurs de palanquins sont *Nieou-tsing* (bœufs monstrueux), les escortes de palanquin sont les *P'i-tsing* (péteurs monstrueux), les concierges sont les *Houang-tsing* (menteurs monstrueux), dans leurs maisons, logent les *Yao-tsing* (femmes monstrueuses, c'est-à-dire : jolies concubines), tels sont les cinq *Tsing* (monstres). Mais maintenant il est à la mode que les marchands de sel portent le chapeau carré de lettré, au milieu duquel il y a sûrement un *Chouei-tsing* (cristal), en tout cela fait six *Tsing*. »

Tous s'esclaffèrent. Les nouilles étaient servies, tous quatre s'assirent à table.

« J'ai entendu dire que lorsque de riches fonctionnaires de la gabelle du sel allaient dans une de ces maisons où l'on sert des pâtes, dit Pao T'ing-si, ils sirotaient seulement une cuillerée à soupe du bol de nouilles de huit centième de taël d'argent, et donnaient le reste à leurs porteurs de chaises; est-ce vrai ?

— Pourquoi pas ? tout à fait vrai, dit Monsieur Sin.

— Ce n'est absolument pas parce qu'ils ne peuvent manger le reste, dit Monsieur Kin. C'est pour se faire remarquer. En effet ils ingurgitent un bol de gratin de riz au fond de marmite trempé dans l'eau bouillante chez eux avant de se rendre à ce genre de repas. »

Ils bavardèrent et plaisantèrent jusqu'à la tombée du jour, puis de l'intérieur, parvinrent les premiers accords de l'orchestre et Ki Wei-siao fut conduit dans la chambre nuptiale. Les invités s'assirent à table pour déguster les vins. Après le banquet, ils se séparèrent. Pao T'ing-si alla à l'auberge près du Bureau des Taxes de Marchandises pour y finir la nuit. Le jour suivant, il vint présenter ses félicitations et voir la nouvelle mariée, après quoi, il sortit et s'assit dans la salle.

« Je n'ai pas entendu dire que quelque chose soit arrivé à votre première femme, chuchota-t-il à Ki Wei-siao. Pourquoi êtes-vous marié à nouveau ?

— Ne voyez-vous pas que " Un lettré de grand talent et une jeune fille de toute beauté se doivent de s'épouser " ? répondit Ki Wei-siao en indiquant du doigt les deux sentences symétriques. Pour nous autres, les lettrés galants, qu'un lettré de talent et une belle jeune fille se réunissent, une femme ou deux femmes, cela ne fait pas de différence et ne vaut pas la peine de s'étonner !

— Bon ! dit Pao T'ing-si. Mais d'où avez-vous eu l'argent pour cette dépense ?

— Sitôt que je vins à Yang-tcheou, répondit Ki Wei-siao, Monsieur le Commissaire Siun, camarade de promotion de mon père, me donna cent vingt taëls et me chargea de m'occuper de la douane à Koua-tcheou [6]. Je passerai probablement quelques années ici, c'est pourquoi j'ai épousé une autre jeune fille. Quand retournez-vous à Nankin, mon oncle ?

— Je ne vous cache pas, neveu, répondit Pao T'ing-si, que je n'ai pu trouver le parent que j'allais chercher à Sou-tcheou, alors je suis venu ici, maintenant je n'ai pas l'argent du voyage pour retourner à Nankin.

— C'est facile à arranger, dit Ki Wei-siao, je vais vous donner quelques centièmes de taël d'argent pour le voyage, en outre je vous prie de porter une lettre à Nankin. »

Comme ils étaient en train de parler, Monsieur Sin, Monsieur Kin, un prêtre taoïste et un autre homme vinrent pour visiter la chambre nuptiale. Ki Wei-siao les fit entrer, et après avoir plaisanté pendant quelque temps, ils revinrent et s'assirent.

« Cet ami taoïste s'appelle Lai Hia-che, dit Monsieur Sin à Ki Wei-siao en désignant les deux hommes. Il est également un de nos poètes à Yang-tcheou. C'est Monsieur Kouo T'ie-pi, de Wou-hou, un excellent graveur de sceaux. Aujourd'hui ils profitent de cette " affaire joyeuse " pour vous rendre visite. »

Ki Wei-siao après avoir demandé les domiciles de ces deux hommes leur promit :

« Je vous rendrai visite en retour très bientôt.

— L'autre jour nous avons entendu dire que votre oncle Pao est de Nankin, quand y sera-t-il de retour ? demandèrent Monsieur Sin et Monsieur Kin.

— Dans un jour ou deux, répondit Ki Wei-siao.

— Dans ce cas, nous ne pourrons voyager ensemble, dirent-ils. Dans cet endroit vulgaire où nous sommes, les gens ne savent pas respecter les lettrés, aussi un peu plus tard avons-nous l'intention d'aller à Nankin. »

Après avoir bavardé pendant quelque temps, les quatre messieurs firent leurs adieux et prirent congé.

« Quel est l'ami à qui vous voudriez que je porte une lettre, mon neveu ? demanda Pao T'ing-si.

— Il est comme moi originaire du Ngan-k'ing [7], répondit Ki Wei-siao et s'appelle également Ki, son prénom est T'ien-yi. Mais nous n'avons pas les mêmes ancêtres. L'autre jour nous sommes sortis ensemble. Maintenant que je suis ici je ne songe pas à rentrer au pays, il est un homme bon à rien, et je le prie en quelques mots de retourner chez lui.

— Avez-vous déjà écrit la lettre, neveu ? demanda Pao T'ing-si.

— Pas encore, répondit Ki Wei-siao. Je l'écrirai ce soir, mon oncle, venez demain prendre la lettre et l'argent du voyage, et vous partirez après-demain. »

Pao T'ing-si acquiesça et s'en alla. Le soir, Ki Wei-siao écrivit la lettre et prépara cinq centièmes de taël d'argent pour que Pao T'ing-si les prenne le jour suivant.

Le lendemain matin, un homme arriva par chaise à porteurs pour rendre visite et fit parvenir une carte portant ces mots : « Votre condisciple Tsong Ki vous présente ses respects. »

Ki Wei-siao sortit pour l'accueillir et vit que cet homme qui portait un chapeau carré de lettré et une large robe, avait une allure noble et solennelle. Il le fit entrer et s'asseoir.

« Quels sont votre honorable pays natal et votre nom social ? demanda Ki Wei-siao.

— Mon humble nom social est Mou-Ngan, répondit le visiteur. Mon modeste pays natal est Hou-kouang [8]. Depuis longtemps j'habite à la capitale (Pékin), Monsieur Sie Mao-ts'in et moi, nous travaillons comme précepteurs dans la famille du prince Tchao. Comme, étant en route pour aller chez moi séjourner quelque temps et, je passe par ici, ayant entendu parler de votre grande réputation, je m'arrête spécialement pour vous présenter mes respects. J'ai avec moi un petit tableau, je vous prie d'y calligraphier quelques mots. Plus tard je l'emporterai à Nankin et demanderai à tous les lettrés célèbres d'y joindre également quelque inscription.

— Votre grande réputation a atteint mes oreilles comme un coup de tonnerre, répondit Ki Wei-siao. Je me permets de vous montrer ma maladresse, c'est vraiment comme quelqu'un qui manie la hache dans l'atelier du grand charpentier Lou-Pan [9]. »

Après avoir accepté le thé, le visiteur salua en levant les mains jointes, monta dans sa chaise à porteurs et disparut. Juste à ce moment se montra Pao T'ing-si, il prit la lettre et l'argent du voyage et exprima ses remerciements à Ki Wei-siao.

« Quand vous arriverez à Nankin, mon oncle, dit Ki Wei-siao, ne manquez surtout pas d'aller à la Place du Docteur Reçu Premier et de conseiller à mon ami Ki T'ien-yi de retourner à la maison. Nankin, cet endroit-là, peut facilement faire mourir un homme de faim! Il ne faut absolument pas y rester longtemps! » Cela dit, il reconduisit son oncle.

Avec les quelques centièmes de taël d'argent, Pao T'ing-si loua un bateau pour rentrer à Nankin. Chez lui il raconta à sa femme toutes ses mésaventures, et elle le maudit sans ménagement. Le censeur Che le pressait pour qu'il paye le prix de la maison; comme il n'avait pas d'argent, il dut l'évacuer et la rendre à la famille Che, ses vingt taëls d'arrhes furent perdus puisqu'il avait manqué à sa parole. Comme ils n'avaient pas d'autre logement en vue, sa femme fut réduite à emprunter une pièce à sa propre famille Hou, près du Pont Intérieur et ils y déménagèrent. Quelques jours après Pao T'ing-si muni de la lettre porta ses pas vers la Place du Docteur Reçu Premier où il trouva Ki T'ien-yi. Après avoir parcouru le billet, Ki l'invita à prendre le thé :

« Merci de la peine que vous vous donnez pour moi, Monsieur Pao, dit-il. Tout ce que me dit cette lettre, ah! je le comprends maintenant! » Pao T'ing-si prit congé.

Ki T'ien-yi avait trop peu d'argent pour avoir trouvé une habitation convenable, chaque jour il ne disposait que de huit sapèques pour acheter quatre « fonds du seau de puits » (grandes crêpes épaisses) desquels il faisait deux repas; le soir il dormait sur le comptoir d'une boutique de gravure de sceaux. Lorsqu'il eut lu la lettre et appris que Ki Wei-siao ne viendrait pas, il s'inquiéta davantage encore, mais il n'avait pas d'argent pour retourner à Ngan-K'ing. Chaque jour après avoir mangé la crêpe, il s'asseyait dans la boutique de gravure de sceaux, le regard morne. Ce matin-là il n'avait même plus d'argent pour acheter une crêpe. Un homme portant un chapeau carré de lettré et une robe noir foncé entra et le salua les mains jointes. Ki T'ien-yi le fit asseoir sur le banc.

« Quel est votre honorable nom Monsieur ? demanda l'étranger.

— Mon humble nom est Ki, répondit Ki T'ien-yi.

— Je me permets de vous demander, Monsieur, dit l'étranger, s'il y a ici des lettrés célèbres qui compilent des morceaux choisis d'essais ?

— Ah! s'il y en a! répondit Ki T'ien-yi, Wei T'i-chan, Souei Tch'en-ngan, Ma Tch'ouen-chang, K'iu Chen-fou, K'ouang Tch'ao-jen, je les connais tous; il y a encore Ki Wei-siao qui était ici avec moi il n'y a pas si longtemps. Ce sont tous de fameux lettrés. Lequel voulez-vous ?

— N'importe lequel, dit l'étranger. Moi, votre jeune frère j'ai deux ou trois cents taëls à dépenser, je voudrais compiler un recueil d'essais. Je vous cause le dérangement de chercher pour moi quelqu'un pour que je collabore avec lui.

— Quel est votre honorable nom et votre respectable lieu de naissance, Monsieur ? demanda Ki T'ien-yi. Veuillez me les dire afin que je vous cherche quelqu'un.

— Mon double-nom est Tchou-ko, dit l'étranger. Je suis originaire de la sous-préfecture Yu-yi [10]. Vous n'avez qu'à chercher l'un d'entre eux, c'est tout. »

Ki T'ien-yi lui demanda de s'asseoir là pour attendre et gagna la rue.

« Bien que ces messieurs viennent souvent ici à la boutique de gravure de sceaux, ils sont tous dispersés, pensait-il. Maintenant où aller les trouver ? je n'en n'ai pas la moindre idée! C'est dommage que Ki Wei-siao ne soit plus ici! »

Il se dit encore : « Bah! Qu'importe! Je vais continuer à marcher dans la grand-rue vers la Porte Occidentale de l'Eau, et le premier d'entre eux que je rencontre, je l'arrête, tout ce qui compte c'est de tirer de l'argent de lui et de pouvoir manger. »

Sa décision prise, il arriva tout droit à la Porte Occidentale de l'Eau; là il aperçut un homme qui, escorté d'un porteur de bagages, pénétrait dans la ville. L'ayant dévisagé il reconnut Siao Kin-hiuan, originaire de Ngan-k'ing.

Et tout joyeux, il trancha : « Voilà qui est parfait! »

En bondissant vers lui il l'interpella :

« De quand êtes-vous arrivé, frère aîné Kin ?

— Tiens, mais c'est frère T'ien, s'exclama Siao Kin-hiuan. Est-ce que Wei-siao demeure toujours avec vous ?

— Il y a longtemps que Wei-siao est parti pour Yang-tcheou, dit Ki T'ien-yi. Quant à moi, pour l'heure, je réside ici. Tenez, vous arrivez au bon moment, j'ai justement un travail très intéressant, très rémunéré à vous proposer et vous n'aurez pas le droit de m'oublier, bien entendu !

— Quel travail très intéressant ? demanda Siao Kin-hiuan.

— Je vous en prie, ne vous tracassez pas, dit Ki T'ien-yi : simplement venez avec moi, je vous garantis que vous avez du bon temps en perspective. »

A ces paroles, Siao Kin-hiuan se mit en route à ses côtés, et ils parvinrent à la boutique de la gravure de sceaux à la Place du Docteur Reçu Premier. Le dénommé Tchou-Ko y était campé, à l'affût.

« Je vous amène un grand lettré célèbre ! Monsieur Tchou-ko », annonça Ki T'ien-yi de toute sa voix.

L'interpellé se montra à l'extérieur, alla à leur rencontre et les fit entrer dans la boutique. Les salutations une fois achevées il s'empara des bagages de Siao Kin-hiuan et les déposa dans l'officine. Puis tous trois gagnèrent une maison de thé. Après un échange de politesses, ils prirent place et se présentèrent eux-mêmes :

« Quant à moi, votre cadet, j'ai un nom de famille double : Tchou-ko, mon prénom est Yeou, mon nom social est T'ien-chen, dit Tchou-ko.

— Votre jeune frère a pour nom de famille Siao, pour prénom Ting, pour nom social Kin-hiuan », lui fit écho Siao.

Ki T'ien-yi instruisit alors Siao : Monsieur Tchou-ko disposant de quelques centaines de taëls d'argent désirait faire compiler un recueil d'essais.

« Au sujet de morceaux choisis, j'ai tout de même quelque connaissance superficielle moi-même, dit Tchou-ko. Mais comme je suis venu à la grande métropole, je dois demander à un grand lettré célèbre pour " m'attacher à (la queue d') un rapide coursier [11] " ! Maintenant j'ai la chance de rencontrer Monsieur Siao, comme un poisson dans l'embarras plonge de nouveau dans l'eau !

— Je crains seulement que mes faibles talents ne soient pas à la hauteur de la charge, dit Siao Kin-hiuan.

— Vous n'avez pas besoin d'être si modestes, tous les deux, dit Ki T'ien-yi. Comme vous avez de l'admiration l'un pour l'autre depuis longtemps, aujourd'hui à votre première rencontre, vous serez comme de vieux amis. Je me permets de proposer que Monsieur Tchou-ko invite Monsieur Siao à un repas en l'honneur de son arrivée afin que nous puissions discuter en détail cette affaire.

— C'est une excellente idée, répondit Tchou-ko. Comme je suis étranger ici, je m'excuse de vous convier à venir vous asseoir dans un estaminet au lieu de vous recevoir chez moi. »

Après avoir payé le thé, ils marchèrent jusqu'à un grand restaurant, rue des Trois Montagnes. Siao Kin-hiuan s'assit au haut de la table, Ki T'ien-yi en face de lui, et Tchou-ko à la place de l'hôte. Un domestique monta demander ce qu'ils désiraient prendre, Ki T'ien-yi demanda un plat de pieds de cochon, un canard salé de Nankin et du poisson blanc (barbeau) macéré dans l'alcool. Le poisson et le canard devaient être servis avec le vin, tandis que le porc était à manger plus tard avec du riz et une soupe de trois décimes. Le garçon apporta le vin et ils commencèrent à boire.

« Notre entreprise nécessite un endroit retiré et spacieux, dit Ki T'ien-yi. Quand les essais auront été choisis, vous pourrez y faire venir les graveurs de caractères afin de surveiller leur travail.

— Si nous voulons un endroit retiré, rien n'égale le temple de la Bonté Récompensée au-delà de la Porte du Sud, dit Siao Kin-hiuan. Car là-bas il n'y a pas de bruit, les locaux sont grands et le loyer n'est pas très cher. Dès ce repas achevé, allons dans l'immédiat en quérir un. »

Ils avaient dès lors fini plusieurs pots de vin et le garçon leur apportait les pieds de cochon, la soupe et le riz, Ki T'ien-yi se bourra de son mieux jusqu'à être tout à fait rassasié. Ils redescendirent l'escalier, payèrent l'addition et après avoir passé à la boutique des sceaux demander que l'on surveille le bagage de Siao, les trois hommes, de concert, franchirent la Porte du Sud. Cette Porte du Sud était très animée : vraiment c'était « le cortège des voitures tel un dragon serpentant, la file des chevaux telle une eau courante[12] ! » Tous trois bousculés, poussés par la foule arrivèrent non sans mal à se frayer un passage en direction du quartier du temple.

« Cherchons ici une résidence près de la Porte, suggéra Ki T'ien-yi.

— Non, ça ne va pas, dit Siao Kin-hiuan. Il nous faut pénétrer plus loin encore à l'intérieur du quartier, ce sera plus calme. »

Ils continuèrent donc à marcher un bon moment, dépassèrent la Maison des Moines en retraite et arrivèrent à un monastère. Ils frappèrent à la porte qui fut ouverte par un acolyte. Celui-ci leur demanda ce qu'ils désiraient; apprenant qu'ils venaient chercher une habitation, il les fit entrer. Un vieux moine intendant apparut. Portant une coiffure de satin noir et une robe de soie de bonze bouddhiste, un chapelet à la main, il vint vers eux, assoupi, en se donnant de grands airs. Après les avoir salués à la manière bouddhiste, il les invita à s'asseoir puis demanda leurs noms et d'où ils venaient. Nos trois personnages dirent qu'ils cherchaient une demeure.

« J'ai beaucoup de chambres à louer, dit le moine. Toutes le sont par des seigneurs fonctionnaires titulaires qui viennent souvent résider ici. Messieurs les trois donateurs, je vous prie de regarder vous-mêmes et de choisir librement ce qui vous convient le mieux. »

Ils pénétrèrent à l'intérieur et visitèrent trois chambres, puis ressortirent et vinrent s'asseoir avec le moine pour demander le loyer mensuel. Le moine demanda avec fermeté trois taëls par mois. Ils marchandèrent pendant un bon moment, le moine ne voulait pas baisser même d'un millième de taël. Tchou-ko T'ien-chen offrit deux taëls quarante, le moine n'inclinait toujours pas la tête en signe d'acquiescement, mais il se mit à gronder l'acolyte :

« Comment ? le sol n'est pas encore balayé ! Demain le censeur Che du Pont Flottant Inférieur viendra ici festoyer, est-il possible de lui laisser voir l'endroit dans un tel état ! »

Siao Kin-hiuan vit que le moine était un être détestable, aussi dit-il à Ki T'ien-yi :

« Les chambres sont bonnes, seulement c'est un peu loin du marché pour faire des achats.

— Pour nos résidents qui auraient un seul serviteur ce serait inhabitable, remarqua le moine avec une mine boudeuse. Il vous faut un cuisinier pour préparer les repas et un serviteur pour faire les achats, à cette condition seulement cela peut aller.

— Plus tard, quand nous habiterons ici, dit Siao Kin-hiuan avec un rire, non seulement nous aurons un cuisinier et un serviteur pour les courses, nous aurons encore un " âne à la tête chauve "[13] que le serviteur chevauchera pour aller au marché, cela gagnera du temps ! »

Le moine, insulté, écarquillait les yeux furieusement. Les trois compères alors se levèrent pour prendre congé.

« Nous reviendrons délibérer plus tard », dirent-ils.

Le moine, les reconduisit. Après avoir marché à nouveau pendant deux li ils frappèrent à la porte d'un prieuré. Le prieur tout sourire sortit les accueillir, les pria de s'asseoir dans la salle et leur fit préparer du thé frais; il disposa sur la table neuf petits plats de mets sucrés parmi lesquels les meilleurs gâteaux d'orange au miel et des galettes de noisettes qu'il dégusta avec les visiteurs. Quand ceux-ci vinrent à parler du but de leur venue, le prieur dit en souriant :

« Choisissez je vous prie, si ces messieurs trouvent des chambres qui leur plaisent, qu'ils fassent apporter leurs bagages pour s'installer tout de suite. »

Comme ils souhaitaient connaître le prix du loyer :

« Cela n'a aucune importance, dit le prieur. A quoi bon en tenir compte? Vous daignez venir habiter ici, j'en suis honoré car même si je vous invitais à venir, vous ne seriez pas tenus d'accepter. Donnez-moi quelque argent tout à fait à votre guise pour acheter de l'encens, comment oserais-je alors en discuter? »

Siao Kin-hiuan apprécia la courtoisie de ses paroles en ces termes :

« Comme nous vous apportons du dérangement, mon père, nous vous proposons deux taëls d'argent par mois; j'espère que vous ne serez pas offensé par notre si petite offre. »

Le prieur l'accepta tout de suite. Alors Siao et Tchou-ko s'installèrent chez lui tandis que Ki T'ien-yi retournait à la ville chercher les bagages. Le prieur ordonna à un moine de balayer leurs chambres et d'y installer le mobilier; puis il fit rapporter du thé et resta à converser avec ses deux invités. Au soir, le bagage arriva, le prieur prit congé et rentra dans ses appartements privés. Siao Kin-hiuan demanda à Tchou-ko T'ien-chen de peser deux taëls d'argent, il les enveloppa dans un paquet, le scella, y colla une fiche et l'envoya au prieur; celui-ci se montra à nouveau pour les remercier, puis disparut. Les trois hommes allumèrent la lampe et préparèrent le souper. Tchou-ko T'ien-chen pesa environ un centième de taël d'argent et chargea Ki T'ien-yi d'aller acheter du vin et des mets. Peu après, Ki revint avec un garçon portant à deux mains quatre pots de vin et quatre plats : un plat de saucisses, un plat de crevettes de mer, un plat de cuisses de grenouilles et un plat de méduse, qu'il posa sur la table. Tchou-ko T'ien-chen qui était un campagnard n'avait jamais vu de saucisses :

« Qu'est-ce que cela? demanda-t-il. Cela ressemble aux organes génitaux du porc.

— Vous n'avez qu'à les goûter, ne demandez pas, vous verrez bien. »

Tchou-ko T'ien-chen, après quelques bouchées, dit :

« Cela est de la viande salée, assurément.

— Vous n'y êtes pas du tout, dit Siao Kin-hiuan. Est-ce que la viande salée a une peau tout autour? C'est l'intestin grêle du porc! »

Tchou-ko T'ien-chen n'avait jamais vu non plus de méduse :

« Qu'est-ce que cette chose croquante et croustillante, demanda-t-il, cela a bon goût. Il faudra en racheter. »

Siao et Ki se resservirent. Quand ils eurent fini leur vin, ils parlèrent d'aller se reposer. Ki T'ien-yi n'avait pas de bagage, Siao Kin-hiuan lui prêta un matelas [14] dans lequel il s'enveloppa et il s'endormit aux pieds de Siao.

Le lendemain matin, le prieur entra et dit :

« Moi humble moine, je prépare aujourd'hui un simple repas frugal pour célébrer la venue hier de vos trois éminentes personnes, daignerez-vous vous abaisser à l'accepter ? Après notre collation je vous ferai visiter tous les coins et recoins du monastère. »

Ils acceptèrent tout en protestant de leur peu de mérite.

Le prieur les reçut au rez-de-chaussée d'un autre bâtiment où quatre grands plats étaient servis pour le petit déjeuner. Puis, après le repas, ils s'en allèrent tous quatre flâner ensemble :

« Allons visiter la " Forêt de méditation " (pagode) de Tripitaka », dit le moine.

Ils entrèrent dans la pagode, qui dès l'abord n'était autre qu'une grande salle extrêmement élevée; sur une tablette honorifique on lisait en caractères d'or :

« Cour du premier saint patron [15]. »

Ils traversèrent deux pièces en enfilade, puis par un escalier tortueux orné de balustrades, ils gagnèrent l'étage du pavillon. A leur grande stupéfaction le prieur ouvrit une porte à deux battants au fond, les invitant à regarder, sur ces hauteurs, un grand terrain uni, d'où l'on avait vue de tout côté, planté d'arbres géants et de dizaines de milliers de bambous bruissant dans le vent. En son milieu se trouvait « la tour des habits et des écuelles de bronze » [16] de Hiuan-tsang [17] de la dynastie des T'ang. Le prieur, quand ils se furent délectés un bon moment, les raccompagna et il prit le dîner avec eux, tout en leur expliquant :

« Depuis que j'occupe ce poste de fonctionnaire moine, je n'ai pas encore invité des hôtes. Après-demain, je ferai préparer un festin et donner des représentations ici, je vous prie, mes trois messieurs, de venir assister aux spectacles, mais de ne pas participer aux frais.

— Nous viendrons sûrement vous féliciter », répliquèrent-ils.

A ce moment-là, le repas prit fin.

Deux jours après, le nombre des invités du prieur, depuis le personnel du yamen de la préfecture Ying-t'ien [18] jusqu'à celui du yamen du bourg, se montait à cinquante ou soixante. Les cuisiniers et les garçons de thé arrivèrent de bonne heure bien avant les hôtes, les caisses contenant les costumes et les décors de théâtre précédèrent également les acteurs. Alors que le prieur était en train de bavarder dans la chambre de ses trois locataires, tout à coup il vit arriver un moine qui lui cria : « Mon père! Cet homme est venu à nouveau! »

Cela eut pour résultat que :

Tout à coup le vent se lève et les flots s'agitent, la fille céleste descend dans la chambre du grand moine.

Dans la salle spacieuse, les invités se rassemblent et se régalent, une cigogne blanche paraît au milieu des poules.

Pour savoir ce qui va suivre, lisez le chapitre prochain.

NOTES

1. *Tchouei-si :* gendre adopté ou mari-gendre, cf. Marcel GRANET, *Civilisation chinoise*, Paris, 1929, p. 183 *sqq.*, p. 417 *sqq.* et p. 489.

2. Po-hia : ancien nom de Nankin.

3. La deuxième sentence est tirée du *Si-siang-ki* (« Histoire de la Chambre de l'Ouest »), premier acte de la troisième partie.

4. Houei-tcheou se trouve dans le Ngan-Houei.

5. *Yi-Mao Pou-pa :* ne pas vouloir s'arracher un seul poil, ne pas vouloir sacrifier le plus petit de ses intérêts pour autrui, être très avare. Cette expression est tirée du *Mong-tseu*, livre VII, chap. 1er : « Il (Yang Tchou) ne voudrait pas sacrifier un de ses cheveux dans l'intérêt de l'empire » (COUVREUR, p. 620). Cette phrase peut être traduite : « Il ne voulut pas se séparer d'un seul sou. »

6. Koua-tcheou : nom d'un bourg qui se trouve au sud de la sous-préfecture Kiang-tou dans le Kiang-sou.

7. Ngan-k'ing, capitale provinciale du Ngan-houei.

8. Hou-kouang, c'est-à-dire le Hou-pei et le Hou-nan.

9. *Pan-men long-fou* ou bien *long-fou pan-men*, littéralement : manier la hache dans l'atelier de Lou-pan; c'est-à-dire : vouloir faire preuve de son habileté dans l'atelier de Lou-pan, montrer son savoir devant un connaisseur, parler latin devant des clercs, s'exposer au ridicule devant des gens compétents... Lou-pan (Kong-chou-pan) est le patron des charpentiers et des menuisiers.

10. Yu-yi : nom de sous-préfecture située dans le Ngan-Houei.

11. *Fou-ki* ou *Fou-ki-wei*, littéralement : « s'attacher à un rapide coursier » ou « s'attacher à la queue d'un rapide coursier », s'appuyer sur un homme influent pour devenir illustre; cette expression est tirée du chap. 61 du *Che-ki* (« Mémoires historiques »).

12. *Tch'ô-jou yeou-long, Ma jou lieou-chouei :* « Le cortège de voitures semblable à un dragon serpentant, la file de chevaux analogue à l'eau courante. » Cette expression est tirée d'une expression voisine du chap. *Ma-heou-ki* du *Heou-han-chou* dans lequel on lit : « Cortège de voitures semblable à de l'eau courante, file de chevaux analogue à un dragon serpentant. »

13. *T'ou-liu :* « âne à la tête chauve». Comme les moines bouddhistes ont la tête rasée, « âne à la tête chauve » est une expression courante pour insulter les moines.

14. *Fou-tseu:* sorte de couverture rectangulaire utilisée comme matelas, beaucoup plus mince que le matelas français.

15. Ou bien : « La première pagode du monde entier. »

16. *Yi-po-t'a*, littéralement : « la tour des habits et des écuelles du bonze, les reliques du moine. »

17. Hiuan-tsang (596-664), moine bouddhiste célèbre originaire de Tch'en-lieou. Son nom d'origine était Tch'en, son prénom Houei. Il était très pauvre dans sa jeunesse et devint bonze en même temps que son frère aîné. Il considérait que les traductions des canons bouddhiques étaient inexactes, c'est pourquoi il alla aux Indes pour étudier le bouddhisme et y resta pendant dix-sept années. Après son retour en Chine il traduisit du sanskrit soixante-quinze soutras en mille trois cent trente-huit volumes. Il est l'auteur du *Ta-t'ang si-yu-ki* (« Le récit des régions occidentales de la grande dynastie des T'ang. »)

18. Ying-t'ien : autre nom de Nankin.

CHAPITRE XXIX

Tchou-ko Yeou rencontre un ami dans une bonzerie.
Tou Chen-k'ing prend une concubine à Kiang-kiun (Nankin) [1].

Lorsque le prieur était en train de bavarder dans la chambre de Siao Kin-hiuan et ses deux compagnons, un moine se précipita vers lui et lança :

« Cet homme est venu de nouveau ! »

Le prieur alors s'excusa et sortit :

« Ce n'est pas possible que ce soit encore ce scélérat de Long-san ? demanda-t-il.

— Pourquoi pas ? dit le moine. Mais cette fois sa pitrerie est encore plus extraordinaire ! Allez voir vous-même, mon père. »

Le prieur vit au bas des degrés le serviteur du thé qui était en train d'éventer son fourneau à la porte. Puis il entra dans la salle où était assis un individu au visage basané, les globes des yeux jaunes, la moustache touffue, qui portait « un chapeau de phénix [2] en papier, une jaquette de toile bleue de femme, une jupe d'étoffe blanche et des bottines brodées. Deux porteurs de palanquin, debout dans la cour, réclamaient leur dû.

Sitôt que cet homme vit le prieur, il rayonna de joie :

« Aujourd'hui, vous offrez une fête, mon mari, dit-il, c'est pourquoi je suis venu de très bonne heure pour m'occuper des préparatifs. Vous allez payer les porteurs pour moi.

— Pourquoi êtes-vous revenu Long-san ? demanda le prieur en fronçant le sourcil. Ah ! Ciel ! Qu'est-ce que cet aspect ? »

Il s'empressa de régler les porteurs.

« Vous allez m'enlever votre déguisement tout de suite, Long-san ! que les gens ne vous voient pas dans cet accoutrement bouffon !

— Vous êtes vraiment sans cœur, mon seigneur! répondit Long-san. Alors que vous êtes nommé fonctionnaire et arrivez à votre poste, non seulement vous ne m'avez pas fait faire le chapeau de phénix d'or mais vous ne m'avez pas non plus offert le beau costume rouge avec des insignes sur la poitrine et le dos qu'une femme de fonctionnaire titré doit porter, moi, votre épouse, j'ai dû me faire un chapeau de phénix en papier, car je ne crains pas les railleries, de quel droit voulez-vous me l'arracher?

— Long-san! Quand on doit s'amuser, on s'amuse, quand on doit plaisanter, on plaisante, mais ce n'est pas le moment! dit le prieur. Même si vous m'en voulez parce que je ne vous ai pas invité aujourd'hui, vous auriez dû venir avec politesse et correction, mais pourquoi, diable, une pareille toilette?

— Vous avez tort de parler ainsi! ô mon mari! dit Long-san. Le dicton dit : " Entre mari et femme la nuit passée, toute rancune est passée ", comment pourrai-je vous en vouloir?

— Allons, allons, j'avoue que j'ai tort, dit le prieur. Je ne vous ai pas invité, je vous ai vexé. Veuillez enlever sagement ces vêtements et vous asseoir pour boire. Il ne faut pas vous donner l'air d'être fou et faire semblant d'être idiot, sinon, les gens vont pouffer de rire et jaser.

— En vérité, c'est moi qui ai tort, dit Long-san. Comme je suis votre épouse, je dois rester dans les chambres intérieures à emplir les plats de gâteaux, peler des fruits, m'occuper du ménage et des affaires de la famille. Eh! quoi, une femme, s'asseoir dans la salle des hôtes! Les gens vont dire que chez vous règne le désordre dans la vie conjugale! »

Là-dessus, il se dirigea vers l'appartement intérieur, le prieur essaya de l'en empêcher, mais en vain. Il entra finalement dans la chambre où le prieur le poursuivit en suppliant :

« Long-san! N'allez pas me jouer un mauvais tour maintenant! Si votre clownerie arrive aux oreilles de mes supérieurs, nous aurons tous les deux des ennuis!

— Mais ne vous inquiétez donc pas, mari! dit Long-san. Depuis l'Antiquité ne va-t-on pas répétant : " Il est difficile, même aux fonctionnaires intègres, de juger des disputes de famille? »

Le prieur dans sa fureur frappait du pied tandis que Long-san s'asseyait calmement dans la chambre et ordonnait au novice :

« Que le serviteur m'apporte le thé à moi, votre maîtresse! »

Le prieur, de plus en plus énervé, marchait de long en large, rentrant et sortant tour à tour. Juste au moment où il venait de franchir le seuil de la chambre il se heurta à Siao Kin-hiuan qui arrivait avec Tchou-ko et Ki. Le prieur ne put les retenir, tous trois entrèrent dans la chambre :

« Tiens! D'où est venue cette dame? » cria Ki T'ien-yi.

La « dame » se leva pour leur dire :

« Je vous prie de vous asseoir, messieurs ».

L'irritation du prieur avait atteint un tel point qu'aucun son ne put sortir de sa bouche. Ses trois locataires ne pouvaient s'empêcher de rire. A ce moment-là le novice arriva comme une flèche annonçant :

« Monsieur Yeou du Yamen! »

Le prieur sortit pour accueillir Monsieur Yeou et Monsieur Kouo. Les deux bureaucrates entrèrent, saluèrent et s'assirent pour boire le thé. Entendant des voix dans la chambre voisine ils firent mine d'y pénétrer, une fois de plus le prieur ne put empêcher le pire. Ces deux clercs entrèrent donc dans la chambre et aperçurent Long-San :

« Mais... qu'est-ce que c'est! » s'exclamèrent-ils, éberlués, incapables de ne pas pouffer de rire.

Les cinq invités s'étaient mis à rire aux larmes. Le prieur au comble de l'affolement ne savait plus à quel saint se vouer.

« Messieurs, dit-il, cet homme est un escroc. A plusieurs reprises, il est venu me faire du chantage!

— Quel est son nom? demanda le scribe Yeou en riant.

— Il s'appelle Long-san, répondit le prieur.

— Long-san, dit le scribe Kouo. Aujourd'hui c'est le jour où nous célébrons la nouvelle nomination du prieur, pourquoi venez-vous ici susciter des troubles? Dépêchez-vous d'enlever ces vêtements et filez ailleurs!

— Monsieur, ceci est notre affaire privée[3], répliqua Long-san. Ne vous immiscez pas dans nos affaires!

— Vous dites des sottises! rétorqua le scribe Yeou, vous êtes un diffamateur, mais sachez bien que vous ne l'emporterez pas au paradis!

— Cotisons-nous tous, suggéra Siao. Avec quelques sous nous nous débarrasserons de ce gredin et éviterons qu'il ne fasse, en ces lieux, des histoires inadmissibles! »

Mais Long-san refusa de s'en aller. Pendant qu'ils étaient en train de discuter et de chercher ce qu'il fallait faire, le novice entra de nouveau :

« Monsieur Tong du ministère et un certain monsieur Kin », annonça-t-il.

Surgirent le scribe Tong et Monsieur Kin Tong-ya. Kin Tong-ya reconnut Long-san dès qu'il le vit :

« Ah! c'est toi Long-san, espèce de chien! Tu m'as volé de l'argent à la capitale et tu as pris la fuite, comment oses-tu te travestir aussi grotesquement aujourd'hui ici ? Évidemment tu es venu escroquer de l'argent! Quelle noirceur! »

Il ordonna à son serviteur :

« Arrachez son chapeau de phénix! Déchirez ses vêtements! et chassez-le! »

Long-san en reconnaissant Kin Tong-ya commença à avoir peur, il enleva lui-même son chapeau de phénix et ses vêtements :

« Je suis ici pour le service, dit-il.

— Qui vous demande d'offrir votre bras ? gronda Kin Tong-ya. Vous étiez nettement en train d'essayer d'escroquer le prieur! Plus tard il n'est pas impossible que je lui conseille de vous donner quelque argent pour en faire le petit capital d'une affaire. Mais si vous faites encore du scandale, je vous enverrai immédiatement à la sous-préfecture et vous y serez puni! »

Long-san à ces paroles n'osa plus provoquer de trouble. Il remercia Kin Tong-ya puis s'esquiva. Le prieur fit descendre ses invités au rez-de-chaussée et les pria de s'asseoir. A plusieurs reprises il exprima sa gratitude à Kin Tong-ya.

Les serviteurs apportèrent le thé.

« Je vous croyais encore chez vous, quand êtes-vous venu ici au sud du Fleuve Bleu, Monsieur Kin ? demanda le scribe Kouo.

— Récemment j'ai dû dépenser beaucoup d'argent dans mon dernier poste, c'est pourquoi je me suis décidé à donner ma démission et à retourner dans ma maison, répondit Kin Tong-ya. Au moment où je suis arrivé à la maison, mon fils eut assez de chance pour réussir à l'examen du baccalauréat, mais chose curieuse, qui aurait pensé que cela me provoquerait des ennuis! Bien que ce qui est vrai ne puisse être faux, et que la vérité doive toujours triompher à la fin, j'ai perdu quand même quelques taëls dans un procès. Comme je n'avais rien à faire chez moi, je m'ennuyais; or, Monsieur Siun, commissaire de la gabelle du sel, était mon vieil ami à la capitale (Pékin), je suis donc allé spécialement à Yang-tcheou pour lui rendre visite, il m'accorda sa bienveillance et me recommanda à la corporation des marchands de sel qui me versa quelque argent.

— Savez-vous ce qui est arrivé au commissaire Siun, Monsieur Kin ? demanda le scribe Tong.

— Je ne sais pas, répondit Kin. Que lui est-il arrivé ?

— Le commissaire Siun a été arrêté pour cause de corruption, dit le scribe Tong, cela s'est passé il y a seulement trois ou quatre jours.

— Eh! oui c'est comme ça! s'exclama Kin Tong-ya. Cela démontre bien que " le malheur ou le bonheur peut arriver subitement un matin ou un soir! "

— Où est votre honorable résidence maintenant? demanda le scribe Kouo.

— Monsieur Kin a acheté une maison au bord de la rivière près du Pont de la Traversée Faste, répondit le scribe Tong.

— Nous viendrons vous rendre visite un de ces jours », dirent tous ces messieurs de l'assemblée.

Kin Tong-ya demanda les noms des trois locataires du prieur, ces trois personnes l'une après l'autre les lui donnèrent.

« Vous êtes tous de grands lettrés, déclara Kin Tong-ya. Moi, votre jeune frère, j'ai également écrit quelques commentaires sur les livres classiques, je me permettrai un jour d'avoir recours à votre critique. »

Les invités continuaient d'arriver par petits groupes, puis, survinrent trois hommes en chapeau carré de lettré et un prêtre taoïste que personne ne connaissait. L'un des chapeaux carrés demanda :

« Lequel de vous est Monsieur Ki T'ien-yi?

— C'est moi, répliqua Ki T'ien-yi, de quoi s'agit-il? De quoi voulez-vous m'instruire? »

L'étranger sortit une lettre de sa manche :

« Notre ami Ki Wei-siao vous adresse ses salutations. »

Ki prit et ouvrit la lettre qu'il lut avec Siao Kin-hiuan et Tchou-ko T'ien-chen. Il sut alors que ces quatre hommes étaient Sin Tong-tche, Kiu Yu-lieou, Kouo T'ie-pi et Lai Hia-che :

« Je vous prie de vous asseoir, » dit-il.

Les quatre hommes voyant qu'ils tombaient au milieu d'une réception désirèrent prendre congé, mais le prieur leur demanda de rester :

« Vous êtes venus de loin, Messieurs, dit-il. Même vous invitant je n'aurais osé espérer votre venue, je suis très honoré de votre présence, veuillez vous asseoir pour un repas tout simple, je ne vous laisse certes pas partir! »

Les quatre hommes s'assirent sans plus de façon. Kin Tong-ya leur demanda si ce que l'on racontait du commissaire Siun était exact.

« Il a été arrêté le jour même où nous nous sommes embarqués à Yang-tcheou pour venir ici, dit Kouo T'ie-pi. »

Les pièces de théâtre furent jouées pendant qu'ils festoyaient. Ils se régalèrent jusqu'à la tombée du jour, Sin Tong-tche et Kin Yu-lieou retournèrent en ville où ils descendirent au monastère du Jardin Oriental. Peu à peu tous les autres invités se dispersèrent; Kouo T'ie-pi et le prêtre Lai passèrent la nuit dans le logement de Tchou-ko T'ien-chen. Le jour suivant, le prêtre taoïste Lai alla au temple de la Joie Divine chercher un autre condisciple-prêtre et Kouo T'ie-pi loua une échoppe près de la porte du temple de la Bonté Récompensée pour y ouvrir une boutique de sceaux.

Ki T'ien-yi et ses deux amis ouvrirent un compte à la Taverne des Promotions sise devant la porte du temple; chaque jour ils y achetaient à crédit du riz, des mets et du vin et dépensaient journellement quatre à cinq centimes d'argent. Quand le choix des essais fut achevé, ils firent venir sept ou huit graveurs pour la gravure et ils achetèrent à crédit également une centaine de rames de papier pour se préparer à imprimer. Maintenant quatre ou cinq mois s'étaient écoulés, il restait très peu sur l'argent de Tchou-ko T'ien-chen, mais ils continuèrent à manger chaque jour toujours à crédit.

Ce jour-là, Ki T'ien-yi et Siao Kin-hiuan se promenaient dans les jardins du temple.

« L'argent de Monsieur Tchou-ko est presque épuisé, dit Ki. Nous avons fait toutes ces dettes, or nous ne sommes pas sûrs que le livre se vendra bien, comment faire ?

— Dès l'origine, ce fut une affaire due à sa propre volonté, répliqua Siao, personne ne l'a forcé. Quand son argent sera entièrement dépensé, aucun doute, il se rendra chez lui pour en reprendre. Pourquoi nous occuperions-nous de ses affaires ? »

Comme ils étaient en train de parler, Tchou-ko T'ien-chen justement approchait, alors ils se turent. Tous trois se dirigèrent vers leur demeure, une chaise à porteurs et deux porteurs de bagages les croisèrent et ils les suivirent jusqu'au temple. Les rideaux de la chaise à porteurs étaient ouverts, un jeune homme en chapeau de lettré y était assis, Tchou-ko T'ien-che le reconnut vaguement, mais il passa comme un éclair.

« Il me semble que je connais un peu cet homme », dit Tchou-ko T'ien-chen.

Aussi fit-il quelques pas en avant pour accoster le serviteur :

« D'où venez-vous ? demanda-t-il.

— Notre maître est le dix-septième seigneur de la famille Tou de T'ien-tch'ang », répondit le serviteur.

Tchou-ko T'ien-chen et ses deux amis guettèrent les voyageurs, ils les virent entrer tout droit dans l'habitation monastique voisine de celle des moines retraités.

« Cet homme est le petit-fils du ministre des Rites Tou de la sous-préfecture T'ien-tch'ang, dit Tchou-ko T'ien-chen à ses deux amis. Je le connais, c'est un lettré illustre de notre région. Je ne sais ce qui peut l'amener ici. Je lui rendrai visite demain. »

Le jour suivant, quand Tchou-ko T'ien-chen se présenta,

on lui dit que Monsieur Tou n'était pas chez lui. Ce ne fut que deux jours après que Tou, le petit-fils du ministre, vint rendre visite en retour, les trois hommes sortirent pour l'accueillir. On était alors vers la fin du printemps et le début de l'été, le temps commençait à être chaud. Tou portait une robe doublée de gaze couleur " dos de loriot [4] " et des chaussures de soie, il s'éventait avec un éventail sur lequel était inscrit un poème; les trois hommes s'approchèrent de lui quand il entra et aperçurent son visage aussi blanc que s'il avait été poudré et ses yeux brillants et noirs comme laque. Il était doux, respectueux et distingué, et semblait aussi à l'aise que peut l'être un immortel. Cet homme possédait le talent de Tseu-kien [5] et la beauté de P'an Yue [6], il venait en tête parmi les hommes d'esprit de la Chine du Sud. Après avoir échangé des salutations ils s'assirent. Tou demanda à Siao et à Ki leurs noms et leurs pays d'origine, puis se présenta lui-même :

« Mon nom est Tou Ts'ien, dit-il. Mon nom social *(tseu)* est Chen-k'ing. »

Puis il s'adressa à Tchou-ko T'ien-chen :

« Frère T'ien-chen, c'était lors de l'examen de l'année dernière que nous nous sommes rencontrés, il y a déjà plus de six mois.

— L'année dernière, le commissaire d'éducation provincial Chen fit passer un concours de poésie aux étudiants des vingt-sept sous-préfectures de notre comté, dit Tchou-ko T'ien-chen à Siao et à Ki. C'est Monsieur Tou le dix-septième qui a été reçu premier.

— J'ai fait des vers par acquit de conscience, dit Tou Chen-k'ing en riant, cela ne mérite pas la peine de le mentionner. De plus, ce jour-là, je ne me sentais pas très bien et j'entrais dans la salle d'examen en portant un médicament sur moi! je remis ma feuille le plus vite que je pus pour en finir.

— Votre honorable famille jouit d'une aussi grande célébrité que les Wang et les Sie de la Chine du Sud [7], tout le monde dans toutes les régions la respecte et l'admire, dit Siao Kin-hiuan. Vous êtes un homme de talent, de plus, vous êtes " les sourcils blancs [8] " (le plus doué) de votre famille, aujourd'hui que j'ai la chance de vous rencontrer, je vous prie de m'instruire dans tous les domaines!

— Messieurs, vous êtes tous des lettrés réputés, répliqua Tou Chen-k'ing, je m'apprêtais justement à solliciter votre enseignement, comment pourriez-vous par de telles paroles soutenir l'inverse? »

Après avoir bu une tasse de thé, ils pénétrèrent dans la salle du fond, où sur des tables étaient empilés les essais choisis pour être imprimés et où les feuilles d'épreuves marquées de traits de pinceau rouges, faisaient une note gaie. Tou Chen-k'ing jeta un coup d'œil sur elles et les poussa de côté. Soudain, il tomba sur un poème écrit par Siao Kin-hiuan « Excursion printanière d'avant-hier au Gouffre du Dragon Noir. » En le lisant il hochait la tête :

« Ces vers ont de la fraîcheur, dit-il. Est-ce votre chef-d'œuvre, Monsieur Siao ?

— C'est mon écrit maladroit, répondit Siao Kin-hiuan, pour lequel j'implore de connaître vos vues.

— Si vous ne le jugez pas inconvenant, dit Tou Chen-k'ing, dans ma pauvreté d'esprit sans clairvoyance, je ferai une observation : c'est par le style spontané que l'on atteint en poésie à la suprématie ; or, prenez ces deux vers de votre poème :

Les fleurs du pêcher, ah ! quelle amertume fait rougir ainsi !
Aux saules pleureurs, subite verdeur fait crier merci !

« Est-ce que ces deux vers ne sont pas trop élaborés ? Si en tête du premier j'ajoute le seul mot " [je me] demande "... les fleurs du pêcher ah ! quelle amertume fait rougir ainsi ! je reconnais un bon vers du poème à chanter " Gloire à la nouvelle fraîcheur ". Vous avez ajouté de votre cru en un parallélisme forcé un second vers que je trouve bien fade. »

A ces paroles Siao Kin-hiuan sentit un froid glacial gagner tout son corps.

« Puisque vous jugez ainsi de la poésie, dit Ki T'ien-yi à Tou Chen-k'ing, si vous rencontriez mon parent Ki Wei-siao, vous vous entendriez sûrement fort bien.

— Ki Wei-siao est-il de votre clan familial ? demanda Tou Chen-k'ing. J'ai eu l'occasion de lire ses poèmes. De talent et de sentiment, il ne manque certes pas. »

Tou Chen-k'ing resta encore un moment puis il prit congé.

Le jour suivant, il leur fit parvenir les lignes suivantes :

« Les pivoines de mon humble domicile sont en pleine floraison, j'ai préparé simplement une tasse de thé, je vous prie, mes trois frères, de bien vouloir venir bavarder un peu. »

Les trois amis changèrent rapidement de vêtements et se rendirent chez Tou. Ils virent un homme assis près de lui. Après avoir échangé des salutations ils prièrent cet homme de prendre le siège d'honneur.

« Mon ami Pao est de la maison, dit Tou Chen-k'ing. Il n'osera pas s'asseoir à la place honorifique. »

Ki T'ien-yi alors seulement se rappela que c'était ce Monsieur Pao qui lui avait apporté une lettre de Yang-tcheou :

« Ce Monsieur est l'oncle de Ki Wei-siao », expliqua-t-il à Siao et à Tchou-ko.

Puis il demanda :

« Pourquoi êtes-vous ici, Monsieur ?

— En effet, vous ne savez pas, Monsieur Ki, dit Pao T'ing-si en riant aux éclats. Ma famille a été la protégée de la famille Tou pendant des générations, mon père et moi nous avons reçu beaucoup de faveur du ministre Tou, maintenant que le dix-septième maître est arrivé, comment oserais-je ne pas venir lui rendre mes devoirs ?

— Tout cela ne vaut pas la peine d'être mentionné », dit Tou Chen-k'ing, et il fit apporter le vin.

Sur ce, Pao T'ing-si et un petit serviteur apportèrent une table.

« Aujourd'hui, j'ai supprimé tout plat vulgaire, annonça Tou Chen-k'ing. Mais je n'ai rien d'autre à vous offrir que l'alose de la Chine du Sud, des cerises et des pousses de bambou pour accompagner votre vin, pendant que nous bavarderons en oubliant les soucis du monde et en agitant le chasse-mouches. »

En effet on leur servit quelques plats simples et frais et le meilleur vin d'orange acheté au magasin de la Paix Éternelle. Tou Chen-k'ing était un grand buveur qui ne mangeait presque rien. Après avoir soulevé ses baguettes pour inviter ses hôtes à commencer le repas, il prit seulement quelques pousses de bambou et quelques cerises pour accompagner le vin. L'une après l'autre les coupes se vidaient et étaient emplies à nouveau. Il était plus de midi déjà lorsque Tou Chen-k'ing donna l'ordre d'apporter le dessert qui consistait en quatre plats : raviolis au saindoux, pâtés de canard, gâteaux frits à la graisse d'oie et gauffrettes fondantes et parfumées. Après les avoir consommés, chacun eut un bol du meilleur thé aux feuilles tendres de Lieou-ngan [9] infusé dans l'eau de pluie. Tou Chen-k'ing n'avait pris qu'une gauffrette et un bol de thé; il ordonna de débarrasser la table et d'apporter à nouveau du vin.

« Aujourd'hui, en face des fleurs éclatantes, de bons amis se rassemblent, on ne peut pas ne pas écrire de poésies, déclara Kin-hiuan. Nous choisissons tout de suite les rimes, qu'en pensez-vous ?

— C'est l'usage dans les sociétés de poésie, dit Tou Chen-k'ing avec un sourire. Mais, à mon humble avis, je trouve que c'est une habitude trop vulgaire pour être prisée! Nous ferions mieux de nous contenter de bavarder en oubliant tous les soucis. »

Tout en parlant il jeta un coup d'œil à Pao T'ing-si.

« Permettez à votre protégé de vous rendre un service », dit Pao T'ing-si en riant.

Celui-ci gagna sa chambre et en rapporta une flûte traversière dont il enleva l'étui de brocart; il s'assit et commença à jouer; après les premiers arpèges un garçonnet apparut qui demeura debout près de Pao; en frappant des mains il chanta le poème *Ts'ing-p'ing-tiao* (« Air pur et limpide ») de Li T'ai-po [10]. Sa voix avait un timbre doux et argentin; la mélodie, délicieuse, se conformait au rythme. Les trois invités posèrent leurs coupes pour écouter attentivement, tandis que Tou Chen-k'ing buvait de nouveau quelques coupes. Ils restèrent à table jusqu'à l'apparition de la lune; elle brillait sur les pivoines qu'elle rendait plus ravissantes encore; il y avait aussi un grand obier (arbuste, boule-de-neige) qui semblait une masse de neige éblouissante au clair de lune. Les trois invités inconsciemment commençaient à faire des gestes hilares avec les mains et les pieds et Tou Chen-k'ing était complètement ivre. Le vieux moine entra lentement tenant à la main une boîte recouverte de broderies de soie, il l'ouvrit et en sortit une enfilade de pétards de K'i-men [11] :

« Moi, humble moine, je suis venu vous dégriser, Monsieur », dit-il.

Alors il les alluma près de la table et les pétards commencèrent à craquer. Tou Chen-k'ing se redressa sur sa chaise et rit aux éclats. Même après que le moine s'en fut allé, une fumée jaune sulfureuse entourait encore la table du banquet. Les trois invités étaient également en état d'ébriété : ils se levèrent en titubant et demandèrent à prendre congé :

« Je suis ivre, dit Tou Chen-k'ing en riant. Je m'excuse de ne pouvoir vous accompagner. Maître Pao, reconduisez ces trois messieurs à ma place, revenez ensuite prendre demeure chez moi. »

Pao T'ing-si prit un chandelier et reconduisit les trois invités, puis, il ferma la porte et rentra. Ces trois hommes retournèrent chez eux en chancelant et ayant l'esprit trouble comme dans un rêve. Le jour suivant, leur fournisseur de papier vint exiger son argent, comme personne ne put payer, il fit une scène. Tout de suite après, un employé de la Taverne des Promotions vint leur réclamer l'argent pour le vin acheté. Tchou-ko T'ien-chen pesa un taël d'argent et le lui remit en attendant de régler le reste plus tard. Les trois hommes délibérèrent sur la manière de rendre à Tou Chen-k'ing son hospitalité, ils décidèrent qu'ils ne pouvaient le recevoir dans leurs chambres, et qu'il convenait de l'inviter à la Taverne des Promotions.

Un ou deux jours passèrent, le temps était très beau, après le petit déjeuner pris dans leur logement, les trois hommes rendirent visite à Tou Chen-k'ing. Ils entrèrent dans la cour et trouvèrent une femme aux grands pieds et un jeune serviteur, qui, assis sur un banc, étaient en train de parler. Le petit serviteur en les voyant se leva.

« Qui est-elle ? lui demanda Ki T'ien-yi.

— C'est l'entremetteuse Chen aux grands pieds, répliqua le petit serviteur.

— Que fait-elle ici ? demanda Ki T'ien-yi.

— Elle est venue pour quelque affaire », répondit le petit serviteur.

Les trois hommes alors comprirent que Tou voulait prendre une concubine et ils ne posèrent plus de questions. Étant entrés, ils virent Tou Chen-k'ing qui était en train de se promener de long en large dans la véranda. Les ayant aperçus il les invita à entrer et leur offrit des sièges; un garçon apporta le thé :

« Par ce beau temps, dit Tchou-ko T'ien-Chen, nous sommes venus vous demander de vous divertir un peu avec nous en dehors du temple. »

Tou Chen-k'ing emmenant le garçon sortit avec les trois hommes, qui insistèrent pour l'amener à la Taverne des Promotions. Tou Chen-k'ing ne put refuser et dut s'y asseoir. Ki T'ien-yi savait que Tou n'aimait pas le porc, il commanda du canard salé de Nankin, du poisson, des tripes, du hachis varié et du vin. Après deux coupes de vin, ils prièrent Tou de se servir des mets, Tou se força à avaler un morceau de canard, mais il le vomit immédiatement; ils étaient tous très embarrassés. Comme il était encore de bonne heure, ils ne burent pas trop et firent apporter le riz. Tou Chen-k'ing trempa son riz dans le thé, et avec effort en mangea un peu, mais il ne put le finir et donna le reste au jeune garçon qui alla le manger en bas, tandis que ses trois compagnons se chargeaient de consommer entièrement vin et nourriture; puis ils redescendirent et payèrent l'addition.

« Allons à la colline de la Fleur de Pluie flâner un peu, suggéra Siao Kin-hiuan.

— Ce serait en effet très agréable », dit Tou Chen-k'ing.

Ils marchèrent ensemble jusqu'à la colline et admirèrent la majesté des sanctuaires de Fang Hiao-jou et de King Ts'ing [12]. Ayant atteint le sommet de la colline ils contemplèrent la fumée des dix mille demeures de la ville, le Yang-ts'eu telle une ceinture de soie blanche et la pagode de lazulite et de jade doré éblouissante au regard. Tou Chen-k'ing planté devant un pavillon regardait l'ombre de son corps sur le terrain ensoleillé; puis il se mit à flâner un bon moment. Tous s'étaient assis sur la pelouse, quand Tchou-ko T'ien-chen aperçut au loin une petite stèle; il y courut, puis il revint expliquer ce qui y était gravé :

« En cet endroit furent exécutés les membres des dix clans.

— Cette inscription ne correspond pas à ce que fut la réalité, Messieurs, dit Tou Chen-k'ing. Car la plus sévère punition connue dans l'histoire fut sous la dynastie des Han l'extermination de trois clans, celui du père, de la mère et de la femme. Or les neuf branches du clan de Fang Tcheng-hio [13] exécutées avec lui furent les familles du trisaïeul, du bisaïeul, du grand-père, du père, des fils, des petits-fils, des arrière-petits-fils, et des arrière-arrière-petits-fils. Autrement dit il ne s'agissait que du clan du père, les clans de la mère et de la femme ne furent pas inclus, et il n'est pas imaginable que l'on ait supprimé ses disciples. Car l'empereur Yong-lo [14] n'était pas sanguinaire. Si notre dynastie n'avait pas été régénérée par lui, mais était restée fidèle au débile Kien-wen [15], elle serait depuis longtemps dans la situation faible et chaotique qu'a connue l'époque de Ts'i-Leang [16].

— D'après vous, comment était Monsieur Fang ? demanda Siao Kin-hiuan.

— Monsieur Fang était un pédant incompétent, il ne comprenait pas comment s'adapter à une situation, répondit Tou Chen-k'ing. Alors qu'il y avait tant de choses importantes à régler, pourquoi ne discourait-il que sur l'illégitimité de la succession [17] ? Cet homme a été exécuté publiquement sur le marché, dans sa robe de cour, il le méritait, ce n'était pas injuste ! »

Après qu'ils se furent assis pendant un long moment, le soleil s'inclina à l'ouest. Ils virent deux porteurs de seaux des latrines qui avaient chacun sur son épaule un fléau auquel étaient suspendus deux seaux vides et qui se reposaient sur la colline.

« Frère, dit l'un frappant l'autre sur l'épaule, maintenant notre marchandise pour aujourd'hui est entièrement vendue, allons boire un pot d'eau de la Fontaine de la Paix Éternelle, ensuite nous reviendrons ici regarder le coucher du soleil sur la Terrasse de la Fleur de Pluie !

— Il est bien vrai de dire que même les cuisiniers, les gens de rien de Nankin, savent apprécier la nature tout comme on le faisait à l'époque des six dynasties [18] ! » dit Tou Chen-k'ing en riant.

Sur ce, ils dévalèrent la colline et rentrés au temple, Tchou-ko T'ien-chen proposa à Tou, qui accepta aussitôt, de venir se reposer un instant chez eux.

En franchissant la porte de leur appartement, ils aperçurent Ki Wei-siao qui était assis à l'intérieur. Ki T'ien-yi s'écria avec joie :

« Ah ! par exemple, comment êtes-vous venu ici, frère Wei ?

— A la boutique de sceaux où je vous ai demandé, j'ai appris que vous aviez déménagé ici, frère T'ien-Yi, répondit Ki Wei-siao. Mais quels sont les noms honorables de ces trois messieurs ?

— Voici Monsieur Tchou-ko T'ien-chen, originaire de la sous-préfecture de Yu-yi, répondit Ki T'ien-yi. Quant à Monsieur Siao Kin-hiuan de notre ville natale, est-il possible que vous ne le connaissiez pas ?

— N'habitez-vous pas près de la Porte du Nord, Monsieur ? demanda Ki Wei-siao.

— C'est tout à fait exact, dit Siao Kin-hiuan.

— Et ce Monsieur ? interrogea Ki Wei-siao.

— Quand je vous aurai dit qui il est vous serez encore plus content ! répliqua Ki T'ien-yi. C'est Monsieur Tou, le dix-septième petit-fils du ministre des Rites Tou de T'ien-tch'ang, son prénom est Ts'ien, son nom social est Chen-k'ing. Vous devez avoir entendu parler de lui ?

— Serait-ce Monsieur Tou reçu premier par le Commissaire d'éducation provincial l'année dernière au concours des poèmes pour les vingt-sept sous-préfectures ? dit Ki Wei-siao avec surprise. Depuis longtemps je désire ardemment faire sa connaissance, mais jusqu'à aujourd'hui je n'en ai jamais eu l'occasion. »

Il tomba à genoux et se prosterna, Tou Chen-k'ing fit de même en retour, quand ils se furent relevés et alors qu'on en avait fini des congratulations, un homme entra en riant bruyamment :

« Eh bien ! Messieurs, cria-t-il, je vous préviens que vous allez passer cette nuit à boire ! »

Ki Wei-siao leva les yeux et reconnut son oncle Pao T'ing-si. Il s'exclama :

« Alors, vous aussi, mon oncle, vous êtes venu jusqu'ici ?

— Pourquoi ne serais-je pas venu rencontrer le dix-septième seigneur de la maison au service de laquelle je suis, répondit Pao T'ing-si. Et vous, mon neveu, vous connaissez également Monsieur Tou ?

— Vraiment, quelle chance que tous ici soyons des amis intimes ; nous ne sommes pas du tout de simples étrangers qui se sont rencontrés par hasard sur la route », dit Siao Kin-hiuan.

A ce moment, tout le monde s'assit.

« Moi, votre frère cadet, quoique je sois pauvre en années d'âge, dit Ki Wei-siao, j'ai déjà beaucoup voyagé à mon gré et j'ai vu des gens innombrables, mais je n'ai jamais rencontré quelqu'un possédant comme vous l'éclat des perles et des jades éblouissants, vraiment vous ressemblez à un des immortels au ciel. Maintenant en face de vous, j'ai l'impression d'être au paradis !

— Quant à moi, répondit Tou Chen-k'ing, en faisant votre

connaissance je songe à Tch'eng Lien[19] qui poussa une barque à la perche sur la mer, car vous savez faire naître mon émotion artistique. »

De tout ce qui précède voici les conséquences :

Des personnes distinguées s'assembleront en grand nombre, on verra même dans la Chine du Sud une réunion extraordinaire.

Et à « l'intérieur des quatre mers » se répandra partout la nouvelle de cet événement galant.

Et d'ailleurs, pour savoir la suite, ne manquez pas de lire le chapitre suivant.

NOTES

1. Kiang-kiun : abréviation de Kiang Ning-kiun, nom de préfecture sous la dynastie des T'ang qui deviendra Nankin sous les Ming.

2. *Fong-kouan*, littéralement : « chapeau de phénix ». Chapeau orné de phénix que portaient les impératrices-mères et les reines surtout sous les dynasties des Han et des Ming.

Sous les Ming et les Ts'ing, la nouvelle mariée portait également cette forme de chapeau.

3. *Sseu-ts'ing*, affaire privée ou amour illicite.

4. « Couleur du dos du loriot », couleur jaune clair, orange.

5. Tseu-kien : nom social de Ts'ao Tche (192-232), homme de talent et grand lettré, frère cadet de l'empereur Wen des Wei.

6. P'an Yue : (?-300) était célèbre par sa beauté et ses succès auprès des femmes.

7. Les Wang et les Sie : familles de Wang T'an-tche (330-375) et de Sie Ngan (320-385) qu'illustrèrent plusieurs générations de hauts fonctionnaires.

8. *Pai-mei :* « sourcils blancs », surnom de Ma Liang de l'époque des Trois Royaumes. Ce personnage avait quatre frères, tous hommes de talent, mais il était le plus doué. Dans les sourcils de Ma Liang, il y avait des poils blancs d'où son sobriquet. Cf. le *Chou-tche* dans le *San-kouo-tche.*

9. Lieou-ngan : sous-préfecture du Ngan-houei. Le thé produit dans cette sous-préfecture était très célèbre.

10. Li T'ai-po écrivit ce poème en état d'ivresse devant une plate-bande de pivoines pour divertir la favorite Yang Kouei-fei de l'empereur Ming-houang.

11. K'i-men : sous-préfecture du Ngan-houei dont le thé noir aussi bien que les pétards sont célèbres.

12. Fang Hiao-jou (1357-1402), lettré des Ming, professeur de l'empereur Kien-wen, qu'il soutint lors de l'usurpation du roi de Yen; il fut tué par celui-ci. King Ts'ing (?-1402) également resta fidèle à l'empereur Kien-wen et fut mis à mort par le roi de Yen.

13. Fang Tcheng-hio, surnom de Fang Hiao-jou.

14. L'empereur Yong-lo régna de 1402 à 1424.

15. Kien-wen régna de 1399 à 1402.

16. L'époque de Ts'i-leang ou époque des dynasties du Sud et du

Nord (420-589) : dynasties du Sud : Song (420-479), Ts'i (479-502), Leang (502-557) et Tch'en (557-589). Dynasties du Nord : Pei-wei (386-534), Tong-wei (534-550), Si-wei (535-556), Pei-ts'i (550-577), Pei-tcheou (557-581).

17. Littéralement : « Pourquoi parlait-il de la porte extérieure *(Kao-men)* et de la deuxième porte *(Tche-men)* du palais impérial ? » Les « portes du palais impérial » font allusion à la succession légitime.

18. Six dynasties : dynasties des Wou (222-280), des Tong-tsin (317-420), des Song (420-479), des Ts'i (479-502), des Leang (502-557) et des Tch'en (557-587). La capitale de ces six dynasties était à Nankin.

19. Tch'en Lien : l'homme de l'époque des Printemps et Automnes (722-481 av. J.-C.). Professeur du grand musicien Po Ya. D'après le *Yue-fou kiai-t'i*, Po Ya étudia pendant trois ans la guitare sous la direction de Tch'eng Lien, mais ses sentiments n'étaient pas encore concentrés. Tch'eng Lien lui dit : « Mon maître Fang Tseu-tch'ouen habite dans la mer de l'est, il sait faire naître l'émotion dans le cœur des hommes. » Alors Po Ya s'y rendit avec son maître. Lorsqu'ils arrivèrent à la montagne P'ong-lai, Tch'eng Lien dit à Po Ya : « Vous, restez ici, je vais chercher mon maître. » Sur ce, il partit en poussant une barque à la perche. Mais dix jours après, il n'était pas encore de retour. Po Ya regarda autour de lui, il n'y avait personne, il entendait seulement le bruit de l'eau de la mer et le cri triste des oiseaux. Alors il poussa un soupir et dit : « Mon maître désire émouvoir mes sentiments ! » Il commença alors à jouer de la guitare en chantant. Comme la chanson prenait fin, Tch'eng Lien s'en revint. Ils retournèrent ensemble sur une barque que Tch'eng Lien poussa à la perche. Po Ya devint le plus grand musicien du « monde ».

CHAPITRE XXX

Aimant la beauté masculine, un lettré se rend au temple taoïste de la Joie Divine pour y rencontrer un ami. Pour se montrer galant, il tient une réunion magnifique au lac Sans Tristesse[1].

Tou Chen-k'ing et Ki Wei-siao se prirent d'amitié car ils s'entendaient à merveille. Ce soir-là Ki Wei-siao qui habitait dans le temple de la Faveur Impériale, à l'intérieur de la ville, se hâta de rentrer dans la cité, dès qu'il commença à faire noir. Pao T'ing-si revint avec Tou Chen-k'ing qui acheta du vin pour lui et lui demanda :

« Quel genre d'homme est ce Ki Wei-siao ? »

Pao T'ing-si expliqua comment Ki avait été reçu premier à l'examen préfectoral par le préfet Hiang dans sa jeunesse, et comment plus tard il avait épousé une petite-fille de Wang, régisseur du préfet Hiang et était devenu par conséquent son propre neveu par alliance, comment cette année le commissaire-contrôleur de la gabelle lui avait donné une somme d'argent et comment il s'était marié encore une fois et était devenu le gendre adopté de la famille Yeou à Yang-tcheou, bref, il raconta tout du début jusqu'à la fin sans rien omettre. Tou Chen-k'ing sourit à cette histoire et se garda de n'en rien oublier; il garda alors Pao dans son logement. Pendant la nuit, Pao lui raconta en outre combien le préfet Hiang avait comblé de bienfaits sa famille, et Tou Chen-k'ing poussa des soupirs d'émotion et d'admiration. Ensuite lorsque Pao dépeignit des scènes de son mariage avec Mademoiselle Wang, Tou Chen-k'ing rit de bon cœur. Finalement, ils allèrent dormir et la nuit passa.

Le matin suivant, Ki Wei-siao vint les saluer; il était accompagné de Monsieur Tsong Mou-ngan lequel avait servi au palais princier. Monsieur Tsong raconta qu'au temps où il habitait le palais du prince de Tchao, il avait échangé des poèmes avec Wang Li et les cinq autres célèbres lettrés de la capitale [2].

« Fong-tcheou [3] et Yu-ling [4] sont mes oncles, fit observer Tou Chen-k'ing. Monsieur Tsong fit alors allusion à Tsong Tseu-siang [5].

— L'examinateur Tsong était de même promotion que feu mon père », ajouta Tou Chen-k'ing.

Alors Monsieur Tsong déclara que lui et le secrétaire supérieur Tsong étaient de la même famille et de la même génération. Mais Tou Chen-k'ing ne surenchérit pas. A ce moment, le serviteur apporta le thé et Monsieur Tsong ne tarda pas à s'en aller tandis que Tou retenait Ki Wei-siao.

« Ah! Frère aîné Wei-siao, dit Tou Chen-k'ing, je ne déteste rien tant que les gens qui en ont plein la bouche de leurs relations avec les fonctionnaires portant le chapeau de crêpe. Tout à l'heure, quand ce Monsieur Tsong a mentionné le camarade de mon père il a dit en être le cousin, je crains fort que le secrétaire supérieur Tsong ne désavoue un aussi peu enviable parent! »

A ce moment, comme ils allaient se mettre à table, un petit serviteur entra :

« L'entremetteuse Chen aux grands pieds désire vous voir pour vous donner la réponse, Monsieur, annonça-t-il. Elle attend dehors.

— Faites-la entrer, il n'y a pas d'inconvénient », dit Tou Chen-k'ing.

Le petit serviteur revint accompagné de Chen aux grands pieds. Tou fit apporter un banc et asseoir Chen à la place inférieure.

« Qui est ce Monsieur ? demanda-t-elle.

— C'est Monsieur Ki de Ngan-k'ing, dit Tou. Quel est le résultat de l'affaire que je vous ai confiée ?

— C'est bien pour elle que je suis ici, Monsieur, dit Chen aux grands pieds. Après que vous me l'eûtes confiée j'ai parcouru à pied la ville de Nankin. J'ai rencontré de jolies filles mais indignes d'un homme tel que vous, et je n'osais venir vous en informer. Maintenant grâce à toutes mes enquêtes minutieuses, j'ai trouvé une fille qui habite à l'Arche aux Fleurs; sa famille tient un atelier de tissage, son nom de famille est Wang, elle est tout à fait jolie et même mieux que tout à fait! Elle a cette année dix-sept ans; non seulement elle est attrayante, mais elle a un frère d'un an plus jeune qu'elle qui, s'il était fardé et paré, ne serait surpassé par aucun des beaux hommes qui jouent les rôles de jeune femme dans les dix compagnies théâtrales du

Pont de la Houai ! Il sait chanter quelque chanson, il peut également faire du théâtre en amateur. Quant à cette charmante fille elle est parfaite, il n'y a rien de plus à en dire, je vous prie d'aller la voir, Monsieur.

— Puisque c'est ainsi, très bien, dit Tou Chen-k'ing, dites-lui de se tenir prête pour moi, j'irai la voir demain. »

Chen aux grands pieds acquiesça et s'en alla.

« Je vous félicite de prendre une concubine, dit Ki Wei-siao.

— Je fais cela simplement pour continuer la lignée familiale, je suis un peu forcé de le faire, répliqua Tou Chen-k'ing en fronçant les sourcils. Sinon pourquoi prendrais-je une concubine ?

— Mais un lettré génial et une belle fille ne doivent-ils pas prendre du plaisir ensemble quand ils sont jeunes, dit Ki Wei-siao. Je ne comprends pas que vous parliez ainsi.

— Ces paroles montrent que vous ne me connaissez pas, frère Wei, dit Tou Chen-k'ing. Le premier empereur de notre dynastie [6] n'a-t-il pas dit : " Si je n'étais né d'une femme, je tuerais volontiers toutes les femmes sans exception dans le monde entier ! " Dites-moi, existe-t-il une seule femme qui soit bien ?! Ma nature est telle que je puis sentir la puanteur de la femme même séparé d'elle par trois chambres. »

Ki Wei-siao voulait encore le faire parler, mais il vit entrer un petit serviteur qui tenait à la main une carte de visite :

« Il y a dehors un certain Monsieur Kouo de Wou-hou qui vient vous rendre visite, annonça-t-il.

— Mais je ne connais pas ce nommé Kouo », dit Tou Chen-k'ing.

Ki Wei-siao prit la carte et y jeta un coup d'œil :

« Il s'agit de Kouo T'ie-pi qui a une boutique de sceaux à la porte du temple, dit Ki Wei-siao. Je pense qu'il a frappé deux sceaux pour vous et vient vous les remettre, faites-le entrer. »

Tou Chen-k'ing fit signe à son serviteur et Kouo T'ie-pi entra. Après avoir salué, il débita une série de paroles flatteuses :

« Votre honorable famille a la gloire d'avoir produit trois docteurs ès lettres reçus premiers aux examens impériaux et en quatre générations six ministres. Elle a dans l'empire entier des subordonnés et des disciples en grand nombre. Quant aux vice-rois, gouverneurs provinciaux, hauts commissaires des finances ou de la justice, commissaires de la gabelle ou intendants de grains [7], en un mot tous les hauts fonctionnaires qui travaillent dans les provinces, ceux qui appartiennent à votre famille, on n'arrive pas à les compter ! Même vos domestiques-régisseurs, quand ils vous quittent, deviennent des fonctionraines subalternes de neuvième rang! Monsieur Ki, quand nous étions enfants, nous entendions dire : “ Madame Tou de T'ien-tch'ang a donné le jour à un fils qui est le plus grand génie qui soit, il sera en un clin d'œil promu docteur et reçu premier! ”. »

Après ce flux de paroles, il sortit de sa manche une petite boîte recouverte de brocart sur laquelle était écrit « Vos honorables sceaux », il la présenta des deux mains à Tou Chen-k'ing, qui l'accepta, et échangea quelques paroles avec lui avant de se lever pour le reconduire. En revenant, Tou dit à Ki Wei-siao :

« Il me voit pour la première fois, il me dégoûte déjà par ses discours! Cependant il a vraiment fait une enquête très exacte sur ma famille!

— L'histoire de votre honorable famille est connue de tout le monde! » répondit Ki Wei-siao.

Sur ce, Tou ordonna de préparer le vin et garda Ki pour un repas; tous les deux commencèrent à se faire des confidences.

« Avez-vous du goût pour “ les montagnes et les rivières ” (les paysages) ? demanda Ki Wei-siao.

— Je n'ai pas une bonne santé ni un corps solide, répondit Tou Chen-k'ing. Gravir la montagne et atteindre les bords du lac est au-dessus de mes forces.

— Aimez-vous “ la Soie et le Bambou ” [8] (la musique) ? demanda Ki Wei-siao.

— Si par occasion, j'écoute de la musique, cela va, répondit Tou Chen-k'ing. Mais si je l'entends trop longtemps, je trouve qu'elle fait du vacarme et étourdit mes oreilles! »

Après quelques coupes de vin supplémentaires, Tou Chen-k'ing, légèrement ivre, poussa un long soupir inconscient :

« Frère Wei-siao! dit-il. Depuis l'Antiquité jusqu'à aujourd'hui, les hommes ont toujours été incapables de se passer de l'amour!

— Il y a seulement amour entre les hommes et les femmes, dit Ki Wei-siao. Cependant tout à l'heure vous venez de dire que les femmes ne vous intéressent pas.

— Frère, est-il possible que l'amour existe seulement entre les hommes et les femmes ? dit Tou Chen-k'ing en riant. L'amour entre amis est plus intéressant que celui entre les hommes et les femmes. Sans parler d'autre chose, regardez simplement “ L'histoire de la couverture du seigneur Ngo ” [9]. D'après mon humble opinion, à travers toute l'histoire, depuis le commencement du monde, il y a seulement un seul connaisseur en amour : l'empereur Ngai des Han [10] qui voulut abdiquer en faveur de son ami Tong Hien [11], il est le seul homme qui comprenne vraiment l'amour véritable. Même les empereurs sages Yao et

Chouen [12] qui cédèrent leurs trônes aux hommes les plus capables au lieu de leurs propres fils n'étaient en rien plus louables que lui. Mais c'est dommage que personne ne comprenne cet amour sublime!

— C'est vrai, dit Ki Wei-siao. Mais avez-vous jamais rencontré un amant qui vous comprenne vraiment?

— Si, dans le monde, il existait un tel homme qui puisse vivre et mourir avec moi, je ne serais pas si triste et si languissant! dit Tou Chen-k'ing. Ah! mon destin est tragique et la chance me manque : je n'ai pu trouver un vrai ami intime, c'est pourquoi je suis mélancolique même au clair de lune et mes larmes coulent même sous la brise!

— Si vous voulez cette sorte d'ami intime, vous devriez le chercher parmi les gens de théâtre.

— Frère Wei, votre proposition montre que vous êtes très ignorant de cette chose, dit Tou Chen-king. Chercher un ami intime parmi les comédiens, ce serait comme pour un admirateur de la beauté féminine chercher un amour véritable au " Pavillon vert " [13]. Ne serait-ce pas une grande erreur! Dans l'amour entre hommes, il faut que les cœurs de tous deux s'unissent, et que leur amitié ne se limite pas au plaisir charnel, mais le dépasse, c'est seulement à cette condition qu'ils sont les plus sublimes des humains. »

Il frappa son genou et poussa un soupir :

« Ah! certes, l'homme que je cherche n'existe pas, ajouta-t-il. Le ciel veut me défavoriser, moi, Tou Chen-k'ing, aussi affligé que brave! »

En parlant, il versait des larmes.

« Cet homme est déjà comme un possédé, pensa Ki Wei-siao. Je m'en vais lui jouer un tour. »

Alors il déclara :

« Vous ne devez pas dire qu'il n'y a pas au monde un tel homme, Monsieur. J'ai rencontré un jeune homme qui n'est ni acteur au Jardin des Poiriers ni un lettré comme nous, mais c'est " un porteur de bonnet jaune " (prêtre taoïste). Cet homme est gracieux et distingué, c'est vraiment une beauté masculine, nullement féminine. Ce qui m'irrite le plus, c'est d'entendre les gens louer un bel homme en déclarant toujours qu'il ressemble à une femme, c'est du plus ridicule! Car s'il faut qu'un bel homme ressemble à une femme, mieux vaut aller regarder carrément les femmes! Il y a vraiment une beauté masculine que les hommes peuvent admirer, seulement les gens vulgaires l'ignorent.

— Cette parole est excellente et très juste! cria Tou Chen-k'ing en frappant la table. Dites-moi, comment est cet homme?

— Il est tellement merveilleux que beaucoup de gens essayent de nouer des liens avec lui, dit Ki Wei-siao. Mais il se tient à l'écart et ne vient pas rire volontiers avec tout un chacun. Par contre il sait apprécier le talent. Parce que mon âge est trop avancé, je trouve que je ne suis pas digne d'être son ami, c'est pourquoi je n'ose pas me risquer inconsidérément à lui faire une avance. Mais vous, voudriez-vous rencontrer cet homme et voir comment il est ?

— Quand pouvez-vous l'amener ici ? demanda Tou Chen-k'ing.

— Si je pouvais l'amener ici, il ne serait pas un homme extraordinaire, répondit Ki Wei-siao. Vous devez aller lui rendre visite vous-même.

— Où habite-t-il ? demanda Tou Chen-k'ing.

— Il habite au temple de la Joie Divine, répondit Ki Wei-siao.

— Quel est son nom de famille ? demanda Tou Chen-k'ing.

— Je ne puis vous le révéler maintenant, répondit Ki Wei-siao. Car, si votre intention était divulguée et arrivait à ses oreilles, il se déroberait, vous ne pourriez le voir. Je vais écrire son nom sur un morceau de papier que je déposerai dans une enveloppe. Je la scellerai et vous ne l'ouvrirez que lorsque vous arriverez à la porte du temple de la Joie Divine. Sachant son nom vous entrerez, vous le trouverez facilement.

— D'accord », agréa Tou Chen-k'ing en souriant.

Sur ce, Ki Wei-siao rentra dans la chambre, ferma la porte et se mit à écrire, puis il scella l'enveloppe avec soin et y inscrivit en caractères cursifs une formule magique taoïste « précepte ». Il ressortit et la donna à Tou :

« Je vous quitte maintenant, dit-il. Demain après que vous aurez vu cet homme merveilleux, je reviendrai vous féliciter. »

Sur ce, il s'en alla.

Tou Chen-k'ing dit à son serviteur :

« Vous irez dire à Chen aux grands pieds que je n'ai pas le temps demain pour aller à l'Arche aux Fleurs voir cette fille, je viendrai seulement après-demain. Appelez-moi demain matin les porteurs de chaises, je dois aller voir un ami au temple de la Joie Divine. »

Après avoir ainsi donné ses ordres, Tou passa la soirée comme d'habitude. Nous n'avons pas de chose particulière à signaler. Le lendemain matin, il se leva, se savonna, mit des vêtements neufs et se parfuma abondamment tout le corps; après avoir mis le papier écrit par Ki Wei-siao dans sa manche, il se rendit en chaise à porteurs au temple de la Joie Divine. Il laissa la chaise à la porte extérieure et pénétra à pied dans le temple. Alors seulement il tira de sa manche le papier. Il y était écrit :

« Allez au Pavillon de la Canelle au bout de la galerie Nord et demandez le prêtre taoïste Lai Hia-che arrivé récemment de Yang-tcheou, c'est votre homme. »

Tou Chen-k'ing ordonna à ses porteurs de palanquin d'attendre, il chemina un moment sur un sentier sinueux; il entendit le son d'une musique sortir du pavillon Teou-Mou en face de lui. Les portes du pavillon grandes ouvertes laissaient voir une salle à trois travées. Au centre était assis l'eunuque chargé de surveiller les tombes impériales, habillé d'une robe brodée de dragons; à sa gauche, sur une rangée de bancs se tenaient une dizaine d'acteurs jouant les rôles de jeunes hommes ou de jeunes femmes et à sa droite sept à huit jeunes acolytes taoïstes en train de chanter et de jouer sur des instruments de musique pour se divertir.

« Est-ce que Lai Hia-che est ici parmi eux ? » se demanda Tou Chen-k'ing étonné.

Il regarda l'un après l'autre tous les jeunes prêtres taoïstes, mais aucun d'eux n'était particulièrement beau. Il tourna la tête pour regarder les acteurs, mais ils étaient également banals :

« Puisque Lai Hia-che se sait un être éminent, naturellement il ne veut pas rester ici avec cette sorte de gens, pensa Tou Chen-k'ing. Je dois aller au Pavillon de la Canelle pour le trouver. »

Arrivé au Pavillon de la Canelle, il frappa à la porte, un prêtre l'invita à entrer et le pria de s'asseoir au rez-de-chaussée.

« Je suis venu pour rendre visite à Monsieur Lai récemment arrivé de Yang-tcheou, dit Tou Chen-k'ing.

— Monsieur Lai est en haut, répliqua le prêtre. Je vous prie d'attendre ici, Monsieur, je vais le prier de descendre. »

Un instant après, Tou vit un prêtre gros et gras descendre l'escalier, il portait un chapeau taoïste et une robe brune, couleur de bois d'aloès, il avait une figure graisseuse et basanée, des sourcils fournis, un grand nez, une épaisse barbe lui couvrait les joues, il semblait avoir plus de cinquante ans. Il salua Tou, s'assit et dit :

« Je me permets de vous demander : quel est votre honorable nom et votre respectable pays natal ?

— Mon pays natal est T'ien-tch'ang et mon humble nom est Tou », répondit Tou Chen-k'ing.

Alors immédiatement toute la figure du prêtre taoïste s'éclaira d'un sourire et il s'empressa, obséquieux :

« Moi, humble prêtre, je ne savais pas que vous étiez dans notre district sans quoi je serais allé vous rendre visite le premier, comment accepterais-je que vous vous soyez donné la peine de venir ici, Monsieur ? »

Il ordonna qu'on apportât à la minute même du thé frais et des rafraîchissements.

« Ce ne peut être que le Maître de Lai Hia-che, bien entendu », pensa Tou Chen-k'ing. C'est pourquoi il demanda :

« Il y a un Monsieur Lai Hia-che, est-il votre élève ou le fils de votre élève ?

— Lai Hia-che, c'est moi-même », répondit le prêtre taoïste.

Tou Chen-k'ing sursauta de surprise :

« Oh! Lai Hia-che, c'est vous-même! » dit-il.

Il ne put se retenir de rire, cachant sa bouche dans sa manche. Le prêtre taoïste n'y comprenant rien n'en plaça pas moins les rafraîchissements sur la table en présentant le thé avec force amabilité. Puis, il sortit un rouleau de poèmes de sa manche et sollicita la critique de Tou Chen-k'ing. Celui-ci gêné ne put faire autrement que de parcourir les poèmes à contrecœur. Après deux tasses de thé, il se leva et prit congé. Le prêtre taoïste insista pour l'accompagner la main dans la main jusqu'à l'extérieur de la grande porte où il demanda :

« Vous habitez bien, n'est-ce pas, au temple de la Bonté Récompensée ? Je viendrai demain à votre honorable résidence passer quelques jours vraiment délicieux avec vous. »

Il ne rentra qu'après avoir reconduit Tou jusqu'à la chaise à porteurs. Tou Chen-k'ing ne put s'empêcher de rire pendant tout le chemin du retour. Il pensait à Ki Wei-siao : « Quelle tête de chien! Qu'est-ce qu'il a été inventer! Quelles absurdités! »

Lorsqu'il arriva à son domicile, son serviteur lui annonça que quelques visiteurs l'attendaient à l'intérieur.

Tou Chen-k'ing trouva Siao Kin-hiuan, Sin Tchong-tche, Kin Yu-lieou et Kin Tong-ya qui venaient lui rendre visite. Sin Tchong-tche lui offrit un rouleau de calligraphie en grands caractères, Kin Yu-lieou lui présenta deux rouleaux d'inscriptions symétriques, Kin Tong-ya lui offrit ses commentaires des « Quatre Livres »[14] et lui demanda conseils et critiques. Après qu'ils eurent salué, se furent assis, eurent expliqué la raison de leur venue et eurent bu le thé, ils s'en retournèrent. Tou Chen-k'ing ricana :

« Un petit clerc de bureau quitte son poste et retourne à son foyer pour commenter les “ Quatre Livres ”! dit-il à son serviteur. Est-ce que cette sorte de gens est à la hauteur d'interpréter les ouvrages des sages ?! »

Comme il parlait, un petit serviteur de Monsieur Tsong apporta une lettre de son maître et demanda à Monsieur Tou d'ajouter une dédicace à un portrait, Tou Chen-k'ing le trouva affreux, mais il ne pouvait refuser et il rédigea une lettre de réponse. Le jour suivant il alla voir la fille, décida de la prendre comme concubine, donna les présents de fiançailles et fixa sa venue auprès de lui pour trois jours après. Puis il s'affaira à emménager dans une résidence au bord de la rivière pour l'y recevoir.

Le lendemain, Ki Wei-siao vint présenter ses félicitations, Tou Chen-k'ing sortit l'accueillir :

« Hier soir, votre concubine est entrée par votre porte, je n'ai pas pu venir " brimer la nouvelle mariée ", aujourd'hui je suis venu pour vous féliciter, je m'excuse que ce soit un peu tard ! dit Ki.

— Hier soir, je n'ai pas préparé de festin et n'ai invité personne, répliqua Tou Chen-k'ing.

— Avez-vous trouvé l'homme merveilleux l'autre jour ? demanda Ki Wei-siao avec un léger sourire.

— Vous, tête de chien ! vous méritez une bonne rossée avec sursis ! dit Tou Chen-k'ing. Mais comme votre duperie n'était pas vulgaire, je vous pardonne.

— Pourquoi mérité-je d'être battu ? dit Ki Wei-siao. Je vous ai clairement dit qu'il avait une beauté masculine, et qu'il ne ressemblait pas à une femme. N'est-ce pas la vérité ?

— Ah ! ça alors, vous méritez vraiment d'être battu ! » dit Tou Chen-k'ing.

A ce moment même ils virent arriver le prêtre taoïste Lai et Pao T'ing-si qui venaient présenter leurs félicitations ; Ki et Tou ne purent s'empêcher de rire de plus belle ; Tou fit signe de la main à Ki de se calmer. Les quatre hommes échangèrent des saluts et s'assirent, Tou garda ses visiteurs à un repas. Après le repas, Tou mentionna l'eunuque qu'il avait vu dans le pavillon Teou-Mou du temple de la Joie Divine entouré d'acteurs assis à sa gauche et d'acolytes assis à sa droite chantant et jouant pour le divertir.

« Laisser un homme comme cela jouir d'un si grand plaisir est vraiment insupportable, dit Ki Wei-siao.

— Je voudrais faire une chose extraordinaire et en délibérer avec vous, frère Wei-siao, dit Tou Chen-k'ing.

— Qu'est-ce que c'est que cette chose extraordinaire ? demanda Ki.

— Eh bien voilà : combien peut-on compter de troupes d'opéra au total près de la Porte et au Pont ? demanda Tou Chen-k'ing à Pao T'ing-si.

— Plus de cent trente, répondit Pao.

— J'ai l'intention de tenir une réunion de compétition, dit Tou. Je désire choisir une date, trouver un très grand local et faire venir tous les acteurs qui jouent les rôles de jeunes femmes et qui appartiennent à ces troupes; chacun jouera une scène. Wei-siao et moi-même les observerons et noterons avec exactitude leur manière de jouer et leur apparence sans qu'ils y prennent garde; quelques jours après, nous ferons une évaluation et nous publierons un classement, les meilleurs acteurs auront les meilleurs résultats et nous les afficherons sur la place publique. De plus comme nous ne pouvons demander à ces gens-là de venir pour rien, nous offrirons à chacun d'eux un demi-taël d'argent, une double bourse et un éventail avec des poèmes calligraphiés. Est-ce que cette manière de s'amuser est intéressante ?

— C'est vraiment une chose merveilleuse. Pourquoi ne me l'avez-vous pas dit plus tôt! cria Ki Wei-siao en bondissant. Je serai au comble de la joie!

— Laissez-moi aller les mettre au courant, dit Pao T'ing-si tout sourires. Non seulement ils gagneront un demi-taël chacun, mais aussi quand vous, Messieurs, les aurez sélectionnés, aurez écrit leur nom sur une liste et fait connaître les résultats du concours, ils acquerront de la renommée. Je ne devrais pas ajouter ceci : quant à ceux qui seront classés dans les premiers, quand il leur arrivera de se lier d'amitié avec de hauts fonctionnaires, ils pourront même leur demander de payer davantage. Quand ils entendront cette nouvelle, quel est celui d'entre eux qui ne viendrait tout joyeux faire entendre sa partition!

— Merveilleux! merveilleux! dit le prêtre taoïste Lai en battant des mains. Pourrais-je profiter de l'occasion, me permettrez-vous, Messieurs, d'être parmi les spectateurs ce jour-là ?

— Pourquoi ne pas vous le permettre ?! dit Tou Chen-k'ing. Tous nos amis et toutes nos connaissances seront invités à être présents sans exception.

— Décidons tout d'abord de l'endroit, dit Ki Wei-siao.

— Comme j'habite à la Porte de l'Ouest, je connais parfaitement ce quartier, dit Pao T'ing-si. Laissez-moi aller louer pour vous le Pavillon du lac Sans Tristesse, il est spacieux et frais.

— C'est l'oncle Pao qui ira avertir les acteurs, cela va sans dire, dit Ki Wei-siao. Mais nous ferions bien de faire également une notification écrite. Maintenant décidons quelle sera la date.

— Aujourd'hui, c'est le vingtième jour du quatrième mois, dit le prêtre Lai. Monsieur Pao prendra quelques jours à prévenir tous les acteurs, il nous faudra alors une dizaine de jours encore. Que penseriez-vous du troisième jour du cinquième mois ?

— Allez chercher un carton rouge, frère Wei, dit Tou Chen-k'ing. Je dicte, vous écrivez. »

Ki Wei-siao apporta un carton rouge et prit un pinceau, Tou Chen-k'ing lui dicta :

« Ki Wei-siao de Ngan-k'ing et Tou Chen-k'ing de T'ien-tch'ang ont choisi le troisième jour du cinquième mois pour faire tenir une grande compétition dans le Pavillon du lac Sans Tristesse. Tous les disciples du Jardin des Poiriers (acteurs) de chaque troupe théâtrale de cette province qui désirent y prendre part, doivent s'inscrire et se réunir au Pavillon du Lac ce jour-là; chaque acteur jouera une scène de " théâtres variés ", chacun recevra un demi-taël d'argent comme frais " de palanquin et de cheval " (frais de déplacement), une double bourse, un éventail avec des poèmes calligraphiés et une ceinture. Ceux dont l'apparence et le jeu seront jugés excellents recevront en plus des récompenses supplémentaires. La compétition ne sera pas annulée s'il fait mauvais temps. »

Cette notification une fois écrite, on la remit à Pao T'ing-si. Le petit serviteur fut chargé d'aller à une boutique acheter une centaine d'éventails. Ki Wei-siao, Tou Chen-k'ing et le prêtre se partagèrent le travail et inscrivirent chacun des poèmes sur plusieurs dizaines d'éventails. Ensuite, ils délibérèrent sur le choix des invités et Ki Wei-siao prit une feuille de papier rouge, l'étendit devant lui sur la table et y inscrivit leurs noms :

« Messieurs Tsong, Sin, Ki Tong-yu, Kin Yu-lieou, Siao Kin-hiuan, Tchou-ko, Ki, Kouo T'ie-pi, Monsieur le Prieur, Monsieur le prêtre taoïste Lai, Monsieur Pao », avec les deux hôtes, cela faisait treize personnes. Au nom de Tou et de Ki, onze cartes d'invitation furent donc écrites. Cela leur avait déjà pris un bon moment quand Wang Lieou-ko, frère de la concubine de Tou, arriva pour venir rendre visite à sa sœur aînée. Un porteur l'accompagnait, son fléau à l'épaule, y étaient suspendus : deux canards, deux poulets, une oie, un morceau de porc, huit variétés de gâteaux et une bouteille de vin.

« Vous arrivez opportunément ! », s'exclama Tou Chen-k'ing.

Comme le jeune homme se prosternait devant Tou, celui-ci le prit par le bras et l'examina de près, c'était un beau garçon, sa sœur ne l'égalait certes pas. Tou lui dit de revenir s'asseoir avec eux quand il aurait vu sa sœur aînée et ordonna aux serviteurs de préparer les poulets et les canards que l'on consommerait tout en buvant le vin. Quand le jeune homme revint, Tou Chen-k'ing lui fit part de leur projet de concours dans le Pavillon du Lac.

« Parfait ! s'écria Wang Lieou-ko. Je jouerai également une scène ce jour-là.

— Non seulement ce jour-là, mais aujourd'hui même nous vous prions de nous faire entendre de vos chants », suggéra Ki Wei-siao.

Wang Lieou-ko fit un sourire. Le vin fut apporté; ils burent quelque temps, Pao T'ing-si joua de la flûte traversière, le prêtre taoïste Lai battit la mesure tandis que Wang Lieou-ko chantait le début du « Repas d'adieu au Pavillon de Banlieue » intitulé « Le ciel du nuage bleu » [15]. La mélodie était agréable à l'oreille, il chanta pendant la durée de trois services, une fois ivres tous se dispersèrent.

Le troisième jour du cinquième mois, deux malles de vêtements de théâtre furent apportées au lac Sans Tristesse. Ki et Tou, en tant qu'hôtes, arrivèrent les premiers, puis les invités s'assemblèrent peu à peu. Soixante à soixante-dix acteurs jouant le rôle de femmes qui avaient pris une inscription vinrent, guidés par Pao T'ing-si présenter leurs respects à Monsieur Tou. Celui-ci leur dit de prendre un repas, ensuite de se maquiller, pour se présenter l'un après l'autre devant le pavillon afin que les juges puissent bien les regarder et finalement de monter sur l'estrade pour jouer. Les acteurs donnèrent leur accord et s'éloignèrent. Lorsque nos grands lettrés examinèrent le pavillon, ils s'aperçurent que les fenêtres ouvraient des quatre côtés et qu'il était entouré par le lac. Il y avait un vent doux qui faisait naître des rides sur l'eau comme une gaze froissée. A l'extérieur du pavillon, il y avait un pont, par lequel les acteurs une fois costumés devaient tous passer pour se rendre au pavillon. Tou Chen-k'ing ordonna de fermer la porte du milieu, afin que les acteurs tournent par le corridor après avoir traversé le pont, entrent par la porte de treillis de l'est, puis traversent le pavillon par le milieu pour en ressortir par la porte de treillis de l'ouest. Tout ceci afin que les spectateurs puissent voir de près leurs allures sveltes et leurs physionomies séduisantes.

Les acteurs, leur repas fini, se costumèrent et se maquillèrent; ils portaient tous des coiffures flambant neuves et des jaquettes de théâtre extrêmement fraîches, l'un après l'autre, ils passèrent sur le pont et traversèrent le pavillon. Tou Chen-k'ing et Ki Wei-siao tenaient tous les deux à la main du papier et des pinceaux et y faisaient discrètement des marques. Peu après, le festin fut servi, le gong et le tambour résonnèrent, alors un premier acteur monta sur l'estrade pour jouer un acte. Les autres suivirent, l'un joua « Le Banquet » [16], un autre « La Chanteuse ivre » [17]; d'autres encore « Emprunter du thé » [18] ou « Le Tigre » [19]; il n'y eut pas deux fois la même scène. Wang Lieou-ko termina par « La Nonne qui désire des plaisirs séculiers » [20]. A la tombée de la nuit, plusieurs centaines de lampions aux formes multiples furent allumés, qui éclairaient comme en plein jour. Les chants mélodieux se prolongeaient et s'élevaient jusqu'au firmament. Les hauts fonctionnaires du yamen, les riches marchands et les gros boutiquiers de la ville, ayant entendu parler du grand concours au Lac Sans Tristesse, louèrent des bateaux de pêche, y pendirent des lanternes et se firent conduire à la rame au milieu du lac. Après avoir joui du spectacle à satiété ils l'acclamèrent unanimement. Tant la représentation que les ovations ne prirent fin qu'à l'aube, au moment où l'on rouvre les portes de la ville et chacun put alors rentrer chez soi.

Le jour suivant, la liste des résultats fut affichée à l'extérieur de la Porte de l'Eau de l'Ouest. Le premier prix était : Tcheng K'ouei-kouan, de la troupe de la Forêt Odorante.

Le deuxième : Ko Lai-kouan de la troupe de l'Harmonie Spirituelle.

Le troisième : Wang Lieou-ko. Il y avait au total plus de soixante noms de comédiens qui figuraient sur la liste par ordre de mérite, Pao T'ing-si prit le bras de Tcheng K'ouei-kouan et l'entraîna jusqu'à la résidence de Tou Chen-k'ing pour lui parler et le remercier de vive voix en face. Tou Chen-k'ing pesa deux onces d'or et chargea Pao T'ing-si de les porter à l'orfèvre pour en faire une coupe d'or avec inscription : « Plus beau que " la cerise " (belle femme) ». Cette coupe était le prix destiné à l'acteur Tcheng K'ouei-kouan. Tous les autres comédiens reçurent des bourses, de l'argent, des ceintures et des éventails avec inscription de poèmes.

Quant aux dix premiers lauréats, leurs amis riches furent tous enchantés quand ils les virent sur la liste. Quelques-uns d'entre eux invitèrent leurs protégés (petits amis) chez eux pour boire du vin, d'autres donnèrent des fêtes dans les tavernes en leur honneur. Une fête suivait l'autre, les festins de célébration continuèrent pendant trois ou quatre jours. Désormais les nouvelles de la compétition circulèrent partout à la Porte de l'Ouest et firent grand bruit au Pont de la Houai Limpide, et la grande réputation de Monsieur Tou, le dix-septième, retentit au sud du fleuve Yang-tseu (dans la Chine du Sud).

Cela eut ces résultats :

« En plus des hommes galants et de génie, il y avait encore un homme extraordinaire.

« En dehors du plaisir qu'il prenait aux fleurs et au vin, il accomplit beaucoup d'actions distinguées. »

Pour savoir la suite, lisez le prochain chapitre.

NOTES

1. Lac Mo-tch'eou : le lac Sans Tristesse se trouve en dehors de la Porte des Trois Montagnes à Nankin.

2. Les sept célèbres lettrés : Wang Che-tcheng (Fong-tcheou) (1528-1590), Li P'an-long (Yu-lin) (1514-1570), Sie Tchen (Pao-ts'in) (1495-1575), Tsong Tch'en (Tseu-Siang) (1525-1560), Leang Yeou-yu (1522 ?-1566 ?), Siu Tchang-king (1517-1576), Wou Kouo-louen (?-après 1565). Ils étaient de l'école littéraire de restauration à l'époque de Kia-ts'ing (1522-1566) sous la dynastie des Ming.

3. Fong-tcheou : nom social de Wang Che-tcheng (1528-1590).

4. Yu-lin : nom social de Li P'an-long (1514-1570).

5. Tsong Tseu-siang, Tseu-siang : nom social de Tsong Tch'en (1525-1560).

6. Le premier empereur de la dynastie des Ming était Tchou Yuan-tchang qui régna de 1368 à 1398.

7. Tou-fou Sseu-tao : ce sont Tsong-tou (vice-roi), Siun-fou (gouverneur provincial), Fan-sseu (commissaire provincial des finances), Nie-sseu (commissaire provincial de Justice), Yen-fa-tao (commissaire de la gabelle du sel), Leang-tao (intendant provincial des grains); cf. BRUNNERT and HAGELSTROM : *Present day political organization of China*, Tai-pei, 1963, p. 418, n° 837.

8. *Sseu-tchou*, la soie et le bambou, le luth et la flûte, la musique.

9. « Histoire de la couverture brodée du seigneur Ngo » : le seigneur Ngo, frère du roi de Tch'ou, se promenait sur un bateau, un homme de Yue trouva qu'il était beau et chanta : « Je t'aime, mais tu ne le sais pas. » Alors le seigneur Ngo l'invita au lit et le couvrit d'une couverture brodée. C'est pourquoi cette allusion littéraire désigne l'amour entre homosexuels, cf. *Chouo-yuan* de Lieou Hiang.

10. L'empereur Ngai des Han régna de 6 à 1 av. J.-C.

11. Tong Hien : (23-1 av. J.-C.), originaire de Yun-yang était bel homme. L'empereur Ngai des Han tomba amoureux de lui, le nomma maréchal, ministre et marquis de Kao-ngan. L'empereur passait ses journées et ses nuits avec lui : un jour pendant un banquet dans le palais de la Licorne, l'empereur dit qu'il voulait imiter les empereurs-sages Yao et Chouen et céder son trône à Tong Hien. Après la mort de l'empereur, Tong Hien se suicida à l'âge de vingt-trois ans. Cf. : *Han-chou*, chap. 93.

12. Yao et Chouen sont les souverains légendaires et exemplaires du Confucianisme.

13. *Ts'ing-leou :* « Pavillon vert »; cette expression, avant la dynastie des Leang, désignait la résidence des familles riches et nobles et, plus tard, les maisons des Prostituées.

14. « Les Quatre Livres » : *Ta-hio* (La Grande étude), *Tchong-yong* (L'Invariable milieu), *Louen-yu* (Entretiens de Confucius) et *Mong-tseu* (Œuvres de Mencius).

15. « Le repas d'adieu au Pavillon de Banlieue » est un acte de la pièce de théâtre *Nan Si-siang-ki* (Chambre de l'Ouest) de Li Je-houa (1565-1635) des Ming. Cf. le *Ming-che*, chap. 288.

16. *Ts'ing-yen*, « Le Banquet », est un acte du *Nan Si-siang-ki* (« Chambre de l'Ouest ») de Li Je-houa.

17. *K'ouei-tsouei*, « La Chanteuse ivre » est un acte du *Hong-Li-ki*

(« Histoire du Poivre rouge ») écrit par Siu Fou-tsou (?-1596) sur l'amour entre Tchao Jou-tcheou et la courtisane Sie Sou-ts'ieou.

18. *Tsie-tch'a,* « Emprunter du thé », est un acte du *Chouei-hou-ki* (« Au bord de l'eau ») d'un auteur inconnu des Ming dont le nom de plume était Mei-houa-chou (Villa des fleurs de prunier) qui traite de l'amour entre Tchang Wen-yuan et Yen P'o-si.

19. *Ts'eu-hou,* « Tuer le Tigre », est un acte du *Tie-kouan-t'ou* (Le Chapeau de fer) qui décrit l'histoire de Fei Kong-jen.

20. *Sseu-fan,* « Désirer les plaisirs séculiers », est un acte du *Nie-hai-ki* (« La Mer de malheurs ») d'un auteur inconnu sur l'histoire de la nonne Tchao Sö-k'ong.

CHAPITRE XXXI

Des personnages rendent visite à un héros dans la sous-préfecture de T'ien-tch'ang du Ngan-houei.
Des amis insignes s'enivrent dans le pavillon où sont conservés les livres donnés par l'empereur.

Tou Chen-k'ing ayant organisé ce grand concours, Pao T'ing-si fut ébloui de l'avoir vu dépenser tant d'argent et il songea :

« Il est magnanime, pourquoi ne profiterais-je pas de sa générosité pour lui emprunter quelques centaines de taëls d'argent ? Je pourrais mettre sur pied une nouvelle compagnie théâtrale, faire des affaires et gagner de quoi vivre. »

Sa décision fut prise, chaque jour il rendit service à Tou dans la maison au bord de la rivière, Tou Chen-k'ing se sentit vraiment une obligation envers lui. Ce jour-là tard dans la nuit, comme les serviteurs n'étaient pas dans la chambre, ils eurent une conversation intime :

« Après tout, de quoi vivez-vous, Monsieur Pao ? demanda Tou, vous devriez chercher quelque chose à faire. »

A cette question, Pao T'ing-si tomba immédiatement à ses pieds. Tou sursauta de surprise, l'aida à se relever :

« Que veut dire ceci ? demanda Tou.

— Je suis votre serviteur, je vous remercie de m'avoir posé cette question, vraiment vous êtes aussi élevé que le ciel et aussi profond que la terre, répondit Pao. Je dirige habituellement des compagnies théâtrales, à part cela je ne sais rien faire d'autre. Or si vous désirez m'aider, Monsieur, je vous supplie de m'accorder votre faveur en me prêtant quelques centaines de taëls d'argent afin que je puisse monter une compagnie théâtrale. Aussitôt que je gagnerai de l'argent, je ne manquerai pas de vous rembourser.

— Cela sera facile, dit Tou, je vous prie de vous asseoir, pour que nous ayons un entretien. Pour créer une compagnie théâtrale quelques centaines de taëls ne sont pas suffisants, vous aurez besoin de mille taëls au moins. Comme il n'y a personne ici que nous deux, je vous dirai franchement sans rien vous cacher : que j'ai bien quelques milliers de taëls à ma disposition, mais je les conserve et n'ose les dépenser. Pourquoi ? D'ici un an ou deux, je serai reçu à mes examens finaux. Une fois reçu, naturellement j'aurai besoin de beaucoup d'argent, je dois garder mon argent à cet effet. En ce qui concerne votre projet, je peux vous indiquer quelqu'un à même de vous aider, cela sera tout comme si je vous aidais moi-même, mais vous ne devez pas lui dire que c'est moi qui vous envoie à lui.

— Est-il possible, Monsieur, qu'il existe une autre personne que vous qui puisse s'intéresser à moi ? demanda Pao.

— Restez calme, écoutez bien ce que je vous dis, dit Tou. Dans ma famille il y a sept grandes branches en tout, le ministre des Rites appartient à notre cinquième branche, le chef de la septième branche fut reçu premier au doctorat, son fils fut préfet de Kan-tcheou dans le Kiang-si, il était mon oncle paternel. Le fils du préfet est mon vingt-cinquième cousin, son prénom est Yi, son nom social Chao-k'ing, il est seulement de deux ans plus jeune que moi et il est également bachelier. Mon oncle paternel était un fonctionnaire intègre qui n'a rien ajouté au patrimoine de la famille légué par ses ancêtres. Lorsqu'il mourut, sa famille n'avait même pas une fortune de dix mille taëls, mais Chao-k'ing est un imbécile, il agit comme s'il en avait plus de cent mille, il ne connaît même pas la différence entre le bon argent et le mauvais et ignore la différence entre l'argent pur et celui à soixante-dix-neuf[1]. Il aime surtout se comporter comme un grand patron généreux : dès qu'il entend quiconque parler de sa misère, il lui donne immédiatement à pleines mains. Maintenant, restez ici m'aider quelque temps, attendez la fraîcheur de l'automne, je vous donnerai alors un léger viatique pour que vous puissiez aller chercher sa protection. Je vous garantis que vous aurez tout de suite vos mille taëls sans aucune difficulté.

— A ce moment-là, je vous demanderai d'écrire une lettre de recommandation pour moi, Monsieur, dit Pao.

— Non, il ne faut absolument pas écrire cette lettre, répondit Tou. Il veut être le seul grand patron généreux pour aider quelqu'un, il n'aime pas que les autres se joignent à lui pour aider quiconque ensemble. Si j'écrivais cette lettre, il penserait que je vous ai déjà donné quelques subsides, il bouderait et ne prendrait pas la peine de faire quelque chose pour vous. Lorsque vous vous rendrez là-bas il vous faudra vous adresser à quelqu'un d'autre en premier.

— Mais à qui devrai-je m'adresser tout d'abord ? demanda Pao.

— Mon cousin avait un vieil intendant, mari d'une nourrice, nommé Chao, vous devez l'avoir connu, dit Tou.

— Il est venu une année quand mon père était encore en vie, dit Pao qui se rappela. Il avait arrangé pour nous un spectacle pour l'anniversaire de la vieille dame. J'ai vu aussi alors le préfet de Kan-tcheou.

— C'est parfait! dit Tou. Le vieux Chao est mort maintenant. L'intendant actuel est Wang le Barbu. Il est on ne peut plus fripon, mais son maître a confiance en lui et l'écoute aveuglément. Mon cousin a une manie : qui prétend avoir connu son père, même si c'est un chien, celui-là gagnera son respect. Vous devrez rendre visite à ce Wang le Barbu d'abord, ce gredin aime boire, si vous l'invitez à boire et lui faites dire à son maître que vous étiez un favori du vieux préfet, alors mon cousin Chao-k'ing vous couvrira d'argent sans cesse. Il n'aime pas qu'on l'appelle " Maître ", vous n'avez qu'à l'appeler le " Jeune Maître ". Il a encore une autre marotte : il déteste que les gens parlent d'un fonctionnaire ou d'un homme riche devant lui; par exemple ne lui dites pas combien vous avez reçu de bienfaits du préfet Hiang, dites toujours que dans l'empire, il est le seul vrai " grand patron généreux " qui veuille aider les autres. S'il vous demande si vous me connaissez, dites-lui que vous ne me connaissez pas. »

Cette conversation remplit de joie le cœur de Pao T'ing-si. Il offrit ses services dans la maison de Tou pendant encore deux mois, jusqu'à la fin du septième mois où le temps commença à devenir frais. Il emprunta quelques taëls à Tou le dix-septième, mit ses vêtements en ordre, fit ses bagages et traversa le fleuve pour aller à la sous-préfecture T'ien-tch'ang.

Le jour où il traversa le fleuve Yang-tseu, il passa la nuit à la sous-préfecture Lieou-ho. Le jour suivant il se leva de bonne heure, parcourut plusieurs dizaines de li et arriva à un endroit appelé le Quatrième Tertre. Entré dans une auberge, il était sur le point de demander de l'eau pour se laver le visage lorsqu'il vit un palanquin s'arrêter à la porte. De la chaise sortit un vieil homme au chapeau carré de lettré, à la robe de gaze blanche et aux chaussures de soie rouge foncé, qui avait le nez tout rouge d'un grand buveur et une grande barbe blanche semblable à de la soie argentée. Ce vieil homme pénétra dans l'auberge, l'aubergiste s'empressa de prendre son bagage :

« Monsieur Wei le quatrième seigneur, annonça-t-il à la cantonnade. Asseyez-vous à l'intérieur, s'il vous plaît! »

Comme Monsieur Wei entrait dans la grande salle, Pao T'ing-si se leva et le salua, Monsieur Wei rendit le salut. Pao le pria de prendre le siège d'honneur et s'assit lui-même à une place inférieure :

« Je pense que votre honorable nom est Wei, Monsieur, dit-il. Oserai-je demander quel est votre pays natal respectable ?

— Mon nom est Wei et mon pays natal est le bourg du Vêtement Noir dans la sous-préfecture Tch'ou-tcheou, dit Wei. Quel est votre nom honorable et votre respectable pays natal, Monsieur ? Où allez-vous de ce pas ?

— Mon nom est Pao, je suis originaire de Nankin, répondit Pao, je me rends actuellement à la maison du Docteur Reçu Premier Tou dans la sous-préfecture T'ien-tch'ang pour rendre visite à ce Monsieur Tou.

— Quel Monsieur Tou ? Chen-k'ing ou Chao-k'ing ? demanda Wei.

— Chao-k'ing, répondit Pao.

— Dans la famille Tou, il y a soixante à soixante-dix cousins, mais seuls ces deux jeunes hommes reçoivent des visiteurs des quatre points cardinaux, les autres ferment tous leurs portes, gardent leurs propriétés et préparent des examens, dit Wei. C'est pourquoi je vous ai demandé tout de suite duquel des deux vous vouliez parler. Tous les deux sont célèbres au sud et au nord du grand fleuve Yang-tseu. Bien que Chen-k'ing soit une personne distinguée, je trouve cependant qu'il est un peu trop efféminé, Chao-k'ing, lui, est un héros. Je vais chez lui également, nous pouvons voyager ensemble après avoir mangé.

— Êtes-vous un parent de la famille Tou, Monsieur ? demanda Pao.

— J'étais un camarade de classe depuis l'enfance et un frère juré de Monsieur Tou, préfet de Kan-tcheou, nous étions en excellents termes », dit Wei.

Après qu'il l'eût entendu, Pao eut encore plus de considération pour lui. Leur repas achevé, Monsieur Wei le quatrième remonta dans sa chaise à porteurs, Pao T'ing-si loua de nouveau un âne et tous deux cheminèrent ensemble. Quand ils furent arrivés à la porte de la ville de T'ien-tch'ang, Monsieur Wei le quatrième descendit de la chaise :

« Vous et moi, nous pouvons marcher et entrer ensemble dans la maison de Tou, Monsieur Pao, dit-il.

— Je vous prie de remonter dans votre chaise et d'aller en premier, Monsieur, répliqua Pao. Je voudrais voir son intendant d'abord avant de rendre visite au jeune seigneur Tou.

— Comme vous voudrez », dit Monsieur Wei le quatrième.

Il remonta dans sa chaise et arriva tout droit à la maison de Tou. Quand le portier eut annoncé sa venue, Tou Chao-k'ing sortit à la hâte pour l'accueillir, l'invita à entrer dans la salle de réception où ils échangèrent des salutations :

« Nous ne nous sommes pas vus depuis une demi-année, mon oncle, dit Tou Chao-k'ing. Je m'excuse de n'avoir pas pu aller au bourg du Vêtement Noir pour vous saluer et demander des nouvelles de Madame votre épouse, allez-vous toujours bien ?

— Merci, grâce à vous, je me porte très bien, dit Monsieur Wei le quatrième. En ce début d'automne, comme je n'ai rien à faire à la maison, je me suis souvenu du jardin de votre honorable résidence, et j'ai pensé que les fleurs de canneliers devaient être sûrement en pleine floraison, c'est pourquoi je suis venu tout exprès vous rendre visite et vous demander une coupe de vin à boire.

— Quand le thé aura été servi, je vous prierai d'aller vous asseoir dans la bibliothèque », dit Tou Chao-k'ing (Tou, le Jeune).

Tou donna un ordre au jeune serviteur qui apporta le thé :

« Apportez le bagage de Monsieur Wei le quatrième et mettez-le dans la bibliothèque. Payez les porteurs de chaise et renvoyez-les. »

Peu de temps après, il dirigea Monsieur Wei le quatrième vers une allée qui contournait la salle de réception et ils arrivèrent à un jardin de fleurs. Dans le jardin, il y avait un bâtiment de trois pièces exposées à l'est, sur la gauche, un pavillon où étaient conservés les livres donnés par l'empereur, et construit par le Docteur Reçu Premier. Devant le pavillon se trouvait une large cour avec une terrasse de pivoines arborescentes et une autre de pivoines herbacées, deux arbres de grosses fleurs de canneliers étaient en pleine floraison. Sur l'autre côté se trouvaient trois belvédères avec une bibliothèque à trois travées exposée au sud, et derrière elle un grand étang de fleurs de lotus surmonté d'un pont. Le pont franchi on arrivait aux trois chambres isolées où Tou Chao-k'ing se retirait pour étudier.

Il invita Monsieur Wei à s'asseoir dans la bibliothèque exposée au sud. Ces deux arbres de fleurs de canneliers étaient justement à l'extérieur de la fenêtre.

« Est-ce que le vieux Leou est encore dans votre honorable maison ? demanda Monsieur Wei le quatrième après s'être assis.

— Récemment l'oncle Leou a été souvent malade, répliqua Tou. Je l'ai invité à habiter dans la bibliothèque intérieure. Il vient de s'endormir après avoir pris son remède, il ne peut pas sortir pour vous accueillir, mon oncle.

— Puisqu'il est malade, pourquoi ne l'envoyez-vous pas dans sa propre maison ? demanda Monsieur Wei le quatrième.

— J'ai déjà fait venir ses fils et ses petits-fils habiter ici pour préparer sa potion, je puis aussi m'informer de sa santé matin et soir plus facilement.

— Le vieil homme est resté dans votre famille pendant plus de trente années, a-t-il accumulé quelque épargne importante ? a-t-il acheté quelque propriété ? demanda Wei.

— Lorsque feu mon père se rendit à son poste de préfet de Kan-tcheou, il confia tous les comptes de terres et de maisons de ma famille à l'oncle Leou qui s'occupait des recettes et des dépenses, en agissant en maître, dit Tou. Mon père ne lui posa jamais de questions. A part ses honoraires annuels de quarante taëls d'argent, Monsieur Leou ne prenait pas une seule sapèque à son profit. Chaque fois que le moment était venu de ramasser le fermage, il allait lui-même dans la campagne chez les fermiers; quand ils préparaient deux plats pour lui, il en rendait un et n'en mangeait qu'un seul. Lorsque ses fils et ses petits-fils venaient le voir, il ne les autorisait à demeurer que deux jours et les renvoyait sans leur permettre jamais de prendre une sapèque de plus sur leurs dépenses de voyage. Avant leur départ, il les fouillait de peur que les autres intendants ne leur aient donné de l'argent en cachette. Mais lorsqu'il ramassait les fermages en nature ou intérêt, s'il découvrait que les amis ou les parents de ma famille étaient dans la pauvreté, il les aidait de son mieux. Mon père le savait mais ne le questionnait pas. Quelquefois quand des personnes devaient de l'argent à mon père et que l'oncle Leou voyait qu'elles étaient insolvables, il brûlait entièrement les reconnaissances de dettes. Il a actuellement deux fils et quatre petits-fils, sa famille est aussi dénuée de biens qu'auparavant, c'est pourquoi j'en suis navré !

— C'est vraiment un homme vertueux de l'Antiquité ! s'exclama Monsieur Wei avec admiration. Chen-k'ing est-il chez lui ? Va-t-il bien ? demanda-t-il.

— Après que mon cousin m'eut quitté, il est allé à Nankin », répondit Tou.

Comme ils étaient en train de converser, le domestique Wang le Barbu, une carte rouge à la main, apparut debout au-dehors sans oser entrer.

« Qu'avez-vous à me dire, Wang le Barbu ? demanda Tou en l'apercevant. Qu'est-ce que c'est dans votre main ? »

Wang le Barbu entra alors dans la bibliothèque et donna la carte à son maître :

« Un nommé Pao de Nankin est ici, annonça-t-il. Il est régisseur de théâtre. Ces dernières années il est demeuré loin pour affaires, il est retourné chez lui tout récemment, il vient de traverser le fleuve pour vous rendre hommage à genoux, Monsieur.

— S'il s'agit d'un régisseur de théâtre, dites-lui que j'ai des invités à la maison et que je ne puis pas le recevoir, dit Tou. Gardez sa carte, demandez-lui de s'en aller!

— Il dit qu'il a reçu beaucoup de faveur de feu notre Maître, votre père, dit Wang le Barbu, il tient à vous voir pour vous remercier à genoux.

— Est-ce que mon père a apprécié cet homme? demanda Tou.

— Oui, répondit Wang le Barbu. Autrefois, Monsieur Chao, mari de la nourrice, a fait traverser le fleuve à sa compagnie théâtrale et le grand seigneur, votre père, a vraiment pris ce Pao T'ing-si en affection et lui a promis de l'aider.

— Puisqu'il en est ainsi, faites-le entrer, dit Tou.

— Ce Monsieur Pao vient de Nankin, je l'ai rencontré tout à l'heure sur la route », dit Monsieur Wei.

Wang le Barbu sortit et conduisit Pao T'ing-si qui s'avança à pas de loup, timidement et avec révérence. Il vit que le jardin s'étendait à perte de vue. Arrivé à la porte de la bibliothèque, au premier regard, il vit Tou Chao-k'ing assis en compagnie d'un hôte; Tou portait un chapeau carré de lettré, une robe doublée de gaze couleur de jade et des chaussures ornées de perles, son teint était légèrement ocre, ses deux sourcils se dressaient obliquement comme des épées et le faisaient ressembler à une image du Maître Kouan [2].

« Voici notre jeune maître, dit Wang le Barbu, venez le voir. »

Pao T'ing-si entra, tomba à genoux et se prosterna.

« Nous sommes de vieux amis, à quoi bon faire une telle cérémonie? », dit Tou Chao-k'ing l'aidant à se relever.

Pao se leva, salua les mains jointes; il reconnut Monsieur Wei. Tou Chao-k'ing l'invita à s'asseoir à une place inférieure.

« J'ai reçu de telles faveurs du grand seigneur, feu votre père, que, même si mes os étaient réduits en poudre et mon corps déchiqueté [3], il me serait difficile de payer de retour ses bienfaits, dit Pao. Comme ces dernières années j'ai dû, pour gagner ma vie, faire des tournées au loin [4], je n'ai pas pu venir m'agenouiller devant le jeune Maître. J'ai tardé jusqu'à aujourd'hui à venir m'informer de votre santé, jeune Maître. Je vous prie de bien vouloir pardonner ma faute.

— Tout à l'heure, mon intendant Wang le Barbu m'a dit que mon père avait été très content de vous et avait l'intention de s'occuper de vous, dit Tou Chao-k'ing. Puisque vous êtes venu ici, vous allez y rester, naturellement je ferai quelque chose pour vous.

— Le dîner est prêt, jeune maître, annonça Wang le Barbu à Tou. Où voulez-vous qu'il soit servi ?

— Ici, ce serait bien, suggéra Monsieur Wei.

— Nous avons besoin d'inviter encore un hôte », dit Tou Chao-k'ing après un moment d'hésitation.

Il appela le garçon de bibliothèque Kia-tsio :

« Allez par la porte arrière chercher Monsieur Tchang », ordonna-t-il.

Kia-tsio acquiesça et s'en alla.

Peu de temps après, il revint avec un homme aux grands yeux et à la barbe jaune, qui portait un chapeau du menu peuple en forme de tuile et une large robe en toile, et qui faisait des manières, imitant la démarche d'un lettré; il entra, les salua, s'assit et demanda le nom de Monsieur Wei le quatrième qui s'informa à son tour du sien.

« Mon nom de famille est Tchang, répondit cet homme et mon humble prénom Tsouen-min. Depuis longtemps je suis au service de la famille du jeune maître Tou. J'ai quelques faibles notions de médecine aussi le jeune Maître me fait-il l'honneur de me garder auprès de Monsieur Leou. — A propos comment va-t-il aujourd'hui après avoir pris son médicament ? »

Tou Chao-k'ing ordonna à Kia-tsio d'aller s'informer.

« Monsieur Leou vient de faire une sieste et s'éveille, rapporta le jeune serviteur après son retour. Il se sent mieux maintenant.

— Quel est ce Monsieur ? demanda alors Tchang Tsouen-min.

— C'est mon ami Pao originaire de Nankin », répondit Tou Chao-k'ing.

Sur ce, la table fut mise et ils s'assirent autour, Monsieur Wei le quatrième à la place d'honneur, Tchang Tsouen-min en face de lui, Tou Chao-k'ing à la place du Maître de maison et Pao T'ing-si au siège inférieur. Le vin versé, ils commencèrent à manger. Les mets préparés par les cuisiniers de la maison étaient délicieux et de choix. Il y avait entre autres un jambon qui avait subi trois années de traitement et des crabes pesant une demi-livre chacun, enlevés de leur carapace, hachés et cuits dans leur bouillon.

« Votre connaissance de l'art médical, je n'en doute pas, est sûrement excellente, dit Monsieur Wei à Tchang Tsouen-min pendant le repas.

— Connaître à fond les œuvres médicales de Wang Chou-ho [5] vaut moins que l'expérience d'avoir traité de nombreuses maladies, dit Tchang. Je ne vous cacherai pas Monsieur que j'ai exercé mon art, bien sottement il est vrai, un peu partout et même sur les fleuves et sur les lacs, je n'ai pas étudié les livres médicaux mais les maladies que j'ai soignées sont nombreuses. Toutefois depuis peu, grâce aux conseils du jeune Maître, je commence à comprendre qu'il faut lire des livres, c'est pourquoi je n'enseigne pas directement la médecine à mon fils, pour le moment, je le fais étudier avec un professeur; lorsqu'il écrit des compositions littéraires, il les apporte ici pour les montrer au jeune maître Tou. Le jeune maître en fait souvent des apostilles pour lui, j'étudie aussi ces apostilles soigneusement à la maison pour apprendre moi-même un peu la façon d'écrire. Dans deux ans, j'enverrai mon fils passer les examens de sous-préfecture et de préfecture [6], étant candidat, il pourra manger deux fois de la soupe au vermicelle et des petits pains farcis cuits à la vapeur. Plus tard, quand il sera un praticien et fera suspendre une enseigne à sa porte, il pourra s'appeler un médecin-lettré ! »

Monsieur Wei rit de bon cœur à ces paroles. Wang le Barbu revint, porteur d'une autre carte de visite :

« Monsieur Wang, le marchand de sel de la Porte du Nord célèbre son anniversaire demain, annonça-t-il. Il invite le sous-préfet comme hôte d'honneur et vous invite aussi Monsieur le jeune Maître à se joindre à lui, il insiste pour que vous veniez chez lui sans faute.

— Dites-lui que j'ai des convives à la maison, je ne puii venir, répondit Tou Chao-k'ing. Cet homme est vraimens ridicule, s'il veut une réunion pompeuse et honorable, pourquoi n'invite-t-il pas, pour faire nombre, les nouveaux licenciés et docteurs parvenus à la sous-préfecture ? Comment, moi, aurais-je le temps de tenir compagnie à l'un de ses invités ? »

Wang acquiesça et se retira.

« Vous êtes un grand buveur, mon oncle, dit Tou à Monsieur Wei. Dans le temps, vous aviez l'habitude de boire avec mon père jusqu'à la moitié de la nuit, aujourd'hui, nous devons nous saouler complètement aussi.

— Tout à fait d'accord, répliqua Monsieur Wei. J'ai quelque chose à vous dire, cher ami, j'espère que vous ne m'en voudrez pas : vos plats sont absolument délicieux, seulement votre vin est acheté au marché, sa qualité n'est pas fameuse, or vous avez une jarre de vin dans votre maison, qui doit avoir huit à neuf ans maintenant, je pense qu'elle y est encore.

— Mais je ne le savais pas, dit Tou.

— Vous ne pouvez pas le savoir, dit Monsieur Wei. C'était l'année où votre père alla prendre son poste de préfet au Kiang-si, je l'ai accompagné jusqu'au bateau, il m'a dit : " J'ai enterré une jarre de vin dans ma maison, quand je me débarrasserai de ma charge de mandarin et retournerai chez moi, nous boirons copieusement ensemble à notre saoul. " C'est pourquoi je m'en souviens. Vous pouvez demander à votre famille.

— Ces choses, le jeune maître vraiment ne peut pas les connaître », dit Tchang en souriant.

Tou Chao-k'ing se dirigea vers les appartements intérieurs.

« Malgré sa jeunesse Monsieur Tou peut être vraiment considéré comme un des grands hommes de notre région, déclara Monsieur Wei le quatrième.

— Le jeune maître est extrêmement bon! dit Tchang Tsouen-min. Mais, voilà! ses mains sont trop détendues [7] à n'importe quelle personne lui faisant une requête, il donne de l'argent en grande quantité.

— Je n'ai jamais vu un homme qui ait un comportement aussi généreux et aussi libéral que maître Tou », dit Pao T'ing-si.

Pendant ce temps, Tou Chao-k'ing dans les chambres intérieures demandait à sa femme si elle était au courant de cette jarre de vin, elle dit que non. Il demanda à tous les serviteurs et aux femmes de chambre, ils disaient tous qu'ils ne savaient pas. Puis il questionna sa nourrice Chao :

« Oui, je me rappelle, dit-elle. L'année où le seigneur alla à son poste de préfet, il a brassé une jarre de vin et l'a enterrée dans une petite chambre à l'arrière de la septième cour. Il a dit qu'elle devait être gardée pour être bue avec Monsieur Wei le quatrième. Ce vin était fait de deux boisseaux de riz glutineux et de vingt livres de riz fermenté, vingt livres d'eau-de-vie y furent ajoutées, mais pas une seule goutte d'eau n'y fut mélangée. Pensez que ce vin a été enterré neuf ans et sept mois. Il peut enivrer les hommes à en mourir, quand la jarre sera déterrée, ne le buvez pas! jeune maître.

— Je sais », dit Tou Chao-k'ing.

Il ordonna à la nourrice Chao d'apporter la clef et d'ouvrir la porte de la chambre où le vin était enterré, il y entra avec deux jeunes serviteurs, déterra la jarre, et la transporta dans la bibliothèque :

« Ce vin est tourné, mon oncle! », cria-t-il.

Les trois invités se levèrent pour regarder :

« C'est bien la jarre », cria Wei.

Ils l'ouvrirent et y puisèrent avec une coupe. Le vin qui ressemblait à de la bouillie de riz épaisse, remplissait la coupe, exhalait un fort bouquet.

« Merveilleux! s'exclama Monsieur Wei le quatrième. On ne le boira pas de la même façon que le vin ordinaire. Dites à quelqu'un d'aller acheter dix livres de vin pour le mélanger avec celui-ci, alors seulement on pourra le boire, cher ami Tou. Aujourd'hui, laissons-le ici, nous boirons demain toute la journée, ces deux messieurs jouiront de ce bon vin avec nous.

— Naturellement je viendrai pour vous tenir compagnie avec respect, dit Tchang Tsouen-min.

— Qui suis-je, dit Pao T'ing-si, pour venir également boire le bon vin que le grand seigneur préfet a laissé ? C'est vraiment ma bonne chance ! »

Puis on demanda à Kia-tsio d'apporter une lanterne pour escorter le médecin Tchang Tsouei-min qui rentrait chez lui. Pao T'ing-si dormit dans la bibliothèque avec Monsieur Wei, Tou Chao-k'ing attendit que Monsieur Wei soit parti se coucher avant de se retirer.

Le jour suivant, Pao T'ing-si se leva de bonne heure et se rendit dans la chambre de Wang le Barbu. Kia-tsio s'y trouvait avec un autre jeune serviteur.

« Est-ce que Monsieur Wei le quatrième est déjà levé ? demanda Wang le Barbu à Kia-tsio.

— Oui, il se lave le visage dit Kia-tsio.

— Et le jeune maître est-il levé ? demanda Wang le Barbu à un autre jeune serviteur.

— Il est levé depuis longtemps, répondit celui-ci. Il est dans la chambre de Monsieur Leou pour surveiller la préparation du médicament.

— Le jeune maître de notre maison est vraiment bizarre ! déclara Wang le Barbu. Monsieur Leou est seulement un des employés du grand seigneur préfet, pas plus. Puisqu'il est tombé malade, notre jeune Maître aurait pu simplement lui donner quelque argent et l'envoyer à sa maison. Pourquoi le garder ici, le traiter comme un des ancêtres de la famille et le servir matin et soir personnellement ?!

— Ah ! vous pouvez le dire, renchérit le jeune serviteur. Savez-vous, oncle Wang, que lorsque nous préparons la bouteille de riz et les plats pour Monsieur Leou, ce n'est pas suffisant que ses fils et ses petits-fils nous surveillent, notre jeune Maître doit les voir lui-même et alors seulement on peut les porter à Monsieur Leou ! Quant au vase de *gin-seng* il est gardé actuellement dans la chambre de la Maîtresse et elle prépare le *gin-seng* en personne, il est inutile de dire qu'elle prépare également les autres potions. Tous les matins et tous les soirs si notre maître ne peut apporter le *gin-seng* lui-même, c'est la maîtresse qui l'apporte elle-même à Monsieur Leou. Si vous vous permettez de vous étonner, vous ne susciterez qu'une bonne réprimande de notre maître ! »

Sur ce, le portier entra :

« Dépêchez-vous d'aller annoncer Monsieur Tsang le troisième, oncle Wang, dit-il. Il est dans la salle, il désire voir le jeune maître.

— Allez dans la chambre de Monsieur Leou chercher le jeune maître, dit Wang le Barbu au jeune serviteur. Je ne veux pas être obligé de demander des nouvelles de la santé de Monsieur Leou !

— Mais cela montre justement la générosité de votre maître », déclara Pao T'ing-si.

Le jeune serviteur alla prier Tou Chao-k'ing de venir à la rencontre de Tsang le troisième. Tou s'y rendit; après avoir échangé des salutations, ils s'assirent.

« Je ne vous ai pas vu depuis bien des jours, troisième frère, dit Tou. Étiez-vous très occupé dans votre association littéraire de concours d'essais ?

— Oui certes, répondit Tsang le troisième. J'ai appris par votre portier que vous aviez un invité venant de loin. Chen-k'ing mène si joyeuse vie à Nankin qu'il oublie de revenir !

— C'est l'oncle Wei de Wou-yi qui est ici, dit Tou. Je l'invite à un repas aujourd'hui, vous y assistez aussi. Rendons-nous à la bibliothèque !

— Non, asseyez-vous, attendez un peu, dit Tsang le troisième, j'ai quelque chose à vous dire. Le père de la sous-préfecture (le sous-préfet) Wang est mon maître, il m'a répété à plusieurs reprises qu'il admire votre grand talent, quand allons-nous vous et moi lui faire une visite ?

— Je vous laisse bien volontiers prendre le sous-préfet comme professeur, troisième frère aîné, répondit Tou Chao-k'ing (Tou le jeune). Sans parler de mon arrière-grand-père et de mon grand-père, même du vivant de mon père, les sous-préfets que nous avons connus sont incalculables ! S'il m'admire vraiment, pourquoi ne vient-il pas me voir le premier ? Pourquoi devrais-je lui rendre visite ? De plus j'ai la malchance d'être un bachelier, lorsque je vois le sous-préfet de ma ville, je dois l'appeler " mon professeur " ! Le sous-préfet Wang est un parvenu, un docteur issu d'une famille obscure comme un monceau d'ordures, même si lui voulait me reconnaître pour son professeur, je n'y consentirais pas, pourquoi le rencontrerais-je ? D'ailleurs, le marchand de sel Wang de la Porte du Nord m'a invité aujourd'hui à un festin pour tenir compagnie au sous-préfet, je n'accepte pas non plus d'y aller.

— Justement c'est pourquoi je suis ici, dit Tsang le troisième. Hier la famille du marchand de sel Wang a fait dire à mon maître le sous-préfet Wang qu'elle allait vous inviter à lui tenir compagnie et c'est pourquoi mon maître le sous-préfet Wang a accepté l'invitation, car il veut ardemment vous rencontrer. Si vous n'y allez pas, mon maître Wang sera très déçu. En outre, pour ce qui est de votre invité, il habite dans votre maison, donc si vous ne lui tenez pas compagnie aujourd'hui, vous pouvez le faire demain. Ou si vous le voulez bien, je tiendrai compagnie à votre invité à votre place, pendant que vous irez chez le marchand de sel Wang.

— Je vous prie de ne pas insister, troisième frère, dit Tou Chao-k'ing. Votre honorable maître sûrement ne respecte pas les sages et n'aime pas le talent, ce qu'il désire c'est qu'on se dise son disciple et cela afin de recevoir des cadeaux. C'est ainsi qu'il songe à moi. Ah! bah! Dites-lui de ne pas se faire d'illusions et de se réveiller de son rêve! De plus, j'ai des invités chez moi aujourd'hui, nous avons cuit un canard de sept livres, nous avons déterré le vin vieux de neuf années et demie. Chez le marchand de sel Wang on n'aurait pas de choses aussi bonnes. Je ne vous autorise pas à dire un mot de plus sur ce sujet! Venez plutôt avec moi jusqu'à la bibliothèque pour nous divertir! »

Il tira Tsang par le bras et le fit sortir :

« Attendez! cria Tsang le troisième. Pourquoi vous pressez-vous? Je n'ai jamais rencontré ce Monsieur Wei, je dois quand même écrire une carte.

— Quant à cela, par contre, vous avez mon accord », plaisanta Tou Chao-k'ing.

Il fit apporter un pinceau, une pierre à broyer l'encre et un carton. Tsang le troisième écrivit :

« Votre parent, votre camarade et jeune étudiant Tsang t'ou. »

Il ordonna à un serviteur de porter d'abord cette carte à la bibliothèque puis il y entra avec Tou Chao-k'ing. Monsieur Wei le quatrième les accueillit à la porte. Ils échangèrent les saluts d'usage et prirent des sièges. Tchang Tsouen-min et Pao T'ing-si qui étaient déjà là s'assirent également.

« Quel est votre honorable nom social? demanda Monsieur Wei à Monsieur Tsang le troisième.

— Le nom social de Monsieur Tsang le troisième frère est Leao-tchai, dit Tou Chao-k'ing. Il est un des meilleurs étudiants de notre école d'ici, il est aussi un bon ami de mon cousin Chen-k'ing, tous deux sont de l'Association littéraire.

— Je suis enchanté de faire votre connaissance, je vous admire depuis longtemps, dit Monsieur Wei.

— Il y a longtemps que je vous admire et j'ai la chance de vous rencontrer », dit Monsieur Tsang le troisième.

Celui-ci connaissait Tchang Tsouen-min, il indiqua Pao T'ing-si en demandant son nom.

« Mon nom est Pao, dit Pao T'ing-si. J'arrive de Nankin.

— Puisque vous venez de Nankin, connaissez-vous Monsieur Tou Chen-k'ing, demanda Tsang.

— En effet, j'ai vu le dix-septième Maître », dit Pao.

A la fin du premier service, Monsieur Wei demanda que l'on sorte la jarre de vin, et que l'on y ajoute dix livres de vin nouveau, il ordonna de brûler beaucoup de charbon de bois jusqu'à l'incandescence, de l'entasser près des arbres de cannelier et de placer la jarre de vin sur ce foyer. Le vin devenait peu à peu chaud. Tchang Tsouen-min dirigeant le serviteur démonta lui-même entièrement les six châssis de la fenêtre et fit placer la table sous l'auvent. Tout le monde s'assit, des plats frais et rares furent servis. Tou Chao-'king ordonna au serviteur d'apporter une coupe d'or et quatre coupes de jade au moyen desquelles ils prirent du vin dans la jarre et ils commencèrent à boire. Monsieur Wei tenait des deux mains la coupe d'or, après chaque rasade, il faisait des compliments et s'exclamait : « Quel vin délicieux! quel vin merveilleux! » Ils se régalaient depuis un bon moment, quand Wang le Barbu arriva à la tête de quatre serviteurs portant un coffre. Tou Chao-k'ing demanda ce que c'était.

« C'est un coffre plein de nouveaux vêtements d'automne pour vous Monsieur, Madame la Maîtresse votre femme et le jeune seigneur votre fils aîné, répondit Wang le Barbu. Ils viennent d'être faits, je vous les ai apportés pour que vous les vérifiiez. J'ai déjà payé le salaire du tailleur.

— Laissez-les ici dit Tou Chao-k'ing. Quand j'aurais fini de boire, je les contrôlerai. »

Le coffre posé, le tailleur entra :

« Le tailleur Yang désire parler avec vous, Monsieur, annonça Wang le Barbu.

— Qu'a-t-il à me dire ? » demanda Tou Chao-k'ing.

Il se leva et vit le tailleur arriver dans la cour, s'agenouiller, se prosterner et éclater en sanglots :

« Qu'y a-t-il? Pourquoi cela, préposé aux affaires Yang [8]? demanda Tou Chao-k'ing très étonné.

— Moi, homme modeste, j'ai travaillé tous ces temps chez vous, jeune seigneur, dit le tailleur Yang. Ce matin, j'ai touché mon salaire, je ne savais pas que ma mère tomberait brusquement malade et mourrait subitement, peu de temps après mon retour à la maison. Lorsque j'ai pris le salaire et suis allé à la maison, comme je ne savais pas que ce malheur imprévu m'arriverait, j'ai dépensé tout l'argent à payer des dettes chez les marchands de bois de chauffage et de riz. Maintenant je n'en ai plus pour acheter le cercueil et les vêtements de la défunte. Ne sachant comment faire, je ne pus faire autrement que de revenir ici et vous implorer de me prêter quelques taëls. Je travaillerai pour vous et vous rembourserai peu à peu à valoir sur mon salaire.

— Combien d'argent voulez-vous ? demanda Tou Chao-k'ing.

— Je suis pauvre, comment oserais-je demander beaucoup, répondit le tailleur. Si vous le voulez bien, prêtez-moi six taëls au maximum, jeune seigneur. Autrement quatre taëls, cela me suffit. Je dois également calculer si je suis capable de vous rembourser avec mon salaire de confectionneur de vêtements.

— Comment aurais-je le cœur de vous demander de me rembourser, dit Tou Chao-k'ing tristement. Quoique vous soyez un petit artisan pauvre, les funérailles de votre mère sont une affaire très importante, vous ne devez pas la traiter à la légère, sinon plus tard vous le regretteriez toute votre vie. Est-il possible que quelques taëls d'argent soient suffisants ? Vous devez acheter un cercueil d'au moins seize taëls; avec des vêtements et des dépenses diverses, vous aurez besoin en tout d'une vingtaine de taëls. Ces jours-ci je n'ai pas une sapèque dans la maison. Attendez ! J'ai trouvé une solution. Ce coffre de vêtements peut être mis en gage pour plus de vingt taëls. Wang le Barbu, portez ce coffre et allez le mettre au mont-de-piété avec le préposé aux affaires Yang, donnez-lui tout l'argent que vous pouvez engager. Monsieur Yang, vous ne devez pas retenir dans votre cœur cette chose-là, vous devez l'oublier puisque mon argent ne vous sert pas à boire et à jouer, mais à une affaire très importante : les funérailles de votre mère. Parmi les êtres humains, qui n'a pas de mère ? C'est pourquoi je dois vous aider. »

Le tailleur Yang fondit en larmes; il emporta le coffre avec l'aide de Wang le Barbu tout en continuant de pleurer. Tou Chao-k'ing revint à la table et s'assit.

« Cette belle action est vraiment rare, cher ami ! », dit Monsieur Wei le quatrième.

Pao T'ing-si voulut placer son mot :

« Amida Buddha ! s'exclama-t-il. Je ne savais pas qu'un si excellent homme existât au monde ! »

Ils se régalèrent toute la journée. La capacité de boire de Monsieur Tsang était petite, lorsqu'il eut bu jusqu'à l'après-midi, il vomit et on le soutint pour l'emmener jusque chez lui. Monsieur Wei et les autres burent jusqu'à la troisième veille (vers minuit) et se séparèrent seulement après avoir fini de boire tout le vin de la jarre.

Cela a eu pour résultat :

Méprisant la richesse, estimant la bienfaisance, il a secouru beaucoup d'amis pauvres d'une contrée.

Au clair de la lune, entouré de fleurs, il s'est livré aux orgies, sa réputation de libéralité s'est étendue à l'intérieur des Quatre Mers.

Pour savoir ce qui suit, lisez le prochain chapitre.

NOTES

1. Sur le titre de l'alliage de l'argent, cf. *Variétés sinologiques*, n° 11, pp. 61-64 « Notions techniques sur la propriété », par le Père Hoang.
2. Kouan Fou-tseu, Maître Kouan, Kouan Yu (160-219), le général de Chou pendant les Trois Royaumes.
3. C'est-à-dire pousser la reconnaissance jusqu'à sacrifier ma vie pour mon bienfaiteur.
4. Littéralement : « comme ces dernières années, j'ai fait des petits commerces au-dehors pour gagner ma vie. »
5. Wang Chou-ho : nom social de Wang Hi (ca. 215-282), médecin sous la dynastie des Tsin occidentaux (265-317), l'auteur de *Mo-king* (« Classique du pouls ») et de *Mo-kiue* (« Méthode du pouls »). Le *Mo-King* a eu une très grande diffusion au Tibet (VIIIe siècle), dans le Moyen-Orient (XIVe siècle) et en Europe (XVIIIe siècle). Cf. P. Huard, *La Médecine chinoise*, Paris, 1964, p. 17.
6. Ce sont les examens préliminaires du baccalauréat.
7. C'est-à-dire : il est trop généreux et dépense l'argent trop facilement.
8. *Sseu-wou*, littéralement : « préposé aux affaires », autre nom pour désigner un tailleur.

CHAPITRE XXXII

Où l'on parle des actions généreuses de Tou Chao-k'ing, et des dernières recommandations de Leou Houan-wen (Leou la Culture Splendide).

Ils se séparèrent après avoir fini de boire. Monsieur Wei le quatrième dormit profondément et se leva tard; le lendemain matin, il voulut faire ses adieux à Tou Chao-'king.

« J'ai l'intention de rendre visite à votre oncle et à votre cousin, dit-il. Hier vous m'avez fêté aimablement, mon cœur en a été extrêmement joyeux! Je pense que je n'aurais pas eu autant de plaisir ailleurs, je dois m'en aller, je ne peux même pas me rendre chez notre ami Tsang, je vous prie de lui présenter mes salutations à ma place, cher ami de famille. »

Tou Chao-'king le pria de rester encore un jour. Le jour suivant, il confia à un porteur une coupe de jade et deux vêtements du préfet de Kan-tcheou et l'accompagna en personne à la chambre de Monsieur Wei :

« Des frères jurés de mon feu père, il ne reste que vous seul, mon oncle, dit-il. Désormais, je vous prie de venir souvent me voir ici, j'irai également souvent au bourg du Vêtement Noir vous rendre visite pour m'informer de votre santé. Je vous offre cette coupe de jade et vous prie de l'emporter pour boire. Voici les deux vêtements de mon père décédé, je vous les donne, lorsque vous les porterez, j'aurai l'impression de voir mon père. »

Monsieur Wei le quatrième les accepta avec plaisir. Pao T'ing-si lui tint compagnie pour boire encore un pot de vin, puis ils prirent un repas. Tou Chao-k'ing et Pao T'ing-si raccompagnèrent Monsieur Wei hors de la ville et le saluèrent une dernière fois devant la chaise à porteurs. Quand Monsieur Wei fut parti, Tou et Pao retournèrent à la maison, Tou alla dans la chambre de Monsieur Leou pour s'informer de sa santé. Monsieur Leou affirma qu'il allait mieux et qu'il voulait renvoyer son petit-fils à la maison et ne garder ici que son fils pour le servir.

Tou Chao-k'ing fut d'accord; se rappelant qu'il n'avait pas d'argent, il fit venir Wang le Barbu pour délibérer :

« Vous n'avez qu'à vendre ma terre à l'intérieur de la digue, c'est tout, dit-il.

— Ce campagnard veut l'obtenir à bon marché, dit Wang le Barbu, vous avez demandé mille cinq cents taëls, il n'en a offert que mille trois cents, c'est pourquoi je n'ose pas m'en occuper.

— Même pour mille trois cents taëls, cela va, dit Tou.

— Je voulais vous informer clairement de la chose avant d'oser y aller, dit Wang le Barbu. Autrement, si je la vendais à bon marché, vous pourriez me gronder.

— Qui va vous gronder ? dit Tou. Dépêchez-vous d'y aller et vendez-la, j'ai besoin d'argent immédiatement !

— J'ai encore quelque chose à vous dire, jeune seigneur, dit Wang. Quand vous aurez l'argent de la vente, vous devriez l'employer sérieusement. Si vous allez donner des centaines et des milliers de taëls aux autres inutilement, c'est dommage de vendre votre propriété !

— Avez-vous vu quelqu'un à qui j'ai donné inutilement de l'argent ? demanda Tou Chao-k'ing. Vous voulez en tirer quelque profit, c'est pourquoi vous dites toutes ces paroles hypocrites ! Sortez ! Dépêchez-vous !

— Votre humble serviteur ne vous fait qu'une simple suggestion », dit Wang le Barbu.

Sorti de la chambre, il chuchota à Pao T'ing-si :

« Très bien ! il y a de l'espoir pour votre affaire. Maintenant je vais à la digue pour vendre la terre, à mon retour, je fixerai un plan pour vous. »

Wang partit alors pour quelques jours, vendit la terre pour un millier et quelques taëls qu'il rapporta à la maison dans un petit sac :

« Cet argent de l'acheteur contient seulement quatre-vingt-quinze parties d'argent pur, dit-il à son maître. De plus il a été pesé dans la balance du marché qui donne au taël une valeur de treize centimes et demi de moins que celle de la balance officielle. En outre vingt-trois taëls et quarante centimes en ont été déduits pour l'intermédiaire; et les témoins du contrat pour leur signature sur l'acte ont pris vingt à trente taëls; cet intermédiaire et ces témoins sont tous des membres de notre clan. Voici l'argent, jeune seigneur, je vais chercher les balances et vous prie de le peser en personne.

— Qui aurait la patience de calculer avec vous ces comptes fastidieux, répondit Tou Chao-k'ing, puisque l'argent est ici, à quoi bon le peser ? Portez-le à l'intérieur, c'est tout!

— Votre serviteur doit également vous en rendre compte », dit Wang le Barbu.

Tou Chao-k'ing prit la somme d'argent et fit tout de suite venir le petit-fils de Monsieur Leou dans la bibliothèque :

« Vous voulez retourner chez vous demain, n'est-ce pas ? lui dit-il.

— Oui, mon grand-père m'a dit de m'en retourner, répondit le jeune garçon.

— J'ai ici une centaine de taëls d'argent à vous donner, dit Tou Chao-k'ing. Mais vous ne devez pas le dire à votre grand-père. Vous avez une mère veuve, emportez cet argent, retournez chez vous pour faire un petit commerce et entretenir votre mère. Quand votre grand-père sera guéri, lorsque votre deuxième oncle retournera à la maison, je lui donnerai aussi une centaine de taëls. »

Le petit-fils de Monsieur Leou fut enchanté, il prit l'argent, le cacha sur lui, et remercia le jeune Maître. Le jour suivant, quand il prit congé, Monsieur Leou demanda qu'on lui donne seulement trente centimes comme frais de voyage et lui dit de partir. Quand Tou Chao-k'ing revint après avoir accompagné le petit-fils, un campagnard se tenait debout dans le hall; sitôt qu'il vit Tou entrer, il s'agenouilla et se prosterna devant lui.

« N'êtes-vous pas Houang Ta (Houang l'aîné), chargé de garder notre temple des ancêtres ? demanda Tou Chao-k'ing. Que faites-vous ici ?

— Moi, votre serviteur, j'habite dans une petite maison près du temple ancestral, le grand seigneur votre père m'a acheté cette maison, répondit Houang Ta. Maintenant, comme beaucoup d'années se sont écoulées, la maison s'écroulait et avait besoin d'être réparée, je mériterais mille morts pour avoir eu l'audace de prendre quelques arbres morts de votre cimetière afin de remplacer les poutres et les piliers. Hélas! quelques seigneurs de votre famille l'ont découvert, ils ont dit que j'ai volé les arbres, ils m'ont rossé jusqu'à ce que je sois à demi mort, et ont envoyé une dizaine de régisseurs dans ma petite maison pour récupérer les arbres, ils ont même démoli les parties qui étaient en bon état. Maintenant votre serviteur est sans abri, il n'a nulle part où habiter. Je suis venu vous supplier de parler aux seigneurs descendants de votre famille pour leur demander de recueillir une somme d'argent nécessaire aux réparations de la maison démolie afin que votre serviteur puisse continuer à y habiter.

— Les Seigneurs descendants de ma famille! s'exclama Tou Chao-k'ing. À qui voulez-vous que je parle? Puisque mon père vous a acheté cette maison, naturellement c'est moi qui dois la faire réparer. Et puisqu'elle est complètement écroulée, combien voulez-vous pour la reconstruire?

— Pour la reconstruire complètement il faudra une centaine de taëls, répondit Houang l'aîné. Mais actuellement il suffit de faire des réparations afin que je puisse y habiter tant bien que mal, et cela ira chercher dans les quarante à cinquante taëls.

— Bon, je suis à court d'argent pour le moment. Prenez d'abord ces cinquante taëls, dit Tou Chao-k'ing. Quand vous les aurez dépensés, revenez me le dire. »

Il sortit cinquante taëls et les donna à Houang Ta (Houang l'aîné). Celui-ci prit l'argent et se retira. Le portier entra avec deux cartes :

« Monsieur Tsang le troisième vous invite à un festin demain, Monsieur, annonça-t-il. Cette autre carte est pour prier Monsieur Pao d'y aller aussi.

— Dites au messager de transmettre mes salutations à Monsieur Tsang le troisième, dit Tou Chao-k'ing. Je viendrai demain sans faute. »

Quand il arriva avec Pao T'ing-si à la maison de Monsieur Tsang, celui-ci avait préparé un bon repas, il invita très respectueusement Tou à s'asseoir et lui versa du vin. Ils bavardèrent à loisir. Vers la fin du repas, Tsang le troisième remplit une coupe de vin, l'éleva bien haut avec ses deux mains, marcha autour de la table, salua et présenta la coupe à Tou Chao-k'ing. Puis il s'agenouilla :

« Vieux frère, dit-il, j'ai une faveur à vous demander. »

Tou Chao-k'ing sursauta, posa rapidement le vin sur la table, et à genoux lui-même il s'empara du bras de Tsang :

« Êtes-vous fou, troisième frère, dit-il, pour vous comporter ainsi?

— Je ne me relèverai qu'après que vous aurez bu cette coupe de vin et accepté ma demande, dit Tsang Leao-tchai.

— Je ne sais pas ce que vous demandez, levez-vous et parlez-moi », répondit Tou Chao-k'ing.

Pao T'ing-si aida Tou à mettre Tsang sur ses pieds.

« Avez-vous promis? demanda Tsang.

— Promis quoi? dit Tou.

— De boire cette coupe de vin, répliqua Tsang.

— Je vais la boire, dit Tou.

— J'attends que vous la vidiez », dit Tsang.

Alors seulement il se leva et reprit son siège.

« Ce que vous avez à dire, dites-le, pressa Tou.

— En ce moment, le commissaire d'éducation provincial fait subir les examens à Lou-tcheou [1], le tour suivant sera pour nous, dit Tsang. Or, l'autre jour, je me suis chargé d'acheter le grade de " talent élégant " (bachelier) pour quelqu'un, comme il y avait un agent du commissaire d'éducation provincial qui se chargeait secrètement de cette sorte de chose ici, je lui avais donné trois cents taëls d'argent, mais un peu plus tard, cet agent m'a dit : " Nos supérieurs sont très sévères, le commissaire n'ose pas vendre le grade de bachelier, mais il pourrait vendre le rang de bachelier salarié à la place, comme vous êtes déjà bachelier, il pourra faire figurer votre nom sur la liste des meilleurs bacheliers afin que vous puissiez devenir un bachelier salarié. " Alors, je lui ai donné mon nom, c'est pourquoi je suis devenu un bachelier salarié cette année. Mais l'homme qui m'avait chargé d'acheter le grade de bachelier me réclame les trois cents taëls qu'il m'avait remis. Si je ne lui rembourse pas cet argent, la fraude sera dévoilée! Il y va de ma vie et de mes biens! C'est pourquoi je viens vous importuner : prêtez-moi trois cents taëls sur l'argent que vous avez reçu pour la vente de vos terres, afin que j'arrange cette affaire, plus tard je vous rembourserai peu à peu. D'ailleurs, tout à l'heure, vous avez déjà accepté.

— Peuh! s'exclama Tou. Je croyais que vous alliez me dire des choses autrement graves, n'est-ce que cela! Vaut-il la peine de vous effrayer? de vous prosterner? vous mettre à genoux? pour une telle bagatelle! Qu'y a-t-il là de grave? Demain je vous donnerai l'argent.

— Combien il est franc! Combien il est sincère! cria Pao, en frappant des mains. Allons! buvons du vin dans les grandes coupes! »

Alors, de grandes coupes furent apportées et ils burent dedans. Tou qui était ivre dit :

« Je vous demande, Troisième frère Tsang, pourquoi voulez-vous à tout prix devenir un bachelier salarié?

— Comment ne pourriez-vous le comprendre? répondit Tsang. Un bachelier salarié a plus de chance de réussir à l'examen de licence. Si je suis licencié, je deviendrai mandarin. Même si j'échouais à l'examen de licence, comme je suis bachelier salarié, en une dizaine d'années, je pourrai devenir un bachelier supérieur [2]. Après l'examen du palais je serai nommé sous-préfet ou juge [3], alors je porterai des bottes à semelles d'hélices de mandarin, je siègerai au tribunal pour rendre des jugements et jetterai des fiches de bambou pour faire battre les gens. Si des seigneurs comme vous venez à escroquer de l'argent, je vous ferai enfermer, vous donnerai des fromages de soja à manger pendant un mois, et vous ferai mourir d'engorgement!

— Espèce de bandit! cria Tou en riant. Vous êtes extrêmement méprisable et éhonté!

— Plaisanterie! plaisanterie! dit Pao en pouffant de rire. Mes deux seigneurs vous méritez le châtiment d'une coupe à boire chacun. »

Tard dans la soirée, ils se séparèrent. Le matin suivant, Tou ordonna à Wang le Barbu de prendre une cassette d'argent et d'en donner le contenu à Tsang, Wang reçut six taëls d'argent comme pourboire. Sur le chemin du retour, il s'arrêta à la boutique de poissons frais pour manger des nouilles et y trouva Tchang Tsouen-min qui était en train de déjeuner.

« Venez ici, fit celui-ci; et asseyez-vous avec moi, Monsieur Wang le Barbu. »

Wang alla à sa table et s'assit, lorsque les nouilles furent servies et qu'il commença à manger, Tchang lui dit :

« Je voudrais me confier à vous.

— Qu'est-ce que c'est? dit Wang le Barbu. Vous allez guérir Monsieur Leou, vous voulez un cadeau de remerciement?

— Non, ce n'est pas cela, répondit Tchang. La maladie de Monsieur Leou est incurable.

— Combien de temps pourra-t-il encore vivre? demanda Wang le Barbu.

— Probablement pas plus d'une centaine de jours, répondit Tchang, mais ce sujet ne mérite pas qu'on en parle. Je voudrais me confier à vous.

— Vous n'avez qu'à parler! dit Wang le Barbu.

— Le Commissaire d'éducation provincial sera bientôt ici, dit Tchang. Mon fils désire se présenter à l'examen, mais je crains que les bacheliers de l'école ne disent que je me fais passer pour un indigène[4]. J'ai recours à votre jeune maître pour leur demander une faveur.

— Ce n'est pas possible, répondit Wang, avec un geste de désapprobation. Notre jeune maître n'a jamais parlé une seule fois avec les bacheliers de l'école. Et ils n'aiment pas entendre parler de gens qui désirent se présenter à l'examen. Si vous lui demandez cela, il vous conseillera de ne pas laisser votre fils se présenter.

— Alors comment faire? demanda Tchang.

— Il y a un moyen, dit Wang le Barbu. Je dirai à notre jeune seigneur que votre fils n'étant pas indigène, n'a pas vraiment le droit de se présenter à l'examen dans notre préfecture. Mais la salle d'examen de la préfecture de Fong-yang a été construite avec l'argent de son père, si notre jeune seigneur désire envoyer un candidat s'y présenter, qui osera l'empêcher ? Si je le stimule, il fera de son mieux pour vous, et même vous aidera de son argent !

— Arrangez cette affaire pour le mieux d'après votre idée, dit Tchang. Si elle réussit, je ne manquerai pas de vous " parler avec le corps courbé " (remercier).

— Est-il possible que je vous demande de me récompenser ! dit Wang le Barbu. Votre fils est mon neveu, plus tard s'il est reçu à l'examen du baccalauréat, avec son bonnet tout neuf de lettré et sa robe bleue, il se prosternera d'autant plus devant moi, son vieil oncle et je serai tout à fait satisfait. »

Ces paroles échangées, Tchang Tsouen-min paya les nouilles et ils sortirent de la boutique.

Wang rentra et demanda aux petits serviteurs :

« Où est le jeune maître ?

— Il est dans la bibliothèque », répondirent-ils.

Wang le Barbu y alla tout droit, et y trouva Tou Chao-k'ing.

« Votre serviteur a remis l'argent à Monsieur Tsang le troisième, annonça-t-il. Il vous est très reconnaissant, jeune seigneur, il dit que vous l'avez sauvé d'un grave accident et que vous l'avez aidé à acquérir un renom. En vérité, cette sorte de chose, personne d'autre n'aurait voulu la faire.

— Ce n'est pas une chose importante, c'est une simple vétille, dit Tou, pourquoi venir ici m'en importuner !

— Votre serviteur a quelque chose d'autre à vous dire, jeune seigneur, dit Wang le Barbu. Vous avez payé le degré de bachelier salarié pour Monsieur Tsang le troisième, vous avez construit une maison pour le gardien du temple ancestral de toute votre famille. Or, maintenant le commissaire d'éducation provincial viendra ici sous peu, pour faire passer les examens, on vous demandera de réparer la salle d'examen. Le grand seigneur votre père a dépensé des milliers de taëls pour faire construire les cellules d'examen, d'autres gens en ont l'avantage. Si vous, jeune seigneur, envoyez un candidat aller se présenter à l'examen, qui oserait s'y opposer ?

— Les candidats peuvent aller se présenter à l'examen eux-mêmes, pourquoi en enverrai-je un ? demanda Tou.

— Si moi, votre serviteur, j'avais un fils, et que vous, jeune seigneur, l'enverriez aller passer l'examen, est-ce qu'il y aurait des gens qui oseraient jaser ? demanda Wang le Barbu.

— Bien sûr que non, répondit Tou. Les " talents élégants " (bacheliers) de l'école ne sont pas meilleurs que les esclaves !

— Le fils du médecin Tchang le deuxième qui habite à la

porte de derrière a fait des études, pourquoi ne lui dites-vous pas de se présenter à l'examen, jeune Seigneur ? dit Wang le Barbu.

— Est-ce qu'il le désire ? demanda Tou.

— Son père n'est pas indigène, il n'ose pas, répondit Wang le Barbu.

— Dites-lui d'y aller, dit Tou. S'il y a quelque bachelier salarié qui dise quelque chose, alors dites à ce bachelier salarié que c'est moi qui l'ai envoyé se présenter à l'examen.

— Oui », acquiesça Wang le Barbu. Et il se retira.

En ces jours, la maladie de Monsieur Leou s'aggravait peu à peu, Tou Chao-k'ing changea à nouveau de médecin pour le soigner; il restait à la maison, soucieux.

Un jour, tout à coup, arriva Tsang le troisième :

« Il y a une nouvelle, la connaissez-vous ? demanda-t-il en restant debout. Le sous-préfet Wang est en mauvaise posture, hier soir son sceau lui a été enlevé, et le nouveau sous-préfet l'a sommé de quitter le yamen, les gens de la sous-préfecture disent tous qu'il est un fonctionnaire dépravé, personne ne veut lui prêter chambre où résider, il se rend fou d'inquiétude !

— Que fait-il maintenant ? demanda Tou.

— La nuit dernière il est resté encore dans le yamen malgré l'interdiction, mais s'il ne déménage pas demain, il perdra la face ! dit Tsang. Qui va lui prêter des chambres à loger ? Il sera obligé de déménager dans un hospice pour vieillards !

— C'est vrai ! », dit Tou.

Il ordonna au petit serviteur de faire venir Wang le Barbu auquel il dit :

« Allez tout de suite au bureau des travaux publics devant l'administration sous-préfectorale et dites à l'employé du bureau d'entrer informer le sous-préfet Wang que s'il n'a nul endroit où résider, je le prie de venir ici habiter dans ma propriété. Il a besoin d'urgence d'une chambre, dépêchez-vous ! »

Wang le Barbu s'en alla à la hâte.

« Auparavant vous ne vouliez même pas le rencontrer, dit Tsang, pourquoi lui prêter une chambre à habiter aujourd'hui ? De plus vous serez impliqué dans cette affaire ce qui va vous créer des ennuis. Plus tard, si la foule s'en prend à lui, elle pourra démolir votre jardin !

— Feu mon père a fait grande bienfaisance pour cette sous-préfecture, tout le monde le sait, répliqua Tou. Même si je cache des bandits chez moi, personne ne viendra détruire ma maison. Ne vous faites pas de souci pour cela, mon vieux frère ! Quant à ce Monsieur Wang, puisqu'il a su m'admirer, c'est une chance pour lui. Autrefois si j'étais allé lui faire une visite ç'eût été flatter le sous-préfet de ma propre ville, mais maintenant qu'il est relevé de sa fonction et qu'il n'a nulle part où habiter, alors, je dois lui accorder mon aide. Quand il recevra mon message, il viendra sûrement, restez ici, attendez qu'il arrive et vous pourrez parler un peu avec lui. »

Comme ils étaient en train de converser, le portier annonça :

« Monsieur Tchang le deuxième. »

Tchang Tsouen-min entra, s'agenouilla et se prosterna.

« Qu'y a-t-il encore ? Pourquoi faites-vous ces courbettes ? demanda Tou.

— C'est au sujet de ce que mon fils désire se présenter à l'examen, j'ai reçu votre faveur, jeune seigneur, dit Tchang.

— Mais oui, c'est chose faite, dit Tou.

— Quand Messieurs les bacheliers salariés ont entendu parler de votre recommandation, ils n'eurent pas d'objection, répondit Tchang. Mais ils demandent que je fasse un don de cent vingt taëls pour la réparation de l'école, comment puis-je trouver à contribuer avec tant d'argent ? C'est pourquoi je suis venu vous consulter et vous demander de m'aider.

— Vous voulez seulement cent vingt taëls ? demanda Tou. Aurez-vous besoin de plus à part cette somme ?

— Je n'aurai pas besoin de plus, répondit Tchang.

— C'est facile, je le payerai pour vous, dit Tou, vous n'avez qu'à m'écrire une sollicitation en disant que vous désirez faire un don pour réparer l'école et que vous demandez de devenir indigène pour l'examen. Frère Tsang le troisième, vous porterez cette sollicitation à l'école pour lui, vous viendrez chercher l'argent ici.

— Je suis occupé aujourd'hui, dit Tsang à Tchang, j'irai avec vous demain. »

Ayant exprimé ses remerciements, Tchang se retira.

A ce moment, Wang le Barbu entra en coup de vent.

« Le sous-préfet est venu vous rendre visite, annonça-t-il. Il est à la porte et est déjà descendu de sa chaise à porteurs. »

Tou et Tsang sortirent pour l'accueillir. Le sous-préfet Wang portait un chapeau de gaze et les vêtements d'un simple particulier, il salua à deux reprises :

« Je vous admire depuis longtemps, Monsieur, mais je n'ai pas eu l'occasion de faire votre connaissance, dit-il. Maintenant, moi, votre frère cadet, je suis en détresse, vous mettez généreusement votre honorable résidence à ma disposition, je suis très touché de vos bienfaits et je me sens honteux d'accepter votre hospitalité; c'est pourquoi je suis venu vous exprimer mes remerciements avant de vous demander des instructions minutieuses plus tard. C'est heureux que notre ami Tsang soit ici également.

— Une bagatelle comme ceci ne mérite pas qu'on lui attache de l'importance, Monsieur le sous-préfet, répondit Tou. Comme mon studio est vide, je vous prie d'y emménager sans hésitation.

— Moi, votre élève, j'étais venu ici demander à mon ami Tou de vous rendre visite avec moi, mon maître, dit Tsang. Je ne pensais pas que mon maître prendrait la peine de nous honorer d'abord de sa visite à lui.

— Je vous en prie, je vous en prie », dit le sous-préfet Wang. Il salua profondément, monta dans sa chaise à porteurs et s'en alla.

Tou garda Tsang, lui donna cent vingt taëls et lui demanda d'arranger l'affaire de Tchang le lendemain. Tsang prit l'argent et s'en alla. Le jour suivant, le sous-préfet Wang emménagea. Un jour après, Tchang fit préparer un festin et donna un banquet dans la maison de Tou, auquel Tsang et Pao furent aussi invités pour tenir compagnie.

« Vous devez parler maintenant, dit Wang le Barbu en cachette à Pao. J'ai calculé, son argent sera bientôt épuisé, si quelqu'un d'autre vient lui demander de l'argent, il n'en restera rien pour vous. Ce soir, vous devez ouvrir la bouche! »

A ce moment tous les invités étaient arrivés, le festin était servi dans la bibliothèque à côté de la salle, les quatre personnes passèrent à table. Tchang Tsouen-min éleva de ses deux mains une coupe de vin et l'offrit à Tou pour exprimer sa gratitude, puis il remplit une autre coupe, salua et remercia Tsang le troisième, et enfin prit place. Pendant le repas, ils bavardèrent à loisir sur des sujets variés :

« Moi, votre serviteur-écornifleur je suis ici depuis plus de six mois, dit Pao à Tou. Je vous ai vu dépenser de l'argent comme de l'eau courante, jeune seigneur. Même le tailleur est parti les poches pleines. Il n'y a que moi qui, nourri ici pendant sept à huit mois, n'ai rien eu qu'un peu de vin et de viande à manger, je n'ai même pas vu une seule sapèque! Je pense que je ne dois pas continuer à être une " tranche de bambou sèche " (écornifleur qui ne peut pas obtenir l'intérêt réel). Tant qu'à perdre mon temps, mieux vaut essuyer les larmes de mes yeux et aller pleurer ailleurs! Votre serviteur vous fera ses adieux demain.

— Vous ne m'avez jamais parlé de la sorte auparavant, comment pouvais-je savoir ce que vous aviez dans votre cœur, Monsieur Pao? dit Tou. Si vous avez à me parler, dites-le n'est-ce pas! »

Pao s'empressa de remplir une coupe de vin et la lui offrit :

« Mon père et moi étions tous les deux directeurs d'une troupe théâtrale pour avoir de quoi vivre, dit-il. Malheureusement mon père est mort, j'ai perdu mon capital, je n'ai pas pu sauver l'affaire paternelle; à la maison, j'ai une mère âgée et je ne puis non plus la nourrir, je suis un homme qui mérite la mort, à moins que le jeune maître ne me donne quelque capital, c'est seulement à cette condition que je peux retourner assurer la vie de ma mère.

— Vous n'êtes qu'un disciple du Jardin des Poiriers (comédien), mais vous avez cette vertu de piété filiale de penser à votre père et de respecter votre mère, c'est vraiment très admirable! s'exclama Tou. Comment pourrais-je ne pas vous aider! »

Pao se leva :

« Merci mille fois pour votre bonté, jeune Maître, dit-il.

— Asseyez-vous, répliqua Tou. De combien d'argent avez-vous besoin? »

Pao vit que Wang le Barbu se tenait debout en retrait, il jeta un coup d'œil sur Wang, celui-ci s'avança :

« Vous aurez besoin de beaucoup d'argent, Monsieur Pao, dit-il. Pour réunir une compagnie d'acteurs et acheter des costumes de théâtre, il est possible que cela vous coûte cinq à six cents taëls d'argent. Le jeune maître ne dispose pas d'autant, il ne peut que vous donner quelques dizaines de taëls pour que vous retraversiez le fleuve recruter quelques enfants afin de faire un départ.

— Quelques dizaines de taëls ne sont pas suffisants, dit Tou. Je vous donnerai cent taëls pour commencer à entraîner une troupe théâtrale. Quand cette somme sera dépensée, vous reviendrez me parler. »

Pao s'agenouilla pour le remercier, Tou l'arrêta :

« J'aurais voulu vous donner davantage avant de vous laisser partir, dit-il. Mais la maladie de Monsieur Leou est très grave, je dois me préparer à toute éventualité. J'aimerais vous aider à redémarrer. »

Ce soir-là, Tsang et Tchang louèrent la générosité de Tou, après le repas ils se séparèrent.

A partir de ce moment, la maladie de Monsieur Leou ne cessa de s'aggraver. Ce jour-là, Tou était assis à côté de lui.

« Avant j'attendais ici, dit Monsieur Leou, j'espérais que je guérirais, mais maintenant il semble que ma maladie ne pourra pas se guérir, vous devez m'envoyer chez moi!

— Je n'ai pas fait tout ce que j'aurais dû faire pour payer de retour votre bonté même pendant un seul jour, mon oncle, dit Tou. Comment pouvez-vous parler de retourner chez vous?

— Vous êtes de nouveau stupide, dit Leou. J'ai des fils et des petits-fils, comme j'ai passé ma vie loin de ma maison, maintenant naturellement je désire aller chez moi pour mourir.

Il est impossible que je vous accuse de ne vouloir pas me garder ici.

— Dans ce cas, je ne vous retiendrai pas, dit Tou avec des larmes dans les yeux. J'ai déjà préparé votre cercueil, mon oncle; mais maintenant vous n'en aurez pas besoin et ce n'est pas commode à emporter, je vous donnerai plusieurs dizaines de taëls, vous en achèterez un autre. Les vêtements et la literie (couverture à matelas) sont tout prêts, vous pouvez les emporter, mon oncle.

— J'accepterai le cercueil et les vêtements, dit Leou. Mais vous ne devez pas donner de nouveau de l'argent à mes fils et mes petits-fils. Je désire m'en retourner dans trois jours, comme je ne puis m'asseoir, on sera obligé de me transporter sur une civière. Demain matin allez faire la prière devant la tablette de votre père défunt et l'informer que Monsieur Leou prend son congé et retourne à la maison. Je suis resté dans votre famille pendant trente ans, je suis un ami intime de votre honorable père. Depuis sa mort, vous m'avez tellement bien traité, comment aurais-je quelque chose à dire? Votre conduite et votre instruction sont sans égales à notre époque. Votre fils surtout est un garçon hors du commun qui promet beaucoup, vous saurez sérieusement l'élever pour qu'il devienne un honnête homme. Mais vous ne savez pas gérer votre maison, et vous ne savez pas non plus nouer les amitiés qu'il faudrait, sûrement bientôt votre propriété familiale ne sera pas sauvegardée! Vous faites des actions généreuses et justes, mon cœur en est réjoui, seulement il vous faut voir envers qui vous vous conduisez ainsi. A la manière dont vous agissez, vous êtes toujours escroqué, personne ne vous paie de retour. Bien que faire l'œuvre de bienfaisance n'est pas devoir espérer la récompense, cependant il ne faut pas non plus à votre manière ne pas faire de distinction entre ceux qui sont méritants et ceux qui sont indignes d'une charité. Vous vous liez d'amitié avec Tsang le troisième et Tchang Tsouen-min qui sont des gens malhonnêtes. Récemment ce Pao T'ing-si s'est joint à eux, c'est un comédien, est-il possible qu'il y ait de braves gens parmi les acteurs? Vous voulez également l'aider. Quant à votre intendant Wang le Barbu, il est encore pire! Mais l'argent n'est qu'une petite chose, après ma mort, vous et votre fils devez imiter la conduite vertueuse de votre père respectable en toute chose. Si votre conduite est vertueuse, même s'il n'y a pas de quoi manger, cela n'a pas d'importance. Votre ami le plus intime est votre cousin Chen-k'ing, mais quoiqu'il ait du talent, il n'est pas un homme généreux. Vous n'avez qu'à imiter votre honorable père, plus tard vous ne souffrirez sûrement pas de la misère. Vous méprisez les fonctionnaires, vous n'aimez pas les membres de votre famille, il vous est difficile de rester ici dans votre pays natal. Nankin (la capitale du Sud) est une grande métropole, comme vous avez du talent, si vous y allez, probablement vous vous ferez de bons amis qui vous apprécieront et vous pourrez réaliser quelque chose. Ce qui reste de votre patrimoine ne pourra pas durer! Cher ami, si vous obéissez à mes paroles, je mourrai heureux.

— Je comprends tous vos conseils, mon vieil oncle », répliqua Tou en versant des larmes.

Il sortit sans tarder et ordonna à ses serviteurs d'engager deux paires de porteurs pour transporter Monsieur Leou jusqu'au T'ao-hong-tchen (bourg de la Poterie Rouge) en passant par Nankin. Puis il donna au fils de Monsieur Leou une centaine de taëls d'argent à emporter pour les funérailles de son père. Le troisième jour il reconduisit Monsieur Leou qui partit.

Cela a eu les conséquences suivantes :

Dans la résidence au bord de la rivière de la capitale, on vit en voyage une personne de distinction.

Dans son pays natal du Nord de la Rivière, on ne vit plus les actions généreuses de cet homme de talent.

Pour savoir ce qui suit, lisez le chapitre suivant.

NOTES

1. La préfecture de Lou-tcheou se trouve dans le Ngan-Houei.
2. Bachelier supérieur : bachelier tributaire ou bachelier aîné.
3. T'ouen-kouan, assistant judiciaire du préfet ou du juge.
4. Les examens ont lieu dans des préfectures différentes, seuls les gens du pays ont le droit de s'y présenter.

CHAPITRE XXXIII

Tou Chao-k'ing et son épouse font une excursion sur les collines.
Tch'e Heng-chan et ses amis discutent sur les rites.

Après que Tou Chao-k'ing eut accompagné Monsieur Leou à son départ, il n'eut désormais plus personne pour lui donner des conseils, aussi s'enhardit-il de plus en plus à dépenser son argent. Aussitôt qu'une première somme d'argent était épuisée il envoyait de nouveau Wang le Barbu vendre un autre morceau de terre pour plus de deux mille taëls qu'il gaspillait aussitôt à sa guise. Il donna à Pao T'ing-si une centaine de taëls pour l'expédier de l'autre côté du fleuve afin qu'il rentre chez lui. L'affaire du sous-préfet Wang réglée, celui-ci rendit les chambres prêtées, fit ses adieux et s'en alla .Quant à Tou Chao-k'ing, ayant passé de nouveau plus de six mois chez lui, son argent était presque entièrement épuisé, il avait l'intention de vendre sa maison aux membres de sa famille et d'aller habiter Nankin, il consulta sa femme, qui tomba d'accord. D'autres personnes le dissuadèrent, mais il ne voulut pas les écouter. Après six mois de tergiversation, la maison fut définitivement cédée. Outre les dettes remboursées et les choses mises en gage retirées, il lui restait encore plus d'un millier de taëls.

« Je vais d'abord rendre visite à Nankin à mon petit-cousin maternel Lou, dit-il à sa femme. Quand j'aurai trouvé une maison, je reviendrai vous chercher. »

Là-dessus, il fit ses bagages pour traverser le fleuve (Yang-tseu) avec son intendant Wang le Barbu et son serviteur Kia-tsio. Wang le Barbu, voyant que les affaires allaient mal, escroqua vingt taëls d'argent pendant le voyage et prit la fuite, Tou

Chao-k'ing en rit simplement et traversa le fleuve avec le seul Kia-tsio. Quand il fut arrivé à la maison de la famille de sa mère, la famille Lou, sise rue du Grenier, son petit-cousin Lou Houa-che sortit l'accueillir et le fit entrer dans la salle où ils échangèrent des salutations. Ensuite Tou Chao-k'ing monta saluer les tablettes de son grand-père et de sa grand-mère maternels. Après quoi, il se rendit auprès de la mère de Lou Houa-che et ordonna à son serviteur d'apporter le jambon, le thé et les autres produits locaux qu'il lui offrait. Lou Houa-che le pria de passer dans la bibliothèque pour un repas et invita le précepteur qu'il avait engagé cette année-là à les accompagner. Lorsque le précepteur vint saluer Tou Chao-k'ing, ce dernier le pria de prendre le siège d'honneur :

« Quel est votre honorable nom, Monsieur ? demanda Tou au précepteur.

— Mon humble nom est Tch'e, répondit le précepteur, mon prénom est Kiun, mon nom social Heng-chan. Je me permets de demander votre honorable nom.

— C'est mon oncle Tou de la sous-préfecture T'ien-tch'ang, dit Lou Houa-che.

— Ah ! Monsieur Tou Chao-k'ing ? demanda Monsieur Tch'e. Vous êtes un homme éminent, célèbre à " l'intérieur des quatre mers " (à travers l'empire entier), et un lettré sans pareil depuis mille automnes ! Jusqu'ici j'ai entendu parler de votre grande réputation sans pouvoir voir votre visage, je ne pensais pas avoir la grande chance de vous rencontrer par hasard aujourd'hui et de vous trouver si noble et si distingué ! »

Il se leva pour saluer encore une fois. Tou Chao-k'ing voyant que le précepteur était mince, avec des sourcils qui se joignaient, de longs doigts et des prunelles brillantes se rendit compte qu'il n'était pas un homme ordinaire; alors il le traita chaleureusement comme un vieil ami dès la première vue. Après le repas, quand Tou mentionna qu'il voulait chercher une maison à habiter, Tch'e Heng-chan fut transporté d'une joie inattendue :

« Pourquoi ne chercheriez-vous pas quelques pièces au bord de la rivière ? suggéra-t-il.

— C'est parfait, répliqua Tou Chao-k'ing. Prenons ce prétexte pour aller contempler d'abord ensemble la rivière Ts'in-houai [1]. » Le précepteur Tch'e dit à Houa-che de rester tranquillement à la maison et sortit à pied avec Chao-k'ing. Arrivés au square du Lauréat, ils virent dans une librairie beaucoup de nouvelles couvertures de livres. L'un des titres disait :

« Anthologie des essais modèles d'examens officiels qui président à la Tribune Littéraire, choisie et commentée par Ma Tch'ouen-chang originaire de Tch'ou-tcheou au Tchö-kiang et par Kiu Chen-fou originaire de Kia-hing au Tchö-kiang. »

« Ce Kiu Chen-fou est le petit-fils du préfet Kiu de Nan-tch'ang, dit Tou Chao-k'ing. Il est mon frère aîné par génération [2]. Puisqu'il est ici, pourquoi ne pas entrer lui rendre visite ? »

Kiu Chen-fou sortit les accueillir et ils échangèrent les compliments d'usage. Ma Tch'ouen-chang à son tour vint les saluer et demanda les nobles noms de ces messieurs :

« C'est Monsieur Tou Chao-k'ing, petit-fils du docteur ès lettres reçu premier, originaire de la sous-préfecture T'ien-tch'ang du Ngan-houei, dit Kiu. Et voici Monsieur Tch'e Heng-chan, originaire de la sous-préfecture Kiu-jong du Kiang-sou. Tous deux sont à la tête du monde littéraire du sud du fleuve Yang-tseu. Mon seul regret est que nous ne les ayons pas rencontrés plus tôt! »

Après avoir bu le thé, Tch'e Heng-chan dit :

« Le frère aîné Chao-k'ing désire chercher un logement maintenant, nous ne pouvons pas rester plus longtemps ici à bavarder, nous devons vous dire au revoir. »

Ils aperçurent un homme penché sur le comptoir en train de lire des poèmes.

« Ce sont mes œuvres, déclara-t-il. »

Tous quatre marchèrent vers lui et virent qu'était posé à ses côtés un éventail blanc fermé. Kiu Chen-fou l'ouvrit et regarda l'en-tête qui portait : « Monsieur Lan-kiang. »

« C'est King Lan-kiang! », cria-t-il en riant.

King Lan-kiang leva la tête et vit les deux étrangers, il s'inclina et demanda leurs noms.

Mais Tou Chao-k'ing tira Tch'e Heng-chan par le bras :

« Nous pourrons rendre visite à ces gens plus tard, dit-il. Pour le moment, allons chercher un logis. »

Ils traversèrent le pont de la Houai Limpide, Tch'e Heng-chan qui connaissait très bien le chemin trouva un agent de location, ils visitèrent plusieurs maisons au bord de la rivière, mais ne trouvèrent rien de satisfaisant, jusqu'à la Porte de l'Eau de l'Est. Comme c'était l'année des examens provinciaux [3], les loyers au bord de la rivière étaient très élevés, ils choisirent une maison de huit taëls par mois.

« Tant pis, dit Tou Chao-k'ing. Nous la louerons d'abord, nous l'achèterons plus tard. »

La coutume de Nankin est de payer un mois de loyer comme caution et le loyer du premier mois en avance. L'agent de location et le propriétaire vinrent à la rue du Grenier pour dresser le bail, Tou donna seize taëls. La famille Lou prépara du vin et retint Tch'e Heng-chan pour qu'il reste avec Tou

Chao-k'ing; ils bavardèrent jusqu'à la nuit et Tch'e Heng-chan resta jusqu'au lendemain.

Le matin suivant, ils avaient à peine lavé leur visage qu'ils entendirent quelqu'un appeler de l'extérieur :

« Où est Monsieur Tou Chao-k'ing ? »

Tou à peine sorti croisa un étranger.

« Ne dites pas vos noms, cria celui-ci. Attendez un peu, laissez-moi deviner. »

Après l'avoir regardé avec attention, il s'avança et lui serrant le bras :

« C'est vous Tou Chao-k'ing! déclara-t-il.

— En effet, je suis bien Tou Chao-k'ing, dit Tou en riant. Voici Monsieur Tch'e Heng-chan, et voici mon neveu. Quel est votre honorable nom, Monsieur ?

— Chao-k'ing, vous êtes un lettré magnanime, dit le visiteur. Votre génie vigoureux impressionne les hommes, c'est pourquoi moi, votre jeune frère au premier regard jeté sur vous je vous ai reconnu, vous n'êtes pas comme Monsieur Tch'e qui est sage et grave. Je ne pouvais me tromper. Je me présente : Ki Wei-siao.

— Êtes-vous ce Monsieur Ki qui avait été juge au concours des acteurs du Jardin des Poiriers ? dit Tch'e Heng-chan. Je vous admire depuis longtemps! »

Ki Wei-siao prit un siège.

« Votre cousin est déjà parti pour le Nord, dit-il à Tou Chao-k'ing.

— Quand ? demanda Tou surpris.

— Il y a seulement trois ou quatre jours, répondit Ki Wei-siao. Je l'ai accompagné à la Passe du Fleuve du Dragon. Il est monté bachelier-salarié et est allé à la capitale pour passer l'examen de licence. Frère Chao-k'ing, vous gaspillez l'or comme si c'était de la poussière, pourquoi vous cachiez-vous sur vos terres pour le dépenser tout seul au lieu de l'apporter ici afin que nous nous amusions tous un peu ?

— Me voici ici, répliqua Tou Chao-k'ing. J'ai pris une maison au bord de la rivière, j'habiterai ici avec ma femme.

— Merveilleux! dit Ki Wei-siao en frappant des mains. Je chercherai également deux chambres au bord de la rivière pour être votre voisin et je ferai venir ma femme ici pour tenir compagnie à Madame Tou. Le loyer de mes deux chambres vous incombe.

— Naturellement », dit Tou Chao-k'ing.

La famille Lou fit servir un repas et retint Ki Wei-siao pour qu'il reste avec eux. Au milieu du repas lorsque Ki raconta comment il avait dupé Tou Chen-k'ing au sujet du prêtre taoïste, tout le monde éclata de rire et la nourriture jaillit de leur bouche. Le repas à peine terminé, arrivèrent Ma Tch'ouen-chang, Kiu Chen-fou, et King Lan-kiang. Après avoir bavardé pendant un moment, ils raccompagnèrent leurs visiteurs, mais à peine les avaient-ils reconduits que Siao Kin-hiuan, Tchou-ko T'ien-chen et Ki T'ien-yi arrivaient à leur tour. Ils repartirent peu après et Ki Wei-siao se joignit à eux. Tou Chao-k'ing écrivit une lettre et envoya un homme jusqu'à la sous-préfecture de T'ien-tch'ang pour chercher sa maisonnée.

Le matin suivant, de bonne heure, il était sur le point d'aller rendre visite à Ki Wei-siao et aux autres, lorsque se montrèrent Kouo T'ie-pi et le prêtre taoïste Lai. Tou Chao-k'ing les accueillit et les fit entrer; en voyant l'apparence du prêtre taoïste il se rappela la conversation de la veille, et ne put s'empêcher de rire. Le prêtre lui présenta un livre de poèmes après s'être montré d'une politesse extrême, Kouo T'ie-pi également lui offrit deux sceaux. Tou Chao-k'ing accepta leurs présents. Après avoir bu du thé, ils prirent congé. Alors seulement, Tou Chao-k'ing put aller faire la visite projetée. Il séjourna sept ou huit jours chez les Lou pendant lesquels il put discourir avec Tch'e Heng-chan sur les rites et la Musique, au sujet desquels ils s'entendirent en tout point. Lorsque sa maisonnée arriva dans quatre bateaux qui s'amarrèrent près de la maison de la rivière, Tou Chao-k'ing prit congé de la famille Lou et emménagea.

Le jour suivant, les gens vinrent le féliciter. C'était au début du troisième mois de l'année, les maisons de la rivière commençaient à devenir agréables et à se remplir. La musique de la flûte et des instruments à vents se fit souvent entendre. Tou Chao-k'ing prépara un festin et invita ces gens qui remplirent quatre tables. Ki Wei-siao, Ma Tch'ouen-chang, Kiu Chen-fou, Ki T'ien-yi, Tch'e Heng-chan, Lou Houa-che, King Lan-kiang, Tchouo-ko T'ien-chen, Siao Kin-hiuan, Kouo T'ie-pi et Lai Hia-che étaient tous présents. Kin Tong-ya qui habitait une maison voisine au bord de la rivière et qui lui avait rendu visite était invité aussi. Ce jour-là, les serveurs et les cuisiniers furent les premiers puis arrivèrent Pao T'ing-si et ses jeunes acteurs de la troupe théâtrale des « Trois Premiers »[4] qu'il entraînait depuis peu; en se prosternant, ils saluèrent Monsieur et Madame Tou qui les récompensèrent de beaucoup de fruits et ils s'en allèrent. Ensuite le propriétaire de la maison introduisit une vendeuse de fleurs nommée Madame Yao. Madame Tou lui demanda de rester. Vers midi, les invités au grand complet étaient arrivés et on ouvrit toutes les fenêtres de la maison.

Les invités s'assirent çà et là à leur gré, les uns se penchèrent sur la balustrade pour regarder l'eau, les autres sirotèrent du thé en bavardant, ou encore s'appuyèrent à une table pour lire, d'autres se vautraient à leur aise de manière à avoir l'apparence d'un van. Chacun se comportait exactement comme il l'entendait, quand on vit passer au-dehors une chaise à porteurs qu'accompagnait à pied Pao T'ing-si. Il amenait sa femme, ex-Madame Wang, présenter ses respects à Madame Tou. Quand elle sortit de sa chaise à porteurs et entra dans la maison, Madame Yao en la voyant ne put s'empêcher de partir d'un grand rire :

« C'est notre ex-Madame Wang si célèbre à Nankin, dit-elle à Madame Tou. Comment a-t-elle l'affront de venir ici ? »

Lorsque Madame Pao, ex-Madame Wang, se rendit dans la chambre de Madame Tou, elle se conduisit toutefois avec prudence et n'osa pas la traiter comme son égale, Madame Tou l'invita à s'asseoir. Quand Tou Chao-k'ing entra dans la chambre de sa femme, Madame Yao et Madame Pao (ex-Madame Wang) lui dirent leurs respects. Quant à Pao T'ing-si avec les hôtes invités dans la maison de la rivière, il faisait toutes sortes de railleries et de plaisanteries. Après un bon moment de bouffonnerie, le festin se trouva prêt. Tou Chao-k'ing invita ses hôtes à prendre leur place, la réception se termina vers la mi-nuit et chacun retourna chez soi. Pao T'ing-si portant une lanterne pour éclairer la chaise à porteurs dans laquelle était assise sa femme s'en alla aussi.

Plusieurs jours s'écoulèrent, comme c'était la première fois que Madame Tou était à Nankin, elle exprima le désir d'aller visiter un peu quelques sites. « D'accord », dit Tou Chao-k'ing.

Il commanda donc plusieurs chaises à porteurs et invita Madame Yao à venir avec eux, deux ou trois servantes les escortaient en chaises également. Le cuisinier leur apportait sur un fléau la nourriture et le vin au jardin Yao sur le mont Ts'ing-leang (la fraîcheur) qu'ils avaient loué pour l'occasion. Le jardin Yao était un parc extrêmement vaste, à l'entrée il y avait une porte dans la haie, le sentier à l'intérieur était pavé de galets en forme d'œuf d'oie et bordé de balustrades rouges et de saules verts. Ayant passé un bâtiment à trois travées, ils arrivèrent à un endroit où on vendait d'habitude du vin, mais ce jour-là toutes les tables avaient été enlevées. Au-delà un autre sentier menait à une colline, au sommet de laquelle dans un kiosque octogonal le repas était servi. Madame Tou et Madame Yao montèrent dans le kiosque d'où elles contemplèrent le paysage. Sur un côté se trouvait le mont Ts'ing-leang avec des bocages de bambous de toutes tailles et de l'autre côté le temple Ling-yin (ermitage des divinités) dont les murs rouges apparaissaient parmi l'épais taillis vert, cette vue était des plus charmantes. Peu de temps après, Tou Chao-k'ing arriva lui aussi en chaise à porteurs. Il apportait son gobelet d'or qu'il plaça sur la table, et le remplit de vin. Puis, tout en jouissant de la douceur printanière et de la légère brise il commença à boire avidement en s'appuyant à la balustrade. Ce jour-là Tou Chao-k'ing finit par être tout à fait ivre, il prit la main de sa femme, et franchit avec elle la porte du jardin, tenant à la main le gobelet et riant aux éclats; ils marchèrent ainsi plus d'un li sur les collines; derrière eux, trois ou quatre suivantes n'étaient pas moins gaies; tous ceux qui les croisaient étaient frappés d'étonnement et troublés, n'osaient pas lever la tête pour les regarder. Tou Chao-k'ing et sa femme partirent dans leurs chaises à porteurs, Madame Yao et les servantes cueillirent beaucoup de fleurs de pêchers, et les ayant piqués sur leurs palanquins se firent transporter pour les rejoindre.

Lorsque Tou Chao-k'ing atteignit la maison au bord de la rivière, il était très tard. Pourtant Lou Houa-che y était encore à l'attendre.

« L'oncle Tchouang du Pont de la Porte du Nord a entendu parler de votre arrivée, dit Lou. Il désire vivement vous rencontrer. Demain je vous prie de ne pas sortir, l'oncle Tchouang viendra vous présenter ses respects.

— Monsieur Tchouang Chao-kouang est par excellence l'homme que j'ai toujours traité comme mon maître, dit Tou Chao-k'ing; comme il ne peut supporter de se mêler à ces publicistes, c'est pourquoi je ne l'ai pas invité l'autre jour. C'est moi qui suis sur le point de lui rendre visite, comment, contrairement, lui laisserais-je prendre la peine de venir ici me voir? Retournez tout de suite chez vous, mon cher neveu, et envoyez quelqu'un lui dire mes hommages; qu'il sache que j'irai chez lui demain lui rendre visite le premier. »

Lou Houa-che s'inclina et s'en alla.

Tou Chao-k'ing avait à peine refermé la porte derrière lui, qu'il entendit frapper. Le petit serviteur alla ouvrir et annonça le jeune Monsieur Leou.

Tou Chao-k'ing leva les yeux et reconnut le petit-fils de Monsieur Leou Houan-wen en grand deuil; il se prosterna par terre et dit en pleurant :

« Mon grand-père est mort. Je suis venu tout exprès pour vous le faire savoir.

— Quand est-ce arrivé? demanda Tou Chao-k'ing.

— Le vingt-sixième jour du mois dernier », répondit le jeune Leou.

Tou Chao-k'ing éclata en sanglots, il ordonna de préparer des offrandes sacrificielles la nuit même. Le matin suivant, de bonne heure, il partit en chaise à porteurs pour le bourg T'ao-hong (la Poterie rouge). Ki Wei-siao ayant été informé de la promenade de Tou Chao-k'ing au jardin Yao, était venu de bonne heure lui rendre visite. Il apprit que Tou était allé au bourg de la Poterie rouge, et s'en retourna désappointé.

Tou Chao-k'ing arrivé au bourg de la Poterie rouge pleura amèrement devant le cercueil du vieux Monsieur Leou, il donna de l'argent pour engager des moines bouddhistes qui réciteraient des soutras afin que le vieux Monsieur Leou soit sauvé et monte au ciel. La famille Leou invita beaucoup de ses membres à venir entourer Tou. Celui-ci resta là quatre ou cinq jours pendant lesquels il pleura sans cesse. Tous les habitants du bourg de la Poterie rouge s'en émerveillaient :

« Ah! que la famille Tou de la sous-préfecture T'ien-tch'ang est donc généreuse! » Quelques-uns ajoutèrent :

« Ce vieil homme se conduisit certainement avec une parfaite honnêteté, c'est pourquoi la famille Tou le respecte tellement pour le récompenser. On doit se bien comporter tout comme ce vieil homme afin de ne pas éprouver de remords. »

Tou Chao-k'ing donna de nouveau plusieurs dizaines de taëls au fils et au petit-fils du vieux Monsieur Leou pour qu'ils achètent un terrain où enterrer le vieillard; toute la famille Leou, hommes et femmes, vint le remercier. Après avoir une fois de plus versé bien des larmes devant le cercueil, Tou Chao-k'ing retourna chez lui où sa femme lui dit :

« Le lendemain de votre départ un messager du gouverneur provincial et un appariteur de l'école sous-préfectorale de T'ien-tch'ang sont venus porteurs d'une dépêche officielle pour vous, je leur ai dit que vous n'étiez pas à la maison. Ils sont restés à l'auberge, tous les jours ils se sont présentés, je ne sais de quoi il s'agit.

— C'est étrange! », dit Tou Chao-k'ing.

Pendant qu'ils faisaient des conjectures, le petit serviteur vint annoncer le messager et l'appariteur.

Tou Chao-k'ing s'empressa, fit échange de politesses avec le messager puis ils s'assirent. Le messager le félicita et l'appariteur lui présenta une dépêche officielle ouverte. Tou Chao-k'ing s'en saisit et vit ce qui était écrit :

« Dépêche du gouverneur provincial Li concernant la recommandation des hommes de talent : ayant reçu l'ordre de l'empereur de rechercher les lettrés excellents dans tout l'empire, notre département s'est informé que Monsieur Tou Yi [5], bachelier de l'école sous-préfectorale de T'ien-tch'ang a une conduite juste et honnête et que ses compositions littéraires sont exemplaires et élégantes. C'est pourquoi, j'ordonne aux professeurs de cette école sous-préfectorale de prier en toute sincérité ce bachelier de préparer tout de suite ses bagages pour aller à la capitale provinciale dans notre bureau subir une épreuve afin que nous puissions faire un rapport à la cour impériale et qu'il puisse être appelé à une audience avec l'empereur et recevoir une nomination. Ne pas désobéir ni tarder, l'affaire est urgente! »

« Le gouverneur provincial Li était l'étudiant de feu mon grand-père, réfléchit Tou Chao-k'ing après avoir lu la dépêche. Donc il est considéré comme mon oncle, c'est la raison pour laquelle il m'a recommandé. Comment pourrais-je accepter? Mais puisqu'il a tellement bonne intention, je dois me préparer tout de suite à partir et à aller à son yamen pour le remercier. »

Il retint le messager à un repas et lui offrit plusieurs taëls pour ses frais de route, il donna également à l'appariteur deux taëls, puis les congédia.

Il se prépara à partir, n'ayant pas d'argent pour le voyage, il mit au mont-de-piété son gobelet d'or pour trente taëls d'argent, et il s'embarqua avec son petit serviteur pour Ngan-k'ing [6]. A son arrivée, il apprit que le gouverneur provincial Li était parti pour une affaire publique; il ne revint que quelques jours plus tard. Tou Chao-k'ing présenta sa carte de visite et le serviteur du yamen l'invita à entrer dans la bibliothèque. Le gouverneur Li entra, Tou Chao-k'ing le salua, s'informa de sa santé. Le gouverneur Li le pria de s'asseoir :

« Depuis la mort de mon maître, j'ai songé souvent à vous et à vos cousins, dit le gouverneur. J'ai beaucoup entendu parler de vos talents et de vos qualités extraordinaires; comme la cour impériale (le gouvernement) imite la grande règle de l'Antiquité en offrant des postes à des lettrés éminents vivant en simples particuliers, j'ai pris la liberté de vous présenter pour partager votre gloire, je vous prie de ne pas refuser!

— Les talents et le savoir de votre humble neveu sont médiocres et pauvres, répliqua Tou Chao-k'ing. Monsieur le gouverneur, vous avez cru par erreur à une renommée bien creuse; j'ai peur de déshonorer votre lettre de recommandation et de vous décevoir!

— Il ne faut pas être trop modeste, dit le gouverneur Li, laissez-moi arranger l'attestation avec votre préfecture et votre sous-préfecture.

— Monsieur le gouverneur, vous m'avez accordé votre faveur, comment ne le reconnaîtrais-je pas? répliqua Tou Chao-k'ing. Mais moi, votre humble neveu, j'ai la nature rustique du daim et du cerf, j'ai été habitué à la vie champêtre et campagnarde. Récemment j'ai été souvent malade, je me permets de demander à votre excellence de chercher quelqu'un d'autre.

— Comment les fils de famille peuvent-ils refuser de devenir fonctionnaires ?! dit le gouverneur Li. Mon information n'était pas erronée, je tiens à vous recommander ! »

Tou Chao-k'ing n'osa en dire plus. Le gouverneur Li le garda cette nuit-là et lui montra un grand nombre de poèmes et d'essais qu'il avait écrits pour lui demander des conseils.

Le jour suivant, Tou Chao-k'ing prit congé. Il n'avait plus beaucoup d'argent de voyage sur lui, car il était resté quelques jours supplémentaires et avait donné des pourboires aux serviteurs du gouvernement provincial qui lui avaient réclamé des « primes de bonne nouvelle ». Il loua un bateau pour retourner à Nankin, il n'avait même pas les trois taëls pour payer les frais de location. Sur la route, ils rencontrèrent le vent contraire et mirent quatre à cinq jours pour atteindre Wou-hou (lac de Jungle), où le bateau fut vraiment incapable de continuer et le batelier demanda de l'argent pour acheter du riz. Tou Chao-k'ing ordonna à son petit serviteur d'aller en chercher, il lui restait seulement cinq sapèques. Tou Chao-k'ing songeait tristement à mettre en gage quelques vêtements. Il mit pied à terre pour se promener au temple de la Bonne Chance, où il s'assit à une table et but un peu de thé, comme il avait faim, il mangea trois galettes, l'addition atteignit six sapèques et il n'avait aucune moyen de franchir la porte de la maison de thé. Il remarqua vaguement un prêtre taoïste qui passait devant lui, mais ne put bien le regarder. Celui-ci tourna la tête, jeta un regard et s'avança précipitamment vers Tou.

« Ah ! par exemple, Monsieur Tou ! s'écria-t-il.

— Tiens, mais c'est Monsieur Lai-hia ! Asseyez-vous et buvez du thé, dit Tou.

— Pourquoi êtes-vous tout seul ici ? demanda Lai Hia-che.

— Quand êtes-vous arrivé ? demanda Tou Chao-k'ing.

— Après vous avoir dérangé et avoir abusé de votre hospitalité l'autre jour, j'ai reçu une lettre de Monsieur Tchang, sous-préfet de Wou-hou, qui m'invitait à venir ici pour y travailler, voilà pourquoi je suis là. J'habite Che-tcheou t'ing (Pavillon des Connaisseurs de Bateau), où le paysage est magnifique, et d'où l'on peut contempler la rivière. Venez vous y reposer.

— Moi aussi, je suis allé à Ngan-k'ing voir un ami, sur mon chemin de retour, le vent m'arrête ici, dit Tou Chao-k'ing. Oui, je vous accompagne jusqu'à votre honorable demeure me divertir un peu. »

Lai Hia-che paya le thé et ils pénétrèrent ensemble dans

le Pavillon des Connaisseurs de Bateau. Le prêtre taoïste du temple sortit demander quel était cet honorable invité.

« C'est Monsieur Tou de la famille du docteur ès lettres Tou reçu premier », répondit Lai.

Le prêtre taoïste à ces paroles fit montre d'un grand respect, demanda à Monsieur Tou de s'asseoir et lui offrit du thé. Tou Chao-k'ing remarqua au mur un poème écrit sur papier carré ayant pour sujet une « pensée envers les anciens, au Pavillon des Connaisseurs de Bateau »; en haut du papier, on lisait : « dédié à Monsieur Hia-che, je le prie de m'instruire et de rectifier ce poème », et en bas : une signature : « Brouillon de Wei Tch'an, Sseu-Hiuan, originaire de Yen-li. »

« C'est un poème de Monsieur Wei, le quatrième seigneur originaire du bourg du Vêtement Noir de la préfecture Tch'ou-tcheou, dit Tou Chao-k'ing. Quand a-t-il passé ici ?

— Monsieur Wei est actuellement à l'étage supérieur, répondit le prêtre taoïste.

— Eh bien ! dans ce cas je monte le voir avec vous », dit Tou Chao-k'ing à Lai Hia-che.

« Monsieur Wei, le quatrième seigneur, appela le prêtre taoïste. Voici Monsieur Tou de la sous-préfecture T'ien-tch'ang.

— Lequel ? » demanda Monsieur Wei qui s'apprêta à descendre l'escalier.

Mais Tou Chao-k'ing montait déjà :

« Mon oncle, votre neveu est ici ! »

Monsieur Wei caressa sa barbe des deux mains et éclata de rire :

« Je croyais que c'était un autre, mais en effet, c'est vous Chao-k'ing ! dit-il. Qu'est-ce qui vous amène dans ces endroits sauvages ? Asseyez-vous, laissez-moi bouillir du thé pour vous et nous causerons un peu sur ce que vous avez fait depuis notre séparation. Au fond, d'où venez-vous ? »

Tou Chao-k'ing lui parla brièvement des paroles du gouverneur provincial Li et conclut :

« Cette fois-ci, votre neveu a apporté très peu d'argent de voyage sur lui, aujourd'hui il lui reste seulement cinq sapèques ! Tout à l'heure, c'était Monsieur Lai qui a payé mon thé. Je n'ai même pas de quoi payer les bateliers et acheter de la nourriture !

— Très bien ! très bien ! dit Monsieur Wei en riant aux éclats. Aujourd'hui l'homme riche est à sec ! Mais vous êtes un homme hors du commun, qui ne doit pas se faire de souci pour si peu. Restez prendre un repas avec moi. J'ai un de mes étudiants d'autrefois qui habite Wou-hou, l'autre jour comme j'allais chez lui le saluer, il m'a donné vingt-quatre taëls pour me témoigner sa gratitude. Quand vous aurez fini votre repas et que le vent aura changé, je vous donnerai dix taëls. »

Tou Chao-k'ing s'assit et but du vin avec Monsieur Wei le quatrième seigneur et Monsieur Lai Hia-che. Ils restèrent à table tard dans l'après-midi, regardant les bateaux passer sous leur fenêtre. Les petites bannières au sommet du mât des jonques indiquèrent que le vent tournait peu à peu.

« Bien! s'écria Monsieur Wei. Le vent a changé! »

Ils s'appuyèrent sur le rebord de la fenêtre et contemplèrent la rivière pendant un bon moment. Le soleil se couchait, son reflet brillait sur des milliers de mâts qui devenaient d'un rouge magnifique à leur partie supérieure.

« Le ciel s'est éclairci et le vent nord-est s'apaise, dit Tou Chao-k'ing. Je vais vous dire au revoir, oncle, et retourner à mon bateau. »

Monsieur Wei donna dix taëls à Tou Chao-k'ing, et avec Monsieur Lai Hia-che, il l'accompagna sur sa jonque. Lai Hia-che lui demanda de transmettre ses salutations à tous leurs amis de Nankin. Après les adieux, le prêtre et Monsieur Wei remirent pied sur la rive et s'en retournèrent.

Tou Chao-k'ing passa la nuit sur le bateau. A la cinquième veille, effectivement un doux vent du sud-ouest s'élevait, les bateliers hissèrent la voile. Grâce au vent favorable, ils mirent seulement une demi-journée pour atteindre Pai Ho-k'eou (le Port de la Rivière Blanche). Tou Chao-k'ing régla son voyage, fit porter son bagage à terre et prit une chaise à porteurs jusque chez lui. Sa femme l'attendait. Lorsqu'il lui raconta gaiement comment il s'était trouvé à court d'argent pendant le voyage, cela la mit en gaieté aussi.

Le jour suivant, il alla au Pont de la Porte du Nord rendre visite à Monsieur Tchouang Chao-kouang.

« Monsieur Siu, le gouverneur provincial du Tchö-kiang a invité notre maître à visiter le lac Si-hou (lac de l'Ouest) avec lui, lui fit-on savoir, il ne sera de retour que dans plusieurs jours. »

Tou Chao-k'ing se rendit alors à la maison de Lou rue du Grenier pour y voir Tch'e Heng-chan. La famille Lou le garda au repas.

« Nos confrères, les lettrés, aujourd'hui ne pensent qu'aux essais des examens officiels, se plaignit Monsieur Tch'e Heng-chan. Savoir écrire deux vers de poésie est considéré comme le sommet de l'élégance, tandis que les rites, la musique, les affaires militaires et l'agriculture prêchés dans les livres canoniques et les histoires officielles sont complètement ignorés!

Le premier empereur de notre dynastie certes a pacifié l'empire, or ses grands mérites n'étaient pas inférieurs à ceux de T'ang et de Wou [7]; et pourtant il n'a établi aucun système concernant cérémonies et musique. Chao-k'ing, maintenant que vous êtes convoqué par l'empereur, vous deviendrez influent. Il vous faudra réaliser de vastes desseins dans les choses du gouvernement afin que nous autres lettrés ne trahissions pas ce que nous avons étudié.

— J'ai déjà refusé d'accepter toute nomination, répliqua Tou Chao-k'ing, car si j'avais un poste, je ne saurais mener à bonne fin de grandes choses et me ferai seulement moquer par les personnes supérieures judicieuses, c'est pourquoi je pense qu'il est mieux pour moi de ne pas occuper de poste. »

Tch'e Heng-chan apporta de sa chambre un rouleau de papier : « En cette affaire, je dois demander votre avis, dit-il.

— De quoi s'agit-il? demanda Tou Chao-k'ing.

— Dans notre ville de Nankin depuis l'Antiquité jusqu'à nos jours le plus grand sage a été T'ai-po, fondateur du royaume de Wou [8], cependant il n'y a pas un seul temple particulier qui lui soit consacré, bien que se trouvent partout des temples de Wen-tch'ang (le splendide littéraire, dieu des lettrés) ou de Kouan-ti (le général Kouan-yu de l'époque des Trois Royaumes (220-265), dieu de la guerre). Mon humble projet est de persuader quelques amis de contribuer chacun par une somme d'argent à la construction d'un temple de T'ai-po. A la mi-printemps et à la mi-automne, nous pourrons faire des sacrifices en nous servant des cérémonies et de la musique de l'Antiquité. Grâce à cela tout le monde étudiera et pratiquera cérémonies et musique, et il en sortira quelques lettrés de talent qui pourront seconder la politique et l'éducation. Mais pour bâtir ce temple, il nous en coûtera plusieurs milliers de taëls. J'ai monté le rouleau que voici, ceux qui désireront souscrire pourront s'inscrire, combien voulez-vous donner Chao-k'ing?

— Quelle idée excellente! C'est exactement ce qu'il fallait faire! » s'écria Tou Chao-k'ing enchanté.

Il saisit le rouleau, l'ouvrit et y écrivit :

« Tou Yi, originaire de la sous-préfecture T'ien-tch'ang fait don de trois cents taëls. »

« C'est une belle donation, dit Tch'e Heng-chan. Moi aussi, je donne deux cents taëls que j'ai économisés sur mes honoraires de précepteur ces dernières années. »

Et il l'inscrivit.

« Houa-che, vous tâchez aussi de donner cinquante taëls », insista-t-il.

Cela aussi fut inscrit sur le rouleau que Tch'e Heng-chan alla ranger, ensuite il s'assit à nouveau et continua à bavarder.

A ce moment on vit arriver un petit serviteur de la famille Tou :

« Un messager du yamen de la sous-préfecture T'ien-tch'ang désire vous voir, jeune Seigneur, annonça-t-il. Il est actuellement dans la Maison de la Rivière et vous prie d'y rentrer. »

Tou Chao-k'ing prit congé de Tch'e Heng-chan et retourna chez lui.

Cela a eu les effets suivants :

Deux lettrés éclairés de cette époque refuseront le joug du rang et des honoraires.

Les hommes illustres de deux provinces restaureront les Rites et la Musique.

Pour savoir ce qui suit, lisez le chapitre suivant.

NOTES

1. Ts'in-houai, nom de la rivière qui traverse la ville de Nankin, Autrefois sur ses deux rives se trouvaient des pavillons de chant et des maisons de danse tandis que les bateaux de plaisance peints stationnaient au milieu de la rivière; c'était un beau site de Nankin.

2. *Che-hiong :* « frère aîné de génération », c'est-à-dire l'homme de la même génération que moi, dont la famille et la mienne ont des relations amicales depuis des générations.

3. *Hiang-che :* « examens provinciaux », tous les trois ans ils ont lieu dans chaque province et les candidats qui sont reçus à ces examens s'appellent *Kiu-jen*, « hommes choisis », « licenciés ».

4. *San-yuan :* « les trois premiers ». Ce sont : *Kiai-yuan*, « candidat reçu premier aux examens provinciaux » (licence), *Houei-yuan*, « candidat reçu premier aux examens de la capitale », et *Tchouang-yuan*, « candidat reçu premier aux examens du palais », docteur ès lettres reçu premier.

5. Tou Yi, prénom de Tou Chao-k'ing.

6. Ngan-k'ing, capitale de la province du Ngan-houei.

7. T'ang, premier roi et fondateur de la dynastie des Chang. Wou-Wang, premier roi et fondateur de la dynastie des Tcheou.

8. T'ai-po, le fils aîné de T'ai-wang des Tcheou occidentaux céda le trône à son frère cadet Ki-li (grand-père de Wou-Wang) et se retira au milieu des tribus barbares du midi où il fonda l'État de Wou, c'est pourquoi il est considéré comme un grand sage; dans le *Louen-yu* (Entretiens de Confucius) chap. 8, on lit : « Confucius dit : T'ai-po doit être considéré comme un homme d'une vertu parfaite, à plusieurs reprises il a refusé le trône et le peuple ne trouvait même pas de mots convenables pour le louer. »

Sur T'ai-po : cf. *A Chinese Biographical Dictionary* par A. GILES, nº 1868. *Tch'ouen-ts'ieou et Tso-tchouang*, trad. COUVREUR, t. I, l. IV, (*Min-kong*, 1re année), p. 213. et *Che-ki* de Sseu-ma ts'ien, « Biographie de T'ai-po ».

CHAPITRE XXXIV

Pour parler des rites et de la musique, des lettrés illustres rendent visite à un ami.
Avec des présents d'invitation [1], *l'empereur convoque un sage.*

Tou Chao-k'ing ayant quitté Tch'e Heng-chan demanda à son petit serviteur ce qu'avait dit le messager :

« Il a dit que la dépêche officielle concernant votre convocation était arrivée. Le gouverneur provincial Li avait ordonné au sous-préfet Teng de vous prier d'aller à la capitale pour devenir un mandarin. Le sous-préfet réside actuellement au temple de la Faveur Impériale, le message dit que vous êtes prié de rester à la maison, le sous-préfet viendra en personne chez nous pour vous remettre la convocation.

— Dans ce cas, je n'entrerai pas à la maison par la grande porte, dit Tou Chao-k'ing. Dépêchez-vous de faire venir un bateau, j'entrerai par la balustrade du balcon sur la rivière. »

Le jeune garçon alla louer un petit bateau avec une tente au Pont Flottant Inférieur, Tou Chao-k'ing y monta. Arrivé chez lui, il sortit à la hâte une vieille robe et un vieux chapeau et s'en vêtit. Il enroula un mouchoir autour de sa tête et se coucha sur le lit :

« Dites au messager que je suis tombé brusquement malade, ordonna-t-il à son petit serviteur, et que je supplie le sous-préfet Teng de ne pas prendre la peine de venir. Sitôt que j'irai mieux, je lui rendrai visite pour le remercier. »

Le petit serviteur expédia le messager.

« La cour impériale (le gouvernement) vous invite à devenir mandarin, pourquoi faites-vous semblant d'être malade et refusez-vous cette proposition ? demanda Madame Tou en riant.

— Comme vous êtes stupide ! dit Tou Chao-k'ing. Nous avons un endroit aussi enchanteur que Nankin, laissez-moi rester à la maison ! Au printemps, à l'automne nous irons ensemble regarder les fleurs, boire du vin, ne trouvez-vous pas cela agréable ! Pourquoi voulez-vous m'envoyer à la capitale ? Si je vous y emmène aussi, il fait froid à Pékin, vous êtes délicate, un coup de vent vous gèlerait à mort, cela n'ira jamais. Je ferai mieux de ne pas y aller. »

Le petit domestique vint annoncer le sous-préfet Teng :

« Il est assis dans la maison de la rivière et insiste pour vous voir. »

Tou Chao-k'ing se fit soutenir par deux serviteurs, il faisait semblant d'être très malade et de ne pouvoir même pas marcher pour remercier le sous-préfet, il s'agenouilla et ne parvint pas à se relever. Le sous-préfet s'empressa de lui venir en aide et ils s'assirent :

« C'est un décret très important de la cour impériale, le gouverneur provincial Li a besoin de vous, dit le sous-préfet. Je ne pensais pas que vous étiez malade à ce point-là. Je ne sais pas dans combien de temps vous pourrez faire l'effort de vous mettre en route ?

— Moi, votre subordonné, je suis par malheur gravement malade, je ne suis pas sûr de pouvoir vivre, répondit Tou Chao-k'ing. Cette chose m'est absolument impossible. Je supplie avec instance Votre Honneur de faire des excuses pour moi. »

Il sortit de sa manche une pétition et la donna au sous-préfet. Voyant cette situation le sous-préfet était gêné de rester plus longtemps :

« Je prends congé, dit-il. Je crains de vous avoir fatigué. Pour cette chose, je ne peux faire autrement que d'envoyer un rapport à mes supérieurs et voir la décision que prendra le gouverneur Li.

— Je suis extrêmement honoré de la faveur que me fait votre Honneur, dit Tou Chao-k'ing. Je m'excuse de ne pas pouvoir vous accompagner jusqu'à la porte. »

Le sous-préfet dit au revoir, monta dans sa chaise à porteurs et s'en alla. Il rédigea aussitôt une dépêche officielle pour rapporter au gouverneur Li que le bachelier Tou était extrêmement malade et ne pouvait pas se mettre en route. Juste à ce moment, Li venait d'être déplacé au Fou-kien comme gouverneur, par conséquent cette affaire n'eut pas de suite. Quand Tou Chao-k'ing sut que le gouverneur Li était transféré, il jubila :

« Parfait. Je suis bachelier et c'est la fin de ma carrière. Je ne me présenterai jamais à l'examen provincial (examen de licence), je ne passerai pas non plus l'examen préparatoire de licence [2] ni l'examen triennal [3], je serai très libre sans souci et m'occuperai de mes propres affaires. »

Comme Tou Chao-k'ing avait dit au sous-préfet qu'il était malade, il refusa toutes les occasions de sortir. Un jour la famille du notable Siue de la rue du Tambour donnait une réception, Tou Chao-k'ing s'excusa. Tch'e Heng-chan arriva le premier. Puis Ma Tch'ouen-chang, Kiu Chen-fou, et Ki Wei-siao, puis deux autres invités arrivèrent encore : l'un était Siao Po-ts'iuan avec prénom Chou-tseu, originaire de Yang-tcheou, l'autre était Yu K'ouei avec nom social Ho-cheng, originaire de Ts'ai-che. C'étaient deux jeunes lettrés de renom. Tous les deux avaient des visages blancs comme s'ils étaient poudrés et des lèvres rouges comme si elles étaient enduites de vermillon; leur tenue était coquette, de leur corps entier se dégageait un parfum d'orchidée. Ces deux lettrés illustres avaient des sobriquets : l'un s'appelait « La belle Yu », l'autre « Mademoiselle Siao ». Ces deux messieurs saluèrent les personnes présentes et s'assirent.

« J'ai voulu vous réunir aujourd'hui, Messieurs, dit le notable Siue. J'ai un ami nommé Ts'ien habitant le Pont de la Houai Limpide que j'avais invité à venir vous tenir compagnie, mais, fâcheuse coïncidence, il est pris aujourd'hui et n'a pu venir à ce modeste repas.

— Voulez-vous parler de l'acteur Ts'ien Ma-tseu qui joue les rôles d'hommes, mon oncle ? demanda Ki Wei-siao.

— Oui, c'est celui-là même, répondit le notable Siue.

— Quand vous invitez des lettrés à un festin, Monsieur, dit Tch'e Heng-chan, autorisez-vous un homme du Jardin des Poiriers (acteur) à s'asseoir à la même table ?

— Cette habitude est passée dans les mœurs depuis longtemps, répondit le notable Siue. Aujourd'hui, j'ai le vieux Monsieur Kao qui n'aime rien mieux que la conversation de cet acteur, c'est pourquoi je lui avais demandé de venir.

— Quel est ce vieux Monsieur Kao ? demanda Tch'e Heng-chan.

— Il est actuellement lecteur à la Forêt des Pinceaux [4] (Académie) et est originaire de la sous-préfecture Lieou-ho du Kiang-sou. »

Comme ils parlaient, le portier entra et annonça le Seigneur Kao.

Le notable Siue sortit l'accueillir. Le vieux Monsieur Kao portait un chapeau de gaze et une robe brodée de dragons. Il entra et salua les invités puis s'assit à une place d'honneur.

« Ami Ki, dit-il à Ki Wei-siao qu'il connaissait, l'autre jour vous m'avez rendu visite, j'étais désolé d'être sorti et de n'avoir pu vous accueillir. J'ai reçu votre excellent travail que vous m'avez gentiment donné, seulement je n'ai pas encore eu le temps de le lire. »

Puis il demanda :

« Quels sont les honorables noms de ces deux jeunes Messieurs ? »

« La Belle Yu » et « Mademoiselle Siao » lui donnèrent leurs noms. Ensuite, il questionna Messieurs Ma Tch'ouen-chang et Kiu Chen-fou.

« Nous sommes tous les deux les compilateurs et les commentateurs de " L'Anthologie des essais exemplaires de tous les examens officiels " que vous voyez dans toutes les librairies, répliqua Ma Tch'ouen-chang.

— Ce Monsieur Kiu est le petit-fils du préfet de Nan-tch'ang, dit la Belle Yu. Feu mon père était le directeur de l'école préfectorale de Nan-tch'ang, par conséquent, Monsieur Kiu et moi, nous sommes " frères de génération ". »

En dernier lieu, Monsieur Kao demanda à Monsieur Tch'e son nom :

« Mon humble nom est Tch'e, répondit Tch'e Heng-chan. Mon nom social est Heng-chan.

— Monsieur Tch'e a le talent de rétablir les cérémonies et la musique anciennes, dit Ki Wei-siao. Il est un grand lettré de la Chine du Sud. »

Monsieur Kao ne fit aucune remarque. Quand le thé eut été servi trois fois, ils enlevèrent leurs manteaux et furent invités à s'asseoir dans la bibliothèque. Bien que le vieux Monsieur Kao fût leur aîné, il ne se donna pas du tout de grands airs. Il aimait beaucoup s'égayer, il plaisanta et bavarda avec les autres librement sans aucun scrupule. Dès qu'il fut entré dans la bibliothèque, il demanda :

« Comment se fait-il que je ne vois pas mon ami Ts'ien ?

— Il m'a répondu qu'il ne pouvait pas venir aujourd'hui, répliqua le notable Siue.

— Peu importe! Peu importe! s'exclama le vieux Monsieur Kao. Aujourd'hui le festin sera sans aucune pompe. »

Le notable local avait préparé deux tables, ils y prirent place. Pendant le repas, ils parlèrent des nombreux lettrés illustres du Tchö-kiang, des paysages du lac de l'Ouest et des histoires innombrables sur tous les protégés avec qui les deux frères Leou avaient lié amitié.

— Je n'aime pas toutes ces choses-là, déclara la Belle Yu. J'aime seulement cette fille Chouang-hong de la maison de Monsieur Kiu Chen-fou, la seule mention de son nom fait naître une saveur aromatique dans ma bouche.

— C'est tout à fait naturel! remarqua Ki Wei-siao. Vous êtes une belle personne, c'est pourquoi vous aimez les jolies femmes.

— Toute ma vie, j'ai beaucoup admiré " les robes brodées et les chapeaux de gaze " [5], remarqua Siao Po-ts'iuan. Je regrette de n'avoir jamais rencontré le compilateur Lou. J'ai entendu parler de ses propos et de sa physionomie; il a du être sûrement un homme remarquable, si je l'avais rencontré, j'aurais certainement demandé son enseignement. Quel dommage qu'il soit mort!

— Il n'y aura plus d'actions généreuses comme celles de mes oncles de la famille Leou, soupira Kiu Chen-fou.

— Que voulez-vous dire, ami Chen-fou? demanda Ki Wei-siao. Je crois que les actions généreuses des deux cousins de la famille Tou de notre sous-préfecture T'ien-tch'ang dépassent celles de vos oncles!

— Chao-k'ing est le meilleur des deux, remarqua Tch'e Heng-chan.

— Messieurs, dit le vieux Monsieur Kao, êtes-vous en train de parler du fils du préfet de Kan-tcheou?

— Oui, Monsieur, répondit Tch'e Heng-chan. Le connaissez-vous aussi?

— T'ien-tch'ang et Lieou-ho sont contiguës, dit le vieux Monsieur Kao. Comment ne le connaîtrais-je pas? Messieurs, veuillez m'autoriser à dire que ce Chao-k'ing est le prodige accompli de cette famille Tou. Ses ancêtres furent des médecins pendant des dizaines de générations, ils pratiquèrent abondamment les " vertus cachées " et de plus acquirent beaucoup de terres et de propriétés. Au temps de son grand-père, le docteur ès lettres reçu premier, sa famille se développa et acquit une certaine renommée, mais quoique son grand-père fût un mandarin pendant plusieurs dizaines d'années il fut incapable de gagner une seule sapèque pour sa famille. Son père eut quand même du talent, pour être reçu docteur ès lettres. Il fut préfet, mais ce fut déjà un sot : car lorsqu'il était fonctionnaire il ne savait même pas respecter et flatter ses supérieurs, il cherchait seulement à plaire au peuple; en outre chaque jour il prêchait des bêtises telles que " stimuler la piété filiale et l'amour fraternel ainsi que encourager le labour du champ et la plantation du mûrier ". De telles phrases sont purement et simplement des jolies expressions à employer dans les compositions littéraires d'examen quand on tombe sur un sujet concernant l'éducation et l'économie, cependant il les prit au sérieux, cela fit que ses supérieurs ne l'aimèrent point et le relevèrent de ses fonctions. Quant à son fils, il est encore plus inepte : il gaspille son argent dans la nourriture et les vêtements, il perd son temps à fréquenter des moines bouddhistes, des prêtres taoïstes, des ouvriers, des artisans et des mendiants, et ne daigne pas lier amitié avec des hommes respectables ! En moins de dix ans, il a gaspillé soixante à soixante-dix mille taëls. Comme il ne pouvait rester à T'ien-tch'ang, il a déménagé à Nankin où chaque jour il emmène sa femme aux tavernes boire du vin et tient à la main un bol en cuivre comme un mendiant ! Qui aurait pensé que sa famille produirait un tel benêt ! Quand j'étais à la maison à enseigner mes fils et mes neveux, je le considérais comme un exemple d'avertissement. Sur le pupitre de chacun était collée une bande de papier portant cette inscription : " Il ne faut jamais imiter Tou Yi (Tou Chao-k'ing) de T'ien-tch'ang ! " »

L'ayant entendu Tch'e Heng-chan rougit :

« Récemment la cour impériale (le gouvernement) l'a convoqué pour une nomination, contesta-t-il. Mais il a refusé de s'y rendre.

— Monsieur, vous avez tort de parler comme cela, dit le vieux Monsieur Kao avec un rire sarcastique. Si vraiment il avait quelques connaissances dans le ventre, il passerait avec succès l'examen de licence ! »

Puis il ironisa :

« Est-il possible que ce soit un droit chemin honorable que d'être nommé fonctionnaire par la " convocation de l'empereur " ?

— Ce que vous avez dit est juste, Monsieur Kao », cria Siao Po-ts'iuan.

Puis il se tourna vers les autres et déclara :

« Nous autres de la jeune génération devons prendre les paroles de Monsieur Kao comme maxime. »

Sur ce, ils burent et bavardèrent pendant quelque temps. A la fin du festin, ils se séparèrent. Le vieux Monsieur Kao se fit transporter en chaise à porteurs et s'en alla le premier tandis que les autres rentraient tous à pied.

« Le propos du vieux Monsieur Kao, tout à l'heure, était clairement d'insulter Tou Chao-k'ing, dit Tch'e Heng-chan. Mais, à l'inverse, ses paroles ont fait ressortir la vertu de Tou Chao-k'ing. Messieurs, depuis l'Antiquité jusqu'à nos jours, il y eut vraiment peu d'hommes aussi remarquables que Chao-k'ing !

— Cependant il y a du vrai dans ce que Monsieur Kao a dit, remarqua Ma Tch'ouen-chang.

— Cela ne vaut pas la peine d'en discuter, dit Ki Wei-siao.

Sa maison du bord de la rivière est un endroit charmant, nous allons tous lui rendre visite demain et nous lui demanderons d'acheter du vin pour boire ensemble!

— Nous deux nous joindrons à eux », dit Yu Ho-cheng (Yu la Belle) à Siao Po-ts'iuan (Mademoiselle Siao).

Sur ce, ils se trouvèrent tous d'accord.

Le jour suivant, Tou Chao-k'ing venait de se lever, son voisin Kin Tong-ya apporta un volume de " Commentaires sur les *Quatre Livres* " [6] qu'il venait d'écrire et il sollicita son avis. Tou Chao-k'ing le posa sur la table et commença à le lire, Kin Tong-ya indiqua un passage et demanda :

« Monsieur, d'après vous, qu'est-ce que c'est *Yang-tsao* (jujube de brebis)? Pour moi ce sont les testicules de bélier. L'expression populaire dit : " A ne s'occuper que des testicules du bélier, on ne pense pas à la vie du bélier. " C'est pourquoi Tseng-tseu n'en mangeait pas [7].

— Déjà lorsque les anciens expliquaient les classiques, parfois ils s'efforçaient d'expliquer ce qu'ils ne comprenaient pas, dit Tou Chao-k'ing en riant. Mais votre interprétation est tout à fait ridicule! »

Comme ils étaient en train de parler, Tch'e Heng-chan, Ma Tch'ouen-chang, Kiu Chen-fou, Siao Po-ts'iuan, Ki Wei-siao et Yu Ho-cheng entrèrent.

« Moi, votre jeune frère, je ne suis pas sorti depuis longtemps, dit Tou Chao-k'ing, j'ai manqué vos précieuses instructions. Combien je suis heureux de voir aujourd'hui que les sages sont tous venus! »

Puis il demanda :

« Quels sont les honorables noms de ces deux messieurs? »

Yu et Siao se présentèrent.

« Pourquoi King Lan-kiang n'est-il pas venu avec vous? demanda Tou Chao-k'ing.

— Il a ouvert une autre boutique de chapeaux dans la rue des Trois Montagnes pour faire ce commerce », dit Kiu Chen-fou.

Le petit serviteur apporta le thé.

« Nous ne sommes pas venus pour boire du thé, déclara Ki Wei-siao. Aujourd'hui nous voulons boire du vin.

— Certainement, répliqua Tou Chao-k'ing. Pour le moment, nous pouvons bavarder en attendant.

— L'autre jour vous m'avez donné un exemplaire de votre commentaire sur le *Livre des Vers* [8] que j'ai extrêmement admiré, dit Tch'e Heng-chan. Cependant est-ce que je pourrais vous demander de m'enseigner une ou deux idées générales?

— Est-ce que vous commentez seulement les poèmes qui

peuvent être demandés comme sujets d'examens officiels? demanda Siao Po-ts'iuan.

— Je pense que vous basez vos commentaires sur " Les manuels complets de l'époque Yong-lo " pour les candidats [9], dit Ma le deuxième.

— Nous allons écouter ce que va nous dire Tou Chao-k'ing! suggéra Tch'e Heng-chan.

— Quand Tchou Wen-kong [10] annota les classiques, dit Tou Chao-k'ing, il exprima ses propres opinions; il comptait que la postérité les comparerait avec les commentaires des autres lettrés. Or de nos jours, on a laissé tomber tous les autres commentateurs, et on s'appuie uniquement sur les commentaires de Tchou, cela est dû à l'étroitesse d'esprit de la postérité, le philosophe Tchou n'en est pas du tout responsable. J'ai lu presque tous les anciens commentateurs, j'ai un ou deux points de vue personnels, sur lesquels j'apprécierai vos critiques. Par exemple : dans le poème intitulé *K'ai-fong* (« Le vent doux qui vient du Midi ») [11], quand les anciens commentaires [12] disent qu'une mère de sept fils désire se remarier, je pense que cela ne peut pas être exact, car les femmes de l'Antiquité se mariaient à l'âge de vingt ans; si elle a eu sept fils et que tous les fils étaient déjà grands, la mère devait avoir plus de cinquante ans. Est-il possible qu'elle pense encore à se remarier? Cette phrase " insatisfaite dans sa maison " signifie plutôt, à mon humble avis, qu'elle était insatisfaite de sa nourriture et de ses vêtements, par conséquent elle a fait du tapage dans la maison, et ses sept fils ont dû avouer leurs torts. Cela est une nouvelle interprétation que les anciens n'ont pas trouvée.

— Vous avez raison, dit Tch'e Heng-chan en inclinant la tête en signe d'approbation.

— D'après vous, Messieurs, quelle est la qualité du poème intitulé : " La femme dit : le coq chante " [13]? demanda Tou Chao-k'ing.

— C'est un des poèmes de l'État de Tcheng, dit Ma le deuxième. C'est simplement pour dire qu'elle était chaste, est-il possible qu'il y ait encore une autre interprétation?

— Oui, dit Tch'e Heng-chan, vous n'avez pas encore saisi la signification profonde!

— Ce n'est pas ça, dit Tou Chao-k'ing, quand les lettrés pensent secrètement qu'ils deviendront fonctionnaires, ils se montrent orgueilleux devant leurs femmes. Celles-ci désirent devenir de grandes dames, et tant que leur mari n'a pas atteint son but, tout est prétexte à fâcherie pour elles et elles se querellent tout le temps avec lui. Regardez le couple décrit dans ce poème, ils n'ont pas le moindre désir pour le mérite, la renommée, la richesse et la noblesse. Ils jouent de la lyre et boivent du vin, ils sont satisfaits de leur sort et optimistes. Ils sont comme les hommes supérieurs des trois dynasties de la haute antiquité [14] qui savaient régler leur conduite et bien gouverner leur famille. Cette interprétation n'a pas été signalée par aucun commentateur ancien.

— Elle est vraiment remarquable! approuva Kiu Chen-fou!

— A mon humble avis, continua Tou Chao-k'ing, le poème intitulé " La Tchen et la Wei " [15] est également l'image d'un couple marié en promenade et il ne s'agit pas du tout de luxure.

— Ce n'est pas étonnant que vous et votre femme ayez pris vos ébats l'autre jour dans le Jardin Yao, dit Ki Wei-siao. Vous continuez les belles manières de l'Antiquité en jouant de la lyre, buvant du vin, cueillant des orchidées et vous offrant mutuellement des pivoines. »

Ces propos mirent tout le monde en gaieté.

« Écouter les entretiens merveilleux de Tou Chao-k'ing c'est pour moi boire un vin capiteux, dit Tch'e Heng-chan.

— Le voilà le vin capiteux! » cria Yu Ho-cheng.

Les autres regardèrent alentour : effectivement un petit serviteur apportait le vin.

On le plaça sur la table avec des mets choisis, tous les huit s'assirent. Bientôt Ki Wei-siao qui avait bu quelques coupes de trop et était ivre déclara :

« Chao-k'ing, cher ami! Vraiment vous êtes le plus grand idéaliste de tous les temps! Permettez-moi de vous dire, à longueur de journée vous regardez les fleurs et buvez du vin avec une femme de plus de trente ans, vous devez trouver cela bien morne! Avec vos talents et votre réputation, de plus habitant dans un aussi bel endroit que celui-ci, pourquoi ne prenez-vous pas une jeune et jolie concubine qui possède aussi des dons et du sentiment? Lettré brillant et fille bien faite s'amusent à temps voulu, pourquoi pas? »

Tou Chao-K'ing répondit : « Cher Wei-siao! Vous ne savez donc pas ce qu'a dit Yen-tseu [16]? : " Maintenant quoique ma femme soit vieille et vilaine, je me rappelle le temps où elle était jeune et plaisante. " En outre, je trouve que le concubinage est une chose absolument contraire à la loi naturelle. La population est limitée, si un homme prend plusieurs femmes, il y aura sûrement dans le monde des hommes qui n'auront pas d'épouse. J'aimerais faire la loi suivante : " Un homme ne peut prendre qu'une seule concubine et au seul cas où il n'a pas de fils à l'âge de quarante ans. Si cette concubine ne lui donne pas de fils, elle devra être renvoyée pour se marier avec un autre homme. " Ainsi les hommes qui n'ont pas d'épouse ou pas de fils diminueraient probablement en nombre. Ce serait également un moyen de fortifier le souffle original (la vitalité) aussi bien pour l'État que pour l'individu.

— Ah! Combien bon ce gouvernement romanesque que vous prêchez! Monsieur! s'exclama Siao Po-ts'iuan.

— Si les Premiers ministres daignaient faire de telles lois, soupira Tch'e Heng-chan, le monde pourrait immédiatement connaître la paix! »

Sur ce, ils finirent de boire, au milieu des rires, et les invités se dispersèrent.

Quelques jours plus tard, Tch'e Heng-chan vint seul à pied, il trouva Tou Chao-k'ing chez lui.

« Les plans pour le temple de T'ai-po prennent déjà forme, dit Tch'e Heng-chan. Au sujet des cérémonies et de la musique à employer à l'avenir, j'ai fait un texte et l'ai apporté pour avoir votre critique. »

Tou Chao-k'ing le prit et le lut :

« Pour cette affaire, il nous faut encore chercher un autre homme pour lui demander son opinion, dit-il.

— Qui? demanda Tch'e Heng-chan.

— Monsieur Tchouang Chao-kouang, répondit Tou Chao-k'ing.

— Il est revenu avant-hier du Tchö-kiang, dit Tch'e Heng-chan.

— Justement j'ai l'intention de lui rendre visite, dit Tou Chao-k'ing, vous et moi, allons le voir ensemble maintenant. »

Tous deux prirent le bateau jusqu'au Pont de la Porte du Nord, où ils virent une maison sur la rue principale face au sud.

« C'est sa maison », dit Tch'e Heng-chan.

Ils entrèrent par la grande porte, le portier alla les annoncer au maître de la maison, qui vint les accueillir. C'était Tchouang Chang-tche au nom social de Chao-kouang d'une famille traditionnellement lettrée de Nankin. A l'âge de onze à douze ans, il avait même pu écrire un poème narratif de sept mille caractères, et en avait acquis une bonne réputation à travers l'empire. Maintenant il était âgé de près de quarante ans et avait une grande renommée, il s'enfermait pour écrire des ouvrages et n'ouvrait pas volontiers sa porte. Ce jour-là, apprenant qu'il s'agissait de Messieurs Tou et Tch'e, il se montra. Il portait un chapeau carré et une robe doublée de gaze bleu clair, il avait moustache et barbe en trois faisceaux, et le teint jaune. Il salua avec force politesse les deux visiteurs, puis ils s'assirent.

« Chao-k'ing, cher ami, nous sommes séparés depuis plusieurs années, dit Tchouang Chao-kouang. Cependant j'étais heureux d'apprendre que vous avez choisi le bord de la rivière T'sinhouai pour y habiter, votre arrivée a rendu plus beau encore le paysage “ des trois montagnes et deux rivières ” [17]. L'autre jour vous avez été importuné par cette histoire de la recommandation du gouverneur provincial, cependant vous vous en êtes débarrassé et avez refusé carrément !!

— Il y a quelque temps, j'étais sur le point de venir vous rendre visite, répliqua Tou Chao-k'ing, mais voilà qu'un vieil ami est mort, j'ai été obligé de partir pour les funérailles pendant quelque temps. Quand je suis revenu, vous étiez déjà parti pour le Tchö-kiang.

— Et vous, vous êtes toujours chez vous, mon cher Heng-chan, dit Tchouang Chao-kouang, pourquoi ne venez-vous pas plus souvent ?

— Pour l'affaire du temple de T'ai-po, je me suis bousculé et ai couru çà et là pendant de nombreux jours, répliqua Tch'e Heng-chan, maintenant le projet se précise en gros, je vous apporte mon esquisse sur les cérémonies et la musique que nous nous proposons d'utiliser et j'aimerais avoir vos suggestions. »

Il sortit un cahier de sa manche et le donna à Tchouang Chao-kouang. Celui-ci le prit et le lut minutieusement du commencement à la fin :

« Pour cette question d'importance capitale, je dois donner mon aide et rendre service, promit-il. Mais pour le moment j'ai à faire, je quitte de nouveau la maison pour quelque temps, je serai de retour dans trois mois au maximum, deux mois au minimum. A ce moment-là, nous pourrons examiner et reviser soigneusement votre manuscrit.

— Où allez-vous cette fois ? demanda Tch'e Heng-chan.

— Monsieur Siu Mou, gouverneur provincial du Tchö-kiang promu maintenant au poste de vice-ministre du ministère des Cérémonies m'avait recommandé; il vient de recevoir le décret impérial qui m'ordonne d'aller à la capitale pour une audience, je suis tenu d'obtempérer.

— S'il en est ainsi, vous n'êtes pas près de revenir, dit Tch'e Heng-chan.

— Ne vous inquiétez pas, Monsieur, dit Tchouang Chao-kouang, je reviendrai dès que possible, je ne saurais manquer le grand sacrifice du temple de T'ai-po.

— Pour préparer le sacrifice, vous êtes indispensable, dit Tou Chao-k'ing, nous attendrons votre prompt retour. »

Tch'e Heng-chan demanda s'il pouvait voir le parchemin officiel concernant la convocation, un petit serviteur l'apporta. Tou et Tch'e lurent ensemble :

« Recommandation d'un lettré de talent par le vice-ministre du ministère des Cérémonies :

« Le décret impérial ordonne à Tchouang Chang-tche (Tchouang Chao-kouang) de se rendre à la capitale pour être introduit auprès de l'empereur, que l'on respecte cet ordre. »

« Nous prenons congé tout de suite, dirent-ils, et attendons le jour où vous partirez pour la capitale, pour revenir vous accompagner quand vous prendrez la route.

— Comme nous, nous reverrons dès mon retour, non ne prenez pas la peine de revenir », répondit Tchouang Chao-kouang.

Il reconduisit aussitôt les deux visiteurs.

Ce soir-là, Tchouang Chao-kouang fit préparer un festin d'adieu à sa femme.

« Au temps passé, vous ne vouliez jamais sortir, dit-elle. Maintenant, pourquoi partez-vous aussitôt qu'on vous l'ordonne ?

— Nous ne sommes pas des ermites de montagnes, répliqua Tchouang Chao-kouang. J'ai reçu un décret impérial me convoquant; on ne doit pas mépriser le devoir d'un sujet envers le souverain. Mais rassurez-vous, je reviendrai bientôt; je ne veux absolument pas être raillé par la femme de Lao Lai-tseu [18] !! »

Le jour suivant, quand les fonctionnaires locaux de la préfecture vinrent à sa porte pour presser son départ, Tchouang Chao-kouang en chaise à porteurs, accompagné d'un serviteur et d'un porteur était depuis longtemps sorti à la dérobée par sa porte de derrière et ils avaient déjà franchi la porte de la ville. Il voyagea par eau jusqu'à la rivière Jaune qu'il traversa, il engagea alors une voiture, roula toute la journée, passa la nuit à l'auberge, puis atteignit le Chan-tong. Ayant passé la préfecture de Yen-tcheou il voyagea encore pendant quarante li et arriva à un endroit qui s'appelait Poste de Relais de la famille des Sin où il s'arrêta pour boire du thé. Comme il était encore tôt, il activa le cocher et voulut poursuivre son chemin pendant plusieurs dizaines de li, mais l'aubergiste lui dit :

« Je ne vous cacherai pas, Monsieur, que dans nos endroits les " Chevaux sonnants " [19] sont très nombreux, ces derniers temps; tous les voyageurs doivent se mettre en route tard et arrêter leur voyage tôt. Quoique vous ne soyez pas un riche marchand, vous devez également faire attention. »

Tchouang Chao-kouang à ces mots dit au cocher qu'ils passeraient la nuit ici.

Le petit serviteur choisit une chambre, déballa la literie (couvertures et matelas) et la déploya sur le *k'ang* (lit à fourneau), puis il apporta le thé à son maître. A ce moment, on entendit le tintement bruyant des clochettes de mules et apparut un cortège d'une centaine de mules chargées d'argent en lingots dans des étuis de bois. Dans ce convoi il y avait un homme d'escorte qui paraissait être un fonctionnaire militaire. Il était accompagné d'un autre homme d'une soixantaine d'années, d'une taille de plus de cinq pieds, qui avait une barbe grisonnante et portait un chapeau de feutre, un costume d'archer et des bottes de cuir de bœuf. Un lance-balles de fer se voyait à sa ceinture. Les deux hommes descendirent de leurs bêtes et, fouets à la main, entrèrent dans l'auberge :

« Nous escortons l'argent de l'impôt du Sseu-tch'ouan à la capitale; comme il se fait tard, nous passerons la nuit ici, nous vous quitterons demain de bonne heure. Vous devez nous servir avec soin! », ordonnèrent-ils à l'aubergiste.

L'aubergiste opina avec empressement. L'officier d'escorte dirigea et surveilla les porteurs qui entassaient l'argent dans l'auberge. Les mules une fois conduites aux auges des étables, il accrocha son fouet et pénétra à l'intérieur avec le vieil homme. Ils saluèrent Tchouang Chao-kouang et s'assirent.

« Vous êtes l'officier d'escorte de l'argent d'impôt venant du Sseu-tch'ouan, n'est-ce pas? dit celui-ci, et je pense que ce Monsieur est votre ami. Pourrais-je demander vos honorables noms?

— Mon nom est Souen, répliqua l'officier, mon grade dont je suis indigne est celui de « capitaine »[20]. Mon ami s'appelle Siao Hao-hiuan, il est originaire de la préfecture de Tch'eng-tou du Sseu-tch'ouan. »

Quand ils demandèrent la raison pour laquelle Tchouang Chao-kouang allait à la capitale, celui-ci leur dit son nom et pourquoi il avait été convoqué par l'empereur pour se rendre à Pékin.

« J'ai entendu dire depuis longtemps que Monsieur Tchouang Chao-kouang de Nankin est un grand lettré illustre de notre temps, dit Siao Hao-hiuan, mais je n'avais pas pensé que nous nous rencontrerions aujourd'hui d'une façon inattendue. »

Et il lui exprima son admiration profonde. Voyant que Siao Hao-hiuan avait une tenue remarquable et distinguée, Tchouang Chao-kouang s'ouvrit à lui de tout cœur :

« L'État a été en paix depuis si longtemps que maintenant les fonctionnaires manquent de vigilance, ils travaillent par acquit de conscience et se donnent l'air de faire quelque chose! dit-il. Quoique les bandits soient nombreux et atroces, les autorités locales ne veulent pas chercher un bon moyen pour mettre fin au brigandage et rendre au peuple la sécurité. J'ai entendu dire que les chevaux résonnants (les bandits) sont très nombreux sur notre prochaine étape, nous devons faire attention et nous tenir sur nos gardes.

— Quant à cela n'ayez aucune crainte, Monsieur, répliqua

Siao Hao-hiuan avec un sourire. J'ai quelque habileté au tir à l'arc : si à une distance de cent pas, cent fois je tire avec mon arc, cent fois je peux atteindre la cible avec ma flèche. Des bandits viendraient-ils nous attaquer, je n'ai qu'à tendre mon arc, ils sont libres de venir, mais n'auraient pas la liberté de s'en aller, tous ces brigands perdraient la vie, pas un seul n'y réchapperait!

— Si vous ne croyez pas à la capacité de mon ami, Monsieur, dit le fonctionnaire Souen, vous pouvez lui demander de faire une démonstration devant vous.

— Rien ne me plairait davantage, répliqua Tchouang Chao-kouang, mais je ne sais pas s'il est convenable de le déranger ? »

Alors il prit son lance-pierres [21], alla dans la cour et sortit deux projectiles du sac brodé attaché à sa ceinture. Tchouang Chao-kouang et le fonctionnaire d'escorte Souen regardaient. Ils virent Siao élever son lance-pierres, lancer un premier projectile vers le ciel; puis il fit partir un second projectile, tous deux entrèrent en collision et se pulvérisèrent dans l'air. Tchouang Chao-kouang était dans l'admiration. Même l'aubergiste qui assistait aussi, fut ébahi et sursauta. Siao Hao-hiuan mit de côté son lance-pierres, ils entrèrent s'asseoir, après avoir bavardé un peu ils dînèrent et allèrent se coucher.

Le lendemain matin, lorsqu'il ne faisait pas encore jour, le fonctionnaire Souen se leva pour activer ses muletiers, quand les porteurs eurent chargé l'argent de l'impôt, il paya la note et se mit en route. Tchouang Chao-kouang de son côté s'était levé aussi, il se lava le visage, ordonna à son serviteur de ficeler ses bagages, régla ses frais d'auberge et s'en alla en compagnie du capitaine Souen. Le groupe avait parcouru plus d'une dizaine de li, il ne faisait toujours pas clair, et les étoiles du matin brillaient encore dans le ciel. Ils discernèrent dans les ombres noires de la forêt devant eux des hommes qui marchaient.

« Nous sommes perdus! Il y a des bandits devant nous !», hurlèrent unanimement les muletiers et ils conduisirent leurs mules au pied d'une pente sur le côté de la route.

Siao Hao-hiuan à toute vitesse sortit son lance-pierres, le fonctionnaire d'escorte Souen, à cheval, dégaina aussi son épée de son flanc. On entendit une flèche de signal voler en l'air en sifflant. Lorsqu'elle eut passé, des cavaliers innombrables sortirent de la forêt au galop. Avec un grand cri Siao Hao-hiuan tendit à plein la corde du lance-pierres pour envoyer une balle les attaquer, mais qui aurait pensé que crac! la corde du lance-pierres se cassa en deux! A ce moment-là les bandits-cavaliers au nombre de quelques dizaines poussèrent unanimement un cri aigu d'alerte et s'avancèrent en galopant vers eux. Le fonctionnaire d'escorte, horrifié, fit faire demi-tour à son cheval et prit la fuite, pendant que les muletiers et les porteurs, les uns comme les autres se couchaient sur le ventre et laissèrent les cavaliers-bandits entraîner leurs mules chargées d'argent vers une petite route. Tchouang Chao-kouang resté dans sa voiture, pendant un bon moment fut incapable d'émettre un son. Il ne savait pas ce qui était arrivé exactement pendant ce temps à l'extérieur. Quant à Siao Hao-hiuan, comme la corde de son arme était cassée, il ne pouvait pas montrer sa puissance, il fit alors faire demi-tour à son cheval et galopa sur la route par laquelle ils étaient venus jusqu'à la porte d'une petite auberge; il y frappa, elle s'ouvrit, l'aubergiste comprenant qu'il avait été pillé :

« Quelle est l'auberge où vous avez logé la nuit dernière, Monsieur ? », demanda-t-il.

Siao le lui dit.

« En effet cet homme espionne pour le chef des brigands Tchao Ta. Il a sûrement coupé la corde de votre lance-pierres la nuit dernière. »

Siao Hao-hiuan comprit qu'il avait été joué, mais qu'il ne servirait à rien de se lamenter sur sa sottise. Quand un homme est dans une situation très critique, souvent une certaine sagacité surgit en lui : Siao arracha une longue mèche de sa propre chevelure, et sur-le-champ répara la corde de son lance-pierres, il s'en retourna au galop et rencontra le fonctionnaire Souen qui lui dit que les bandits avaient pris un sentier vers l'est. À ce moment-là, il faisait déjà jour, Siao Hiao-hiuan fouetta son coursier qui fendit l'air, après avoir parcouru un peu du chemin, il aperçut les bandits qui progressaient à la hâte en escortant les mules chargées d'argent. Il les rattrapa, et brandit son lance-pierres faisant pleuvoir les projectiles tels les grêlons d'un orage cinglant des feuilles de lotus; tous les bandits s'enfuirent en un clin d'œil en protégeant leurs têtes comme des rats qui se terrent, ils abandonnèrent l'argent et prirent leurs jambes à leur cou pour sauver leur vie. Siao et le fonctionnaire d'escorte reconduisirent tranquillement les mules chargées d'argent sur la grand-route où ils rencontrèrent Tchouang Chao-kouang et lui racontèrent en détail ce qui s'était passé. Tchouang Chao-kouang fut encore une fois dans l'admiration. Ils voyagèrent ensemble pendant une demi-journée, puis comme Tchouang Chao-kouang n'avait que de légers bagages, il prit le devant et continua son chemin tout seul en voiture. Quelques jours après, il arriva près du Lou-Keou-k'iao (Pont du Fossé noir) où il se trouva face à face avec un homme monté sur une mule qui se dirigeait vers lui. Lorsque cet homme eut atteint la voiture :

« Quel est le nom honorable du respectable voyageur dans cette voiture ?, demanda-t-il.

— Son nom est Tchouang », répondit le cocher.

L'homme sauta alors au bas de sa mule et demanda :

« N'est-ce pas Monsieur Tchouang venant de Nankin, convoqué par l'empereur ? »

Tchouang Chao-kouang était sur le point de descendre de voiture pour mettre pied à terre, l'étranger s'agenouilla et se prosterna à terre.

Cela eut les effets suivants :

La cour impériale (le gouvernement) vertueuse pratique des cérémonies solennelles pour honorer un sage.

Un lettré refuse de devenir haut fonctionnaire pour conserver intact son corps.

Pour savoir ce qui suit, lisez le chapitre suivant.

NOTES

1. *Kong-king*, littéralement « arc et drapeau », désigne les présents d'invitation. Cf. le *Tso-tchouan*, duc Tchao, 20e année, et le *Mong-tseu*, *T'eng-wen-kong*.

2. *K'o-che*, examen préparatoire de licence auquel les bacheliers qui étaient reçus dans les trois premiers rangs étaient autorisés, de ce fait, à se présenter à l'examen de licence.

3. *Souei-che :* le commissaire provincial d'éducation faisait subir des examens une fois tous les trois ans pour choisir les bacheliers salariés; les bacheliers reçus parmi les premiers pouvaient toujours recevoir une allocation de l'État.

4. *Han-Lin Yuan Che-tou*, lecteur à l'Académie, fonctionnaire de quatrième ou cinquième rang.

5. *Sieou pou cha-mao*, littéralement : « robe brodée et chapeau de gaze », c'était le jargon du moment pour dire les compilateurs de l'Académie.

6. « Les Quatre Livres » : voir chap. XXX, note 15.

7. Tseng-tseu est Tseng Ts'an (505- ? av. J.-C.). Cf. *Che-ki*, chap. 67. Dans le *Mong-tseu*, on lit : « Tseng Si aimait manger les jujubes de brebis; son fils Tseng-tseu (Tseng Ts'an) n'en voulait pas manger.» Il est à noter que les jujubes de brebis, appelés aussi jujubes-crottes de brebis, sont de petits fruits noirs et ronds, de la grosseur d'une crotte de brebis. Ils croissent dans la Chine du Nord. Tseng Si les aimait. Après sa mort, si Tseng-tseu en avait mangé, le souvenir de son père aurait ravivé sa douleur. C'est pourquoi Tseng Ts'an ne pouvait supporter de les manger. Dans ce passage, l'explication de Kin Tong-ya sur la raison pour laquelle Tseng-tseu ne mangeait pas de jujubes de brebis est tout à fait erronée, l'auteur Wou King-tseu fait une satire de l'ignorance de Kin Tong-ya, qui se permet de faire des commentaires des classiques sans comprendre.

8. *Che* ou *Che-king* (« Canon des poèmes » ou « Livre des Vers ») est le plus ancien recueil littéraire chinois. Il comprend 305 pièces de vers, les pièces les plus anciennes du *Che-king* datent environ du

xe siècle av. J.-C., toutes les pièces sont antérieures au ve siècle av. J.-C. Le *Che-king* est le plus prestigieux des livres classiques et le plus cité, mais les interprétations qu'on peut donner de chaque poème sont souvent incertaines et les exégètes sont très partagés.

9. *Yong-lo ta-ts'iuan:* « Manuels complets de l'époque Yong-lo. » Ce sont deux manuels fixés par le gouvernement pendant l'époque Yong-lo (1403-1424), sous la dynastie des Ming, pour les examens officiels : l'un est intitulé *Wou-king ta-ts'iuan,* (« Manuel complet des Cinq Classiques »), l'autre *Sseu-chou ta-ts'iuan* (« Manuels complets des Quatre Livres »). L'auteur du *Jou-lin wai-che* se moque de Monsieur Ma le deuxième qui, comprenant très peu les classiques, ne sait les expliquer que d'après les manuels d'examen.

10. C'est-à-dire Tchou Hi (1130-1200).

11. 32e poème du *Che-king.*

12. Commentaires de Tcheng Hiuan (127-200) et de K'ong Ying-ta (574-648).

13. *Niu Yue Ki Ming,* 82e poème du *Che-king.*

14. San-Tai, trois dynasties : les Hia, les Chang et les Tcheou.

15. Tchen Wei, la rivière Tchen et la rivière Wei, 95e poème du *Che-king.*

16. Yen-tseu, ou Yen ying, homme d'État de l'époque Tch'ouen-ts'ieou, mort en 493 av. J.-C. Cf. *A Chinese Biographical Dictionary,* by A. Giles, n° 2483, et le *Che-ki* de Sseu-Ma Ts'ien, chap. 62.

17. *San-chan eul-chouei:* « Trois montagnes et deux rivières », cette expression tirée d'un poème intitulé *Fong-houang-t'ai* (« La Terrasse du Phénix ») du grand poète Li Po désigne le paysage de Nankin.

18. Femme de Lao Lai-tseu : originaire de l'État de Tch'ou pendant l'époque de Tch'ouen-ts'ieou (722-481 av. J.-C.). Elle avait déconseillé à son mari d'accepter un poste de fonctionnaire.

19. *Hiang-ma:* « chevaux sonnants », brigands qui, montés à cheval, pillaient les voyageurs. On les appelait ainsi parce qu'ils lançaient des flèches sonnantes pour prévenir de leur arrivée.

20. *Cheou-pei:* « capitaine », 5e rang des fonctionnaires militaires; cf. H. S. Brunnert and V. V. Hagelstrom : *Present day political organization of China,* p. 340.

21. Lance-pierres ou lance-balles de fer. Dans l'Antiquité la balle était en pierre, plus tard elle fut en fer.

CHAPITRE XXXV

Le Fils du Ciel cherche un sage pour lui demander les principes du gouvernement.
Tchouang (Chao-kouang), convoqué par l'empereur, refuse les dignités offertes et s'en retourne chez lui.

En voyant l'étranger sauter de sa mule et se prosterner à terre, Tchouang Tcheng-kiun (Tchouang Chao-kouang) à son tour sauta rapidement de sa voiture, et s'agenouilla pour le relever.

« Qui êtes-vous, Monsieur, demanda-t-il. Nous ne nous sommes jamais rencontrés. »

L'étranger ayant terminé ses génuflexions se mit sur ses pieds :

« Devant vous, à une distance de trois li il y a une auberge de village, Monsieur, dit-il. Je vous prie de remonter dans votre voiture, je me permettrai de vous accompagner jusque-là, nous pourrons bavarder un peu dans l'auberge.

— Très bien! » répondit Tchouang.

Alors il monta dans sa voiture, l'étranger monta aussi sur sa mule et ensemble ils arrivèrent à l'auberge. Après avoir échangé des politesses, ils s'assirent :

L'étranger parla ainsi :

« Moi, dans la capitale, j'ai calculé le temps que le décret impérial mettrait pour atteindre Nankin, j'ai compté que vous deviez arriver ce jour, c'est pourquoi à peine sorti par la porte Tchang-yi, j'ai accosté toutes les mules, chaises à porteurs et voitures que j'ai rencontrées et effectivement, j'ai fini par vous trouver. Je suis très heureux de pouvoir recevoir vos conseils.

— Quel est votre nom honorable et votre pays natal ? demanda Tchouang Tcheng-kiun.

— Je m'appelle Lou Tö et mon nom social est Sin-heou,

je suis originaire du Hou-kouang[1], dit l'étranger. Je dirige toute ma volonté vers un but : rechercher les œuvres littéraires des plus fameux lettrés de notre dynastie pour en faire collection. En vingt ans, j'y suis presque arrivé. Des quatre grands écrivains du début de notre dynastie[2] il n'y a que Kao Ts'ing-k'ieou qui me manque, aucun collectionneur n'a conservé ses œuvres sinon un seul amateur qui les gardait dans la capitale. Je suis allé à Pékin et j'ai acheté ces œuvres à un prix très élevé; quand j'étais sur le point de retourner à la maison, j'ai entendu dire que l'empereur vous avait convoqué pour une audience afin de vous offrir un poste. J'ai pensé que puisque je cherche même les travaux des vieux écrivains déjà décédés, *a fortiori* un des plus grands sages de notre génération, je ne laisserais pas passer la chance de le rencontrer! C'est pourquoi j'ai attendu assez longtemps dans la capitale, pour ensuite aller, le jour venu, vous quérir le long de la route.

— Je demeurais résolument désœuvré à la Porte Blanche (Nankin) sans désirer une carrière de fonctionnaire public, répondit Tchouang Tcheng-kiun. Mais maintenant que je suis honoré par la faveur exceptionnelle de l'empereur, je ne pouvais pas ne pas venir ici. J'apprécie qu'il me soit arrivé de vous rencontrer dans cette occasion inattendue, vraiment c'est une grande joie! La chance nous a réunis, si nous devions nous séparer tout de suite ce serait trop regrettable! Descendez dans cette auberge et nous pourrons nous communiquer nos pensées avant de nous endormir. »

Ils parlèrent de nouveau des œuvres littéraires des lettrés célèbres. Tchouang Tcheng-kuin dit à Lou Sin-heou :

« Vous qui semblez si studieux et qui aimez tant les livres anciens, vous êtes, bien sûr, n'est-ce pas, un grand chercheur en toute science? Mais je vous exhorte à savoir éviter les livres interdits par l'État. Bien qu'il n'y ait pas d'attaques contre la cour impériale dans les écrits de Kao Ts'ing-ts'ieou, puisque l'empereur T'ai-tsou[3] avait pris cet auteur en aversion et que ses ouvrages sont maintenant prohibés, je vous conseillerais de ne pas les lire. Dans ma médiocrité, je vous donne un humble avis, en ce qui concerne l'étude, il faut d'abord lire beaucoup de livres généraux et ensuite, par contre, se spécialiser; la chose essentielle c'est toujours de satisfaire son propre goût du savoir. Si rentré dans votre auguste demeure, vous m'honorez d'une visite en passant, j'aurai à vous soumettre quelques-uns de mes écrits pour obtenir votre enseignement. »

Lou Sin-heou fit écho à ces paroles. Le matin suivant, ils se firent leurs adieux. Lou partit pour Nankin où il attendit le retour de Tchouang.

Tchouang Tcheng-kiun entra à Pékin par la porte Tchang-yi, il logea dans le temple de Hou-kouo. Le vice-ministre Siu lui envoya aussitôt quelqu'un de sa maisonnée pour le servir, ensuite il vint en personne le saluer. Tchouang Tcheng-kiun le reçut. « Avez-vous eu un voyage éprouvant ? demanda le vice-ministre Siu.

— J'ai le naturel sauvage du campagnard et du montagnard, que je suis, répondit Tchouang Tcheng-kiun, je ne suis pas habitué aux secousses du cheval ou de la voiture. Ajoutez à cela " la gracilité de l'arbre *P'ou-lieou (Salix gracilistyla)* [4] qui se flétrit à l'approche de l'automne [5] ! " Après mon long voyage, j'étais vraiment épuisé, c'est pourquoi je n'ai pu aller vous présenter mes hommages et, au contraire, je vous laisse vous fatiguer à prendre la peine de me rendre visite le premier.

— Hâtez-vous d'être prêt dès que possible, Monsieur, dit le vice-ministre Siu, je suppute que vous serez convoqué par l'empereur d'ici trois à cinq jours. »

C'était le premier jour de la dixième lune de la trente-cinquième année de Kia-tsing (1556). Trois jours s'étant écoulés, le vice-ministre Siu lui envoya l'édit impérial copié par le grand secrétariat impérial. Y était écrit :

« Le deuxième jour de la dixième lune, le Grand Secrétariat impérial a reçu de l'empereur l'ordre suivant : Moi, l'empereur, j'ai succédé aux grandes entreprises de mes ancêtres, je cherche nuit et jour des sages pour m'aider à bien gouverner l'État. J'ai entendu dire que le souverain qui considère ses ministres comme ses propres professeurs suit une loi universelle valable depuis les temps anciens jusqu'à nos jours. J'ordonne à Tchouang Chang-tche (Tchouang Chao-kouang), recommandé par Siu Ki, vice-ministre du ministère des Rites, de se rendre à la cour impériale à l'audience du sixième jour afin d'honorer la grande cérémonie. Respectez cela ! »

A la cinquième veille du sixième jour, les gardes impériaux tout empanachés se rangèrent à l'extérieur de la porte Wou (Midi), le cortège impérial prit place au complet pour accomplir la grande cérémonie d'accueil aux candidats heureux des examens du palais. Les fonctionnaires attendaient tous à la porte de Wou ; on vit la lumière éblouissante d'une centaine de torches, et on sut ainsi que le Premier ministre arrivait, la porte Wou fut ouverte toute grande, les fonctionnaires entrèrent par des portes de côtés, puis ils franchirent la porte Fong-t'ien et arrivèrent au palais Fong-t'ien [6] où était jouée une musique qui semblait descendre du ciel ; ils entendirent sans pouvoir bien discerner les mots le héraut de la cour du cérémonial qui criait : « Prenez place. » Un fouet de soie jaune frappa la terre et siffla trois fois; les eunuques sortirent en groupes serrés du palais intérieur en portant des encensoirs d'or, après que l'ambre gris (sang de dragon) eut été brûlé, les femmes du palais tenant les éventails ronds au long manche escortèrent le Fils du Ciel (l'empereur) qui monta sur le trône. Les fonctionnaires, les mains jointes devant le front, face au souverain, crièrent trois fois : « Vive l'Empereur » et pratiquèrent la cérémonie du salut de cour. Tchouang Tcheng-kiun en chapeau d'apparat et en robe de fonctionnaire se trouvait tout à la queue, il cria et salua le Fils du Ciel. Puis la musique cessa et la cour fut congédiée, les vingt-quatre éléphants portant sur le dos des vases précieux sortirent sans être conduits. C'était vraiment comme ce qu'un poète décrit :

Les fleurs souriaient sur des épées, les étoiles venaient de s'obscurcir,
Les saules effleuraient des drapeaux, la rosée n'était pas encore sèche !

Les fonctionnaires se dispersèrent.

Tchouang Tcheng-kiun retourna à son logement, enleva ses vêtements de cérémonie; et enfin à l'aise il se promenait de long en large depuis un moment, quand le vice-ministre Siu vint lui rendre visite. Tchouang sortit l'accueillir en tenue civile, le vice-ministre après avoir bu le thé évoqua la belle cérémonie de l'après-midi, l'arrivée fastueuse de l'empereur.

« Vous devez rester dans votre demeure, Monsieur, je pense que vous serez convoqué à nouveau bientôt », ajouta-t-il.

Trois jours plus tard, en effet, parvenait la copie de l'édit impérial suivant :

« J'ordonne à Tchouang Chang-tche de se présenter à moi dans le palais de Repos le onzième jour, il est autorisé à entrer à cheval dans le palais intérieur [7]. Respectez cela. »

Le jour dit, le vice-ministre Siu accompagna Tchouang Tcheng-kiun jusqu'à la porte Wou, où il resta à l'attendre. Tchouang Tcheng-kiun entra seul à pied par la porte Wou. Il vit deux eunuques qui amenaient un cheval de l'écurie impériale; ils l'invitèrent à le monter, et s'agenouillèrent pour tenir les étriers. Quand Tchouang Tcheng-kiun fut en selle, ils prirent la bride qui était comme les rênes, du jaune impérial. Ils le conduisirent au pas par la porte K'ien-ts'ing (Limpidité céleste) jusqu'à l'extérieur de la porte du palais Hiuan-tcheng (Proclamation politique) où Tchouang Tcheng-kiun descendit de cheval. Là deux autres eunuques énoncèrent l'ordre impérial : « Que Tchouang Chang-tche entre dans le palais. » Tchouang Tcheng-kiun alors s'avança en retenant son souffle, le Fils du

Ciel en tenue civile était assis sur son trône splendide. Tchouang Tcheng-kiun alla jusqu'à lui et se prosterna.

« Je règne depuis trente-cinq ans, dit le Fils du Ciel, grâce au ciel, à la terre et à mes ancêtres, à l'intérieur des quatre mers, on connaît la paix, et il n'y a pas de troubles sur nos frontières. Deux choses pourtant me préoccupent : mes sujets ne sont pas assez chaudement vêtus et bien nourris, et les lettrés ne pratiquent pas assez les rites et la musique. Afin de résoudre ces deux problèmes : éducation et nourriture, je vous ai fait venir de la campagne; j'espère que vous ferez de votre mieux pour me tracer un plan d'action. Ne me cachez rien; ne craignez pas mon courroux. »

Tchouang Tcheng-kiun était sur le point de donner sa réponse, mais il ressentit à l'improviste une violente douleur au sommet de la tête, difficilement supportable, il ne put que s'incliner et dire :

« Votre sujet se sent honoré par les paroles de Votre Majesté. Mais il ne peut donner une réponse détaillée tout de suite, et vous prie de le laisser réfléchir minutieusement avant de soumettre son rapport.

— Dans ce cas, c'est accepté, dit le Fils du Ciel, vous devez faire l'effort de penser à ce plan pour moi, il suffit que les choses soient praticables, en conformité avec l'esprit des anciens et sans être en opposition avec les coutumes actuelles. »

Ces paroles prononcées, il se leva et se retira. Tchouang Tcheng-kiun se leva, sortit du palais K'in-tcheng (gouverner avec diligence), les eunuques amenèrent le cheval et l'escortèrent jusqu'à la porte Wou. Là il retrouva le vice-ministre Siu, tous les deux sortirent ensemble de la cité interdite puis se séparèrent.

Tchouang Tcheng-kiun, arrivé à son logement, enleva son chapeau et y découvrit un scorpion.

— Mon vilain “ Tsang Ts'ang ”[8] était donc cette bestiole! dit-il en riant. J'ai l'impression que mon Tao (le confucianisme) ne pourra se réaliser en ce temps! »

Le lendemain matin, il se leva, brûla de l'encens et se lava les mains, puis il compta les achillées (herbes de devins) pour consulter les hexagrammes, la réponse fut « *T'ien Chan Touen* » (un ermite dans une montagne sous le Ciel)[9]. »

« C'est très bien », se dit-il.

Alors il fit en détail dix propositions au sujet de l'éducation et de la nourriture, et écrivit une requête pour demander la faveur de retourner chez lui comme un simple particulier et il envoya ses propositions et sa requête au bureau de transmission. A partir de ce moment, tous les fonctionnaires des neuf cours et des six ministères [10] sans exception vinrent présenter leurs respects et demander conseils. Tchouang Tcheng-kiun n'avait plus la patience de supporter ces formalités, il se vit obligé d'aller faire une visite à chaque yamen. Le grand secrétaire grand protecteur (le Premier ministre) dit alors au vice-ministre Siu :

« L'empereur a l'intention de donner à Monsieur Tchouang de Nankin un titre de haut fonctionnaire à la cour, pourquoi ne l'amèneriez-vous pas me voir ? Je désirerais le recruter comme disciple et l'avoir parmi mes pêchers et pruniers (élève). »

Le vice-ministre ne voulut pas transmettre de but en blanc cette proposition à Tchouang, il lui en parla avec insinuation et d'une manière détournée.

« Comme il n'y a plus de Confucius (K'ong tseu) à notre époque, répondit Tchouang Tcheng-kiun, je ne dois pas être l'élève de quelqu'un. En outre le grand protecteur (le Premier ministre) a été à plusieurs reprises le président des examens de doctorat, il a d'innombrables membres de l'Académie de la Forêt des Pinceaux pour élèves, pourquoi choisirait-il un campagnard comme moi ? Je n'ose pas accepter cet honneur. »

Le vice-ministre rapporta ces paroles au Premier ministre qui en fut mécontent.

Quelques jours plus tard, le Fils du Ciel assis au palais de repos demanda à son Premier ministre :

« J'ai examiné soigneusement les dix propositions politiques faites par Tchouang Chang-tche, son savoir est profond, peut-on le nommer ministre ou vice-ministre ?

— Tchouang Chang-tche possède vraiment des talents exceptionnels, répliqua le Premier ministre. Quand Votre Majesté l'a convoqué à la cérémonie et l'a traité avec une faveur spéciale, à la cour comme à la campagne tous se sont réjouis. Mais laisser un homme qui n'est pas docteur ès lettres devenir tout d'un coup ministre ou vice-ministre, est un fait sans précédent, et qui va contre les règlements des ancêtres-empereurs de notre dynastie; en outre une telle nomination peut faire naître dans le cœur des sujets de l'empire la pensée que l'avancement dépend de la chance et du népotisme. Je me prosterne et j'attends que Votre Majesté prenne une décision. »

Le Fils du Ciel soupira puis ordonna au Premier ministre de transmettre le décret impérial :

« Tchouang Chang-tche est autorisé à retourner chez lui, je lui donne cinq cents taëls d'argent du trésor impérial, et lui fais cadeau du lac Yuan-Wou [11] à Nankin afin qu'il puisse écrire des ouvrages et établir des théories pour exalter cette grande époque glorieuse. »

Quand le décret parut, Tchouang Tcheng-kiun vint de nouveau à la porte Wou remercier de la faveur qui lui était faite, puis il fit ses adieux au vice-ministre et prépara ses bagages pour retourner dans le Sud. Tous les fonctionnaires de la cour vinrent lui offrir un repas d'adieu, mais il le refusa. Il loua à nouveau une voiture et sortit par la porte Tchang-yi (la cérémonie splendide).

Comme c'était un jour froid, bien qu'ayant parcouru quelques li supplémentaires il ne put trouver de place dans une auberge. Il se vit réduit à prendre un sentier pour aller demander un gîte dans une famille. Il arriva à une chaumière d'une seule pièce dans laquelle brûlait une lampe à huile; un vieil homme de soixante à soixante-dix ans se tenait debout devant la porte. Tchouang Tcheng-kiun s'avança et le salua :

« Je suis un voyageur, grand-père, j'ai dépassé par erreur l'auberge, dit-il. Je désire passer la nuit chez vous, et je vous paierai pour mon logement demain matin.

— Un voyageur ne saurait emporter sa maison sur la tête, répondit le vieil homme. Je ne vois pas d'inconvénient à vous recevoir, seulement je n'ai que la seule chambre où ma femme et moi, l'un et l'autre âgés de plus de soixante-dix ans, habitions tous deux. Hélas, ma vieille femme est morte ce matin, je n'ai pas d'argent pour acheter un cercueil, son corps reste encore dans la chambre. Où pourriez-vous dormir, Monsieur ? En outre vous avez une voiture, où peut-on la mettre ?

— Cela n'a pas d'importance, répliqua Tchouang Tcheng-kiun. J'ai besoin seulement d'un endroit pour une seule personne, afin de passer la nuit tant bien que mal, je laisserai la voiture à l'extérieur, tant pis.

— Dans ce cas, vous ne pouvez que partager mon lit, dit le vieil homme.

— D'accord! », fit Tchouang Tcheng-kiun.

Sur ce, il entra dans la chambre et vit le cadavre immobile et raide de la vieille femme par terre à côté d'un *K'ang* (lit à fourneau). Tchouang Tcheng-kiun défit ses bagages et étala sa literie. Il ordonna à son serviteur et à son cocher de dormir dans la voiture, et laissa au vieil homme la moitié du lit près du mur. Tchouang Tcheng-kiun prit lui-même la partie extérieure du lit, mais il se tournait et retournait, n'arrivait pas à s'endormir. A la troisième veille et demie (vers minuit passé), il vit que le cadavre se mettait à remuer, Tchouang Tcheng-kiun sursauta, regarda fixement et vit que les mains du cadavre commençaient à se mouvoir comme s'il avait eu l'intention de s'asseoir.

« Elle ressuscite! », cria-t-il.

Vite il secoua le vieil homme, il le secoua pendant un moment mais sans pouvoir le réveiller.

« Comment un vieil homme peut-il dormir si profondément ! », se demanda-t-il.

Alors il s'assit et en le regardant il découvrit que le souffle du vieil homme s'était arrêté et qu'il était déjà mort ! Puis il retourna la tête et aperçut la vieille femme qui se tenait déjà debout avec les jambes raides et les yeux livides et béants. En vérité, elle n'était pas en vie, c'était un cadavre ambulant ! Tchouang Tcheng-kiun horrifié se précipita dehors, il réveilla le cocher et le fit placer la voiture contre la porte pour empêcher le cadavre de sortir. Il marcha seul de long en large et se dit à lui-même avec remords :

« Bonheur, malheur, remords et humiliation, proviennent du mouvement [12]. Si j'étais resté tranquillement à la maison au lieu de faire ce voyage au loin, je me serais épargné de subir cette peur vaine ! » Puis il pensa de nouveau :

« La vie et la mort sont choses naturelles; au fond je n'ai pas une connaissance assez profonde de la raison des choses, c'est pourquoi j'éprouve cette peur. »

Il se calma, s'assit dans la voiture et attendit que le jour fût bien levé : à ce moment-là, le cadavre ambulant était tombé sur le sol et dans la petite chaumière il n'y avait plus que deux cadavres.

« A quel point ce vieux couple était pauvre ! se dit Tchouang Tcheng-kiun avec compassion. Quoique j'aie simplement passé une seule nuit ici, il m'incombe de les faire enterrer sinon qui s'en chargera ? »

Alors il ordonna à son serviteur et à son cocher de s'enquérir d'un lieu de marché, où il alla acheter deux cercueils pour plusieurs dizaines de taëls; il loua quelques hommes dans le marché pour transporter les cercueils jusqu'à la chaumière et mettre les cadavres en bière. Il trouva un morceau de terrain d'un voisin, l'acheta, et surveilla l'enterrement du vieux couple. Après quoi il acheta des offrandes et du papier-monnaie, écrivit une composition funèbre, et fit des sacrifices en versant des larmes, tous les habitants de l'endroit vinrent se prosterner jusqu'au sol pour le remercier.

Tchouang Tcheng-kiun, après avoir quitté ce village, loua un grand bateau rapide, sur lequel il lui était possible de faire un peu de lecture. Quelques jours après, il arriva à Yang-tcheou et se fit héberger vingt-quatre heures à la maison des douanes; il dut changer de bateau et prit une jonque pour retourner à Nankin en naviguant sur le Yang-tseu-kiang. Le lendemain du jour où il y était monté, il vit dans la matinée près de trente élégantes chaises à porteurs stationner sur la rive : c'étaient les grands marchands de sel des « deux Houai »[13]; ils s'arrêtaient pour présenter leurs respects à Tchouang Tcheng-kiun et ils lui firent passer leurs cartes. Comme la jonque était petite, Tchouang Tcheng-kiun en invita d'abord dix à bord. Quelques-uns d'entre eux qui étaient vaguement ses parents l'appelaient les uns oncle, les autres cousin, d'autres encore grand-oncle. Après avoir échangé les saluts d'usage tous s'assirent selon leur rang. Le deuxième en dignité était Siao Po-ts'iuan.

Les grands marchands s'extasièrent sur la noble conduite de Tchouang qui avait refusé le poste important que lui offrait l'empereur, ne daignant pas être fonctionnaire.

« Je comprends les scrupules de l'honorable Monsieur Tchouang, dit Siao Po-ts'iuan. Monsieur Tchouang possède un grand talent, il désire devenir fonctionnaire par le chemin orthodoxe et refuse une nomination par voie de recommandation. Il rentre maintenant pour attendre de passer l'examen officiel prochain. Puisque l'empereur le connaît, il sera reçu brillamment docteur ès lettres.

— La nomination par recommandation est une institution importante, comment pouvez-vous croire que je la méprise? répondit Tchouang Tcheng-kiun en souriant. En ce qui concerne le choix du talent, sûrement c'est vous qui serez reçu au prochain examen. Quant à moi, j'ai pris la ferme décision de passer ma vie librement dans le brouillard et sous les nuages, c'est dans ma calme retraite que j'apprendrai la bonne nouvelle de votre réussite.

— Vous arrêterez-vous ici pour voir la société? demanda Siao Po-ts'iuan.

— Je désire vivement rentrer chez moi le plus vite possible, répliqua Tchouang Tcheng-kiun, mon bateau ne tardera pas à repartir. »

Alors ces dix premiers visiteurs retournèrent à terre et Monsieur Tchouang reçut le reste en deux groupes, il commençait à perdre patience, quand à leur tour, les hauts commissaires, les commissaires adjoints du sel, le préfet de Yang-tcheou, et le sous-préfet de Kiang-tou arrivèrent l'un après l'autre pour le saluer; il devint furieux intérieurement, sa mansuétude était à bout, une fois reconduit le dernier de ses visiteurs sur la rive, il ordonna à la jonque de lever l'ancre immédiatement. Si bien que, lorsque le soir les grands marchands de sel se présentèrent après avoir réuni six cents taëls qu'ils offraient à Tchouang comme dépenses de voyage, la jonque était déjà loin, ils ne purent la rattraper, et durent rapporter leur argent.

Tchouang Tcheng-kiun rencontra un vent favorable et arriva bientôt à la Falaise des Hirondelles.

Là, pour revoir à loisir les beautés du fleuve Yang-tseu, il loua un bateau avec une tente, y fit transporter ses bagages et se fit conduire à la rame en se laissant bercer jusqu'à la Porte de l'Ouest des Han. Là un porteur pour ses bagages l'accompagna à pied jusque chez lui, où après s'être prosterné devant les tablettes de ses ancêtres, il retrouva sa femme :

« J'avais promis que je serais de retour dans trois mois au plus, et dans deux mois au moins, observa-t-il avec un sourire, qu'en dites-vous maintenant ? Je ne mentais pas, n'est-ce pas ? »

Sa femme rit également, et le soir, prépara du vin pour célébrer le retour de son mari.

Le lendemain matin, il venait à peine d'achever sa toilette quand le serviteur annonça :

« Le lecteur de l'académie Kao de Lieou-ho vient vous saluer. »

Tchouang Tcheng-kiun s'en fut le recevoir au salon. Lorsqu'il venait de le reconduire et s'était à peine installé dans son appartement privé le commissaire provincial des Finances, puis le préfet de la préfecture Ying-t'ian, puis le directeur des postes, puis les sous-préfets de Chang-yuan et de Kiang-ning, puis les notables locaux s'amenèrent tour à tour. Tchouang Tcheng-kiun était importuné de devoir mettre ses bottines, puis de les quitter pour réenfiler ses escarpins, puis de recommencer à nouveau inlassablement [14]. Finalement il se fâcha :

« J'en ai assez! déclara-t-il à sa femme. Puisque la cour impériale m'a fait cadeau du lac Yuan-wou, pourquoi resterais-je ici et laisserais ces gens-là m'accabler ?! Nous allons le plus vite possible élire domicile au lac pour y trouver la paix! »

Sur ce, ils rangèrent leurs affaires et déménagèrent cette nuit même au lac de Yuan-wou.

C'était un grand lac, presque aussi grand que le lac de l'Ouest. De « la Muraille de la Ville » à gauche, on pouvait apercevoir le temple du Cri du Coq. Ce lac produisait chaque année plusieurs dizaines de milliers de boisseaux de châtaignes d'eau, de racines de lotus, et de « têtes de coq » [15]. Il était sillonné par soixante-douze bateaux de pêche qui procuraient les poissons achetés chaque matin par toute la ville de Nankin. Sur le lac il y avait cinq grandes îles : quatre d'entre elles regorgeaient en cabinets de lecture aux nombreux recueils; la cinquième, l'île centrale, était couverte d'un immense jardin et de la maison contenant plusieurs dizaines de chambres allouée à Tchouang Tcheng-kiun. Le jardin possédait des arbres antiques dont les troncs atteignaient des diamètres exorbitants, des fleurs de pruniers, de pêchers, de poiriers, des palmiers, des canneliers, des chrysanthèmes, bref il y avait des fleurs en toute saison. Il y avait aussi un bocage de plusieurs dizaines de milliers de bambous. Au milieu du jardin, la maison de Tchouang avait des fenêtres larges des quatre côtés, il pouvait regarder les scintillements sur le lac, les teintes sur les collines et se croire au pays des Immortels. Un bateau amarré à sa porte lui permettait d'aller sur le lac où bon lui semblait. A moins de prendre ce bateau personne ne pouvait venir le déranger. Tchouang Tcheng-kiun se tenait volontiers dans le jardin.

Un jour, il se penchait sur les balustrades du balcon pour regarder l'eau avec sa femme :

« Regardez, les scintillements sur le lac et les teintes sur les collines sont à nous! dit-il en souriant. Nous pouvons nous réjouir de ce beau paysage tous les jours, ce n'est pas comme Tou Chao-k'ing qui fut réduit à emmener sa femme à la montagne de Ts'ing-leang (Fraîcheur) pour y trouver des fleurs. »

A loisir sans souci, il préparait une jarre de vin et faisait asseoir sa femme à ses côtés pour lui faire lire à haute voix « Les commentaires du Livre des Vers » de Tou Chao-k'ing. Quand elle arrivait aux passages intéressants, il se versait une grande rasade de vin et tous les deux se réjouissaient d'habiter au milieu du lac à l'aise et sans tracas.

Une fois, soudain, quelqu'un d'une autre rive héla le batelier, celui-ci rama jusqu'à lui et l'amena par le bateau, Tchouang Tcheng-kiun sortit l'accueillir. Cet homme entra et salua, c'était Lou Sin-heou.

« Je pense beaucoup à vous depuis que nous nous sommes séparés sur la route, dit Tchouang Tcheng-kiun transporté de joie. Comment aujourd'hui avez-vous pu trouver le chemin pour arriver ici ?

— Je suis allé hier à votre honorable demeure, répondit Lou Sin-heou, et aujourd'hui j'ai pu arriver ici. Vous vivez vraiment comme un immortel, je vous envie infiniment!

— En ces lieux, nous sommes coupés du monde des humains. Bien que cet endroit ne soit pas tout à fait le lieu de délices que le pêcheur de Wou-ling avait découvert [16], c'est tout comme. Vous allez habiter ici quelque temps, car j'ai bien peur que la prochaine fois, quand vous voudrez revenir, vous ne vous égariez et ne puissiez trouver la bonne route! »

Sur quoi, le vin fut servi et ils buvaient encore ensemble à la troisième veille (minuit), quand un serviteur s'approcha essoufflé et annonça :

« Plusieurs centaines de soldats appartenant au roi de Tchong-chan (montagne centrale) brandissant un millier de torches, se sont emparés des soixante-douze bateaux de pêche grâce auxquels ils ont traversé l'eau; ils entourent complètement notre jardin! »

Tchouang Tcheng-kiun fut consterné. Un autre serviteur survint et ajouta :

« Il y a un général de brigade qui est entré dans la salle! »

Tchouang Tcheng-kiun s'y rendit, le général lui offrit ses civilités.

« Puis-je demander quel membre de ma famille est coupable? demanda Tchouang.

— Votre honorable famille n'est pas impliquée dans ce qui m'amène ici », répondit le général.

Il reprit plus bas :

« Lou Sin-heou conserve dans sa maison " Le recueil des ouvrages littéraires de Kao Ts'ing-ts'ieou ", c'est un livre proscrit. Il a été dénoncé. Nous avons appris de la capitale que cet homme a étudié les arts militaires, c'est pourquoi des soldats ont été expédiés pour l'arrêter. Aujourd'hui nous l'avons suivi à la piste jusque chez vous, nous sommes venus pour le prendre, il ne faut pas qu'il soit au courant et s'enfuie.

— Comptez sur moi, mon général, dit Tchouang Tcheng-kiun. Je lui demanderai de se rendre lui-même demain, s'il prend la fuite, j'en serai responsable.

— Puisque vous avez parlé ainsi, Monsieur, je n'ai rien à ajouter, je vous quitte. »

Tchouang Tcheng-kiun le reconduisit, le général donna un ordre, les soldats montèrent sur les barques et retraversèrent le lac. Mais Lou Sin-heou avait saisi le sens des paroles échangées :

« Je suis un homme brave, dit-il. Comment oserais-je prendre la fuite et vous compromettre! Je me rendrai moi-même demain!

— Vous aurez à passer quelques jours en prison, dit Tchouang Tcheng-kiun en souriant. En moins d'un mois, je vous garantis que vous en sortirez et que vous ne serez plus inquiété. »

Lou Sin-heou alla se rendre.

Tchouang Tcheng-kiun écrivit en secret une dizaine de lettres et envoya quelqu'un à la capitale les transmettre à différents hauts fonctionnaires à la cour pour qu'ils fassent des démarches. A la suite de quoi, une dépêche officielle du ministère obtint le relâchement de Lou Sin-heou, tandis que le dénonciateur était puni. Lou Sin-heou vint remercier Tchouang Tcheng-kiun qui le retint à demeure!

Quelques jours plus tard, deux autres visiteurs à nouveau hélèrent le bateau de l'île. Tchouang Tcheng-kiun allant les accueillir vit que c'étaient Tch'e Heng-chan et Tou Chao-k'ing.

« C'est merveilleux! » s'exclama-t-il avec joie. Et il fit cette citation : « Justement je désirais bavarder d'une manière libre avec vous et je vous entends arriver. »

Il les invita à s'asseoir dans le pavillon donnant sur le lac. Tch'e Heng-chan désirait mettre au point les rites et la musique pour le temple de T'ai-po. Tchouang Tcheng-kiun les garda pour un festin la journée entière; après délibération ils fixèrent un plan détaillé et complet sur les rites et la musique à pratiquer au temple de T'ai-po; le plan fut remis à Tch'e Heng-chan qui l'emporta avec lui.

La période du Nouvel An s'écoula promptement. Au milieu du deuxième mois de l'année suivante, Tch'e Heng-chan invita Ma Tch'ouen-chang, Kiu Chen-fou, Ki Wei-siao, Siao Kin-hiuan et Ki Tong-ya à se réunir dans la maison au bord de la rivière de Tou Chao-k'ing pour discuter encore une fois du sacrifice au temple de T'ai-po.

« A qui allons-nous demander d'être le sacrificateur ? demandèrent-ils.

— Celui à qui nous allons faire un sacrifice est un grand sage, dit Tch'e Heng-chan, il faut que soit lui-même un sage celui qui préside au sacrifice, pour être digne de T'ai-po. Maintenant il nous faut trouver cet homme.

— Qui avez-vous en tête ? » demandèrent les autres.

Tch'e Heng-chan leva les doigts et leur dit le nom de cet homme.

Cela fait que :

« Mille courants et dix mille affluents retournent ensemble à la source de la rivière Jaune.

« Les instruments de métal qui annoncent le début et les instruments de pierre qui montrent la fin[17] s'accordent tous avec les tubes musicaux de la cloche Jaune. »

En fin de compte pour connaître qui est cet homme, lisez le prochain chapitre.

NOTES

1. Hou-kouang : Hou-nan et Hou-pei.

2. Les quatre grands écrivains du début des Ming : Kao K'i (1336-1374) dont le nom social était Ts'ing-k'ieou, grand poète; Yang Ki (1332 ?- ?); Tchang Yu (1333-1385) et Siu Pen (?-1379).

Tous quatre étaient originaires du Kiang-sou, c'est pourquoi on les appelle les quatre grands lettrés de Wou.

3. L'empereur T'ai-tsou, fondateur des Ming, régna de 1368 à 1398.

4. *P'ou-lieou*, autre nom du *Chouei-yang*, sorte de saule.

5. Citation modifiée du *Tsin-chou* prise dans la biographie de Kou Yue-tche.

6. *Fong-t'ien:* « respecter la volonté du ciel ». Le souverain doit respecter la volonté du ciel en aimant le peuple. Ces deux caractères sont sortis du *Chang-chou*, chap. *T'ai-che* (« La Grande Harangue »).

7. Les fonctionnaires doivent descendre de leurs chevaux ou de leurs chaises à porteurs à l'entrée du palais interdit, mais l'empereur peut accorder à certains d'entre eux la faveur de ne pas descendre afin de les honorer.

8. Tsang Ts'ang : le favori du duc P'ing de l'État de Lou, désirait voir Mong-tseu (Mencius), mais Tsang Ts'ang le lui déconseilla. Cf. le *Meng-tseu*, 2-16 *Leang-Houei-wang*, Hia. Plus tard, « Tsang Ts'ang » désigna un calomniateur, un mauvais sujet.

9. Touen, 33e hexagramme du *Yi-king* (« Livre des mutations »). Cet hexagramme veut dire : « Il faut se retirer ».

10. Les neuf cours : cours des sacrifices impériaux, des affaires de la famille impériale, des banquets impériaux, des insignes impériaux, des équipages impériaux, cour suprême de justice, cour du cérémonial, cour de l'agriculture, cour du trésor impérial. Les six ministères : ministères des Rites, de la Justice, de l'Armée, des Finances, des Fonctionnaires, et des Travaux publics.

11. Yuan-wou : c'est-à-dire Hiuan-wou, mais comme le nom de l'empereur K'ang-hi est Hiuan-ye, le caractère Hiuan est tabou, c'est pourquoi l'auteur change « Hiuan » en « Yuan ».

12. Citation du *Yi-king*, chap. 8, *Hi-ts'eu*, 2e partie.

13. Les deux Houai : Le nord et le sud de la rivière Houai.

14. Les lettrés portaient chez eux des souliers, mais lorsqu'ils recevaient un visiteur, ils devaient porter des bottes.

15. *K'ien (Euryale Ferox)*. Vulgairement appelé *Ki-t'eou*, « tête de coq », plante qui ressemble au nénuphar.

16. Wou-ling : Nom d'une préfecture établie sous les Han, actuellement la sous-préfecture Tch'ang-tö dans le Hou-nan. Dans l'histoire de « La source des fleurs de pêcher » écrite par le grand poète T'ao Yuan-ming (365-427), l'auteur raconte qu'un pêcheur de Wou-ling trouva un paradis près de la source des fleurs des pêchers. Une fois sorti du paradis, sur la route du retour il marqua toutes les étapes, plus tard il chercha en vain les marques qu'il avait faites, s'égara et ne put jamais retrouver le bon chemin. Le mot *Wou-ling* est employé par l'auteur pour désigner un endroit utopique.

17. *Kin Cheng Yu-Tchen* ou *Yu Tchen Kin-cheng:* « Les instruments de métal annoncent le début et les instruments de pierre annoncent la fin », lorsqu'on exécute une symphonie, expression tirée du *Mong-tseu* (Mencius) 10-1. *Wan Tchang*, 2e partie. Cette expression veut dire que la vertu de Confucius était semblable à une symphonie exécutée par les huit sortes d'instruments réunis.

CHAPITRE XXXVI

Un vrai lettré confucéen naît dans la sous-préfecture Tch'ang-chou (du Kiang-sou).
Un sage célèbre préside un sacrifice au temple de T'ai-po.

Dans la sous-préfecture de Tch'ang-chou de la préfecture de Sou-tcheou du Ying-t'ien (Nankin), il y avait un village qui s'appelait le village de Lin-fou [1]; dans ce village, plus de deux cents familles paysannes avaient pour métier de cultiver la terre. Il y avait seulement un habitant nommé Yu qui avait étudié et avait été reçu bachelier pendant l'époque Tch'eng-houa [2], il était resté bachelier pendant trente années et était instituteur de l'école de ce village. Ce village était distant de quinze li du chef-lieu de Tch'ang-chou, sauf pour passer les examens, le bachelier Yu n'avait jamais été à la ville, il avait vécu près de quatre-vingts ans lorsqu'il décéda. Son fils qui n'était pas bachelier, enseignait également pour gagner son pain quotidien. Lorsqu'il atteignit l'âge mûr, il n'avait pas encore de fils; lui et sa femme allèrent tous les deux au temple de Wen-Tch'ang ti-kiun (Dieu de la splendeur littéraire) pour demander au dieu de leur donner un héritier. Il rêva que le dieu des lettrés lui donnait de ses propres mains une bande de papier sur laquelle était écrite cette phrase tirée du *Yi-king* (Livre des Mutations) :

« L'homme de qualité cultive la vertu par le ferme accomplissement de bonnes actions [3]. »

Tout de suite après, sa femme fut enceinte, et au bout de dix mois révolus, elle donna naissance à ce futur docteur ès lettres Yu. Il alla au temple remercier le dieu des lettrés et donna à son fils comme prénom Yu-tö (cultiver la vertu) et comme nom social Kouo-hing (ferme accomplissement de bonnes actions). Le futur docteur Yu perdit sa mère à l'âge de trois ans, son père l'amena habiter dans la maison où il enseignait et commença à l'instruire quand il eut six ans. Quand le futur docteur Yu eut dix ans, Monsieur K'i de ce village engagea Monsieur Yu pour instruire son fils ; le précepteur et l'employeur s'entendirent parfaitement bien ensemble. Après quatre années, Monsieur Yu tomba malade et quitta ce monde ; pendant son agonie, il confia à Monsieur K'i son fils, le futur docteur Yu, qui à ce moment-là n'avait que quatorze ans.

« Votre jeune homme n'est pas comme les autres enfants, avait dit Monsieur K'i à Monsieur Yu, quand vous ne serez plus, je l'inviterai à être le précepteur de mon fils. »

Il écrivit donc son nom K'i Lien sur une carte et alla se présenter dans la bibliothèque pour rendre ses respects au nouveau précepteur, emmenant son fils âgé de neuf ans saluer son professeur le futur docteur Yu. Désormais le futur docteur Yu enseigna dans la maison de K'i.

Or, la sous-préfecture Bonne Récolte Éternelle (Tch'ang-chou) avait la réputation de produire beaucoup de lettrés de talent. Il y avait à ce moment-là un nommé Yun Ts'ing-Tch'ouan qui excellait à écrire de la prose et des poèmes à chanter en langue classique, et qui était considéré comme un écrivain de premier ordre. Lorsque le futur docteur Yu eut dix-sept ou dix-huit ans, il commença à étudier la poésie avec lui.

« Vous êtes un lettré pauvre, Monsieur Yu, dit Monsieur K'i. Si vous étudiez seulement la poésie, ce ne vous sera d'aucune utilité. Il vous faut apprendre quelques techniques pour gagner votre pain quotidien. Dans ma jeunesse j'ai pratiqué la géomancie, j'ai appris à dire la bonne aventure et à choisir les jours fastes. Je vous transmettrai ces procédés, gardez-les, vous pourrez vous en servir quand vous serez en difficultés financières ! »

Le futur docteur Yu accepta de tout cœur. Monsieur K'i lui conseilla encore :

« Vous devriez acheter quelques recueils des essais modèles des examens officiels et les étudier un peu. Plus tard, vous vous présenterez aux examens, si vous êtes reçu bachelier, vous trouverez plus facilement un poste de précepteur. »

Le futur docteur Yu suivit le conseil de Monsieur K'i et se procura quelques essais modèles qu'il étudia. A l'âge de vingt-quatre ans, il fut reçu bachelier. L'année suivante, Monsieur Yang du village du clan Yang, sis à une distance de vingt li, l'engagea comme précepteur à trente taëls par an. Il arriva à son nouveau poste le premier mois de l'année et retourna chez

Monsieur K'i dans le douzième mois pour les vacances du Nouvel An.

Deux années s'écoulèrent.

Monsieur K'i lui dit :

« Quand votre père était en vie, il a contracté pour vous promesse de mariage avec la fille de la famille Houang. Maintenant il est temps que vous vous mariiez. »

Alors Yu utilisa plus d'une dizaine de taëls qui lui restait de son traitement de cette année et se fit avancer plus d'une dizaine de taëls de son traitement de l'année suivante, il réunit ces deux sommes d'argent et eut juste assez pour son mariage. Le jeune couple habitait chez la famille K'i qui lui prêtait une chambre. A la fin de la lune de miel, le futur docteur Yu retourna à son poste et deux années plus tard il avait économisé vingt à trente taëls. Il loua alors un pavillon de quatre pièces à la famille K'i et y déménagea, il engagea seulement un petit serviteur. Le futur docteur allait à son travail, ce petit serviteur chaque matin parcourait trois li jusqu'au marché pour acheter le bois de chauffage, le riz, l'huile, le sel et les légumes puis retournait à la maison pour aider sa maîtresse. Celle-ci mit au monde une petite fille, sa santé s'affaiblit et elle était souvent malade, mais les honoraires d'un précepteur n'étaient pas suffisants pour acheter des médicaments, chaque jour elle ne mangeait que trois repas de bouillon de riz. Cependant sa santé s'améliora peu à peu. L'année où le futur docteur Yu eut trente-deux ans, il ne trouva pas de poste de précepteur.

« Comment faire cette année ? lui demanda sa femme.

— Cela ne fait rien, observa le futur docteur Yu. En effet, depuis que je suis précepteur, j'ai toujours gagné chaque année en fin de compte la même somme d'environ trente taëls. Par exemple, si le premier mois d'une certaine année, mon contrat n'était que d'une vingtaine de taëls d'argent, je m'inquiétais et croyais que ce serait insuffisant, mais le quatrième ou le cinquième mois, j'avais toujours un ou deux élèves supplémentaires ou bien quelques compositions littéraires à corriger et j'arrivais à cette somme de trente taëls. Au contraire, si le premier mois d'une autre année, mon contrat était de quelques taëls de plus, je me réjouissais et me disais : C'est bien ! Cette année, je gagne plus. Mais des affaires arrivaient dans la famille cette année-là et m'obligeaient à dépenser entièrement ces quelques taëls de plus. Ainsi nous pouvons voir que tout est réglé de façon équitable par le destin, cela ne vaut pas la peine de se faire du souci. »

En effet, quelque temps après, Monsieur K'i vint dire au futur docteur Yu que la famille Tcheng dans un village assez lointain lui demandait d'aller choisir un terrain funéraire. Alors le futur docteur prit sa boussole de géomancie, et alla inspecter les lieux avec toute sa force de pensée et toute son attention. Quand l'endroit eut été fixé, la famille Tcheng le remercia de douze taëls d'argent. Yu loua un petit bateau pour s'en retourner, c'était juste le milieu de la troisième lune de l'année, sur les deux rives de la rivière, il y avait des fleurs de pêcher et des saules pleureurs, de plus un léger vent favorable faisait avancer agréablement le bateau, le futur docteur Yu en était enchanté intérieurement. Il arriva ainsi à un endroit retiré et tranquille où un homme avec un bateau plein de cormorans était en train de pêcher. Le futur docteur Yu se pencha en dehors de sa cabine pour regarder; tout à coup il vit un homme sur la rive de l'autre côté se jeter à l'eau. Le docteur Yu sursauta d'horreur, et demanda aussitôt à son batelier de le sauver : ils le tirèrent à bord, tout son corps dégouttait d'eau mais heureusement le temps était doux, Yu lui fit enlever ses vêtements mouillés et demanda au batelier de lui prêter un habit sec; puis il le fit entrer s'asseoir dans la cabine et il lui demanda pourquoi il avait essayé de mettre fin à ses jours.

« Je suis un cultivateur de cette région, répondit cet homme. J'ai labouré quelques champs pour un propriétaire foncier, mais il a pris toute ma récolte de riz. Mon père est tombé malade et il est mort à la maison, je n'ai même pas d'argent pour acheter un cercueil. Je pense qu'un homme comme moi n'a aucun intérêt à vivre dans ce monde, mieux vaut chercher le chemin de la mort pour m'en tirer!

— Cela prouve votre piété filiale, déclara le futur docteur Yu. Mais vous n'avez pas besoin de songer à mourir. J'ai douze taëls sur moi que quelqu'un m'a donnés, je ne puis vous les donner tous, car je dois en garder pour vivre plusieurs mois. Maintenant je vous donne quatre taëls, vous les emporterez et expliquerez à vos voisins et à vos parents votre malheur, naturellement ils vous aideront. Ensuite vous enterrerez votre père, et tout ira bien. »

Sur ce, il sortit l'argent de sa gibecière, pesa quatre taëls et les donna à cet homme, qui accepta en se prosternant pour remercier.

« Puis-je demander votre honorable nom, Monsieur mon bienfaiteur ? dit-il.

— Mon nom est Yu et j'habite dans le village de Lin-fou, dépêchez-vous d'aller régler votre affaire, cela ne vaut pas la peine de perdre votre temps à bavarder. »

Le futur docteur Yu retourna chez lui, et dans la deuxième moitié de cette année, il trouva un poste de précepteur. A la fin de l'hiver, sa femme mit au monde un fils, comme Monsieur K'i l'avait secouru de mille manières, le futur docteur donna à son fils le prénom de Kan K'i (remercier K'i). Il enseigna pendant cinq ou six ans de suite. L'année où il eut quarante et un ans il y avait un examen de licence provincial et il alla s'y présenter. Monsieur K'i vint l'accompagner au départ :

« Monsieur Yu, je pense que vous serez reçu brillamment licencié cette année.

— Comment le savez-vous ? demanda le futur docteur Yu.

— Vous avez fait beaucoup de bonnes actions secrètes.

— Où voyez-vous que j'ai fait de bonnes actions secrètes, mon oncle ?

— Par exemple, quand vous avez choisi le cimetière pour cette famille, vous y avez mis tout votre cœur et avez fait le mieux possible. En outre, j'ai entendu dire que vous avez sauvé sur la route un homme qui voulait enterrer son père. Tout cela, ce sont des bonnes actions secrètes.

— Les bonnes actions secrètes, remarqua Yu en souriant, ressemblent au bourdonnement d'oreilles, il n'y a que soi-même qui en ait conscience, les autres ne le savent pas. Puisque, vous, mon oncle, connaissez déjà toutes ces bonnes actions, comment peut-on dire qu'elles sont secrètes !

— Mais si, mais si, ce sont de bonnes actions secrètes, et cette année vous serez reçu licencié. »

Après avoir passé les examens de licence à Nankin, le futur docteur Yu prit froid sur le chemin du retour et rentra pour s'aliter. Le jour où les résultats des examens furent publiés, les courriers chargés d'apporter les résultats arrivèrent au village, Monsieur K'i les accompagna jusqu'à la maison du futur docteur et dit :

« Vous êtes reçu licencié, Monsieur Yu. »

Yu était encore malade quand il apprit cette nouvelle ; après avoir délibéré avec sa femme il fit mettre quelques vêtements au mont-de-piété pour pouvoir demander à Monsieur K'i de donner un pourboire aux courriers. Quelques jours après il se rétablit et alla à la capitale pour remplir ses papiers en personne. A son retour, ses amis et son propriétaire lui apportèrent des présents de félicitation. Puis il retourna à nouveau à la capitale pour les examens métropolitains, mais il échoua et ne fut pas admis comme docteur.

Il se trouva que juste à ce moment-là, un haut fonctionnaire nommé K'ang, originaire de Tch'ang-chou, venait d'être nommé gouverneur provincial du Chan-tong, il demanda au futur docteur Yu de quitter avec lui la capitale pour l'accompagner jusqu'à son poste. Le futur docteur habita dans son yamen à titre de secrétaire, il écrivait des poèmes à sa place, tous deux étaient dans les meilleurs termes. Yu avait un collègue qui s'appelait Yeou Tseu et dont le nom social était Tseu-chen. Comme celui-ci admirait les connaissances et la conduite du futur docteur Yu, il désira devenir son élève. Il partagea une chambre avec lui; il lui demandait des conseils du matin au soir. C'était au moment où l'empereur recherchait des hommes de talent (des sages) et le gouverneur provincial K'ang désirait également en recommander un.

Yeou Tseu-chen suggéra :

« Pour cette grande cérémonie de la cour impériale, moi, votre élève, j'ai l'intention de demander au gouverneur K'ang de vous recommander, Maître.

— En ce qui concerne la convocation des hommes de talent par l'empereur, vraiment je n'en suis pas digne, répondit le futur docteur Yu en éclatant de rire. En outre si le gouverneur provincial K'ang désire recommander quelqu'un c'est à lui de choisir d'après sa propre opinion; si nous lui demandons la faveur de nous recommander, cela ne dénotera pas une conduite exemplaire!

— Maître, même si vous ne désirez pas une carrière de fonctionnaire, dit Yeou Tseu-chen, attendez qu'il vous recommande à l'empereur, au cas où vous seriez appelé en audience et verriez l'empereur si vous refusez alors un poste offert et restez à la maison, cela montrera davantage encore votre supériorité!

— Vos paroles sont dans l'erreur, répliqua le futur docteur Yu, vous voulez que je lui demande de me recommander, mais une fois convoqué en la présence de l'empereur, que je refuse le poste de fonctionnaire qui me serait offert, cela lui montrerait que je ne suis pas sincère en lui demandant de me recommander, et que je ne suis pas sincère non plus en refusant le poste de haut fonctionnaire. Quelle sorte de conduite est-ce là ? »

Après cette tirade, il éclata de rire encore une fois.

Après avoir passé plus de deux années dans le Chan-tong, Yu alla de nouveau à la capitale pour se présenter aux examens métropolitains, il échoua à nouveau. Il retourna par bateau dans la Chine du Sud et y fut précepteur comme auparavant.

Trois années s'écoulèrent encore; il avait maintenant cinquante ans. Il se fit accompagner par un nommé Yen régisseur de la famille Yang et il alla une fois de plus aux examens métropolitains, cette fois il fut reçu docteur, et fut placé dans le second rang[4]. La cour impériale proposa de le choisir comme membre de l'Académie Han-Lin (Forêt des pinceaux). Mais parmi les docteurs reçus, certains avaient plus de cinquante ou même de soixante ans, mais ils n'avaient pas donné leur vrai âge pour se montrer beaucoup plus jeunes, il était le seul qui avait donné son âge véritable de cinquante ans. Lorsque le Fils du Ciel (l'empereur) vit la liste, il s'écria :

« Ce Yu Yu-tö est un homme âgé. J'ordonne qu'on lui donne un poste de loisir ! »

En conséquence, le docteur Yu fut nommé professeur de l'Université impériale des Fils de l'État à Nankin. Le docteur Yu était très heureux.

« Nankin est un endroit charmant, dit-il, qui possède montagnes et rivières, de plus il est proche de mon pays natal. Sitôt arrivé, j'enverrai chercher ma femme et mes enfants et notre famille sera réunie. C'est beaucoup mieux que d'être un académicien pauvre. »

Il dit adieu à ses maîtres [5] et à quelques hauts fonctionnaires, originaires de sa région.

« Vous allez à Nankin, Monsieur, dit le vieux Monsieur Wang, lecteur de l'Académie. A l'Université impériale des Fils de l'État, un de vos étudiants s'appelle Wou Chou, son nom social est Tcheng-tseu. Il pratique au plus haut point la piété filiale envers sa mère et est extrêmement doué. J'espère que vous vous occuperez de lui et ferez ce que vous pourrez pour lui. »

Le docteur Yu accepta. Il fit ses bagages et voyagea jusqu'à Nankin où il prit sa charge. Il envoya un domestique d'Université à Tch'ang-chou pour chercher sa famille. Son fils Yu Kan-k'i, maintenant déjà âgé de dix-huit ans, accompagna sa mère jusqu'à Nankin. Le docteur Yu après avoir rendu visite au recteur Li, entra dans la salle et monta à sa chaire. Tous les étudiants de l'Université vinrent pêle-mêle présenter leurs respects. Sur l'une de leurs cartes, le docteur Yu vit le nom de Wou Chou et il se leva pour le rencontrer :

« Lequel d'entre vous est Monsieur Wou Chou ? », demanda-t-il.

Un homme de petite taille sortit de la foule et s'avança.

« C'est moi votre élève qui m'appelle Wou Chou.

— Pendant que j'étais à la capitale, j'ai admiré depuis longtemps votre piété filiale exemplaire et votre grand talent », dit le docteur Yu.

Il salua de nouveau Wou Chou et demanda à tous de s'asseoir. Wou Chou déclama :

« Monsieur le professeur, vos dons littéraires et votre savoir sont comme la sainte montagne du Chan-tong et la Grande Ourse. Nous autres, vos étudiants, nous allons recevoir aujourd'hui de vous la pluie favorable qui humecte et qui fait croître, vraiment nous avons de la chance.

— Moi, votre frère cadet, je viens d'arriver ici, répondit le docteur Yu, en toutes choses j'espère que vous daignerez me guider. Depuis combien d'années êtes-vous dans cette université, Monsieur Wou ?

— Je ne vous cacherai pas, Monsieur le professeur, répondit Wou Chou, que j'ai perdu mon père dans mon enfance, depuis sa mort j'ai habité à la campagne pour servir ma mère. Je suis tout seul, sans épouse et sans frères, je devais m'occuper de notre nourriture quotidienne et de nos vêtements moi-même. C'est pourquoi tant que ma mère fut en vie, je n'ai pas pu étudier et me présenter aux examens. Quand j'eus le malheur de la perdre, Monsieur Tou Chao-k'ing de T'ien-tch'ang m'a aidé à payer toutes les dépenses funéraires. J'ai étudié ensuite la poésie avec lui.

— Dans le temps j'ai vu une fois le recueil des poèmes de Tou Chao-k'ing sur la table de Monsieur Yeou Tseu-chen. Il a vraiment un talent extraordinaire, est-il ici ?

— Il habite actuellement dans une maison au bord de la rivière près du Pont de la Li-che.

— Il y a encore un Monsieur Tchouang Chao-kouang, le Fils du Ciel lui a fait présent du lac de Hiuan-wou, dit le docteur Yu. Y habite-t-il ?

— Oui, il habite au lac, mais il ne reçoit pas facilement de visiteurs.

— Je compte lui rendre visite demain.

— Moi, votre élève, je n'ai pas pu écrire les essais à huit paragraphes exigés pour les examens officiels, aussi plus tard suis-je devenu extrêmement pauvre, j'ai cherché un poste de précepteur, mais en vain, vraiment je me suis trouvé dans une impasse et j'étais obligé d'acheter quelques essais pour les étudier; j'ai appris à écrire moi-même en imitant les modèles d'essais et je me suis présenté aux examens en tentant la chance, alors j'ai été reçu bachelier. Ensuite, je ne sais pourquoi, plusieurs commissaires d'éducation provinciaux virent une fois mon nom et m'ont placé le premier de la première classe, c'est ainsi que je suis devenu bachelier salarié. En vérité, mes essais sont mauvais, mais pour les examens de poésie, à plusieurs reprises j'ai toujours été reçu le premier de la première classe. La fois dernière, un commissaire d'éducation provincial fit passer un concours aux étudiants des huit écoles sous-préfectorales, je fus reçu le premier de la première classe de ces huit écoles, c'est pourquoi j'ai été envoyé à cette université. Mais je trouve que je suis toujours un profane pour les essais à huit paragraphes des examens officiels !

— Je n'ai pas non plus la patience d'écrire les essais à huit paragraphes !

— C'est pourquoi je n'ai pas apporté ce genre d'essais pour vous demander conseil. Par contre, quand j'aurai rassemblé mes poèmes des examens, les commentaires sur les textes antiques que j'ai faits et mes autres écrits variés, je les apporterai pour que vous les critiquiez.

— Votre talent et votre renommée font que les gens vous admirent de tout leur cœur. Vous avez écrit des poèmes et des compositions littéraires dans le vieux style, c'est très bien, je les lirai soigneusement plus tard. Mais dites-moi, votre honorable mère a-t-elle reçu les honneurs posthumes [6] ?

— Elle s'était conformée aux règlements et est digne des honneurs, répondit Wou Chou. Mais comme je suis pauvre je n'ai pas les moyens pour payer toutes sortes de frais au yamen, c'est pourquoi l'affaire a traîné jusqu'aujourd'hui, vraiment je suis coupable!

— Comment pourrait-on encore la retarder ? »

Alors le docteur Yu fit apporter un pinceau et un encrier et ajouta :

« Écrivez les grandes lignes de cette affaire pour faire une pétition, Monsieur Wou. »

Ensuite il fit venir son secrétaire (clerc) et lui ordonna :

« Dépêchez-vous de rassembler les documents concernant la piété et la chasteté de Madame Wou afin que nous puissions envoyer un rapport aux supérieurs, je prendrai toutes les dépenses nécessaires à ma charge. »

Le secrétaire accepta et s'en alla. Wou Chou se prosterna et remercia, les autres remercièrent aussi le docteur Yu pour sa conduite, puis prirent congé, le docteur Yu les reconduisit.

Le jour suivant, il alla au lac de Yuan-wou (Tortue-Serpent) pour rendre visite à Tchouang Tcheng-kiun, mais Tchouang ne le reçut pas. Il alla ensuite à la maison au bord de la rivière rendre visite à Tou Chao-k'ing, celui-ci le reçut. Il lui parla de son aïeul le docteur Tou reçu premier qui à son passage à Tch'ang-chou avait recruté le grand-père du docteur Yu comme élève. Comme le docteur Tou était l'arrière-grand-père de Tou Chao-k'ing, Yu était « oncle d'après génération » de Tou. Ils parlèrent du passé, finalement le docteur Yu dépeignit son admiration pour Tchouang Tcheng-kiun et dit qu'il venait de lui rendre visite, mais qu'il n'avait pas eu la chance d'être reçu.

« Il ne sait pas qui vous êtes, dit Tou Chao-k'ing. Moi, votre neveu, irai le lui dire. »

Le docteur Yu prit congé.

Le jour suivant Tou Chao-k'ing alla au lac de Yuan-wou (Tortue-Serpent) et trouva Tchouang Tcheng-kiun :

« Hier le docteur Yu est venu vous rendre visite, pourquoi ne l'avez-vous pas reçu ? demanda-t-il.

— Comme j'ai refusé de recevoir tous les fonctionnaires et rompu tout commerce avec les mandarins, répliqua Tchouang en souriant, bien qu'il soit un petit fonctionnaire, j'avais de la répugnance à le rencontrer.

— Cet homme est tout à fait différent de ses collègues communs. Non seulement il n'a pas le pédantisme du professeur d'Université, mais il n'a pas non plus les manies des docteurs ès lettres. Sa pensée est sublime, calme, désintéressée, modeste et indifférente, il peut être comparé à Po Yi, à Lieou-hia houei ou au moins à T'ao Tsing-tsie [7]. Quand vous le rencontrerez, vous comprendrez cela vous-même. »

L'ayant entendu, Tchouang Tcheng-kiun alla rendre visite au docteur Yu et ils devinrent immédiatement les meilleurs amis dès la première rencontre. Le docteur Yu apprécia la tranquillité, le calme de Tchouang, tandis que Tchouang admirait la bonté et la bienveillance de Yu, tous deux se lièrent pour toute la vie.

Six mois plus tard, le docteur Yu désira marier son fils, ce jeune homme fut fiancé à la petite-fille de Monsieur K'i, qui avait été élève du docteur Yu. De cette façon le docteur Yu devint le parent par alliance de la famille K'i et paya ainsi de retour la bienfaisance de Monsieur K'i. La famille K'i accompagna la jeune fille jusqu'à l'université pour le mariage et donna à la famille Yu une jeune esclave en tant que dot. Ce n'est qu'à partir de ce moment que l'épouse du docteur Yu put se faire servir. Après « l'affaire de la joie » (le mariage) le docteur Yu décida de marier la jeune esclave au régisseur Yen de Yang. Celui-ci apporta dix taëls d'argent pour payer le prix de cette servante.

« Vous devrez préparer la literie, les rideaux et les vêtements, dit le docteur Yu, avec ces dix taëls que je vous ai donnés. »

Le régisseur se prosterna pour le remercier et s'en alla.

Le temps passait vite, on arriva au deuxième mois du printemps, le prunier aux fleurs rouges que le docteur Yu avait planté de ses mains l'année précédente à son arrivée commença à fleurir sur quelques branches, le docteur Yu en était enchanté, il ordonna à sa famille de préparer un festin et invita Tou Chao-k'ing, ils s'assirent sous les fleurs du prunier.

« Le printemps est déjà là, Chao-k'ing, dit-il. Or, je n'ai pas encore contemplé la floraison des pruniers qui longent la rivière pendant dix li ! Quand irons-nous faire une sortie par là en emportant du vin ?

— Justement j'avais la même intention que vous, répliqua

Tou Chao-k'ing. J'aimerais vous inviter ainsi que Monsieur Tchouang Chao-kouang pour une excursion de toute une journée. »

Comme ils parlaient, deux visiteurs arrivèrent, tous les deux habitaient près de la porte de l'université, l'un s'appelait Tchou Sin, l'autre s'appelait Yin Tchao, ils avaient étudié pendant des années à l'Université et fréquenté les professeurs. Yu les accueillit et leur demanda de s'asseoir. Ils refusèrent de prendre les places d'honneur au-dessus de Tou Chao-k'ing. On servit du vin, après avoir bu deux coupes Tchou Sin dit :

« Au commencement du printemps, vous devrez célébrer votre anniversaire, Monsieur le professeur, vous recevrez des présents pour cette occasion.

— Maintenant que nous vous avons informé, Monsieur le Professeur, nous allons envoyer des cartes d'invitation, dit Yin Tchao.

— Mon anniversaire tombe dans le huitième mois, répliqua le docteur Yu, comment puis-je le célébrer maintenant ?

— Cela est sans inconvénient, dit Yin Tchao, lorsque l'anniversaire du deuxième mois sera célébré, on pourra célébrer encore plus tard l'anniversaire du huitième mois.

— Il ne peut en être question! cria le docteur, c'est ridicule! Je vous prie de boire, Messieurs. »

Tou Chao-k'ing rit aussi.

« Je voudrais vous consulter, Chao-k'ing, dit le docteur Yu. L'autre jour la maison du prince Tchong-chan m'a dit qu'il y avait une dame vertueuse de sa famille qui s'est donné la mort quand son mari décéda, on m'a demandé d'écrire son épitaphe et on m'a donné quatre-vingts taëls comme honoraires. Je voudrais que vous écriviez l'épitaphe pour moi et preniez l'argent pour vos frais de loisir.

— Mais vous pouvez très bien écrire cette épitaphe, oncle, dit Tou Chao-k'ing, pourquoi me charger de le faire à votre place ?

— Je n'ai garde de me croire aussi doué que vous, répliqua le docteur Yu avec un sourire. Prenez ceci et écrivez-la. »

Il sortit de sa manche un feuillet relatant en résumé la vie de la dame, le remit à Tou Chao-k'ing et demanda à son serviteur de donner l'argent au domestique de Monsieur Tou. Entretemps Monsieur T'ang fut annoncé et reçu.

Le serviteur remit ensuite l'argent au domestique de Tou et disparut.

« Ce visiteur est un de mes petits-cousins maternels, dit le docteur Yu, je lui ai laissé quelques pièces à habiter, c'est pourquoi il vient me voir. »

Sur ce, Monsieur T'ang entra, salua et s'assit. Après un moment de bavardage, il dit :

« A propos de votre maison, oncle, comme pendant les six derniers mois, j'étais à court d'argent, eh bien je l'ai vendue!

— Ce n'est pas de votre faute, répliqua le docteur Yu. Cette année votre commerce ne marche pas bien, vous devez nourrir et habiller votre famille, vous ne pouviez faire autrement que d'avoir vendu la maison. Mais pourquoi faire un si long chemin seulement pour m'en avertir?

— Depuis que j'ai vendu la maison, je n'ai plus où habiter, dit Monsieur T'ang. C'est pourquoi je suis venu pour vous demander de me prêter un peu d'argent afin de me faire nantir un logis.

— Évidemment, depuis que vous avez vendu la maison, vous n'avez plus où habiter, répondit le docteur Yu en inclinant la tête en signe d'approbation. Heureusement il me reste ici encore trente à quarante taëls, demain, vous pourrez bien les emporter pour hypothéquer quelques pièces à habiter. »

Monsieur T'ang alors n'en dit pas plus. Quand le repas fut terminé, Tou Chao-k'ing prit congé. Les deux autres invités restèrent encore là, le docteur Yu entra leur tenir compagnie.

« Professeur, est-ce que Tou Chao-k'ing est un ami à vous? demanda Yin Tchao.

— Il est un ami de famille, répondit le docteur Yu, il a énormément de talent.

— Moi, votre élève, je suis très gêné de dire ceci, dit Yin Tchao. Tous les habitants de Nankin savent qu'il était très riche, et qu'il est devenu pauvre maintenant après avoir gaspillé sa fortune. Il se terre à Nankin, se spécialise à dire des mensonges et à escroquer de l'argent. Il a une très mauvaise conduite!

— Quelle est sa très mauvaise conduite? demanda le docteur Yu.

— Il emmène souvent sa femme boire du vin dans les tavernes, c'est pourquoi tout le monde se moque de lui, répondit Yin Tchao.

— Au contraire cela montre qu'il est galant et distingué, dit le docteur Yu. Évidemment comment les gens vulgaires peuvent-ils le comprendre?

— Cela peut être vrai, n'en parlons plus, dit Tchou Sin. Seulement la prochaine fois, lorsque, vous, professeur, recevrez quelque commande de poèmes ou de prose, il ne faut pas la lui passer. Car il ne se présente pas aux examens, ce qu'il écrit ne peut donc être fameux, j'ai peur qu'il ne compromette votre bonne réputation. Dans notre Université, il y a beaucoup d'étudiants qui sont capables de passer l'examen, si vous leur confiiez un travail, Monsieur le professeur, non seulement ils ne demanderaient pas d'argent, mais en outre leurs compositions seraient excellentes.

— Je ne suis pas d'accord avec vous, dit le docteur Yu en se composant un maintien grave. La réputation de Monsieur Tou est connue de tout le monde, il n'y a pas un seul homme qui n'admire ses poèmes et sa prose. Chaque fois que je lui ai confié quelque chose à écrire à ma place, il m'a fait honneur et j'y ai trouvé profit dans mes rapports avec lui. Par exemple : aujourd'hui on m'a donné cent taëls pour cette épitaphe, j'en ai gardé vingt seulement pour mon neveu maternel. »

Yin et Tchou ne dirent rien de plus, et s'en allèrent.

Le matin suivant, la préfecture Ying-t'ien fit envoyer un étudiant de l'Université accusé de jouer de l'argent au docteur Yu pour qu'il décide des mesures disciplinaires et de l'emprisonnement. L'appariteur de l'Université et le satellite du yamen détinrent l'étudiant chez le concierge puis ils entrèrent :

« Où allons-nous l'enfermer, Monsieur le professeur ? demandèrent-ils.

— Priez-le de venir ici », répliqua le docteur Yu.

Le nom de l'étudiant était Touan, c'était un campagnard. Il entra, des larmes coulaient de ses yeux, il tomba sur les deux genoux et raconta comment il était accusé injustement.

« Je comprends », dit le docteur Yu.

Sur ce, il garda l'étudiant dans sa bibliothèque, mangea à la même table que lui et sortit de la literie pour lui permettre de se coucher. Le jour suivant, il alla voir le préfet, fit tirer au clair cette injustice, et l'étudiant fut libéré. Celui-ci remercia en se prosternant :

« Même si mes os devaient être réduits en poudre et mon corps déchiqueté, il me serait difficile de payer de retour votre bonté, Monsieur le professeur ! dit-il.

— Quelle importance cela a-t-il ? répliqua le docteur Yu. Puisque vous avez été faussement accusé, je devais naturellement vous innocenter.

— M'innocenter évidemment était votre grande faveur, dit l'étudiant, seulement, quand moi, votre élève je fus amené ici pour être soumis à la discipline, j'avais de l'appréhension, car je ne savais pas quelle punition vous me donneriez, combien d'argent l'appariteur de l'Université me demanderait et dans quel affreux endroit je serais enfermé pour souffrir ? Comment aurais-je pu penser que vous me traiteriez comme un invité honoré. Je ne suis pas venu recevoir quelque punition ici, mais au contraire de ce que j'ai pensé, je suis venu jouir de deux jours de bonheur! Pour une telle bonté, je ne sais pas comment vous remercier!

— Vous avez déjà perdu plusieurs jours pour ce procès, dit le docteur Yu. Dépêchez-vous de rentrer chez vous, cela ne vaut pas la peine de bavarder davantage. »

L'étudiant prit congé.

Quelques jours après, le portier apporta une large carte rouge de visite sur laquelle était écrit :

« Les lettrés cadets : Tch'e Kiun (Tch'e Heng-chan), Ma Tsing (Ma Tch'ouen-chang), Ki Houan (Ki Wei-siao), et Kiu Lai-hiun (Kiu Chen-fou).

« Les étudiants : Wou Chou et Yu K'ouei.

« Le neveu d'après la génération (ami de famille, mais de génération inférieure) : Tou Yi (Tou Chao-k'ing).

« Vous présentent ensemble leurs respects. »

Après avoir vu cette carte le docteur Yu se demanda :

« Qu'est-ce que cela peut bien vouloir dire? Quelle est la cause de leur visite? »

Il se hâta d'aller à la rencontre de ses visiteurs.

Cela a eu les effets suivants :

A l'intérieur du temple du Sage défunt (T'ai-po), ils contemplèrent la splendeur de la grande cérémonie.

Dans l'Université des Fils de l'État, ils admirèrent le chef des lettrés.

Mais pour savoir la raison de leur visite, lisez le chapitre suivant.

NOTES

1. *Lin-fou* est le nom d'une bande de soie brillante avec laquelle les fonctionnaires attachaient leurs sceaux à leur ceinture.
2. Époque Tch'eng-houa 1465-1487.
3. Cf. le *Yi-king*, chap. 1, 4e hexagramme *Mong*.
4. *Eul-kia* : « deuxième rang ». A partir de l'époque des Song (960-1279), exactement en 983, les docteurs ès lettres sont classés en trois rangs après les examens du palais devant l'empereur.
5. *Fang-che* : « maître de chambre », examinateur; *Tsou-che* : « maître assis », examinateur en chef, président du jury. Les examinateurs sont considérés comme maîtres ou professeurs des candidats reçus.
6. D'après les règlements des Ts'ing, lorsqu'une femme âgée de moins de trente ans a perdu son mari et reste veuve jusqu'à cinquante ans ou bien meurt sans avoir atteint cinquante ans mais est restée veuve pendant quinze ans, elle est appelée « femme vertueuse ». Le

gouvernement lui donnera une pancarte honorifique ou établira une arche de chasteté pour elle afin de montrer sa conduite vertueuse.

7. Po Yi, homme vertueux de la fin des Chang (1766-1122 av. J.-C.). Il céda le trône de l'État de Kou Tchou à son frère cadet, cf. *Che-Ki* de Sseu-ma Ts'ien, chap. 61. Lieou-hia Houei : homme vertueux de l'époque des Printemps et des Automnes (722-481 av. J.-C.). Originaire de Lou, il s'appelait Tchan K'in. Il habita Lieou-hia, son nom posthume était Houei, c'est pourquoi il était également appelé Lieou-hia Houei. Il a été loué par Mencius. — T'ao Tsing-tsie : T'ao Yuan-ming (372-427) ou T'ao Ts'ien. Grand poète, sa biographie se trouve dans le *Tsin-chou* et le *Song-chou*. Ces trois hommes purs et droits ont méprisé la renommée et la richesse, ils sont considérés comme de grands sages.

CHAPITRE XXXVII

En offrant des sacrifices à un sage, des lettrés rétablissent les rites à Nankin.
Des frais de voyage sont donnés à un fils pieux qui part pour le Sseu-tch'ouan occidental à la recherche de son père.

Le docteur Yu accueillit ces visiteurs, et après un échange de politesses ils s'assirent.

« Nous sommes venus spécialement aujourd'hui pour vous dire que nous avons discuté du choix du directeur (maître) du sacrifice pour la grande cérémonie au temple de T'ai-po, fit Tch'e Heng-chan, le public dit que puisque T'ai-po fut un grand sage, il nous faut demander à un sage d'être le directeur du sacrifice, ainsi nous ne serons pas indignes; c'est pourquoi nous sommes venus vous demander à vous de remplir ce rôle.

— Je ne saurais me considérer digne d'une telle offre, dit le docteur Yu. Toutefois cette grande cérémonie que vous préparez je voudrais naturellement aussi y prendre part. Je me permets de vous demander quelle est la date fixée ?

— Le premier jour de la quatrième lune, dit Tch'e Heng-chan. Mais nous vous prions d'aller au temple un jour avant passer une nuit pour pratiquer l'abstinence [1] avant la cérémonie. »

Le docteur Yu céda à leurs objurgations et fit servir le thé. Après quoi les visiteurs sortirent, et ils se rendirent ensemble à la maison de Tou Chao-k'ing.

« Je crains que nos préposés aux affaires ne soient pas suffisants, dit Tch'e Heng-chan.

— Par hasard, justement, mon ami de ma sous-préfecture est ici », dit Tou Chao-k'ing.

Il pria Tsang T'ou (Tsang Leao-tchai) de se montrer et le présenta, ils se saluèrent réciproquement.

« Veuillez nous faire l'honneur de prendre part au grand sacrifice, nous emprunterons votre éclat, Monsieur, dit Tch'e Heng-chan.

— Je voudrais contempler cette grande cérémonie », répliqua Tsang Leao-tchai.

Puis les visiteurs s'en allèrent.

Le vingt-neuvième jour de la troisième lune, Tch'e Heng-chan réunit Tou Yi (Tou Chao-k'ing), Ma Tsing (Ma Tch'ouen-chang), Ki Houai (Ki Wei-siao), Kin Tong-ya, Lou Houa-che, Sin Tong-tche, Kiu Lai-hiun (Kiu Chen-fou), Yu K'ouei (Yu Ho-cheng), Lou Tö (Lou Sin-heou), Yu Kan-k'i, Tchou Ko-yeou (Tchou-ko T'ien-chen), King Pen-houei (King Lan-kiang), Kouo T'ie-pi, Siao Ting (Siao Kin-hiuan), Tchou Sin, Yin Tchao, Ki T'ien-yi, Kin Yu-lieou, Tsong Ki, Wou Chou et Tsang T'ou (Tsang Leao-tchai) et ils sortirent ensemble par la porte du Sud, où Tchouang Chang-tche se joignit à eux. Ils regardèrent le temple de T'ai-po : une pente escarpée de plusieurs dizaines de marches conduisait à l'entrée principale, sur la gauche se trouvait un endroit où le directeur du sacrifice surveillait des bouchers qui étaient en train de couper la tête et la queue d'un bœuf, d'un mouton, d'un porc et d'un cerf et laissaient tomber goutte à goutte le sang. L'entrée du temple franchie, il y avait une grande étendue ouverte, à l'extrémité de laquelle une autre pente de plusieurs dizaines de marches conduisait à trois portes. Celles-ci s'ouvraient sur une cour flanquée de deux corridors contenant les tablettes divines des anciens sages à travers les âges qui servaient d'acolytes à T'ai-po. Au bout de la cour, il y avait une grande salle à cinq travées dans laquelle se trouvait l'effigie du divin T'ai-po; une table par-devant portait des encensoirs et des chandeliers. Derrière cette grande salle, on apercevait de nouveau une autre cour avec un grand pavillon à cinq travées et une bibliothèque à trois travées, à gauche comme à droite. Quand les lettrés furent entrés par le portail central, ils virent en haut une pancarte suspendue avec l'inscription en caractères dorés : « Temple de T'ai-po. » Après avoir passé la deuxième porte dans le coin oriental et marché le long du corridor oriental faisant suite à la grande salle, ils levèrent les yeux vers une autre pancarte portant l'inscription dorée : « Pavillon pour l'étude des rites. » Ils s'assirent pendant un moment dans la bibliothèque de l'est, ensuite, Tch'e Heng-chan avec Ma Tsing, Wou chou et Kiu Lai-hiun ouvrirent la porte du pavillon; ils montèrent prendre les instruments de musique, ils en placèrent quelques-uns dans la salle en bas et les autres dans la cour. Dans la salle ils installèrent une planche de prières et à côté de la table pour l'encens une bannière pour diriger les musiciens. Dans la cour ils disposèrent des torches comme instruments d'éclairage; à côté de la deuxième porte, ils placèrent des cuvettes et des serviettes pour nettoyer les coupes à vin et se laver les mains.

Kin Ts'eu-fou et Pao T'ing-si avaient amené les musiciens. Les instruments de musique étaient composés de pierres, de harpe, de luth et de flûte, du tambourin muni d'un manche et portant de chaque côté une balle suspendue, de la caisse de bois que l'on faisait résonner au moyen d'un bâton, d'un instrument de bois ayant la forme d'un tigre couché portant sur le dos vingt-sept dents, de la flûte à treize tuyaux, de la grosse cloche, du flageolet, auxquels il fallait ajouter l'instrument composé de seize clochettes suspendues à une même traverse et celui composé de seize tablettes de pierre suspendues à une même traverse. Trente-six jeunes danseurs les accompagnaient qui devaient donner des représentations de pantomimes en rangées. Ils entrèrent saluer les lettrés et Tch'e Heng-chan leur donna les flûtes traversières vermillon percées de trous et les plumes de faisan pour leur danse [2]. Dans l'après-midi, le docteur Yu arriva, Tchouang Chao-kouang, Tch'e Heng-chan, Ma Tch'ouen-chang et Tou Chao-k'ing l'accueillirent et le firent entrer. Après avoir bu du thé, ils changèrent d'habit et mirent leur vêtement de cérémonie, les quatre hommes conduisirent le docteur Yu inspecter la viande de sacrifice, cette nuit ils se purifièrent dans les bibliothèques des deux côtés.

Le jour suivant, à la cinquième veille, la porte du temple fut largement ouverte, tous se levèrent, des chandelles et des lampes furent allumées dans la salle, et, dans la cour, à l'intérieur et à l'extérieur de chaque porte et le long des deux corridors. Les torches furent aussi allumées. Tch'e Heng-chan appela d'abord le premier maître du sacrifice le docteur Yu, ensuite, le deuxième maître du sacrifice, Monsieur Tchouang Tcheng-kiun; mais quand il demanda le troisième maître du sacrifice, tous récusèrent cet honneur.

« Cela devrait être Monsieur Tch'e ou bien Monsieur Tou, dirent-ils.

— Nous serons les huissiers tous les deux, répliqua Tch'e Heng-chan, Monsieur Ma est originaire du Tchö-kiang, je demande que monsieur Ma Tch'ouen-chang soit le troisième maître [3]. »

Monsieur Ma le deuxième refusa et se déroba par modestie à plusieurs reprises, mais les autres l'entraînèrent et le firent prendre place près du docteur Yu et de Monsieur Tchouang.

Tch'e Heng-chan et Tou Chao-k'ing conduisirent ces trois maîtres au-dehors inspecter les préparatifs du sacrifice, ils revinrent prier Monsieur Kin Tong-ya d'être le héraut, Monsieur Wou Chou d'être préposé aux signaux avec la bannière, Monsieur Tsang T'ou d'être préposé à la récitation des prières, Messieurs Ki Houan, Sin Tong-tche et Yu K'ouei d'être préposés au vin, Messieurs Kiu Lai-siun, Lou Tö et Yu Kan-k'i d'être préposés au jade, Messieurs Tchou Ko-Yeou, King Pen-houei et Kouo T'ie-pi d'être préposés à la soie, Messieurs Siao Ting, Tchou Sin et Yin Tchao d'être préposés au millet, Messieurs Ki T'ien-yi, Kin Yu-lieou et Tsong Ki d'être préposés à la viande de sacrifice. Ensuite ils demandèrent à Lou Houa-che d'assister le héraut Kin Tong-ya. Cela fait ils conduisirent tous ces hauts personnages hors de la deuxième porte.

Sur ce, le tambour résonna trois fois pour le sacrifice, Kin Ts'eu-fou et Pao T'ing-si dirigèrent les joueurs à la pierre, les joueurs de harpe, de flûte, de luth, de tambourin et de caisse de bois de l'instrument de bois en forme de tigre, de la flûte à treize tuyaux, de la grosse cloche, du flageolet, des clochettes et des tablettes de pierre ainsi que les trente-six danseurs de la pantomime en rangées, vers leurs places respectives, debout, dans la salle et dans la cour.

Kin Tong-ya, suivi de Lou Houa-che entra dans la salle et dit à forte voix :

« Tous ceux qui prennent part à la cérémonie, doivent prendre leur poste. »

Les musiciens se saisirent de leurs instruments.

« A vos places », cria Kin Tong-ya.

Wou Chou, préposé à la bannière, conduisit Ki Houei, Sin Tong-tche, et Yu K'ouei, préposés au vin, Kiu Lai-siun, Lou Tö et Yu Kan-k'i, préposés au jade, Tchou Ko-Yeou, King Pen-houei et Kouo T'ie-pi, préposés à la soie, vers leurs places, debout à l'est de la cour [4]. Puis il demanda à Tsang T'ou, préposé à la lecture des prières, de monter sur l'estrade et de s'y tenir debout devant la planche de prières; et à Siao Ting, Tchou Sin et Yin Tchao, préposés au millet et Ki T'ien-yi, Kin Yu-lieou et Tsong Ki, préposés à la viande de sacrifice de prendre leur place debout à l'ouest de la cour. Wou Chou emporta la bannière et se tint debout également à l'ouest près de la foule.

« Musique! », cria Kin Tong-ya.

Alors la musique résonna dans la salle et dans la cour, en même temps.

« Faisons bon accueil à la divinité! », cria Kin Tong-ya.

Les huissiers Tch'e Kiun et Tou Yi, des chandelles et de

l'encens aux mains, sortirent à l'extérieur de la porte et inclinèrent le corps pour recevoir la divinité.

« Arrêtez la musique ! » cria Kin Tong-ya.

Immédiatement la musique cessa dans la salle et dans la cour.

« Que les assistants du sacrifice prennent leur place ! », cria Kin Tong-ya.

Tch'e Kiun et Tou Yi sortirent pour faire entrer Tchouang Tcheng-kiun et Ma Tch'ouen-chang, qui restèrent debout à la gauche de la table à encens dans la cour.

« Que le maître du sacrifice prenne sa place ! », cria Kin Tong-ya.

Tch'e Kiun et Tou Yi s'en vinrent l'un à gauche et l'autre à droite de la table à encens.

« L'ablution ! », annonça Tch'e Kiun.

Avec Tou Yi, il conduisit le maître de sacrifice se laver les mains et l'aida à revenir.

« Le maître de sacrifice approche de la table à encens ! », annonça Tch'e Kiun.

Sur la table à encens il y avait une urne de bois d'aloès contenant beaucoup de drapeaux rouges. Tou Yi en préleva un portant le mot « musique ». Le docteur Yu s'avança vers la table à encens.

« Agenouillez-vous ! offrez l'encens ! cria Tch'e Kiun. Versez une libation sur le sol ! Prosternez-vous quatre fois ! Retournez à votre place ! »

Tou Yi sortit de l'urne un autre drapeau portant le mot « silence ».

« Jouez la musique qui réjouit la divinité ! », cria Kin Tong-ya.

Kin Ts'eu-fou dirigea l'orchestre des musiciens qui jouait dans la salle. Un moment après, la musique cessa.

« Le premier sacrifice ! » cria Kin Tong-ya.

Lou Houa-che sortit de la salle en portant une tablette sur laquelle était écrit « premier sacrifice ». Les huissiers Tch'e Kiun et Tou Yi conduisirent le maître de sacrifice, le docteur Yu qui avança ; Wou Chou portant sa bannière marchait devant eux. Comme ils dépassaient le côté est de la cour à la tête de Ki Houai, préposé au vin, Kiu Lai-siun, préposé au jade et Tchou Ko-yeou, préposé à la soie, des hommes sortirent de la salle pour accueillir le maître de sacrifice. Quand ils arrivèrent à l'ouest, Siao Ting, préposé au millet et Ki T'ien-yi, préposé à la viande conduisirent le maître du sacrifice vers le côté est en passant devant la table à encens et en la contournant. Ils entrèrent dans la grande salle, où les huissiers Tch'e Kiun et Tou Yi se tenaient debout à gauche et à droite de la table à encens. Ki Houai porta le vin, Kiu Lai-siun porta le jade, Tchou Ko-yeou porta la soie, ils se tinrent debout sur la gauche, tandis que Siao Ting portant le millet et Ki T'ien-yi portant la viande se tenaient debout sur la droite.

« A votre place! agenouillez-vous! », cria Tch'e Kiun.

Le docteur Yu s'agenouilla devant la table à encens.

« Offrez du vin! », cria Tch'e Kiun.

Ki Houan en s'agenouillant passa le vin au docteur Yu qui le plaça sur la table.

« Offrez le jade! », cria Tch'e Kiun.

Kiu Lai-siun s'agenouilla pour passer le jade au docteur Yu qui le plaça sur la table.

« Offrez la soie! », cria Tch'e Kiun.

Tchou Ko-yeou s'agenouilla pour passer la soie au docteur Yu qui la plaça sur la table.

« Offrez le millet! », cria Tch'e Kiun.

Siao Ting s'agenouilla pour passer le millet au docteur Yu qui le plaça sur la table.

« Offrez les viandes! », cria Tch'e Kiun.

Ki T'ien-yi s'agenouilla pour passer les viandes au docteur Yu qui les plaça sur la table.

Ce sacrifice terminé, les participants se retirèrent.

« Prosternez-vous quatre fois! », cria Tch'e Kiun.

« Premier chant et première danse de la vertu suprême! », cria Kin Tong-ya.

Une musique résonna doucement de la salle. Les trente-six garçons, flûtes vermillon et plumes de faisan à la main s'avancèrent pour danser. Puis la musique et la danse prirent fin.

« Que les participants au sacrifice au bas des marches s'agenouillent tous! Lisez la prière! », annonça Kin Tong-ya.

Tsang T'ou s'agenouilla devant la tablette et lut la prière.

« Retirez-vous! », cria Kin Tong-ya.

« Levez-vous! Retournez à vos places! », cria Tch'e Kiun.

Wou Chou, Tch'e Kiun, Tou Yi, Ki Houan, Kiu Lai-Siun, Tchou-ko Yeou, Siao Ting et Ki T'ien-yi escortèrent le docteur Yu, maître de sacrifice; ils se dirigèrent vers l'ouest. Le docteur Yu retourna à sa place et les autres firent de même.

« Le deuxième sacrifice! », cria Kin Tong-ya.

Lou Houa-che entra de nouveau dans la salle et sortit en tenant une tablette portant les mots : « le deuxième sacrifice ». Tch'e Kiun et Tou Yi conduisirent Tchouang Tcheng-kiun, le deuxième maître de sacrifice, devant la table à encens.

« L'ablution! », annonça Tch'e Kiun.

Avec Tou Yi, on conduisit Tchouang Tcheng-kiun se laver les mains. Wou Chou portant la bannière précédait Tch'e Kiun, ils se dirigèrent vers l'est de la cour et exhortèrent Sin Tong-tche, le préposé au vin, Lou Tö, le préposé au jade et King Pen-houei, le préposé à la soie, à marcher avec eux. Ils firent avancer le deuxième maître de sacrifice, lorsqu'ils passèrent par l'ouest, ils guidèrent Tchou Sin, le préposé au millet et Kin Yu-lieou, le préposé à la viande. Ils prièrent le deuxième maître de sacrifice de descendre de l'ouest et de se diriger vers l'est en passant devant la table à encens. Ils entrèrent dans la grande salle, Tch'e Kiun et Tou Yi prirent leur place à gauche et à droite de la table. Sin Tong-tche portant le vin, Lou Tö portant le jade et King Pen-houei portant la soie se tinrent debout sur la gauche, pendant que Tchou-Sin portant le millet et Kin Yu-lieou portant la viande se tenaient debout sur la droite.

« A votre place! cria Tch'e Kiun. Agenouillez-vous! »

Tchouang Tcheng-kiun s'agenouilla devant la table à encens.

« Offrez le vin! », cria Tch'e Kiun.

Sin Tong-tche s'agenouilla pour passer le vin à Tchouang Tcheng-kiun qui le plaça sur la table.

« Offrez le jade! », cria Tch'e Kiun.

Lou Tö s'agenouilla pour passer le jade à Tchouang Tcheng-kiun qui le plaça sur la table.

« Offrez la soie! », cria Tch'e Kiun.

King Pen-houei s'agenouilla pour passer la soie à Tchouang Tcheng-kiun qui la plaça sur la table.

« Offrez le millet! », cria Tch'e Kiun.

Tchou Sin s'agenouilla pour passer le millet à Tchouang Tcheng-kiun qui le plaça sur la table.

« Offrez la viande! », cria Tch'e Kiun.

Kin Yu-lieou s'agenouilla pour passer la viande à Tchouang Tcheng-kiun qui la plaça sur la table.

Le sacrifice terminé les participants se retirèrent à leur place.

« Prosternez-vous quatre fois! cria Tch'e Kiun.

— Le deuxième chant et la danse de la vertu suprême! », cria Kin Tong-ya.

La musique résonna légèrement de la salle. Les trente-six garçons portant dans leurs mains les flûtes vermillon et les plumes de faisan s'avancèrent pour danser. La musique et la danse s'achevèrent encore une fois.

« Retirez-vous! cria Kin Tong-ya.

— Levez-vous! cria Tch'e Kiun. Retournez à vos places! »

Wou Chou, Tch'e Kiun, Tou Yi, Sin Tong-tche, Lou Tö, King Pen-houei, Tchou Sin, et Kin Yu-lieou conduisirent Tchouang Tcheng-kiun, le deuxième maître de sacrifice, qui se dirigea vers l'ouest pour descendre. Tchouang Tcheng-kiun retourna à sa place de deuxième maître de sacrifice, et les autres participants à la leur.

« Le dernier sacrifice! », cria Kin Tong-ya.

Lou Houa-che entra de nouveau dans la salle et sortit en portant une tablette sur laquelle était écrit « dernier sacrifice ». Tch'e Kiun et Tou Yi conduisirent Ma Eul (Ma le deuxième, Ma Tch'ouen-chang), le troisième maître de sacrifice, vers la table à encens.

« L'ablution! » cria Tch'e Kiun.

Avec Tou Yi, ils conduisirent Ma Eul se laver les mains et revinrent avec lui. Wou Chou portant la bannière précédait Tch'e Kiun, ils se dirigèrent vers l'est de la cour et exhortèrent Yu K'ouei, le préposé au vin, Yu Kan-k'i, le préposé au jade, et Kouo T'ie-pi, le préposé à la soie à marcher avec eux. Ils conduisirent le maître du dernier sacrifice qui progressait lentement; lorsqu'ils passèrent par l'ouest, se joignirent à eux Yin Tchao, le préposé au millet et Tsong Ki, le préposé à la viande; avec le maître du dernier sacrifice, ils descendirent tous de l'ouest passant devant la table à encens et en tournant à l'est. Quand ils entrèrent dans la salle principale, Tch'e Kiun et Tou Yi se tenaient debout à gauche et à droite de la table à encens. Yu K'ouei portant le vin, Yu Kan-k'i portant le jade et Koue T'ie-pi portant la soie se tenaient debout sur la gauche; tandis que Yin Tchao portant le millet et Tsong Ki portant la viande se tenaient à droite.

« A vos places! cria Tch'e Kiun, agenouillez-vous! »

Alors Monsieur Ma le deuxième s'agenouilla devant la table à encens.

« Offrez du vin! », cria Tch'e Kiun.

Yu K'ouei s'agenouilla pour passer le vin à Monsieur Ma le deuxième qui le plaça sur la table.

« Offrez le jade! », cria Tch'e Kiun.

Yu Kan-k'i s'agenouilla pour passer le jade à Monsieur Ma le deuxième qui le plaça sur la table.

— « Offrez la soie! », cria Tch'e Kiun.

Kouo T'ie-pi s'agenouilla pour passer la soie à Monsieur Ma le deuxième qui la plaça sur la table.

« Offrez le millet! » cria Tch'e Kiun.

Yin Tchao s'agenouilla pour passer le millet à Monsieur Ma le deuxième qui le plaça sur la table.

« Offrez les viandes! », cria Tch'e Kiun.

Tsong Ki s'agenouilla pour les passer à Monsieur Ma le deuxième qui les plaça sur la table.

Ce sacrifice terminé, les participants se retirèrent à leur place.

« Prosternez-vous quatre fois! cria Tch'e Kiun.

— Le troisième chant et la danse de la vertu suprême! », cria Kin Tong-ya.

La musique résonna délicatement de la salle et les trente-six garçons portant dans leur main les flûtes vermillon et les plumes de faisan s'avancèrent pour danser. La musique et la danse s'achevèrent une troisième fois.

« Retirez-vous! cria Kin Tong-ya.

— Levez-vous! retournez à vos places! », cria Tch'e Kiun.

Wou Chou, Tch'e Kiun, Tou Yi, Yu K'ouei, Yu Kan-k'i, Kouo T'ie-pi, Yin Tchao et Tsong Ki conduisirent Monsieur Ma le deuxième, le maître du dernier sacrifice, ils se dirigèrent vers l'ouest et descendirent. Monsieur Ma le deuxième retourna à sa place de maître du dernier sacrifice et les autres agirent de même.

« Incitez la divinité à manger en faisant de la musique! », cria Kin Tong-ya.

Tch'e Kiun et Tou Yi les deux huissiers conduisirent à nouveau le docteur Yu, maître de sacrifice, le firent monter par le côté est pour s'agenouiller devant la table à encens.

« Musique! », cria Kin Tong-ya.

Dans la salle et dans la cour les instruments de musique résonnèrent fortement ensemble.

Quand la musique cessa, Tch'e Kiun cria :

« Prosternez-vous quatre fois et puis relevez-vous!

— Retournez à votre place! », cria Kin Tong-ya.

Les huissiers Tch'e Kiun et Tou Yin conduisirent le docteur Yu qui descendit par l'ouest et retourna à sa place de maître de sacrifice. Tch'e Kiun et Tou Yi retournèrent également à leurs propres places d'huissiers.

« Enlevez les offrandes! », cria Kin Tong-ya.

Tou Yi tira au-dehors un autre drapeau rouge portant les mots : « Sonnez la cloche. » Sur ce, la musique résonna fortement de nouveau. Au son de cette musique, les huissiers Tch'e Kiun et Tou Yi conduisirent le docteur en direction de l'est de sa place de maître de sacrifice jusqu'à la salle et il s'agenouilla devant la table à encens.

« Prosternez-vous quatre fois! puis levez-vous! cria Tch'e Kiun.

— Retournez à vos places! », cria Kin Tong-ya.

Les deux huissiers Tch'e Kiun et Tou Yi conduisirent et firent descendre le docteur Yu par le côté ouest et le firent retourner à sa place de maître de sacrifice. Tch'e Kiun et Tou Yi retournèrent également à leurs propres places d'huissiers. Tou Yi sortit de nouveau un autre drapeau rouge portant les mots : « Arrêtez la musique. »

« Buvez le vin du bonheur et recevez la viande de sacrifice! », cria Kin Tong-ya.

Les huissiers Tch'e Kiun et Tou Yie escortèrent le docteur Yu, Tchouang Tcheng-kiun, et Monsieur Ma qui allèrent s'agenouiller devant la table à encens, boire le vin du bonheur et recevoir la viande de sacrifice.

« Retournez à vos places! », cria Kin Tong-ya.

Les trois maîtres de sacrifice se retirèrent.

« Brûlez la soie! », cria Kin Tong-ya.

Alors les préposés à la soie Tchou Ko-Yeou, King Pen-houei et Kouo T'ie-pi ensemble brûlèrent la soie.

« La cérémonie est terminée! », cria Kin Tong-ya.

Ils enlevèrent les vaisselles de sacrifice, les instruments de musique, changèrent leurs costumes de cérémonie et se rendirent au rez-de-chaussée d'un pavillon à l'arrière. Tandis que Kin Ts'eu-fou et Pao T'ing-si et les musiciens et les trente-six jeunes danseurs de pantomimes se retrouvaient dans les deux bibliothèques à l'arrière.

Le maître principal de ce grand sacrifice était le docteur Yu, le deuxième maître de sacrifice était Tchouang Tcheng-kiun, et le troisième Monsieur Ma le deuxième, en tout il y avait trois maîtres de sacrifice. Le héraut c'était Kin Tong-ya, le héraut-assistant Lou Houa-che, le préposé aux prières était Tsang T'ou. Les deux huissiers étaient Tch'e Kiun et Tou Yi. Le préposé à la bannière c'était Wou Chou, et les trois préposés au vin, Ki Houan, Sin Tong-tche et Yu K'ouei; les trois préposés au jade étaient Kiu Lai-siun, Lou Tö et Yu Kan-k'i, et les trois préposés à la soie, Tchou Ko-yeou, King Pen-houei et Kouo T'ie-pi. Les trois préposés au millet étaient Siao Ting, Tchou Sin et Yin Tchao, et les trois préposés à la viande, Ki T'ien-yi, Kin Yu-lieou et Tsong Ki. Il y avait aussi deux hommes, Kin Ts'eu-fou et Pao T'ing-si pour diriger les douze musiciens et les trente-six danseurs, ce qui faisait en tout soixante-seize participants.

A ce moment les cuisiniers avaient fini de préparer un bœuf et quatre moutons, les viandes de sacrifice et quelques légumes. En tout seize tables furent placées : huit tables furent installées en bas de l'escalier pour les vingt-quatre lettrés et huit dans les deux bibliothèques de côtés pour les autres personnes.

Après avoir festoyé pendant une demi-journée, le docteur Yu monta dans sa chaise à porteurs et retourna le premier à la ville. Les autres lettrés s'en retournèrent qui en chaise à porteurs, qui à pied. Ils virent que ceux qui soutenant leurs vieux parents ou tenant par la main leurs enfants avaient assisté à la cérémonie, étaient maintenant à leurs côtés sur le chemin du retour. Leurs cris de joie étaient comme le grondement du tonnerre.

« Pourquoi êtes-vous si pleins d'exubérance ? leur demanda Monsieur Ma le deuxième.

— Nous sommes nés et avons grandi à Nankin, répliquèrent-ils, quelques-uns d'entre nous ont plus de soixante-dix ou même quatre-vingts ans, mais nous n'avons jamais vu une cérémonie comme celle-ci, ni entendu une musique comme celle-ci ! Les hommes âgés nous avaient tous dit que ce monsieur qui présidait au sacrifice est un saint qui est descendu sur terre parmi les hommes, c'est pourquoi tout le monde est venu à qui mieux mieux pour le voir. »

Nos lettrés réjouis par ces propos retournèrent ensemble à la ville.

Quelques jours plus tard, Ki Houai, Siao Ting, Sin Tong-tche et Kin Yu-Lieou vinrent dire au revoir au docteur Yu et retournèrent à Yang-tcheou. Ma Tch'ouen-chang (Ma le deuxième) et Kiu Chen-fou allèrent à la maison du bord de la rivière pour faire une visite de congé à Tou Chao-k'ing. En entrant, ils trouvèrent Tou Chao-k'ing et Tsang T'ou avec un autre homme. Kiu Chen-fou sursauta de surprise à sa vue.

« Cet homme, se dit-il, est Tchang T'ie-pi (Tchang au bras de fer) qui a roulé mes oncles de la famille Leou avec la fausse tête humaine. Comment se fait-il qu'il soit ici ? »

Ils échangèrent des saluts en levant les mains jointes. Tchang au bras de fer était aussi embarrassé de cette rencontre et il perdit contenance. Après avoir bu le thé, Ma Tch'ouen-chang et Kiu Chen-fou exprimèrent pendant un moment leurs regrets de séparation, puis prirent congé. Comme Tou Chao-k'ing les reconduisait :

« Ce type Tchang, comment se fait-il que vous liez amitié avec lui ? demanda Kiu Chen-fou.

— Il s'appelle Tchang Tsouen-min (Tchang l'élégant), répondit Tou Chao-k'ing, il habite dans ma sous-préfecture de T'ien-tch'ang. »

En souriant Kiu Chen-fou dit qu'il s'appelait dans le temps Tchang au bras de fer et décrivit brièvement tout ce qu'il avait fait dans le Tchö-kiang.

« Vous ne devez pas lier amitié avec cet homme ! conclut-il. Il vous faut faire attention ! Chao K'ing.

— Je comprends », répondit Tou Chao-k'ing.

Après que Kiu et Ma eurent à leur tour pris congé, Tou Chao-k'ing rentra et demanda à Tchang Tsouen-min :

« Monsieur Tchang, est-ce que dans le temps vous vous êtes appelé Tchang au bras de fer ? »

Tchang rougit :

« Dans ma jeunesse, je me suis fait appeler comme cela », admit-il.

Quant aux autres informations, il tergiversa, Tou ne put rien lui faire avouer et ne l'interrogea pas davantage. Tchang au bras de fer se rendit compte que son vrai visage était dévoilé et qu'il ne pouvait plus le camoufler, alors quelques jours plus tard, il retourna à T'ien-tch'ang en emmenant Tsang Leao-tchai (Tsang T'ou). Quant à Siao Kin-hiuan et ses deux amis ils devaient de l'argent à l'hôtel et au restaurant et ne pouvaient s'en aller avant de payer, ils vinrent trouver Tou Chao-k'ing qui leur donna quelques taëls d'argent pour rembourser leurs dettes, après quoi ils rentrèrent aussi chez eux. Monsieur Tsong décida de retourner à Hou-kouang; il apporta un portrait et demanda à Tou Chao-k'ing d'y faire une inscription. Tou le fit en sa présence puis après l'avoir reconduit, sur le chemin du retour, il rencontra Wou Chou.

— Cher ami Tcheng-tseu (Wou Chou), je ne vous ai pas vu depuis longtemps, dit Tou Chao-k'ing, que faisiez-vous donc tous ces jours-ci ?

— L'autre jour il y avait un examen pour toutes les six classes dans notre université [5], répondit Wou Chou, je suis reçu encore une fois le premier de premier rang.

— C'est très intéressant pour vous.

— Cela n'est rien, mais à cause de cet examen, surgit une chose tout à fait extraordinaire !

— Quelle chose extraordinaire ?

— Eh bien voilà ! Cette fois-ci la cour impériale donna l'ordre de faire passer un examen éliminatoire à tous les étudiants de l'Université, c'est pourquoi les six classes furent examinées ensemble. Ce jour-là les supérieurs avaient donné des instructions de fouiller sérieusement les candidats depuis la tête jusqu'aux pieds, en faisant enlever les vêtements et les chaussures pour éviter toute tricherie, comme dans les examens de licence. Nous avons concouru sur deux passages extraits des " Quatre Livres " et un passage extrait de " Cinq Classiques ", un candidat qui avait étudié les annales de Tch'ouen-ts'ieou (Printemps et Automnes) apporta en cachette sur lui un exemplaire imprimé. De l'avoir apporté ce n'était pas très grave, mais quand il alla aux latrines, il mit par mégarde cet imprimé dans ses épreuves écrites et le donna à l'examinateur ! Heureusement le docteur Yu était examinateur ce jour-là, avec un autre fonctionnaire qui l'aidait à surveiller. Quand le docteur Yu ouvrit ses épreuves écrites et vit l'imprimé, il le fourra à la hâte dans sa botte. L'autre surveillant lui demanda ce que c'était, le docteur Yu lui répondit : " Ce n'est rien. " Quand le candidat revint des latrines, le docteur Yu lui donna en cachette l'imprimé : " Prenez-le et gardez-le, dit-il. Vous n'auriez pas dû me le donner tout à l'heure avec votre composition. Heureusement c'est moi qui l'ai vu, si c'était quelqu'un d'autre qui l'avait vu, que seriez-vous devenu ? " Ce candidat était effrayé à mort. Quand les résultats furent proclamés, il était reçu dans le deuxième rang, alors il alla remercier le docteur Yu, mais celui-ci fit semblant de ne pas le connaître, disant : " Ce n'est pas vrai, je n'ai jamais parlé avec vous, vous devez me prendre pour quelqu'un d'autre, celui que vous avez vu hier ce n'était pas moi. " Par hasard ce jour même j'étais là pour remercier le docteur Yu de m'avoir fait recevoir, et j'ai vu tout ceci de mes propres yeux. Quand l'étudiant s'en est allé, j'ai demandé au docteur Yu : " Pourquoi ne daignez-vous pas avouer que vous l'avez aidé ? Est-il possible qu'il ne doive pas venir vous remercier ?

— Tous les lettrés doivent avoir de l'amour-propre et de la pudeur, dit le docteur Yu. Il a été un peu obligé de venir me remercier. Si j'avouais l'avoir aidé, il perdrait la face et ne pourrait vivre dans ce monde ! " Je ne connaissais pas cet étudiant, j'ai demandé son nom, mais le docteur Yu n'a pas voulu me le dire. Ne pensez-vous pas, Monsieur, que c'est une chose extraordinaire, et que peu d'hommes agiraient comme cela ?

— Cet honorable vieux Monsieur fait souvent des choses comme ça, répondit Tou Chao-k'ing.

— En effet, il y a encore une chose plus amusante ! Il avait marié au régisseur Yen la jeune esclave qui était venue avec la fiancée de son fils. Ce régisseur scélérat se rendit compte que ce yamen (l'Université) était trop peu rentable et que ce n'était pas l'endroit où on pouvait gagner de l'argent, aussi avant-hier il demanda son congé. Le docteur Yu lui avait donné la jeune esclave gratuitement sans lui demander même une seule sapèque, maintenant que ce scélérat désire emmener la jeune servante avec lui, n'importe qui d'autre aurait demandé qu'il paye le prix de cette jeune femme, je ne sais pas à combien s'élèverait le prix ! Mais le docteur Yu ne l'a pas fait. Bien au contraire, après avoir entendu la demande du régisseur il répondit : " Vous, et votre femme, voulez vous en aller d'ici, naturellement je suis d'accord, mais après m'avoir quitté, vous n'aurez pas d'argent pour la nourriture et le logement. " Alors il lui donna dix taëls et le laissa partir. Aussitôt après, il le recommanda pour être le serviteur d'un sous-préfet. Qu'en pensez-vous ? Est-ce que ce n'est pas une chose drôle ?!

— Des scélérats esclaves comme celui-là n'ont absolument pas de conscience ! répliqua Tou Chao-k'ing. Quant au vieil homme honorable qui lui donna deux fois de l'argent, ce n'est pas parce qu'il a l'intention de se chercher une réputation de bonté : c'est pourquoi son acte est vraiment rare et louable! »

Il garda Wou Chou à un repas.

Wou Chou venait de le quitter et arrivait au Pont de la Traversée heureuse, quand il rencontra un homme portant un chapeau carré, vêtu d'une vieille robe de toile, à ceinture de soie, et chaussé de sandales de paille. Son bagage était pendu en deux paquets sur un fléau qu'il portait à l'épaule, sa barbe était grisonnante, il était décharné et semblait miné par le chagrin. Cet homme posa son bagage et salua Wou Chou les mains jointes.

« Monsieur Kouo, s'exclama Wou Chou avec surprise, voilà déjà trois ans que nous nous sommes séparés à Kiang-ning [6], où avez-vous été pendant tout ce temps ?

— C'est une longue histoire, il est difficile de la raconter en peu de mots, répondit l'homme.

— Asseyons-nous dans cette maison de thé, voulez-vous ? », suggéra Wou Chou.

Ils allèrent dans la maison de thé et s'assirent.

« J'ai voyagé dans toutes directions à la recherche de mon père, expliqua Kouo. Quelqu'un m'avait dit qu'il était à Kiang-nan (la Chine du Sud), c'est pourquoi me voici à Kiang-nan pour la troisième fois. Maintenant j'apprends qu'il n'est pas à Kiang-nan, mais dans une montagne du Sseu-tch'ouan où il s'est rasé la tête et est devenu moine. Aussi, je m'apprête à me rendre au Sseu-tch'ouan.

— Pitoyable! pitoyable! s'exclama Wou Chou. Ce voyage d'une dizaine de milliers de li ne sera pas facile. Je me rappelle qu'un sous-préfet nommé Yeou dans la préfecture de Si-an [7] est de la même promotion que mon professeur d'Université le docteur Yu. Je vais demander au professeur Yu d'écrire une lettre de recommandation pour vous, car vous passerez par Si-an durant votre voyage, et si l'argent pour vos frais de route manque, il pourra vous aider un peu.

— Je suis un rude campagnard, objecta Kouo, comment pourrais-je rendre visite à un fonctionnaire de l'Université des Fils de l'État ?

— Ne vous inquiétez pas. A quelques pas d'ici se trouve la maison de Tou Chao-k'ing. Je vous y conduis, vous m'y attendrez, tandis que je vais demander cette lettre pour vous.

— Tou Chao-k'ing ? est-ce le lettré supérieur originaire de T'ien-tch'ang qui refusa un poste de fonctionnaire offert par l'empereur ?

— C'est bien lui.

— Ah, que j'aimerais le rencontrer! »

Ils payèrent leur consommation, quittèrent la maison de thé et arrivèrent chez Tou Chao-k'ing. Celui-ci vint les accueillir en saluant les mains jointes :

« Quel est l'honorable nom de ce Monsieur? demanda-t-il.

— C'est Monsieur Kouo Li, son nom social est T'ie-chan, répondit Wou Chou. Depuis vingt ans il voyage à travers tout l'empire pour chercher son père, c'est le célèbre Kouo, dénommé le Fils Pieux. »

A ces paroles, Tou salua une fois de plus et pria Kouo le Fils Pieux de prendre le siège d'honneur; il s'enquit :

« Comment se fait-il que vous n'ayez aucune nouvelle de votre respectable père depuis tant d'années? »

Le Fils Pieux était gêné et ne pouvait répondre.

« Il était fonctionnaire dans le Kiang-si et se rendit au prince Ning, c'est pourquoi il s'est enfui et se cache », chuchota Wou Chou à l'oreille de Tou.

Tou Chao-k'ing, surpris, éprouva un respect sincère envers Kouo. Il lui fit déposer son bagage :

« Passez une nuit chez moi, Monsieur, dit-il. Vous ne partirez que demain.

— Chao-k'ing, vous êtes un homme libéral et magnanime, tout l'empire le sait, répondit Kouo. Je ne ferai pas de cérémonies et resterai volontiers une nuit. »

Tou Chao-k'ing se rendit à l'appartement de sa femme pour lui demander de faire laver et empeser les vêtements de Kouo et de faire préparer le vin et les mets pour l'accueillir. Quand Tou retourna auprès de ses invités, Wou Chou mentionna la lettre de recommandation qu'il désirait demander au docteur Yu.

« C'est facile! dit Tou. Je vous prie d'attendre ici, Monsieur Kouo, tandis que Tcheng-tseu (Wou Chou) et moi allons chercher la lettre. »

Cela a eu pour suite :

« Se donnant la peine et employant toutes ses forces, il n'a pas peur d'entrer dans le repaire du tigre.

« Les eaux sont lointaines, les montagnes sont à grande distance, il entre dans la région des " vers à soie abondants " (Sseu-tch'ouan) [8]. »

Lisez ce qui suivra dans le prochain chapitre.

NOTES

1. *Tchai-kiai* : « faire abstinence » (ne pas boire de vin, ne pas manger de viande, se baigner, coucher seul).

2. De la main gauche, le danseur tient la flûte et de la main droite la plume de faisan.

3. T'ai-po fonda l'État de Wou, dont le Tchö-kiang était une partie.

4. *Tan-Tche :* au sens littéral : « allée enduite de vernis rouge sur une levée de terre allant de la grande porte à la grande salle du Palais Impérial », ici : « la cour ».

5. *Lieou-t'ang*, les six classes dans l'Université : ce sont *Chouai-sing, Sieou-tao, Tch'eng-sin, Tcheng-yi, Tch'ong-tö* et *Kouang-ye.*

6. Kiang-ning, sous-préfecture du Kiang-sou.

7. Si-an, chef-lieu du Chen-si.

8. *Ts'an-ts'ong :* « vers à soie abondants », nom d'un roi du Sseu-tch'ouan dans la haute antiquité, qui enseigna au peuple l'élevage des vers à soie et la culture des plantes de mûriers.

CHAPITRE XXXVIII

Le fils pieux Kouo rencontre des tigres en pleine montagne. Un moine du monastère de la Rosée Douce rencontre un ennemi dans la brousse.

Tou Chao-k'ing garda le Fils Pieux Kouo pour le fêter dans sa maison du bord de la rivière. Lui et Wou Chou se rendirent dans le bureau du docteur Yu pour lui expliquer qui était Kouo et demander une lettre de recommandation que ce dernier emporterait à Si-an. Le docteur Yu les écouta attentivement :

« Comment serait-il possible que je n'écrive pas cette lettre, dit-il. Mais il ne s'agit pas seulement de le recommander, il fera un long voyage de dix mille li, et il n'a sûrement pas assez d'argent pour ses frais de voyage, je vous donnerai donc dix taëls, pour lui, Chao-k'ing, ce n'est pas la peine de mentionner qu'ils viennent de moi. »

A la hâte, il écrivit une lettre qu'il remit avec l'argent à Tou Chao-k'ing. Celui-ci les accepta et rentra chez lui avec Wou Chou. Tou Chao-k'ing chercha quelques vêtements et les mit en gage pour quatre taëls, et Wou Chou alla chez lui mettre quelque chose au mont-de-piété pour deux taëls. Ils insistèrent pour garder Kouo, le Fils Pieux encore un jour. Quand Tchouang Tcheng-kiun (Tchouang Chao-kouang) apprit le cas de cet homme, il écrivit également une lettre de recommandation et la donna avec quatre taëls à Tou Chao-k'ing. Le troisième jour, Tou Chao-k'ing prépara un petit déjeuner d'adieu pour Kouo. Wou Chou vint également pour leur tenir compagnie. Après le repas ils ficelèrent les bagages de Kouo et lui offrirent les vingt taëls et les deux lettres de recommandation. Il refusa de prendre l'argent :

« Cet argent appartient à quelques-uns d'entre nous de la Chine du Sud, dit Tou Chao-k'ing, ce n'est pas le butin du brigand Tche [1]. Pourquoi ne l'acceptez-vous pas, Monsieur ? »

Le Fils Pieux se décida à accepter; ayant mangé à satiété il s'apprêta à partir. Tou Chao-k'ing et Wou Chou l'accompagnèrent jusqu'au-delà de la porte ouest des Han et alors seulement ils s'en retournèrent.

Kouo, le Fils Pieux voyagea le jour et se reposa la nuit, il arriva à la province de Chen-si; comme Monsieur Yeou était sous-préfet de la sous-préfecture de T'ong-kouan, Kouo fut obligé de faire un détour pour aller à T'ong-kouan lui rendre visite. Ce Monsieur Yeou dont le prénom était Fou-lai et le nom social Jouei-t'ing était un vieux lettré illustre de Nankin, qui était arrivé à ce poste de T'ong-kouan l'année précédente; dès son arrivée il avait fait une bonne action : un homme originaire du Kouang-tong avait été condamné à l'exil à la frontière du Chen-si avec sa femme qui était « une femme de criminel condamné ». Or cet homme mourut à mi-chemin, sa veuve pleurait et sanglotait sur la route, mais quand les gens lui parlaient, elle ne pouvait comprendre leur dialecte, et vice-versa, lorsqu'elle leur parlait, ils ne pouvaient comprendre son dialecte, en un mot ils ne pouvaient se comprendre mutuellement, les gens durent l'amener à la salle de la sous-préfecture. Monsieur Yeou se rendit compte que la femme voulait retourner au Kouang-tong, dans son pays natal, et la prit en pitié. Il lui donna cinquante taëls de son propre traitement et ordonna à un vieux satellite de l'escorter chez elle. Puis il sortit un morceau de soie blanche sur lequel il écrivit un appel au secours très émouvant, plein d'amertume, le signa de sa propre main de son nom Yeou Foulai et le scella du sceau de la sous-préfecture de T'ong-kouan :

« Emmenez cette dame et prenez ce morceau de soie blanche, ordonna-t-il à ce satellite âgé. A chaque chef-lieu de préfecture ou de sous-préfecture où vous arriverez, montrez ce morceau de soie blanche aux fonctionnaires locaux, demandez-leur d'y apposer leurs sceaux. Quand vous l'aurez reconduite jusque chez elle, rapportez-moi une lettre des autorités de là-bas prouvant que vous m'avez obéi. »

Le satellite promit de le faire. Après que la femme se fut prosternée en remerciant, le satellite l'emmena et ils s'en allèrent. Environ une année après, le satellite revint :

« Sur la route tous les fonctionnaires qui ont lu votre appel étaient désolés pour la femme, rapporta-t-il. Les uns lui donnèrent dix taëls, les autres huit taëls, d'autres six, au moment où elle atteignit sa maison, elle avait plus de deux cents taëls. Quand moi, votre serviteur, la reconduisit dans sa famille dans le

Kouang-tong, ses parents et les membres de sa maisonnée étaient au nombre d'une centaine de personnes, ils tombèrent tous à genoux en regardant le ciel pour le remercier de votre bonté. Ils se prosternèrent tous devant moi également et m'appelèrent Bouddha vivant! En tout cela j'ai profité de votre faveur, mon Seigneur! »

Le sous-préfet Yeou était enchanté, il lui donna quelques taëls et le renvoya.

C'est juste à ce moment que le portier apporta la carte, annonçant que Kouo le Fils Pieux venait rendre visite avec une lettre du docteur Yu. Quand le sous-préfet Yeou eut lu la lettre, il fut impressionné et éprouva du respect pour Kouo. Il l'invita tout de suite à entrer. Après avoir échangé des saluts et s'être assis, il fit apporter un repas immédiatement. Pendant qu'ils étaient en train de parler, le portier entra :

« Votre Excellence est priée d'aller à la campagne pour l'examen, annonça-t-il.

— Monsieur Kouo, il s'agit d'une affaire publique, je dois m'en aller, dit le sous-préfet Yeou. Je ne serai de retour qu'après-demain. Je m'excuse de vous prier de rester ici pendant trois jours pour attendre que je revienne, je voudrais vous demander conseil pour quelque chose. De plus vous allez à Tch'eng-tou [2], j'ai un vieil ami qui se trouve à Tch'eng-tou, j'aimerai que vous lui apportiez une lettre. Je vous prie de ne pas me refuser!

— Vous me parlez si aimablement, comment pourrais-je refuser? répliqua Kouo. Seulement je suis d'un naturel fruste de montagnard et de campagnard, je ne peux pas habiter dans le yamen. S'il y a un temple quelconque dans votre honorable sous-préfecture, envoyez-y-moi pour quelques jours.

— Il y a un temple, répliqua le sous-préfet Yeou, mais très petit, toutefois nous avons le monastère de la Lune de la Mer ici dont le moine est un sage, je vous enverrai chez lui. »

Alors il ordonna à un satellite du yamen :

« Emportez les bagages de Monsieur Kouo au monastère de la Lune de la Mer, et dites au moine que c'est moi qui l'envoie. »

Le satellite promit de le faire, et Kouo prit congé, le sous-préfet Yeou le reconduisit jusqu'en dehors de la grande porte.

Quand Kouo et le satellite arrivèrent à la loge du monastère, un acolyte chargé de recevoir les visiteurs alla les annoncer à un vieux moine qui vint les saluer, leur demanda de s'asseoir et leur fit du thé. Le satellite s'en alla seul.

« Est-ce que vous êtes ici depuis longtemps, père? demanda Kouo au vieux moine.

— Autrefois j'ai habité le monastère de la Rosée Sucrée dans la sous-préfecture de Wou-hou de la préfecture T'ai-p'ing de Nankin, répondit le vieux moine. Plus tard j'ai été abbé au temple de Pao-kouo, à Pékin. Comme je déteste l'animation et le bruit de la capitale, j'ai déménagé pour venir habiter ici. Votre honorable nom est Kouo, maintenant vous allez à Tch'eng-tou, puis-je vous demander quelle affaire vous y amène ? »

Kouo, voyant l'expression miséricordieuse sur le maigre visage ascétique du vieux moine, dit :

« Je ne parlerais pas de ceci à d'autres, mais devant vous je ne vois pas d'inconvénient à le dire. »

Alors il commença à raconter amèrement son intention de chercher son père. Le vieux moine versa des larmes et soupira, puis logea Kouo dans ses propres appartements et prépara un dîner végétarien pour lui. Kouo lui donna deux poires qu'il avait achetées sur la route, le vieux moine les accepta avec remerciements et ordonna à un marmiton de porter deux cuves dans la cour, mit une poire dans chaque cuve, versa plusieurs seaux d'eau dans les cuves, et tritura les poires avec un fléau. Puis il fit battre le claquoir de fer en forme de nuage et rassembla tous les moines qui étaient plus de deux cents pour leur faire boire un bol à chacun, Kouo qui regardait, fit un signe de tête d'approbation et soupira d'admiration.

Le troisième jour, le sous-préfet revint et prépara un festin pour Kouo. Après le repas il sortit cinquante taëls et une lettre de recommandation :

« Monsieur, j'aurais dû vous garder quelque temps, mais comme la recherche de votre père est une grande entreprise, je n'ose pas vous retenir et la retarder. Prenez ces cinquante taëls pour vos dépenses sur la route. Quand vous arriverez à Tch'eng-tou, vous donnerez cette lettre à Monsieur Siao Hao-hiuan. C'est un homme vertueux, il habite dans un endroit qui est distant de vingt li de Tch'eng-tou, le nom de cet endroit est Montagne Orientale. Lorsque vous le trouverez vous pourrez lui parler de vos difficultés, il vous aidera. »

Kouo voyant que le sous-préfet était tellement sincère ne put refuser, il le remercia, accepta l'argent et la lettre, et sortit. Il retourna au monastère de la Lune de Mer pour dire au revoir au vieux moine :

« Quand vous serez arrivé à Tch'eng-tou et aurez retrouvé votre honorable père, dit l'abbé en joignant les paumes de ses mains, ne manquez pas de m'envoyer une lettre afin de m'éviter anxiété et souci. »

Kouo promit de le faire, l'abbé le reconduisit jusqu'à l'extérieur du monastère.

Kouo portant ses bagages marcha plusieurs jours, le chemin en général était escarpé, tortueux et étroit, à chaque pas, son cœur tremblait de peur. Ce jour-là, comme le crépuscule tombait, il arriva à un endroit où il ne put voir un seul village. Après avoir marché pendant un moment, il rencontra un homme :

« Je me permets de vous demander, oncle, quelle est la distance d'ici jusqu'à l'auberge la plus proche ? demanda Kouo en saluant les mains jointes.

— Il y a encore plus d'une dizaine de li, répondit l'homme, vous devriez marcher rapidement, voyageur, car il y a des tigres dans ce sentier pendant la nuit, il vous faut faire très attention ! »

Quand Kouo entendit ceci, il se dépêcha aussi vite que possible d'avancer. Il faisait nuit, mais heureusement la pleine lune se leva derrière les montagnes, c'était justement le quatorzième ou le quinzième jour de la lune, elle était très lumineuse. Kouo profitant du clair de lune allait à grands pas ; à la lisière d'une forêt, un vent impétueux se levait devant lui faisant tourbillonner et bruire les feuilles tombées. Le vent tomba, un tigre fit un bond vers lui.

« Je suis perdu ! », cria Kouo qui fit un faux pas et tomba au sol.

Le tigre saisit Kouo et s'accroupit sur lui. Un moment après, voyant que Kouo avait les yeux fermés, le tigre le crut mort ; alors il se leva et creusa une fosse ; puis il souleva Kouo et le plaça dans la fosse ; avec ses griffes il déplaça beaucoup de feuilles mortes sur Kouo pour le couvrir, puis s'en alla. De cette fosse, Kouo regarda furtivement le tigre marcher pendant plusieurs li et arriver au sommet de la montagne ; là le tigre regarda en arrière avec des yeux flamboyants pour voir si Kouo remuait ou non, après avoir été sûr que Kouo n'avait pas bougé, le tigre continua à avancer tout droit. Alors Kouo rampa au-dehors de la fosse :

« Quoique cette brute criminelle soit partie, songea-t-il, elle reviendra sûrement me manger, que faire ? »

A ce moment où il ne savait plus du tout comment faire, il remarqua un grand arbre devant lui et il y grimpa. Il lui vint une anxiété : « Si le tigre revient et rugit terriblement, il ne faudrait pas que je sois si terrifié que je tombe à terre ! » Un plan surgit dans son esprit : il déroula ses bandes molletières et s'attacha lui-même à l'arbre. A la troisième veille (à minuit) la lune était extrêmement brillante, le tigre revint suivi d'une autre bête ; cette bête était entièrement blanche comme neige, avec une seule corne sur la tête, et deux yeux ressemblant à deux énormes lanternes rouges, elle avançait en se tenant toute droite. Kouo ne savait pas ce que cela pouvait être. Il la vit arriver près de lui et s'asseoir. Le tigre se précipita vers la fosse pour chercher l'homme. Mais quand il découvrit que l'homme avait disparu, il se tapit de peur, l'autre bête se mit en rage, étendit une de ses pattes et avec une seule gifle sur sa tête, fit tomber le tigre à terre, le tigre mourut sur le sol. Cette bête fit alors trembler le poil de tout son corps avec fureur et elle sembla s'enflammer. En détournant la tête, elle vit, au clair de lune, l'ombre d'un homme perché sur les branches d'un arbre, alors elle se rua furieusement sur Kouo. Mais elle manqua son but et tomba par terre, de nouveau elle se jeta vers Kouo avec toutes ses forces et passa seulement à un seul pied de lui.

« Cette fois-ci, c'est ma fin! », songea Kouo.

Mais voilà qu'une branche morte se trouvait justement en face du ventre de cette bête; comme son deuxième bond était très violent, la branche morte pénétra très profondément dans son ventre. La bête devint de plus en plus impatiente, mais plus elle luttait, plus la branche s'enfonçait en elle. Après avoir désespérément combattu pendant la moitié de la nuit, elle expira finalement, accrochée sur l'arbre.

Au petit jour, vinrent plusieurs chasseurs portant des fusils de chasse et des bâtons fourchus. A la vue des deux bêtes, ils sursautèrent de peur. Kouo les appela de l'arbre, ils l'aidèrent à descendre et lui demandèrent son nom.

« Je suis un voyageur, expliqua Kouo. Le ciel m'a pris en pitié et j'ai pu sauvegarder ma vie. Je dois me dépêcher de poursuivre mon chemin, apportez ces deux bêtes à votre sous-préfet pour demander une récompense. »

Les chasseurs lui donnèrent leurs provisions de viande séchée de daim et de cerf, et le firent manger à satiété. Ensuite ils lui portèrent ses bagages et l'escortèrent pendant cinq ou six li, puis ils prirent congé et retournèrent chez eux.

Kouo, portant ses bagages sur son épaule, marcha pendant plusieurs jours; il descendit un soir dans un petit temple d'une vallée de la montagne. Après l'avoir interrogé sur son voyage, le moine sortit un repas végétarien et s'assit près de la fenêtre pour le partager avec lui. Pendant qu'ils mangeaient, il y eut dehors un éclair rouge comme une déflagration.

« Cela va mal! cria Kouo en laissant brusquement tomber son bol. L'incendie!

— Asseyez-vous, Monsieur, n'ayez pas peur! dit le moine en riant. C'est mon frère Neige qui arrive. »

Le repas fini, il débarrassa la table et ouvrit la fenêtre.

« Regardez! Monsieur », dit-il en indiquant un animal pour le montrer à Kouo.

Kouo leva les yeux et vit un animal étrange accroupi sur la pente de la colline en face, il avait une seule corne sur la tête et un seul œil derrière une oreille. Cet animal étrange était appelé *pi-wan*[3]. Quelle que soit l'épaisseur d'un morceau de glace, il peut le briser en pièces d'un seul rugissement.

« C'est mon frère Neige », dit le moine.

Cette nuit-là, une tempête se leva; la neige tomba abondante et en tourbillon pendant encore une journée et une nuit; elle avait plus de trois mètres d'épaisseur. Kouo ne pouvait pas partir, il demeura là encore un jour.

Le troisième jour, la neige s'arrêta de tomber; Kouo prit congé du vieux moine et poursuivit son chemin; il trouva le sentier de montagne. Chaque pas était glissant, les deux côtés étaient bordés de torrents et de ravins dont les petits glaçons aigus ressemblaient à des couteaux. Il marchait lentement et à la tombée du jour, il distingua de loin, à la lueur de la neige, un objet rouge accroché sur un arbre d'une forêt qui s'étendait devant lui. Arrivé à un demi-li, de là il vit un voyageur dégringoler dans le ravin près de cet objet rouge. Kouo s'arrêta et se demanda :

« Pourquoi ce voyageur est-il tombé dans ce ravin à la vue de cette chose rouge ?! »

Il regarda plus attentivement et vit un homme sortir de dessous l'objet rouge, ramasser le bagage que le voyageur mort avait laissé, et se baisser de nouveau. Kouo devina à peu près ce qui se tramait, il s'avança à la hâte, il aperçut une femme pendue à un arbre, les cheveux défaits en désordre, et qui portait une robe rouge; de sa bouche pendait une fausse langue rouge cramoisi en feutre. Dans une cuve enterrée sous ses pieds, un homme était accroupi. Cet homme voyant Kouo s'approcher de lui se leva d'un bond. Mais Kouo était robuste et puissant et il n'osa pas l'attaquer, alors il s'avança et salua en joignant les mains :

« Voyageur, vous n'avez qu'à continuer votre chemin, cela ne vous regarde pas, pourquoi vous mêlez-vous de mes affaires ?

— Je comprends ce que vous faites, dit Kouo. Ne vous fâchez pas, je veux vous aider. Quelle est cette femme qui fait semblant de s'être pendue ?

— Elle est ma femme, répondit l'homme.

— Faites-la descendre. Où habitez-vous ? Je vais venir bavarder chez vous. »

Cet homme défit une corde nouée à la nuque de sa femme et la fit descendre. Elle arrangea ses cheveux en les roulant, enleva la fausse langue qui pendait de sa bouche, arracha la longe de fer autour de laquelle la corde avait été liée et ôta la robe rouge. L'homme indiqua une chaumière de deux pièces à côté de la route :

« C'est ma maison », dit-il.

Mari et femme suivirent Kouo jusqu'à leur maison, ils invitèrent Kouo à s'asseoir et apportèrent un pot de thé bouilli :

« Vous n'avez qu'à barrer le chemin pour gagner votre vie, mais pourquoi faire de si mauvaises actions ? dit Kouo. Effrayer les gens à mort est opposé à la volonté du ciel. Bien que je sois pauvre moi-même, je ne puis m'empêcher d'avoir pitié de vous quand je vois que vous êtes tombé si bas. J'ai dix taëls sur moi que je vous donnerai à vous et à votre femme, avec cet argent comme capital, vous pourrez avoir un petit commerce, il ne faut pas faire de nouveau cette mauvaise action ! Quel est votre nom ? »

Ayant entendu les paroles de Kouo, cet homme se prosterna devant lui :

« Merci pour votre aide, voyageur, dit-il. Mon nom est Mou Nai, ma femme et moi sommes de bonne famille, seulement récemment nous n'avons pas pu supporter la faim et le froid, c'est pourquoi nous nous sommes mis à cette sorte d'affaire; maintenant je vous remercie beaucoup de me donner ce petit capital, désormais nous changerons de conduite et nous corrigerons de nos fautes. Puis-je demander votre nom, bienfaiteur ?

— Mon nom est Kouo, je suis originaire de Hou-Kouang, je me rends à Tch'eng-tou. »

Comme ils étaient en train de parler, la femme de Mou vint, remercia aussi Kouo, prépara un repas et retint Kouo à manger.

« Puisque vous avez l'audace de barrer le chemin pour piller des gens, naturellement vous connaissez quelque chose des arts militaires, dit Kouo, pendant le repas. Seulement, j'ai peur que vos arts militaires n'étant pas de qualité supérieure plus tard vous ne puissiez accomplir de grandes entreprises. Je vais vous enseigner ce que je sais de l'escrime et de la boxe. »

Mou Lai était transporté de joie, il voulut garder Kouo deux jours pour se faire enseigner en détail l'escrime et la boxe, et il considérait déjà Kouo comme son maître. Le troisième jour, Kouo insista pour partir, ils mirent des provisions de voyage et de la viande rôtie dans sa besace, et la portant sur l'épaule ils escortèrent Kouo pendant trente li avant de lui dire au revoir et de retourner sur leurs pas.

Prenant son bagage, Kouo progressa encore quelque temps. Ce jour-là il faisait très froid, quand le vent du nord-ouest se leva et s'abattit sur lui; le sentier de montagne gelé était comme de la cire, à la fois dur et glissant. Il marcha péniblement jusqu'au soir, il entendit alors un long rugissement provenant d'une grotte; un tigre en sortit d'un bond.

« Cette fois-ci, ma vie prend sûrement fin! » songea Kouo qui tomba sur le sol et perdit connaissance.

Les tigres ne dévorent que ceux qui ont peur d'eux; voyant que Kouo était couché et immobile, le tigre n'osa pas le dévorer, il renifla simplement sa figure; une de ses moustaches pénétra dans les narines de Kouo, sur quoi Kouo éternua si fortement que le tigre sursauta de frayeur et s'enfuit. En quelques bonds il franchit le sommet d'une montagne et tomba dans un abîme profond où il fut pris dans des glaçons pointus comme des couteaux et des épées et gelé à mort. Quand Kouo se remit péniblement sur pied, le tigre avait disparu.

« J'ai de la chance! Je l'ai échappé de justesse! », se dit Kouo.

Portant ses bagages sur l'épaule, il continua de marcher. Finalement il atteignit la préfecture de Tch'eng-tou où il apprit que son père était devenu moine dans un temple distant de quarante li. Après avoir été bien informé, il alla frapper à la porte du temple. Le vieux moine ouvrit la porte et à la vue de son fils sursauta de peur. Kouo reconnut son père, il s'agenouilla en sanglotant.

« Je vous prie de vous lever, Monsieur le donateur, dit le vieux moine. Je n'ai pas de fils, vous avez dû me prendre pour quelqu'un d'autre.

— Moi, votre fils j'ai voyagé pendant dix mille li pour vous trouver, père, pourquoi ne me reconnaissez-vous pas?

— Je viens de vous dire que je n'avais pas de fils, dit le vieux moine. Monsieur le donateur, vous avez votre père, allez le chercher autre part, pourquoi venir pleurer vers moi?

— Bien que je ne vous aie pas vu depuis plusieurs dizaines d'années, père, est-il possible que je ne vous connaisse plus? », dit Kouo.

Il restait agenouillé là et ne voulait pas se lever.

« Moi, pauvre moine, je me suis fait moine dans mon enfance, protesta le vieux moine, comment pourrais-je avoir un fils? »

A ces mots, Kouo éclata en sanglots amers :

« Vous pouvez ne pas reconnaître votre fils, père, dit-il. Mais votre fils n'importe comment veut toujours vous reconnaître! »

Cette persistance fit perdre patience au vieux moine :

« Gredin! cria-t-il en colère. D'où sortez-vous, vous osez venir nous faire des ennuis! Filez vite! Je vais fermer la porte du temple! »

Cependant Kouo agenouillé par terre et pleurant à chaudes larmes, ne voulait pas s'en aller.

« Si vous ne partez pas, je chercherai un couteau pour vous tuer! menaça le vieux moine.

— Même si vous voulez me tuer, père, moi, votre fils, je ne veux pas vous quitter! », cria Kouo prosterné sur le sol qu'il inondait de ses larmes.

Le vieux moine frémit de colère, de ses deux mains il remit Kouo sur ses pieds, puis il le saisit par le cou, le poussa de toutes ses forces dehors et ferma la porte sur lui. Ensuite il retourna au temple et fit la sourde oreille aux cris persistants de son fils.

A l'extérieur de la porte du temple, Kouo le Fils Pieux pleura et sanglota à plusieurs reprises, mais n'osa pas frapper à la porte. Comme le crépuscule tombait, il se dit :

« fini! fini! Je pense que mon père ne veut absolument pas me reconnaître! »

Levant les yeux, il vit que ce temple s'appelait temple de la Montagne de Bambous. Il ne put faire autrement que de louer une chambre à un demi-li de ce temple. Le matin suivant, il vit qu'un moine sortait du temple, il graissa la patte de ce prêtre pour porter le bois de chauffage et le riz chaque jour à son père. En moins d'une demi-année tout son argent fut dépensé et il songea à aller à la Montagne Orientale chercher Siao Hao-hiuan, mais il avait peur de ne pouvoir pas le trouver et de laisser son père sans entretien ce dont il ne pouvait supporter l'idée. Il fut réduit à se faire domestique dans une famille voisine, pour laquelle il transportait de la terre et cherchait le bois de chauffage. Chaque jour il gagnait quelques onces d'argent[4] pour nourrir son père. Quand il apprit que l'un des voisins allait au Chen-si, il écrivit une lettre relatant les retrouvailles de son père et il demanda au voisin de la remettre à l'abbé du monastère de la Lune de Mer.

Après avoir lu cette lettre, l'abbé fut transporté de joie et admira Kouo davantage encore. Quelques jours plus tard, un moine mendiant arriva au monastère. Ce moine n'était autre que Tchao Ta, le chef des brigands des chevaux sonores qui était échevelé et avait des yeux bizarres. Son apparence féroce n'était en rien changée. L'abbé miséricordieux le laissa séjourner. Hélas! ce moine méchant but le vin, se querella et battit les autres moines, il n'y avait pas de mauvaise action qu'il ne commît. Le chef des moines à la tête d'une délégation alla se plaindre auprès de l'abbé :

« Si cet individu est autorisé à rester, déclarèrent-ils, il continuera à violer les règlements de chasteté et à déshonorer notre monastère, nous vous prions, Monsieur l'abbé, de l'expulser! »

Quand l'abbé lui demanda de s'en aller, il refusa, plus tard le moine en chef ordonna à un acolyte chargé de recevoir les visiteurs de dire à ce moine méchant :

« L'abbé vous demande de vous en aller, mais vous le refusez; l'abbé a dit que si vous continuez à lui désobéir, et à rester ici, d'après les règlements de notre monastère, vous serez transporté dans la cour arrière et brûlé vif ! »

Quand le méchant moine entendit cela, il fut furieux et garda rancune dans son cœur. Le jour suivant, sans prendre congé de l'abbé, il réunit ses vêtements et s'en alla. Six mois plus tard, l'abbé désira aller faire une courte visite à la montagne Ngö-Mei et en passant à Tch'eng-tou rendre visite à Kouo le Fils Pieux. Sur le chemin, il dit adieu aux moines; portant son ballot et son bol à aumône sur l'épaule, il partit pour le Sseu-tch'ouan. Il effectua un voyage pénible, parfois il mangeait en plein air et couchait à la belle étoile.

A une centaine de li de Tch'eng-tou, ce jour-là, l'abbé quitta son auberge de bonne heure, pour aller contempler le paysage dans la montagne. Il entra dans un hangar où l'on servait du thé. Il y avait un autre moine déjà assis là. L'abbé avait oublié ce moine et ne le reconnut pas, mais ce moine se rappelait de l'abbé et s'avança en saluant :

« Moine, le thé d'ici n'est pas bon, à quelques pas d'ici est le petit temple que j'habite, pourquoi ne pas aller avec moi y boire du thé ? Je vous en prie!

— Avec grand plaisir », répondit l'abbé.

Le moine conduisit l'abbé, ce n'est qu'après avoir marché pendant sept ou huit li qu'ils arrivèrent à un petit temple. Dans la cour avant il y avait trois pièces et une statue de divinité bouddhique protectrice de la Loi, dans la cour arrière il y avait une salle à trois travées, mais sans Bodhisattva et occupée, au milieu, par un lit long et étroit.

Lorsqu'ils entrèrent dans le temple, le moine cria :

« Vieux moine! Me reconnaissez-vous ?! »

L'abbé se rappela à ce moment seulement que c'était le méchant moine qu'il avait chassé de son monastère, il sursauta de peur!

« Tout à l'heure, par hasard, j'avais oublié, dit-il. Maintenant oui je vous reconnais. »

Le méchant moine se dirigea vers le lit où il s'assit; écarquillant ses yeux farouches, il s'écria :

« Aujourd'hui puisque vous êtes arrivé ici et tombé entre mes mains, je n'ai pas peur que vous puissiez vous envoler au ciel! J'ai une gourde ici, prenez-la, il y a une boutique de vin tenue par une vieille femme à un demi-li d'ici sur la colline, allez me faire remplir cette gourde de vin! Allez-y tout de suite! »

L'abbé n'osa pas désobéir, il prit la gourde et sortit. Il trouva la colline et en effet il s'y trouvait une vieille femme qui vendait du vin. L'abbé lui donna la gourde, elle s'en saisit, regarda l'abbé de la tête aux pieds et ne put empêcher que des larmes jaillissent de ses yeux. Puis elle alla verser le vin dans la gourde. L'abbé, peu rassuré, salua et demanda :

« Grand-mère! vieille Bodhisattva! Pourquoi, quand vous m'avez vu, avez-vous commencé à vous affliger tellement? Quelle en est la cause?

— Je vois que vous êtes un homme miséricordieux, père, vous ne devriez pas subir une fin si cruelle!!! répondit la vieille femme, les larmes aux yeux.

— Quelle fin subirai-je? demanda l'abbé avec étonnement.

— Êtes-vous venu du temple distant d'un demi-li d'ici? demanda la vieille dame.

— Oui, comment le savez-vous? dit l'abbé.

— Je connais cette gourde qui est à lui, répondit la vieille femme. Chaque fois qu'il a l'intention de manger la cervelle de quelqu'un, il envoie chercher le vin tonique à ma boutique avec cette gourde. Une fois que vous aurez rapporté ce vin, père, vous mourrez tout de suite! »

Quand l'abbé entendit cela, il eut tellement peur que son âme n'adhéra plus à son corps et vola au ciel :

« Comment dois-je faire? demanda-t-il désespérément effrayé. Je prends la fuite maintenant!

— Comment pourriez-vous vous échapper?! dit la vieille dame. A quarante li à l'entour d'ici, partout ce sont ses complices bandits d'autrefois. Si quelqu'un s'échappe de son temple, il lui suffit de faire résonner son claquoir de bois creux, et immédiatement il est ligoté et ramené au temple! »

L'abbé s'agenouilla sur le sol en pleurant :

« Je vous prie de me sauver, grand-mère, demandait-il.

— Comment puis-je vous sauver?! S'ils savaient que je vous ai parlé, ils me tueraient aussi. Mais je vois que vous êtes un homme bon, père, je ne pourrai pas supporter que vous mourriez d'une mort si affreuse, j'ai pitié de vous. Je vous montrerai le chemin pour aller chez un homme qui peut vous aider.

— Qui vais-je chercher, grand-mère, vieille Bodhisattva? », demanda l'abbé.

La vieille femme alors lui indique un homme qui peut le sauver.

Cela a eu pour résultat :

Avec zèle, il le tire du danger, c'est un homme sensationnel qui alarme le ciel et ébranle la terre.

Acquérir des mérites avec une épée n'est rien d'autre que le devoir d'un sujet fidèle et dévoué à sa patrie.

Quel est finalement l'homme que la vieille femme lui indiquera ? Pour le savoir, lisez le prochain chapitre.

NOTES

1. Tao Tche, « le brigand Tche », célèbre à l'époque des Printemps et des Automnes (722-481 av. J.-C.). Cf. le *Che-ki* chap. 61 : po-yi lie-tchouan et le *Tchouang-tseu* : chap. 29.
2. Tch'eng-tou, chef-lieu du Sseu-tch'ouan.
3. *Pi-wan*, probablement *Pi-kieou*, animal étrange de l'Antiquité, cf. : commentaire de Ho Yi-tchou sur le *Chan-hai-king* (Le Livre des monts et des mers) au chapitre *Pei-chan-king*.
4. *Fen*, égale 1/100e d'once.

CHAPITRE XXXIX

Siao Yun-sien sauve la vie d'un homme sur la colline de la Lune Brillante.
Le Second Gardien de l'héritier au trône, P'ing, remporte une victoire dans la ville de l'Érable-Vert au Sseu-tch'ouan occidental.

L'abbé, lorsqu'il eut entendu les paroles de la vieille femme, s'agenouilla sur le sol et l'implora de le sauver.

« Comment pourrais-je vous sauver ? dit la vieille femme. Je ne peux que vous montrer le chemin pour atteindre quelqu'un.

— Vénérable Bodhisattva! Quel est celui que je dois atteindre, demanda l'abbé. Veuillez me le désigner, j'irai le chercher.

— A un peu plus d'un li d'ici, dit la vieille femme, il y a une toute petite colline appelée Ming-Yue-Ling (colline de la Lune Brillante). Allez-y par le chemin escarpé qui grimpe derrière chez moi, c'est un raccourci, il vous fera économiser quelques pas; une fois arrivé sur la colline, vous y trouverez un jeune homme qui s'exerce au lance-pierres. Ne lui posez aucune question, agenouillez-vous seulement devant lui et attendez qu'il vous fasse signe. Alors vous pourrez lui raconter tout ce qui est arrivé; lui seul a le pouvoir de vous sauver. Dépêchez-vous d'aller chercher son aide! D'ailleurs celle-ci n'est pas certaine. S'il ne veut pas vous sauver, comme je vous l'ai déjà dit, mes jours à moi-même également seront comptés. »

Ces paroles augmentèrent encore l'effroi du pitoyable abbé, il se saisit craintivement de la gourde d'ores et déjà remplie de vin; il remercia la vieille femme et s'en fut derrière la maison gravir les aspérités en s'agrippant aux lianes et aux racines.

Effectivement à quelques centaines de mètres de là, il atteignit le sommet d'une minuscule colline où un jeune homme était en train de s'exercer au lance-pierres. A l'entrée d'une grotte celui-ci avait incrusté des gravillons blancs comme neige délimitant une cible de la taille d'une sapèque de cuivre; comme il visait soigneusement, chaque coup de son lance-pierres atteignait le but. Arrivé à proximité du jouvenceau, l'abbé l'examina : il portait un chapeau militaire et un habit de soldat gris clair et rouge. Il avait le teint clair; d'une beauté accomplie, il était tout absorbé et enthousiasmé par son jeu, quand l'abbé fut tout contre lui, il tomba à genoux. A ce moment précis une bande de moineaux monta de la vallée. Au lieu de questionner l'abbé comme il s'y apprêtait, « attendez un peu dit le jeune homme, que je tire d'abord ces moineaux ».

Il arma son lance-pierres et un des moineaux tomba mort. Ensuite il se tourna et vit que l'abbé était toujours à genoux et que des larmes perlaient à ses yeux.

« Levez-vous bien vite! je vous en prie, père. La cause de votre venue, je suis loin de l'ignorer, et c'est pourquoi je m'exerce au lance-pierres. Mais voilà : je n'atteins encore le but que neuf fois sur dix, tant que je n'aurai pas fait dix sur dix, j'ai peur d'avoir une défaillance, c'est pourquoi je n'ose pas encore agir. Mais maintenant puisque vous êtes venu jusqu'ici, je ne peux pas attendre plus longtemps, et je suis un peu obligé de courir le risque, je pense que le jour de la mort de ce scélérat est arrivé! Ce n'est pas la peine que vous vous attardiez ici, dépêchez-vous de rapporter au temple le vin de la gourde, père! N'ayez pas l'air pris de panique, et ne montrez pas non plus votre affliction. Une fois arrivé là-bas, faites tout ce qu'il vous dira de faire, il ne faut absolument pas lui désobéir. Je viendrai à votre secours bien sûr. »

Il ne restait plus à l'abbé qu'à s'en retourner, gourde en main, par le même sentier, et ce jusqu'au temple. Quand il y pénétra, il trouva le méchant moine assis sur le lit de la pièce centrale; une épée d'acier brillait dans sa main.

« Pourquoi revenez-vous si tard? questionna le moine.

— Je ne connaissais pas la route, répondit l'abbé, je me suis trompé et j'ai mis du temps avant de retrouver mon chemin.

— Bon. Agenouillez-vous! »

L'abbé tomba à genoux.

« Plus près », cria le moine.

L'abbé avait peur de l'épée que l'autre tenait et n'osa pas s'avancer.

« Si vous n'approchez pas, je frappe tout de suite! », cria le méchant moine.

L'abbé ne put faire autrement que de s'avancer toujours à genoux.

« Enlevez votre chapeau! », cria le méchant moine.

L'abbé, contenant ses larmes, enleva son chapeau. Le méchant moine évalua au toucher le crâne chauve de l'abbé, puis versant le vin de la gourde dans une tasse, il en but une gorgée. La tasse dans la main gauche il prit, de la droite, l'épée très tranchante et ajusta au-dessus du crâne de l'abbé pour en chercher le centre. Aussitôt la peur gagna l'abbé qui s'évanouit; son âme sortit de son crâne avant que celui-ci fût fendu. Sans y prendre garde le méchant moine s'appliquait à viser le centre pour savoir où se trouvait la cervelle, l'épée s'abattant, la cervelle jaillirait et il pourrait la manger encore chaude; pour lui, ça n'en était que plus délicieux! Lorsque le méchant moine eut trouvé l'endroit qu'il visait, il leva son épée d'acier pour frapper le crâne de l'abbé. Mais voilà qu'inopinément avant qu'il ait pu fendre le crâne de l'abbé une balle traverse les airs en sifflant, pénètre par la porte ouverte et atteint le méchant moine à l'œil gauche. Au comble de l'épouvante, celui-ci laissa tomber son épée et posa son vin pour se frictionner l'œil gauche, et prenant ses jambes à son cou il se précipita vers la première cour. Quelqu'un était assis là sur la tête de la statue de la divinité protectrice de la Loi. Lorsque le méchant moine leva les yeux, une autre balle finit de l'aveugler et il s'écroula. Le jouvenceau, car c'était lui, sauta à terre et entra dans la cour arrière où l'abbé terrifié s'abattit sur le sol.

« Levez-vous vite et prenez la fuite, père!

— L'émotion me paralyse, répondit l'abbé, je ne peux vraiment pas bouger.

— Levez-vous, je vous porterai sur mon dos. »

Alors, soulevant l'abbé, il le mit sur son dos et vite, vite, il franchit l'enceinte du temple; il parcourut quarante li d'une seule traite sans reprendre son souffle, puis il déposa l'abbé sur le sol.

« Bien! dit-il, vous l'avez échappé de justesse! désormais, vous serez heureux, sans souci pour l'avenir. »

L'abbé retrouva ses esprits, il s'agenouilla en signe de remerciements :

« Puis-je me permettre de vous demander votre nom, ô mon bienfaiteur!?

— Je désirais simplement exterminer le fléau, répliqua le jeune homme, je n'avais pas uniquement l'intention de vous secourir. Maintenant que vous avez la vie sauve, hâtez-vous de vous en aller; mais pourquoi me demandez-vous mon nom? Il ne vous est pas utile de le savoir. »

L'abbé renouvela sa question mais le jeune homme ne céda

pas. L'abbé ne put que s'avancer et se prosterner neuf fois de suite en joignant les mains.

« Je vais prendre congé de mon bienfaiteur, dit-il. Aussi longtemps que je vivrai, j'essaierai de vous rendre plus encore que ce que vous avez fait pour moi. »

Après avoir achevé ses salutations, il se releva et se mit en route.

Le jeune homme se sentait épuisé, les forces lui manquaient, il entra dans une auberge, au bord de la route pour s'y reposer. Un autre voyageur était déjà assis là avec une cassette posée devant lui. Le jeune homme remarqua qu'il portait un chapeau de deuil, une robe de toile blanche et des sandales de paille. Son visage semblait ravagé par le chagrin et sous ses yeux on devinait les traces de larmes abondantes. Le jeune homme après l'avoir salué s'assit en face de lui.

« Le monde est tranquille et en paix, le ciel et la terre sont immenses et calmes, lui dit l'homme en souriant. Vous aveuglez un homme avec votre lance-pierres, puis vous venez vous asseoir dans cette auberge en toute sérénité, comme s'il ne s'était rien passé !

— D'où venez-vous, Monsieur ? questionna le jeune homme. Comment savez-vous cela ?

— Je plaisantais, répondit l'homme. Supprimer les méchants, sauver les bons, sont actions louables et difficiles ! Puis-je vous demander votre honorable nom ?

— Mon nom est Siao Ts'ai, on m'appelle Yuen-sien, ma famille habite dans la Montagne Orientale, à vingt li de Tch'eng-tou.

— Je connais un certain Siao Hao-hiuan qui habite dans la Montagne Orientale à vingt li de Tch'eng-tou. Appartiendrait-il à votre honorable famille ? demanda l'autre intrigué.

— C'est mon père, comment le connaissez-vous ? dit Siao Yun-sien avec étonnement.

— Ah ! C'est votre père ! », s'exclama l'autre.

Puis il dit à Siao Yun-sien son nom et la raison pour laquelle il était venu au Sseu-tch'ouan.

« A T'ong-kouan, j'ai rencontré le sous-préfet Yeou qui m'a donné une lettre de recommandation pour votre honorable père. Malheureusement, j'avais hâte de retrouver mon propre père et je n'ai pu me détourner de ma route pour passer chez vous. Je connais d'autre part le vieil abbé que vous venez de sauver; je pense que ce n'est pas pur hasard si je l'ai rencontré au moment où il m'est donné d'admirer votre héroïque courage, puis de découvrir que vous êtes le fils de Siao Hao-huian, ah ! de quel élan je vous fais des éloges !

— Puisque vous avez trouvé votre père, pourquoi n'êtes-vous pas resté avec lui, monsieur ? demanda Siao Yun-sien. Où allez-vous maintenant tout seul ? »

A cette question, Kouo le Fils Pieux ne put retenir ses larmes.

« Hélas! mon père est décédé. Ses cendres sont dans cette cassette. Je les rapporte actuellement à Hou-Kouang, ma ville natale pour les y enterrer.

— C'est affreux! C'est affreux! dit Siao en pleurant aussi. Mais puisque j'ai la chance de vous avoir rencontré je ne sais pas si je puis vous prier de m'accompagner chez moi pour que vous voyiez mon père.

— J'aurais dû aller lui rendre visite pour lui témoigner mon respect, malheureusement ce n'est pas facile avec cette cassette, en outre, je suis très impatient de retourner chez moi pour l'enterrement. Veuillez transmettre mes salutations à votre honorable père, si possible plus tard je ne manquerai pas d'aller le voir. »

Il extirpa de ses bagages la lettre du sous-préfet Yeou et la tendit à Siao. Il prit aussi une centaine de sapèques et demanda à l'aubergiste trois mesures de vin, deux livres de viande et quelques légumes. Quand l'aubergiste eut préparé le repas, Kouo s'attabla avec Siao et lui dit :

« Mon cher, vous et moi nous nous sentons comme de vieux amis dès la première rencontre, cela n'arrive pas souvent dans la vie. D'autre part puisque je suis porteur d'une missive me recommandant à votre honorable père, notre amitié dépasse donc celle qui s'établit entre de nouvelles relations. Vous venez de faire une action remarquable que personne d'autre aujourd'hui n'oserait accomplir, c'est vraiment un exploit! Cependant j'ai quelques conseils à vous donner, me le permettez-vous ?

— Je suis jeune et j'étais justement sur le point de vous demander conseil, si vous avez quelque chose à me dire, en quoi serait-ce impossible ?

— Braver le danger, risquer sa propre vie, telles étaient les prouesses des chevaliers errants, mais nous ne sommes plus à l'époque des Printemps et Automnes [1], ni à celle des Royaumes Combattants [2], où l'on devenait célèbre par de tels exploits. Maintenant que le pays tout entier est pacifié, un moderne King K'o aussi bien qu'un Nie Tcheng [3] serait considéré comme un hors-la-loi. Avec votre caractère, votre apparence et vos talents militaires, sans parler de votre dévouement et de votre bravoure, cher ami, vous devriez travailler pour l'État en vous mettant au service de la cour impériale. Et qui sait, un jour, sur les champs de bataille, grâce à votre épée et votre lance, vous pourriez gagner des titres de noblesse à votre femme, faire de votre fils un fonctionnaire, et avoir un nom dans l'histoire, transmis à la postérité. Je ne vous cache pas, mon ami, que dès mon enfance, j'ai étudié les arts militaires, mais en vain, car, à cause des ennuis cruels au sujet de mon père, j'ai couru çà et là, et mené une vie amère pendant plusieurs dizaines d'années. Maintenant je suis vieux et je vois que je suis un bon à rien. Mais vous, vous êtes dans la force de l'âge, vous ne devez absolument pas perdre un temps précieux, ni gâcher votre avenir. Vous devriez graver dans votre mémoire les mots que je viens de vous dire.

— Maintenant que j'ai reçu votre enseignement, monsieur, on dirait que les nuages sont dispersés et que le soleil apparaît. Je ne puis exprimer combien je vous suis reconnaissant! »

Puis ils parlèrent encore de choses et d'autres. Le lendemain après avoir rémunéré l'aubergiste, Siao accompagna Kouo pendant une vingtaine de li jusqu'à un carrefour où ils se séparèrent très émus.

Siao Yun-sien retourna chez lui, présenta ses respects à son père et lui montra la lettre de recommandation du sous-préfet Yeou.

« Mon vieil ami et moi ne nous sommes rencontrés, ni n'avons correspondu depuis vingt ans, dit Siao Hao-hiuan. Il est content dans son poste de fonctionnaire : j'en suis bien aise, j'en suis bien aise! puis il ajouta :

« Kouo le Fils Pieux et moi, nous étions tous deux également célèbres dans notre jeunesse pour notre habileté remarquable dans les arts militaires; mais aujourd'hui nous sommes l'un et l'autre sur notre déclin. A l'heure actuelle, quand il aura rapporté chez lui les restes de son père et aura procédé à l'enterrement, il aura accompli la chose qui lui tenait le plus à cœur. »

Le jeune Siao Yun-sien resta chez lui pour servir son père. Au bout de six mois, alors qu'au-delà de Song-fan-wei les barbares avaient coutume de faire des échanges commerciaux avec les Chinois, la discorde naquit à cause de quelque affaire non équitable; les barbares étaient des primitifs qui n'avaient aucun respect pour la loi; avec un attirail d'épées, de bâtons et d'autres instruments, ils engagèrent un combat violent. Les archers du gouvernement envoyés à la rescousse furent tués ou blessés et la ville de l'Érable-Vert prise d'assaut. Quand le gouverneur provincial rapporta cette nouvelle à la capitale par courrier exprès, l'empereur lut le rapport et frémit de colère, il ordonna au Gardien en second du trône, P'ing Tche d'aller à la tête des troupes anéantir complètement le pays barbare [4] pour manifester la volonté du ciel. Quand le Gardien en second du trône P'ing reçut ce décret impérial, il quitta promptement

Pékin et porta ses troupes à la garnison de la Haie de Sapins. Siao Hao-hiuan, ayant eu vent de la chose, fit comparaître son fils et lui dit :

« J'ai appris que P'ing, le Gardien en second est venu de la capitale faire une expédition; il campe actuellement à la garnison de la Haie de Sapins *(Song-fan-wei)* afin d'attaquer et exterminer les barbares. Le Gardien en second et moi, nous nous connaissons de longue date. Vous allez de ce pas vous enrôler dans son armée, vous direz de qui vous êtes le fils. Si le Gardien en second du trône daigne vous garder dans son cantonnement vous pourrez saisir cette occasion pour servir la cour impériale, le moment est venu pour les hommes braves de s'acharner à accomplir quelque action héroïque!

— Vous êtes vieux, père, je ne saurais vous quitter pour aller au loin.

— Vos paroles sont erronées, dit Siao Hao-hiuan, bien que je sois vieux, je ne suis pas malade, je mange bien et je dors bien, je n'ai pas besoin que vous restiez près de moi; si vous prétendez le contraire c'est pour rester à la maison et ne pas aller à la guerre, c'est parce que vous vous attachez au confort et à votre femme et que vous êtes un fils impie et alors dans ce cas je ne vous autorise plus à demeurer en ma présence. »

Ces quelques mots firent taire Siao Yun-sien qui ne trouva rien à dire, il ne put que prendre congé de son père. Il attacha ses affaires avec une corde et partit s'enrôler dans l'armée. Il n'est pas besoin de décrire son voyage en détail. Un certain jour, à plus d'une étape encore de la garnison de la Haie de Sapins, il avait quitté l'auberge avant l'aube, et il faisait encore sombre, il marchait à grands pas avec entrain. Au bout d'une dizaine de li, il entendit soudain des pas derrière lui, il fit un bond sur le côté, se retourna et se trouva en face d'un homme muni d'un bâton court qui s'avançait pour le frapper; Siao le renversa à terre d'un coup de pied à la volée et lui enleva son bâton, il allait le frapper sur la tête.

« Pour l'honneur de mon maître, pardonnez-moi! cria l'homme à terre.

— Qui est ton maître? », demanda Siao Yun-sien arrêtant son geste.

A ce moment-là, il faisait déjà assez jour pour qu'il s'aperçoive que l'individu devait avoir plus de trente ans, portait une veste de ouate courte et des chaussures de chanvre et avait, sur le visage, une ombre de moustache.

« Mon nom est Mou Lai, dit l'homme, je suis l'élève de Kouo le Fils Pieux. »

Siao Yun-sien le tira par la main, le mit debout et le questionna minutieusement. Mou Lai lui raconta son passé, sa rencontre avec Kouo le Fils Pieux, comment il était devenu son élève, etc.

« Je connais ton maître, dit Siao, où vas-tu maintenant ?

— J'ai entendu dire que le Gardien en second du trône P'ing fait une expédition contre les barbares, il est à la Haie de Sapins pour recruter des soldats, dit Mou Lai. J'ai l'intention d'aller m'enrôler, mais je n'ai pas d'argent pour mes frais de voyage et, tout à l'heure, je me suis mal conduit, je vous prie de me pardonner.

— Ah ! par exemple ! moi aussi je vais m'enrôler dans l'armée, dit Siao Yun-sien, allons-y ensemble, qu'en dites-vous ? »

Mou Lai fut enchanté et demanda à être l'écuyer de Siao. En arrivant à la Haie de Sapins, ils firent leur inscription au quartier général de l'armée. Le Gardien en second du trône avait donné l'ordre de s'enquérir avec le plus grand soin de l'origine de chaque recrue. Quand il apprit que l'un d'eux était le fils de Siao Hao-huian il le choisit pour son camp et le nomma provisoirement lieutenant dans l'avant-garde. Quant à Mou Lai, il fut autorisé à toucher une ration de soldat et à attendre un poste.

Quelques jours après, quand toutes les provisions de route furent arrivées, le Gardien en second du trône P'ing prit place dans sa tente et ordonna à tous les officiers de se réunir à la porte du quartier général. Siao Yun-sien arriva de bonne heure et trouva deux commandants arrivés avant lui. Il les salua et se tint debout à leur côté. L'un d'eux lui expliqua :

« L'autre jour, comme le général de brigade Ma, à la tête de ses troupes faisait une reconnaissance, les barbares de la ville de l'Érable-Vert lui tendirent une embuscade en creusant une trappe où il tomba avec son cheval. Le général, sérieusement blessé, mourait deux jours plus tard, son cadavre n'a pas encore été retrouvé. Comme il était le neveu d'un puissant eunuque de la cour, une lettre est arrivée du palais insistant pour que le corps soit retrouvé. Sinon, Dieu sait quelles sanctions seront prises ! Que faire ?

— J'ai entendu dire qu'il n'y a ni eau, ni herbe sur plusieurs dizaines de li autour de la ville de l'Érable-Vert, dit l'autre commandant. Il faut attendre qu'une neige abondante s'accumule pendant l'hiver, fonde au printemps et alimente les rivières de la montagne. C'est seulement à ce moment-là que les hommes et les bêtes pourront trouver de l'eau. Si nous y conduisons les soldats maintenant et que pendant quelques jours seulement nous n'ayons pas d'eau, nous mourrons de soif, comment pourrions-nous faire la guerre ? »

Siao Yun-sien le laissa achever puis s'avança :

« Ne craignez pas cela, messieurs, déclara-t-il. Non seulement il y a de l'herbe et de l'eau dans la ville de l'Érable-Vert, mais encore les rivières et les pâturages y sont extrêmement riches.

— Y êtes-vous allé, lieutenant Siao ? demandèrent les deux commandants.

— Non. Je n'y suis jamais allé, répondit Siao.

— Curieux! Puisque vous n'y êtes jamais allé comment savez-vous cela ?

— J'ai lu dans un ouvrage d'histoire que cet endroit abonde en eau et en végétation. »

Les deux commandants pâlirent et dirent en colère :

« Comment peut-on croire tout ce qui est écrit dans les livres ! »

Siao n'osa rien ajouter.

Peu après le claquoir résonna, les tambours et les cymbales se firent entendre à la porte du camp militaire.

Le Gardien en second monta sur la tribune. Il ordonna aux deux commandants de diriger leurs troupes de façon à constituer l'armée du milieu chargée de la liaison avec l'avant-garde. Il ordonna à Siao Yun-sien de commander les cinq cents fantassins de l'avant-garde chargée d'ouvrir la route. Le Gardien en second se réservait le commandement de l'arrière-garde. Les ordres furent transmis et les officiers se présentèrent l'un après l'autre.

Siao Yun-sien et Mou Lai conduisirent cinq cents fantassins jusqu'à une montagne élevée et très abrupte de laquelle on discernait vaguement au loin les drapeaux de la garnison ennemie. Cette montagne s'appelait Yi-eul-chan (montagne de la Chaise) et on était obligé de la franchir pour atteindre la ville de l'Érable-Vert.

« Tu commanderas les deux cents soldats qui grimperont de l'autre côté de la montagne, ordonna Siao Yun-sien à Mou Lai. Tu attendras sur la voie principale d'accès et dès que vous entendrez notre canon, vous crierez “ Tuer ” et viendrez à notre secours. Prenez garde, il ne faut pas commettre d'erreurs ! »

Mou Lai acquiesça et s'en alla.

Siao Yun-sien ordonna aussi à deux cents autres soldats de s'embusquer seuls dans la vallée et, pour tromper l'ennemi, d'annoncer d'une seule voix, dès qu'ils entendraient le premier coup de canon, que les forces principales étaient arrivées. La répartition faite, Siao Yun-sien à la tête des cent autres hommes gravit allégrement la montagne pour aller attaquer les quelques centaines de barbares qui, au sommet, se cachaient dans des cavernes. Quand les barbares virent les soldats monter vers eux ils sortirent comme un essaim d'abeilles et se jetèrent dans la bataille. Siao Yun-sien, le lance-pierres à la ceinture et l'épée à la main chargea héroïquement à la tête de ses hommes sans se soucier du danger. Il leva le bras, fit frémir son épée et tua plusieurs barbares sur son chemin. Quand ceux-ci virent Siao si vaillant et si féroce, ils furent sur le point de s'enfuir. Mais les deux cents hommes de Siao avançaient en force comme un orage. Soudain le canon gronda, les soldats en embuscade dans la vallée crièrent à haute voix. : « Le gros des forces est arrivé! » et ils se ruèrent sur la côte. Les barbares perdirent contenance, frappés de stupeur ils virent surgir par-derrière deux cents hommes qui se précipitaient vers eux en agitant leur bannière et en poussant des cris. Les barbares pensaient que le gros des forces avait déjà enlevé la ville de l'Érable-Vert; pris de panique ils s'enfuirent à la débandade, dans un sauve-qui-peut général. Mais comment auraient-ils pu échapper au lance-pierres de Siao Yun-sien qui leur écrasait le nez, leur balafrait la bouche et coupait leur retraite? il n'y avait nul endroit de retraite. Siao Yun-sien réunit ses cinq cents hommes en une seule armée qui dans un bruit de tonnerre fit périr ces quelques centaines de barbares aussi facilement que s'il se fût agi de couper un melon ou des légumes. D'innombrables bannières et des armes furent saisies. Siao Yun-sien fit reposer ses hommes un moment puis il donna l'ordre d'avancer rapidement. Sur le chemin ils rencontraient des forêts profondes et de grands bambous denses; ayant marché une demi-journée, ils traversèrent encore des forêts et arrivèrent près d'une rivière d'où ils pouvaient apercevoir la ville de l'Érable-Vert qui se trouvait à quelques li au-delà de l'eau. Siao Yun-sien vit qu'il n'y avait pas de bateaux pour traverser, alors il ordonna à ses hommes de couper en hâte des bambous et de construire des radeaux. Cela fut rapidement exécuté et ils passèrent la rivière.

« Le gros des forces est encore derrière nous, dit Siao Yun-sien; attaquer et prendre cette ville, nous ne pouvons pas le faire à cinq cents seulement. Le plus important est de ne pas laisser les ennemis connaître notre force réelle. »

Il ordonna à Mou Lai de conduire deux cents soldats avec chacun un paquet de bambous secs et des échelles de corde faites avec des drapeaux pris à l'ennemi, jusqu'à un endroit retiré à l'ouest de la ville où ils devaient escalader la muraille et mettre le feu aux réserves de fourrage et de vivres.

« Alors, nous pourrons prendre d'assaut la porte de l'est », dit Siao.

Ainsi la distribution des opérations et le plan d'attaque furent décidés. Pendant ce temps les deux commandants qui dirigeaient le gros des forces arrivaient au pied de la montagne de la Chaise sans savoir que Siao Yun-sien l'avait déjà franchie.

« C'est un point stratégique et dangereux, dirent-ils, il y a sûrement des pièges ennemis ici, nous ferions mieux de tirer le plus de coups de canon possible afin que les ennemis n'osent pas sortir, ainsi nous pourrons annoncer une victoire. »

A ce moment précis, un cavalier arriva en trombe porteur d'une dépêche du Gardien en second leur ordonnant d'aller à toute allure porter secours à Siao Yun-sien, car le Gardien en second avait peur que Siao Yun-sien étant jeune fût capable de s'avancer trop témérairement et qu'il n'y eût un incident. Les deux commandants ayant reçu l'ordre du Gardien, n'osèrent plus ne pas avancer. A la tête de leurs troupes ils galopèrent jusqu'à la rivière de la Ceinture où ils trouvèrent des radeaux tout prêts et ils passèrent la rivière. Ils virent des flammes éclairer le ciel au-dessus de la ville de l'Érable-Vert. Pendant ce temps Siao Yun-sien faisait tirer le canon et attaquer la ville. Quand les barbares virent le feu s'élever dans la ville, ce fut le tumulte et la panique.

Alors, l'armée du centre arriva aux abords de la ville et se joignit à l'avant-garde pour entourer étroitement la ville de l'Érable-Vert comme un seau cerclé de fer.

Les barbares ouvrirent la porte du nord et risquant leur vie combattirent désespérément, mais il leur restait seulement une dizaine de cavaliers qui brisèrent l'encerclement et s'échappèrent. Au même moment, le Gardien en second arrivait avec l'arrière-garde; les habitants de la ville qui étaient restés, portèrent de l'encens et des fleurs et s'agenouillèrent pour accueillir le Gardien qui entrait dans la ville. Le Gardien donna des ordres pour qu'on éteigne le feu, et qu'on rassure la population et il n'autorisa pas la moindre faute de discipline parmi les troupes; puis, tout de suite après, il écrivit un rapport et envoya un officier à Pékin pour annoncer la victoire.

Siao Yun-sien alla se prosterner devant le gardien. Celui-ci, tant sa joie était grande, lui donna en récompense un mouton et un baril de vin et le félicita vivement. Un peu plus de dix jours après, on recevait la réponse impériale : l'empereur ordonnait au Gardien P'ing Tche de rentrer à Pékin et aux deux commandants de retourner à leur poste et d'y attendre une promotion, et il confirmait le grade de lieutenant pour Siao Ts'ai (Siao Yun-sien). Quant au règlement de la situation due à la victoire, le Gardien en confia le soin à Siao Yun-sien. Après avoir fait route avec le Gardien en second du trône à son départ pour la capitale, Siao revint dans la ville de l'Érable-Vert et fit un constat des désastres dus à la guerre; les murs de la ville étaient écroulés, les greniers étaient détruits et il fit parvenir un récit circonstancié au Gardien. Pour ce qui est des réparations, celui-ci lui donna la réponse officielle suivante : Siao Yun-sien est responsable de la reconstruction de la ville, il doit accomplir ce travail avec soin, quand les travaux seront achevés j'enverrai un rapport à l'empereur pour faire récompenser ses mérites.

Cela eut pour résultat :

« L'ombrage des poiriers sauvages », la postérité pense à cet homme digne de respect [5].

Et « le général volant » a fait des exploits militaires mais il n'a pas eu le titre de marquis, en vain les gens ont pitié de sa malchance [6].

Pour savoir comment Siao Yun-sien rebâtit la ville, vous devez lire le chapitre suivant.

NOTES

1. Printemps et Automnes : 722-481 av. J.-C.
2. Royaumes Combattants : 481-221 av. J.-C.
3. K'ing K'o et Nie Tcheng étaient des chevaliers errants et des assassins de l'époque des Royaumes Combattants.
4. *Li-t'ing-sao-hiue :* l'expression exacte est *Li-t'ing-sai-liu :* « labourer les cours du palais, balayer les hameaux », c'est-à-dire les raser pour les transformer en rizière (expression tirée de Yang Hiong).
5. *Kan-T'ang :* « poirier sauvage », titre du seizième poème du *Che-king*, (« Livre des Odes »), dans lequel le poète écrit que le peuple dans sa vénération pour le prince Chao respectait les poiriers sauvages sous lesquels il s'était reposé.
6. *Fei-Tsiang :* « général volant » est le surnom de Li Kouang (?-119 av. J.-C.), célèbre général des Han. Les Hiong-nou avaient peur de lui et lui donnaient le surnom de « général volant ». Il accomplit de nombreux exploits, mais il n'eut pas de chance et ne reçut pas le titre de marquis. Cf. le *Che-ki*, chap. 109 et le *Han-chou*, chap. 54.

CHAPITRE XL

Siao Yun-sien admire la neige dans la montagne de Kouang-wou [1].
Chen K'iong-tche vend ses poèmes au pont de Li-chö [2].

Siao Yun-sien avait reçu l'ordre de surveiller la reconstruction de la ville. Ce n'est qu'après trois années de travail que la muraille fut entièrement rebâtie. La circonférence de la ville était de dix li, elle avait six portes et, de plus, on construisit cinq bureaux administratifs à l'intérieur des murs. Une proclamation fut affichée pour inviter les réfugiés à entrer dans la ville et à s'y installer. On demanda aux habitants de défricher les terrains déserts à l'extérieur des murs.

« C'est une terre aride, pensa Siao, qu'une seule année de sécheresse arrive et le peuple ne pourra plus récolter de moisson, il faut construire des ouvrages hydrauliques. »

Alors il dépensa de l'argent et des grains pour engager des cultivateurs et il leur montra personnellement comment s'y prendre, il leur fit creuser de nombreux fossés et canaux. Entre les fossés, on faisait des canaux d'irrigation et, entre les canaux d'irrigation on faisait de petites rigoles. Aussi bien sur les hauteurs que dans les bas-fonds, il y eut un système d'irrigation complet comme on fait en Chine du Sud. Quand tout fut achevé, Siao Yun-sien monta à cheval et alla porter des récompenses aux travailleurs, en compagnie de Mou Lai. A chaque halte, il faisait tuer un bœuf et un cheval et ordonnait de convoquer tous les habitants de la région. Il faisait construire un autel, dressait la tablette de la divinité de l'agriculture Sien-nong [3] et offrait le sacrifice du bœuf et du mouton. Siao Yun-sien dans sa robe de fonctionnaire et portant un chapeau de gaze, était debout devant l'autel à la tête du peuple. Il avait donné l'ordre à Mou Lai de se tenir à son côté comme un héraut. Après avoir brûlé de l'encens, versé une libation et offert trois fois un sacrifice, ils se prosternèrent huit fois. Après les prosternations, Siao demanda au peuple de se tourner vers le nord, dans la direction du palais impérial de la capitale pour crier trois fois : « Vive l'Empereur ! », afin de remercier l'empereur de ses faveurs.

Ensuite il dit au peuple de s'asseoir en cercle et, lui-même s'asseyant au milieu, après avoir dégainé son épée coupa la viande et versa le vin dans de grands bols. Ils restèrent à boire et s'amusèrent allégrement pendant un jour entier. Quand le festin fut terminé, Siao Yun-sien s'adressa au peuple en ces termes :

« Vous et moi avons bu tout notre saoul ici pendant une journée entière, en nous conformant à notre destin. Maintenant, grâce à la bonté culminante de l'empereur, et grâce à l'humilité de votre travail pénible, beaucoup de terres ont été défrichées, c'est donc que je ne suis pas resté ici en vain.

« Maintenant je vais planter de mes propres mains un saule, chacun de vous en fera autant ou bien plantera un pêcher ou un abricotier pour les mêler aux saules en souvenir de ce jour. »

Il y eut un tonnerre d'applaudissements, et tous plantèrent un pêcher ou un saule le long de la grand-route.

Ainsi, Siao Yun-sien et Mou Lai, un jour dans une région, le lendemain dans une autre, festoyèrent pendant plusieurs dizaines de jours de suite, et des dizaines de milliers de saules furent plantés.

Pour remercier Siao de ses bontés, le peuple éleva un temple à la divinité de l'agriculture en dehors de la ville et dans le temple on érigea une statue de la divinité auprès de laquelle on dressa la tablette de longévité de Siao Yun-sien.

On chargea aussi un artiste de peindre sur le mur Siao Yun-sien dans sa robe de fonctionnaire, avec son chapeau de gaze, à cheval, Mou Lai tenant les rênes ainsi qu'une bannière rouge pour encourager le peuple à se livrer aux travaux de l'agriculture.

Le premier et le quinze de chaque mois, tous, hommes et femmes, venaient y brûler de l'encens, allumer des cierges et se prosterner pour rendre hommage à la divinité. La cérémonie durait longtemps et ne se limitait pas à une seule journée.

L'année suivante, au printemps, quand les saules avaient commencé à verdir, les pêchers et les abricotiers à leur tour se mirent à fleurir petit à petit. Siao Yun-sien sortit à cheval avec Mou Lai pour faire une promenade. A l'ombre des arbres verts, des enfants par petits groupes gardaient les buffles, les uns les montaient par l'arrière, d'autres s'allongeaient sur leur dos. Après avoir bu aux canaux des champs, les buffles passaient devant les maisons en cheminant lentement et, Siao Yun-sien les regardait ravi.

« Vois ce spectacle, dit-il à Mou Lai, le peuple peut vivre dans l'aisance. Tous ces enfants, les uns autant que les autres ont bonne mine, je les trouve beaux et intelligents, mais quand nous aurons trouvé un instituteur pour leur apprendre à lire et à écrire, alors ce sera parfait.

— Est-ce que vous ne savez pas, Monsieur, que depuis quelques jours, un lettré de la Chine du Sud vit dans le temple de la Divinité de l'Agriculture, répondit Mou Lai. Je pense qu'il est encore là, pourquoi n'allez-vous pas en parler avec lui ?

— Quelle chance! Quel bonheur! » cria Siao Yun-sien. Alors il fit partir son cheval au galop jusqu'au temple pour rencontrer ce lettré, il entra et échangea des salutations, puis s'assit.

« J'apprends que vous êtes originaire de la Chine du Sud, Monsieur, dit Siao. Pourquoi êtes-vous venu sur cette frontière éloignée ? Puis-je vous demander votre honorable nom ?

— Mon nom est Chen, répondit le lettré. Je suis originaire de la sous-préfecture Tch'ang-tcheou au Kiang-sou; j'avais un parent qui faisait du commerce dans cette ville de l'Érable-Vert, et je venais le voir, hélas, je suis tombé inopinément sur les horreurs de la guerre! Je mène une vie errante et misérable depuis cinq ou six ans sans pouvoir retourner dans mon pays natal. Récemment, j'ai entendu dire qu'un fonctionnaire appelé Siao avait reconstruit la cité et irrigué les champs, c'est pourquoi je suis venu jusqu'ici pour m'en rendre compte. Quel est votre nom distingué Monsieur ? Où est votre yamen ?

— Je suis Siao Yun-sien, celui qui a fait les travaux d'irrigation », répliqua Siao.

Le lettré se leva pour le saluer de nouveau.

« Vous êtes le Pan Ting-yuan [4] de notre époque! Je vous admire et vous respecte infiniment, Monsieur.

— Puisque vous êtes dans cette ville, Monsieur, je vous prie de venir habiter au bureau administratif », dit Siao.

Alors Siao demanda à deux hommes de transporter les bagages de Monsieur Chen et dit ensuite à Mou Lai de prendre son cheval, tandis qu'il allait à pied avec Monsieur Chen, la main dans la main, jusqu'au bureau administratif. Il lui offrit un bon repas et lui dit son intention de l'engager comme professeur; Monsieur Chen accepta le poste.

« S'il n'y a que vous seul comme professeur, ce ne sera pas suffisant », dit Siao Yun-sien.

Parmi les deux à trois mille soldats qui étaient venus tenir garnison sous son commandement, Siao en choisit dix des plus instruits, ceux qui connaissaient le plus de caractères chinois, puis il demanda à Monsieur Chen de leur donner chaque jour des leçons. Dix écoles furent alors ouvertes et les enfants les plus intelligents y furent envoyés pour étudier. Après plus de deux années, Monsieur Chen commença à leur apprendre à rédiger des essais en huit paragraphes : première partie, explication du sujet; deuxième partie, développement de cette explication; troisième partie, commencement du raisonnement... et ainsi de suite.

Siao Yun-sien traitait comme ses égaux tous les écoliers qui réussissaient à rédiger des essais en huit paragraphes, pour bien montrer qu'ils étaient des privilégiés et apprendre ainsi aux gens du peuple que s'appliquer à lire et à écrire était une chose honorable.

Lorsque les travaux de reconstruction des murs de la ville furent achevés, Siao Yun-sien écrivit un rapport et ordonna à Mou Lai d'aller le porter au Gardien en second du trône. Celui-ci questionna Mou Lai sur certains points et lui donna le grade de sergent-chef.

Le Gardien envoya au ministère de la Guerre une dépêche officielle, d'après le rapport de Siao Yun-sien. Le ministère des Travaux publics, après contrôle, fit la déclaration suivante :

« Au sujet de l'affaire Siao Ts'ai (Siao Yun-sien). Il a pris la responsabilité de reconstruire les murs de la ville de l'Érable-Vert, or, d'après le rapport des comptes présenté pour approbation par le gouverneur provincial, il a dépensé 19 360 taëls et 1 215 *hao* [5] pour les briques, le mortier et la main-d'œuvre. Nous remarquons que ce lieu se situe à proximité de l'eau et de l'herbe, ce qui est très commode pour faire les briques et le mortier; en outre, un peuple de vagabonds venant d'y être rassemblé, les corvéables sont très nombreux. Nous ne pouvons pas autoriser Siao Yun-sien à donner, à sa guise et frauduleusement, ce chiffre extravagant. Il faut réduire cette somme de 7 525 taëls que Siao devra nous rembourser. Nous observons que Siao est originaire de la préfecture de Tch'eng-tou au Sseu-tch'ouan, il faut donc envoyer une dépêche officielle aux autorités locales de cette préfecture pour les charger de presser Siao afin que cette somme soit nécessairement remboursée dans un délai déterminé.

« Notre proposition est acceptée par l'empereur. »

Quand Siao Yun-sien vit la copie de cet ordre puis reçut la dépêche officielle de ses supérieurs, il réunit ses affaires et fit ses bagages pour retourner à Tch'eng-tou. Lorsqu'il arriva chez lui, son père était malade et incapable de se lever. Siao Yun-sien s'approcha de son lit et lui demanda des nouvelles de sa santé, puis il raconta tout ce qui s'était passé depuis qu'il s'était enrôlé dans l'armée. Après cela, il se prosterna de nouveau, mais agenouillé à terre, il ne voulut pas se relever.

« D'après ce que vous m'avez raconté, vous n'avez rien fait de mal, dit son père Siao Hao-hiuan, mais pourquoi ne vous relevez-vous pas ? »

Siao Yun-sien lui raconta alors que le ministère des Travaux publics avait réduit les dépenses pour la reconstruction de la ville et qu'il devait payer une partie des dépenses.

« Moi, votre fils, je n'ai pas pu gagner un fil de soie ou un demi-grain pour nourrir et respecter mon père, dit-il, au contraire, je dois ruiner la maison de mon père, je suis vraiment moins que rien, je suis extrêmement honteux et je n'ai pas du tout la conscience tranquille !

— C'est un ordre de la cour impériale, répliqua Siao Hao-hiuan, ce n'est pas comme si vous étiez pervers ou comme si vous aviez gaspillé l'argent, à quoi bon être exaspéré ! Mes biens tous réunis doivent se monter à environ 7 000 taëls, vous les donnerez entièrement à l'État, voilà tout ! »

Siao Yun-sien accepta en pleurant.

Voyant que la maladie de son père s'aggravait, il ne se déshabillait plus et il le soigna jour et nuit pendant plus de dix jours. Mais tous ses efforts furent vains et son père était sur le point de mourir.

« Est-ce que vous avez fait quelque testament père ? demanda Siao Yun-sien en versant des larmes.

— C'est une question stupide ! dit Siao Hao-hiuan. Aussi longtemps que je vivrai, même si ce n'est qu'un jour, je serai le chef de famille, après ma mort, vous serez le maître ici. En un mot, la chose principale pour un homme, c'est la loyauté et la piété filiale, tout le reste vient en second. »

Cela dit il ferma les yeux et mourut.

Siao Yun-sien cria vers le ciel et se frappa la tête contre le sol, il pleura amèrement puis prépara l'enterrement en observant rigoureusement les rites funèbres. Il soupira :

« Le proverbe dit : " Le vieil homme de la frontière perdit son cheval, on ne sait pas si c'est un bien ou un mal [6]. " Si je n'avais pas eu à payer cette somme d'argent, je ne serais certainement pas revenu à la maison, et dans ce cas je n'aurais pas pu enterrer mon père personnellement; cela démontre que mon retour à la maison ne peut pas être considéré comme un malheur. »

Après l'enterrement de son père, tous les biens de la famille furent donnés pour rembourser l'État, mais il manquait encore plus de trois cents taëls pour finir de payer et le préfet continuait sans arrêt à presser Siao de rembourser. Heureusement, à ce moment-là, le préfet fut dégradé et transféré ailleurs car il n'avait pas réussi à réprimer le banditisme. Le nouveau préfet était un homme qui avait été promu grâce au Gardien P'ing, alors que ce dernier était gouverneur provincial.

Dès que ce préfet arriva à son poste et apprit que Siao Yun-sien était un protégé du Gardien P'ing, il dressa pour lui un certificat frauduleux selon lequel Siao avait réglé entièrement sa dette, puis il lui conseilla d'aller voir le Gardien P'ing et de chercher un moyen pour rembourser son obligation plus tard.

Quand le Gardien P'ing vit Siao Yun-sien, il lui présenta ses condoléances et écrivit pour lui une dépêche officielle au ministère de la Guerre afin que Siao puisse être reçu par l'empereur.

« Il n'y a pas de précédent de promotion d'un homme parce que celui-ci comme Sia Ts'ai a reconstruit une ville, répliquèrent les fonctionnaires responsables du ministère de la Guerre. Siao doit rester lieutenant jusqu'à ce qu'il soit promu au grade de capitaine d'après les règlements. Quand il sera capitaine, il sera amené à la cour impériale. »

Siao Yun-sien attendit encore cinq à six mois, alors le ministère le promut capitaine à la garnison de la rivière Houai et du fleuve Yang-tseu dans la préfecture de Ying-t'ien [7]. Il alla à la cour impériale et y reçut l'ordre de prendre son nouveau poste. Il quitta la capitale avec son certificat de nomination et se mit en route pour Nankin par la route de l'est. Après avoir passé le pont du Dragon rouge, il arriva à la grande garnison militaire. Le soir il s'arrêta dans une auberge. C'était un hiver rigoureux. A la seconde veille, l'aubergiste appela ses hôtes :

« Le sergent-chef Mou vient faire sa ronde. Levez-vous, Messieurs les voyageurs ! »

Ceux-ci jetèrent un vêtement sur leurs épaules et s'assirent sur le bord de leur lit. Quatre ou cinq soldats portaient des lanternes pour éclairer le chemin du sergent-chef qui entrait et contrôlait la liste des voyageurs. Siao Yun-sien vit que le sergent-chef n'était autre que Mou Lai. En apercevant Siao Yun-sien, Mou Lai fut transporté d'une joie subite; il se prosterna, lui demanda des nouvelles de sa santé et emmena tout de suite Siao passer la nuit dans son bureau.

Le jour suivant Siao Yun-sien voulut partir, mais Mou Lai le retint.

« Restez un jour de plus, dit-il, on dirait qu'il va neiger. Aujourd'hui, nous allons faire une promenade au temple de

Jouan Tsi [8] sur la Grande montagne militaire; laissez votre humble écuyer remplir son devoir d'hôte et vous recevoir! »

Siao Yun-sien accepta. Mou Lai ordonna alors de préparer deux chevaux pour gravir la montagne; puis ils montèrent en selle. Mou ordonna aussi à un soldat de transporter des mets raffinés et du vin. Ils arrivèrent au temple de Jouan Tsi sur la Grande montagne militaire. Un prêtre taoïste les accueillit et les pria de s'asseoir en haut dans le pavillon de derrière. Le prêtre n'osa pas leur tenir compagnie, mais apporta tout de suite du thé. Mou Lai ouvrit les six fenêtres qui étaient juste en face de la Grande montagne militaire. Ils jetèrent un coup d'œil sur la montagne, les arbres étaient dépouillés de leurs feuilles et le vent du Nord agitait les branches nues; le froid était rigoureux et des flocons de neige tombaient.

« Autrefois quand nous étions dans la ville de l'Érable-Vert, nous avons eu beaucoup de neige, dit Sia Yun-sien à Mou Lai, mais dans ce temps-là je ne trouvais jamais cela désolant; mais ces quelques flocons que je vois aujourd'hui me font trouver la saison extrêmement froide.

— Pendant ce temps j'imagine les deux commandants près d'un bon feu dans leur fourrure de zibeline, dit Mou Lai. On ne saura jamais combien ils sont heureux! »

Comme ils avaient fini de boire leur vin, Siao Yun-sien se leva et se promena. Les murs d'un petit belvédère à droite du pavillon étaient couverts de poèmes écrits par des lettrés illustres. Siao Yun-sien les lut tous, le titre d'un des poèmes était « Se souvenir du passé à la Grande montagne militaire », c'était un poème dans le style ancien en vers de sept caractères, Siao le lut et le relut plusieurs fois. Imperceptiblement des larmes commençaient à couler; près de lui, Mou Lai qui ne comprenait pas le poème, ne pouvait pas savoir ce qui l'avait ému. Siao lut également la dernière ligne de caractères à la fin du poème, elle disait : « Écrit par Wou Chou (Tcheng-tseu) de Nankin ». Siao la retint par cœur.

Puis ils se préparèrent et retournèrent passer une autre nuit dans le bureau de Mou Lai.

Le lendemain, il faisait beau, Siao prit congé de Mou Lai qui le conduisit jusqu'au poste de relais du Grand Saule et s'en retourna.

Siao Yun-sien voyagea par le fleuve Yang-tseu et par P'ou-k'eou entra dans Nankin, il remit ses lettres de créance et prit son nouveau poste. Après avoir contrôlé le nombre de portefaix et examiné les bateaux, il finit de régler les affaires concernant la transmission des pouvoirs avec son prédécesseur.

Un jour, il demanda à ses portefaix :

« Connaissez-vous un certain Wou Chou, son nom social est Tcheng-tseu, habite-t-il Nankin ?

— Je ne le connais pas, répondit un courrier. Pourquoi demandez-vous cela ?

— J'ai lu un de ses poèmes à la grande garnison militaire, je désire vivement le rencontrer.

— Puisque c'est un poète, dit le courrier, j'irai demander à l'Université des Fils de l'État et je saurai tout de suite de qui il s'agit.

— Dépêchez-vous d'y aller, ordonna Siao Yun-sien. »

Le jour suivant, le courrier rapporta :

« Je suis allé à l'Université, le concierge m'a dit qu'il y avait un étudiant du nom de Wou Chou, il est dans la classe supérieure et habite l'Arc des Fleurs.

— Dépêchez-vous de faire venir quelqu'un pour m'accompagner, dit Siao Yun-sien, mais je n'ai pas besoin d'un cortège complet, je vais aller lui rendre visite tout de suite. »

Sur ce il alla tout droit à l'Arc des Fleurs à une tour orientée vers l'ouest, il fit porter sa carte de visite et Wou Chou sortit pour l'accueillir.

« Jeune frère, je suis un militaire, dit Siao Yun-sien, je viens d'arriver dans votre honorable ville de Nankin. J'admire tous les sages et les hommes de qualité. L'autre jour sur le mur du temple de la Grande montagne militaire, j'ai lu votre chef-d'œuvre sur le " Souvenir du passé ", c'est pourquoi je suis venu spécialement vous rendre visite.

— J'ai esquissé rapidement ce poème dans un moment d'inspiration, par hasard, répondit Wou Chou, qui aurait pensé que vous me feriez l'honneur de le lire et de perdre votre précieux temps. »

Sur ce, on apporta le thé et ils burent :

« Puisque vous venez de la grande garnison militaire, Monsieur, dit Wou Chou, je pense que le gouvernement vous a nommé ici.

— Je ne vous le cache pas, Monsieur. C'est une longue histoire, répondit Siao Yun-sien. Après avoir participé à l'expédition contre la ville de l'Érable-Vert, je fus chargé de reconstruire les murs de la ville et j'ai dépensé avec excès l'argent du trésor public, je viens de rembourser le déficit. D'après les règlements de la promotion, de lieutenant, je suis promu capitaine ici, dans la garnison du Yang-tseu et de la Houai. Heureusement j'ai eu la chance de vous rencontrer et je viendrai vous demander conseil en toutes choses. Plus tard, un autre jour, j'aurai une faveur à vous demander.

— J'attends vos instructions », dit Wou Chou.

Siao Yun-sien se leva pour partir, Wou Chou le reconduisit

hors de la grande porte. Un des serviteurs de l'Université arrivait en courant :

« Le docteur Yu vous attend et désire vous parler tout de suite », annonça-t-il.

Wou Chou partit à vive allure trouver le docteur Yu.

« La construction d'un arc de triomphe pour louer la chasteté de votre mère a été rejetée trois fois parce que la requête avait été envoyée trop tard, dit le docteur, mais maintenant elle vient d'être approuvée. L'argent nécessaire à la construction de l'arc est dans mon bureau, j'espère que vous l'encaisserez tout de suite. »

Wou Chou le remercia et s'en alla. Le jour suivant il alla avec une carte rendre sa visite au capitaine Siao. Siao Yun-sien l'invita à entrer dans la salle où ils échangèrent des salutations et s'assirent.

« Hier vous avez pris la peine de venir me voir et m'avez fait honneur, j'ai été très négligent, dit Wou Chou, vous avez fait des éloges excessifs sur mon médiocre travail. Je me suis senti tout à fait honteux et confus! J'ai apporté quelques-unes de mes compositions insignifiantes pour vous demander conseil. »

Alors, il sortit de sa manche un volume de poèmes. Siao Yun-sien le prit, en lut quelques pages et les admira sans réserve.

Tout de suite après, il invita Wou à s'asseoir dans la bibliothèque où un repas fut servi. Lorsqu'ils eurent mangé, Siao Yun-sien sortit un rouleau et le passa à Wou.

« Ce sont quelques descriptions des actions de ma vie, dit-il. Je vous prie de les écrire en prose ou en vers avec votre grand talent littéraire afin que mes exploits soient transmis à la postérité pour l'éternité et qu'ils ne soient pas oubliés. »

Wou Chou prit le rouleau, et le plaçant sur la table, le déroula. Au début il y avait un titre qui disait : « Petite histoire d'une expédition dans l'ouest »; au milieu, il y avait trois illustrations : la première était intitulée « Mise en déroute des ennemis à la montagne de la Chaise », la deuxième, « Prise de la ville de l'Érable-Vert », la troisième, « Encourager les paysans au printemps ». Au-dessous de chaque peinture il y avait un rapport détaillé. Quand Wou Chou eut lu, il poussa des soupirs.

« Depuis les temps anciens jusqu'à nos jours, il est à peu près normal que les généraux méritants soient malchanceux! dit-il. Ayant accompli de grands exploits vous demeurez injustement dans un poste si modeste! Bien entendu j'accepte votre demande et écrirai des poèmes; mais comme votre rang est bas, vos actions d'éclat sur les champs de bataille ne seront probablement pas mentionnées dans les histoires officielles, il faudrait quelque grand lettré pour écrire vos exploits et plus tard le recueil de leurs œuvres littéraires serait transmis à la postérité et la loyauté et la fidélité de votre vie ne tomberaient pas dans l'oubli.

— Je ne suis pas digne de cela et vous me flattez trop, répliqua Siao Yun-sien. Il suffit que vous daigniez écrire avec votre grand talent littéraire, et grâce à vous, je deviendrai immortel, ma renommée sera transmise à la postérité pour l'éternité.

— Non, il n'en peut être ainsi, protesta Wou Chou, je vais prendre votre rouleau, il y a ici quelques grands lettrés bien connus qui aiment toujours exalter la loyauté et la piété filiale, s'ils voient ces tableaux de vos exploits, je suis sûr qu'ils seront heureux d'écrire quelque chose; permettez-moi de leur montrer ce rouleau.

— Dans ce cas, pensez-vous que je doive rendre visite à vos amis d'abord, Monsieur ? demanda Sia Yun-sien.

— C'est faisable », dit Wou Chou.

Siao Yun-sien prit une carte rouge et demanda à Wou d'écrire leurs noms. Wou écrivit les noms et aussi les adresses du docteur Yu Kouo-hing, de Tch'e Kiun (Heng-chan), de Tchouang Tcheng-kiun (Chao-kouang), et de Tou Yi (Chao-k'ing) et il les donna à Siao. Puis il emporta le rouleau.

Le lendemain, Siao alla voir tous ces lettrés et tous lui rendirent sa visite.

Plus tard, il reçut une dépêche officielle de l'intendant des grains : il devait escorter un transport de grains jusque dans la vallée de la Houai. Il monta dans une jonque qui atteignit bientôt Yang-tcheou, elle allait accoster le quai de la douane lorsque, dans l'agitation et la confusion Siao vit qu'un autre bateau avançait rapidement derrière sa jonque. Un homme à la proue se tenait debout et criait :

« Monsieur Siao! Comment se fait-il que vous soyez ici ? »

Siao Yun-sien se retourna et regarda.

« Ah! C'est vous, Monsieur Chen! s'exclama-t-il. Quand êtes-vous revenu ? »

Siao ordonna d'amarrer tout de suite la jonque à l'autre bateau, et Monsieur Chen sauta à bord.

« Il y a plusieurs années que nous nous sommes quittés dans la ville de l'Érable-Vert, dit Siao Yun-sien. Depuis quand êtes-vous revenu en Chine du Sud ?

— Après que vous m'eûtes estimé et aidé, j'ai enseigné pendant deux ans et j'ai économisé un peu d'argent sur mes honoraires pour pouvoir revenir dans mon pays natal, dit Monsieur Chen. Aujourd'hui, je marie ma fille à Monsieur Song de Yang-tcheou et je l'accompagne chez lui.

— Votre fille va se marier, mes félicitations! », dit Siao Yun-sien.

Sur ce il dit à son ordonnance d'envelopper un taël d'argent et de le donner à la jeune fille comme présent de mariage.

« Cette fois-ci, j'escorte un transport de grains publics vers le Nord; je n'ose pas faire escale, continua Siao; quand je reviendrai dans mon bureau, je vous demanderai une entrevue. »

Il lui dit au revoir et sa jonque lâcha les amarres. Monsieur Chen conduisit sa fille K'iong-tche à quai, loua une petite chaise à porteurs pour elle, et escorta lui-même ses bagages. Ils arrivèrent à la Porte Béante et descendirent dans le magasin de sel de la Grande Richesse. Les employés du magasin les accueillirent et annoncèrent leur arrivée au marchand de sel. Ce marchand de sel Song Wei-fou envoya un domestique leur dire :

« Le maître ordonne que la fiancée soit transportée à l'intérieur de la maison, Monsieur Chen est invité à demeurer dans le magasin où le caissier lui préparera un festin. »

Quand Monsieur Chen entendit cela, il dit à sa fille :

« Nous avons pensé qu'une fois arrivés ici, nous habiterions dans un logement provisoire en attendant que Monsieur Song choisisse un jour faste pour vous épouser, comment se fait-il qu'il soit si fier et si orgueilleux ? D'après cela, il me semble qu'il ne vous accepte pas du tout pour femme légitime. Ce mariage peut-il se faire ou non ? Vous devez avoir votre opinion, ma fille, c'est à vous de décider !

— Ne vous inquiétez pas, père, dit Chen K'iong-tche, nous n'avons signé aucun acte, ni reçu aucun paiement de lui pour m'acheter, pourquoi daignerais-je m'abaisser à être sa concubine ? Puisqu'il prend les choses ainsi, si vous vous querellez, cela ne fera que donner un sujet de conversation aux gens et nous serons la risée de tout le monde. Faites-moi transporter maintenant dans sa famille et nous verrons comment il va me traiter. »

Monsieur Chen ne put faire autrement que d'accepter les paroles de sa fille et la regarda se parer comme une jeune mariée. Quand elle eut mis sur la tête un bonnet conique orné du phénix et revêtu la tunique écarlate, elle s'agenouilla pour dire adieu à son père, puis monta dans la chaise à porteurs. Un domestique suivit la chaise jusqu'à une maison pourvue d'une grande porte qui donnait sur la rivière. Il y avait là plusieurs jeunes bonnes qui portaient dans les bras les enfants de leur maître et étaient en train de plaisanter avec le portier.

« Est-ce la nouvelle concubine Chen ? demandèrent-elles. Descendez de la chaise à porteurs, s'il vous plaît, et entrez par la porte sur le côté. »

Chen K'iong-tche entendit ces paroles, mais ne répondit pas, elle descendit de sa chaise et marcha tout droit jusqu'à la grande salle où elle s'assit.

« Veuillez demander à votre maître de venir! dit-elle. Les Chen de Tch'ang-tcheou ne sont pas une famille méprisable, puisque Monsieur Song désire m'épouser, pourquoi ne suspend-il pas des lanternes et des guirlandes et pourquoi ne choisit-il pas un jour faste pour le mariage? Il m'a fait transporter ici furtivement comme si j'étais une concubine! Je ne demanderai rien d'autre, je veux seulement voir le certificat de mariage signé par mon père et je ne dirai rien de plus! »

Les bonnes et les domestiques sursautèrent car ils étaient très étonnés, en hâte ils se précipitèrent dans la maison de derrière et rapportèrent ces paroles à leur maître. A ce moment-là celui-ci était en train de surveiller son pharmacien qui préparait du *gin-seng* (racine médicinale) dans le dispensaire. En entendant ces propos, Song devint rouge :

« Nous autres, marchands de sel, employés par l'État, prenons six à sept concubines au moins par an, dit-il avec rage. Si elles étaient toutes aussi espiègles que celle-ci, ce serait bien amusant! Comment pourrions-nous passer des journées agréables?! Puisqu'elle est entrée, je n'ai pas peur qu'elle s'envole! »

Après avoir hésité pendant quelques instants, il appela une de ses servantes :

« Allez à la salle des hôtes dire à la " nouvelle mariée " (concubine) que le maître n'est pas là aujourd'hui. Conduisez-la dans sa chambre. Si elle a quelque chose à dire, elle peut attendre que le maître soit de retour, alors elle lui parlera. » La servante venant rapporter ces mots à Chen K'iong-tche, celle-ci pensa :

« Il n'est pas utile de rester assise ici! Mieux vaut la suivre et entrer. »

Alors elle suivit la servante et arriva à une petite porte dont la partie supérieure était arrondie et représentait une tablette *kouei* [9], elle se trouvait à gauche derrière la grande salle, elle passa cette petite porte et ensuite traversa une grande salle avec trois poutres en bois de chêne, puis une grande cour remplie de rochers arrondis du T'ai-hou (Grand Lac). Une fois passé ces montagnes artificielles, elles prirent un sentier à gauche et arrivèrent à un jardin où il y avait des massifs de bambous, des bouquets d'arbres, des kiosques, des terrasses, des maisons d'été et un étang immense pour les poissons rouges entouré de portiques avec des balustrades vermillon. A l'extrémité il y avait une petite porte ronde en forme de pleine lune à deux battants laqués d'or qui ouvrait sur une maison de trois pièces au salon bien meublé, en bon ordre et avec une petite cour attenante.

Une bonne apporta le thé. Chen K'iong-tche en le buvant pensa :

« C'est un endroit extrêmement tranquille et pittoresque, je pense que ce marchand est incapable de l'apprécier. Quant à moi je vais m'y offrir un petit séjour de quelques jours. » La servante partit et dit à Song Wei-fou :

« Cette " nouvelle mariée " est très jolie et attrayante, mais elle semble hargneuse, elle n'est ni affable, ni facile. »

Le lendemain, Song Wei-fou ordonna à son régisseur d'aller au magasin dire au caissier de payer cinq cents taëls à Monsieur Chen et de le renvoyer tout seul chez lui, sa fille restant ici.

Le marchand pensait que le lettré n'aurait rien à dire. Mais celui-ci en voyant ce qui arrivait s'exclama :

« Ça va mal ! Évidemment il prend ma fille comme concubine. Ce n'est pas possible ! Je ne peux pas supporter cela ! » Il alla tout droit au chef-lieu de la sous-préfecture de Kiang-tou pour déposer une plainte.

« Puisque Chen Ta-nien est un bachelier supérieur [10] de la sous-préfecture de Tch'ang-tcheou, c'est quelqu'un de la haute bourgeoisie, pensa le préfet en lisant l'accusation, comment voudrait-il laisser sa fille devenir concubine ? Ces marchands de sel sont arrogants et tyranniques à un point ! Ils s'appuient sur leur puissance pour opprimer les autres. »

Alors il accepta la plainte. Dès que Song en eut connaissance, il envoya en hâte un clerc chargé de recevoir les visiteurs, porter une contre-accusation et soudoyer tous les fonctionnaires.

Le lendemain la réponse officielle à l'accusation de Chen était rédigée comme suit :

« Si vraiment Chen Ta-nien avait l'intention de donner sa fille à Song Wei-fou comme épouse principale, pourquoi l'a-t-il accompagnée secrètement à la maison de Song ? Il désirait évidemment que sa fille soit une concubine, cela saute aux yeux. Il a fait un faux rapport pour dénaturer la vérité, sa pétition est rejetée. »

Sur la contre-accusation de Song on avait écrit : « Voir la réponse officielle donnée à l'accusation de Chen Ta-nien. » Quand Chen Ta-nien présenta une seconde pétition, le sous-préfet se mit en colère et le prit pour un chicaneur rusé.

Il ordonna à deux satellites de l'escorter sous garde et de le ramener à Tch'ang-tcheou avec une dépêche officielle.

Chen K'iong-tche passa plusieurs jours dans la maison de Song sans aucune nouvelle.

« Ce marchand fait sûrement des démarches pour faire taire

mon père d'abord, et il viendra m'importuner ensuite, pensa-t-elle. Je ferais mieux de m'enfuir et de chercher une solution plus tard. »

Elle fit un paquet de toute la vaisselle d'or et d'argent, des perles et des joyaux qui étaient dans la chambre, enfila sept jupes cachées sous un vêtement de soubrette; puis elle soudoya la servante afin de pouvoir sortir par la porte de derrière avant l'aurore, vers la cinquième veille.

Au petit matin elle passa la douane et loua un bateau, il y avait à bord la famille du batelier.

« Si je retourne dans la sous-préfecture de Tch'ang-tcheou, chez mes parents, j'ai peur que les gens de mon pays natal ne se moquent de moi », pensa Chen K'iong-tche, après être montée sur le bateau.

Après une réflexion approfondie, elle conclut :

« Nankin est un bon endroit, il y a beaucoup de lettrés célèbres là-bas; je sais écrire des poèmes. Pourquoi n'irai-je pas à Nankin vendre mes poèmes pour vivre? Peut-être y rencontrerai-je la bonne fortune? On ne sait jamais. » Sa décision fut prise. Elle changea de bateau à Yi-tcheng et se rendit à Nankin.

Ce qui précède amena à ceci :

La jeune fille, qui vend ses poèmes est une personne qui s'est enfuie.

Les lettrés qui ont passé des examens officiels sont des visiteurs galants.

Pour savoir ce qui arrivera, lisez le chapitre suivant.

NOTES

1. Kouang-wou-chan : « Grande montagne militaire. » Au nord-est de la sous-préfecture actuelle du Ho-nan, c'est l'endroit où combattirent Hiang Yu et Lieou Pang, fondateur des Han.

2. Li-chö-k'iao : le « Pont de traversée heureuse », se trouve à Nankin.

3. Sien-nong ou Chen-nong, divinité de l'agriculture, empereur légendaire, premier laboureur et premier cueilleur de simples.

4. Pan Ting-yuan ou Pan Tch'ao (33-103) fut envoyé à Si-yu (« la région de l'Ouest ») et y obtint la capitulation de plusieurs États étrangers. A cause de son très grand mérite il fut nommé marquis, pacificateur des pays lointains. Cf. le *Heou-han-chou* (« Histoire des Han postérieurs ») chap. 77.

5. Un *hao* vaut 1/10 000e taël.

6. *Sai-Wong che-ma :* « Un vieil homme perdit son cheval. » C'est le titre d'une fable du *Houai-nan-tseu.* Un vieillard de la frontière ayant perdu son cheval, tout le monde vint le plaindre : « Qui sait,

dit le vieillard, si ce n'est pas un bien ? ». Quelques mois plus tard, le cheval revint avec un superbe coursier tartare; les gens vinrent alors l'en féliciter. « Qui sait si ce n'est pas un mal ? », dit le vieillard. Comme il était riche et qu'il avait de beaux chevaux, son fils qui aimait l'équitation, fit une chute et se cassa le fémur; les gens vinrent le plaindre. « Qui sait si ce n'est pas un bien ? », dit le vieillard. Un an après, les tartares ayant envahi le pays les hommes robustes tombèrent sur les champs de bataille dans la proportion de neuf sur dix, à l'exception de son fils, réformé parce qu'il boitait. Cela signifie que le bonheur engendre le malheur et que le malheur engendre le bonheur. Les Chinois dans le malheur pensent souvent à cette histoire pour se consoler.

7. *Wei :* « garnison ». Ici, c'est l'organisme chargé de s'occuper des transports de grains dans cette région.

8. Jouan Tsi (210-263), un des sept sages de la Forêt des Bambous, grand poète et taoïste. Il alla sur le Kouang-wou-chan du Ho-nan pour voir le site de la bataille entre Hiang Yu et Lieou Pang, fondateur des Han.

9. *Kouei :* tablette de jade que l'empereur donnait aux nouveaux princes comme marque de leur dignité ou à ses envoyés pour les accréditer.

10. *Kong-cheng :* « bachelier présenté » ou « bachelier supérieur ». Cf. *Variétés sinologiques*, n° 21, « Mélanges sur l'administration » par le père Hoang, pp. 27-28.

CHAPITRE XLI

Tchouang Tchouo-kiang parle des anciens temps avec un ami au bord de la rivière Ts'in-houai [1].
Chen K'iong-tche est arrêtée et transférée à la sous-préfecture de Kiang-tou.

A l'intérieur de la ville de Nankin, après le milieu du quatrième mois, chaque année, le paysage de la rivière Ts'in-houai devient de plus en plus beau. Les bateaux arrivant des affluents du Yang-tseu avaient coutume de démonter les murs des cabines et de les remplacer par des tentes; ils pénétraient dans la rivière à la rame. Au milieu de chaque cabine était placée une petite table carrée, laquée d'or, sur la table un pot de grès de Yi-hing du Kiang-sou, des coupes de la plus fine porcelaine de l'ère Tch'eng-houa (1465-1487) et de l'ère de Siuan-tö (1426-1435) avec le thé *Mao-kien* (poil aigu), et le thé le plus exquis de la meilleure qualité préparé avec l'eau de pluie. Ceux qui se promènent en bateau apportent du vin, des plats, des douceurs et des légumes ou fruits jusqu'à la rivière, et même les gens qui voyagent en bateau achètent du bon thé avec quelques sapèques pour le boire à bord pendant que l'esquif avance lentement. Au crépuscule, deux brillantes lanternes de corne sur chaque vaisseau se reflètent dans l'eau, comme les barques vont et viennent, le dessus et le dessous de l'eau sont éclairés. Depuis le Pont de la Vertu Littéraire jusqu'au Pont du Paysage Heureux et au Poste de l'Eau Oriental, les flûtes et les chants se faisaient entendre toute la nuit sans cesse. Il y avait des promeneurs qui pour leur plaisir achetaient des feux d'artifice « Rat de l'eau », pour les lâcher dans la rivière. Les feux étaient lancés, se dressaient dans la rivière et ressemblaient à des poiriers en fleur. L'amusement durait chaque nuit jusqu'à la quatrième veille; l'anniversaire de Wou Chou de l'Université des Fils d'État était à la fin du quatrième mois, il était trop pauvre pour inviter des amis, Tou Chao-k'ing prépara des rafraîchissements et des légumes (graines de pastèque, cacahuètes), acheta quelques livres de vin, commanda un sampan (un petit bateau) avec une tente, et invita Wou Chou à se promener avec lui sur la rivière. Il demanda à Wou Chou de venir de bonne heure, et après un repas dans la maison de la rivière de Tou, ils montèrent à bord du bateau par la porte arrière qui s'ouvrait sur l'eau.

« Cher ami Tcheng-tseu, nous allons d'abord dans un endroit tranquille », dit Tou Chao-k'ing.

Il ordonna aux bateliers d'aller jusqu'à la rivière des pèlerins et d'en revenir tandis qu'ils boiraient à bord, sans souci. Dans l'après-midi, ils étaient tous deux un peu ivres. Arrivés au Pont de la Traversée Heureuse, ils mirent pied à terre pour flâner un peu, et remarquèrent une affiche collée à l'embarcadère, sur laquelle était écrit :

« Chen K'iong-tche, originaire de P'i-ling [2] excelle à la broderie la plus fine [3], elle fait des inscriptions pour éventails et compose des poèmes. Elle habite dans la rue des Mouchoirs près de l'Étang du Palais. Elle espère que ses clients y trouveront son enseigne. »

Après l'avoir lue, Wou Chou éclata de rire :

« Monsieur Tou, vous voyez qu'il y a beaucoup de choses bizarres dans la ville de Nankin! Dans ces quartiers, ce sont des " femmes de la porte secrète " (prostituées clandestines) qui habitent. Cette femme évidemment est aussi une " porte secrète ", cependant elle suspend une affiche, n'est-ce pas ridicule!

— Ce genre de chose ne nous regarde pas, à quoi bon nous en occuper?! répliqua Tou Chao-k'ing. Retournons au bateau faire infuser le thé. »

Ils retournèrent au sampan, ne burent plus de vin, mais firent infuser le meilleur thé et bavardèrent en le sirotant. Peu de temps après, ils tournèrent la tête et virent que la lune éclairait leur embarcation et la rendait brillante comme la neige, leur bateau qui avançait tout droit arriva à l'Étang du Croissant de Lune où ils virent qu'un grand nombre de bateaux de plaisance donnaient des feux d'artifice; parmi eux il y avait une grande embarcation où étaient suspendues quatre lanternes brillantes en corne, et où était déployée une natte de bambou; au milieu de l'embarcation un festin était disposé. Deux invités étaient assis dans le siège d'honneur; leur hôte portait un chapeau carré [4], une robe de gaze blanche et des pantoufles d'été, il avait une figure jaunâtre et maigre et une barbe blanche répartie en trois mèches, près de lui était assis un jeune homme au visage frais et plutôt blanc avec quelques poils de moustache qui lançait des coups d'œil à droite et à gauche aux jeunes filles. Quand leur petit bateau s'approcha près de ce grand bateau, Tou Chao-k'ing et Wou Chou reconnurent les deux invités : l'un était Lou Sin-heou, l'autre était Tchouang Chao-kouang, mais ne reconnurent pas les deux autres personnes. Tchouang Chao-kouang les vit et se leva :

« Veuillez venir vous asseoir avec nous, Chao-k'ing », appela-t-il.

Tou Chao-k'ing et Wou Chou montèrent dans le grand bateau, l'hôte les salua et demanda :

« Quels sont les honorables noms de ces deux messieurs ?

— C'est Tou Chao-k'ing de T'ien-tch'ang, répondit Tchouang Chao-kouang, et voici Wou Chou (Tcheng-tseu).

— Il y avait un Monsieur Tou de T'ien-tch'ang qui était préfet de Kan-tcheou, dit l'hôte, est-il de votre honorable famille ?

— C'est feu mon père, répliqua Tou Chao-k'ing surpris.

— Il y a quarante ans, j'ai passé plusieurs jours avec votre honorable père, dit l'hôte. Si on parle en génération de la parenté, votre père est mon cousin aîné maternel.

— Êtes-vous mon oncle Tchouang Tchouo-kiang ? demanda Tou Chao-k'ing.

— Comment oserais-je en être digne, c'est pourtant moi, répondit l'hôte.

— J'étais un enfant alors, je ne vous ai jamais rencontré, dit Tou. Aujourd'hui je suis enchanté de pouvoir vous rencontrer, j'ai manqué de respect. »

De nouveau il le salua.

« Est-ce que ce vieux monsieur est un membre de votre honorable famille ? demanda Wou Chou à Tchouang Chao-kouang.

— C'est mon neveu, répliqua Tchouang Tcheng-kiun (Tchouang Chao-kouang) avec un sourire, il était l'élève de mon père. Nous ne nous sommes pas rencontrés aussi depuis quarante ans. Récemment il est venu de Houai-yang [5].

— Et ce jeune Monsieur ? demanda Wou à nouveau.

— C'est mon fils », répliqua Tchouang Tchouo-kiang.

Le jeune homme s'avança pour saluer, ensuite tous s'assirent. Tchouang Tchouo-kiang fit apporter du vin frais et l'offrit aux autres.

« Quand êtes-vous venu à Nankin, Chao-k'ing ? demanda Tchouang Tchouo-kiang. Où habitez-vous ?

— Il y a huit ou neuf ans qu'il habite à Nankin, répondit Tchouang Chao-kouang, sa maison est au bord de la rivière. »

Tchouang Tchouo-kiang en fut étonné et demanda :

« La grande maison de votre famille avec son jardin, ses kiosques, ses fleurs et ses arbres était la plus belle demeure au nord du Yang-tseu, dit-il, comment se fait-il que vous ayez daigné déménager ici ? »

Tchouang Chao-kouang alors dit en quelques phrases la générosité de Tou Chao-k'ing et comment il avait rapidement dépensé sa fortune, Tchouang Tchouo-kiang soupira :

« Je me rappelle qu'il y a sept ou huit ans, quand j'étais dans le Hou-kouang, Monsieur Wei le quatrième de Wou-yi m'a envoyé une lettre en disant que son ardeur pour le vin allait toujours grandissant, mais que depuis vingt ans il n'avait pas réussi à être vraiment ivre avec joie, si ce n'est dans le pavillon de la calligraphie impériale de la famille Tou de T'ien-tch'ang où il avait bu une cuve de vin vieux de neuf ans; il avait été réellement ivre toute la nuit, il était extrêmement content, c'est pourquoi il m'a écrit cette lettre venant de trois mille li pour m'annoncer cette bonne nouvelle. Je ne savais pas à ce moment quel membre de votre honorable famille avait été son hôte, mais aujourd'hui, je le sais, je pense que c'était sûrement Chao-k'ing, il n'y a pas de doute.

— Sauf lui, qui est-ce qui daignerait être un hôte si généreux! dit Wou Chou.

— Est-ce que oncle Wei est un de vos amis, oncle ? demanda Tou.

— Nous nous sommes connus quand nous étions enfants, répliqua Tchouang Tchouo-kiang, quand votre père était jeune, il n'y avait pas un seul homme qui ne le respectât comme l'un des plus sages protecteurs de sa génération, aujourd'hui je me rappelle son visage et son sourire aussi clairement que s'il se tenait debout en face de moi. »

Quand Lou Sin-heou et Wou Chou parlèrent du grand sacrifice au temple de T'ai-po, Tchouang Tchouo-kiang frappa sur son genou et poussa des soupirs :

« Quel dommage que je sois venu trop tard pour pouvoir participer personnellement à cette magnifique cérémonie! déclara-t-il. Plus tard, je dois, peu importe comment, trouver une belle occasion pour vous assembler tous à nouveau, ce serait une grande joie pour moi. »

Ils se firent des confidences, bavardèrent du passé, et burent jusqu'à minuit. Au moment où ils atteignirent la maison du bord de l'eau de Tou Chao-k'ing, les lanternes le long de la rivière s'éteignaient presque complètement et les chants et les flûtes cessaient progressivement, soudain ils entendirent la flûte de jade qui donnait quelques sons.

« Nous nous séparons, au revoir », dirent-ils.

Wou Chou alla à terre aussi.

Bien que Tchouang Tchouo-kiang fût âgé, il traita Tchouang Chao-kouang avec grand respect et extrêmement de politesse. Quand l'embarcation eut atteint la maison de Tou Chao-k'ing, il dit adieu, mit pied à terre et rentra chez lui. Mais Tchouang Tchouo-kiang resté sur le bateau accompagna Tchouang Chao-kouang jusqu'au Pont de la Porte du Nord, puis il l'escorta à terre et fit éclairer le chemin par son serviteur avec une lanterne, jusqu'à la maison de Tchouang Chao-kouang, alors seulement il s'en retourna. Tchouang Chao-kouang garda Lou Sin-heou pour la nuit, et le jour suivant ils passèrent le temps comme d'habitude dans le jardin et sur le lac. Ce jour-là Tchouang Tchouo-kiang ayant remis une carte sur laquelle on pouvait lire : « Tchouang Kie avec son fils Fei-hiong » rendit visite à Tou Chao-k'ing. Ensuite Tou alla au Pont de Lotus rendre la visite et il fut retenu pour converser pendant un jour entier.

Tou Chao-k'ing alla de nouveau au lac Yuan-wou (Tortue et Serpent) pour y rencontrer Tchouang Chao-kouang.

« Ce neveu n'est pas un homme ordinaire, dit Tchouang Chao-kouang. Il y a quarante ans, lui et un autre réunirent leurs capitaux et ouvrirent un mont-de-piété à Sseu-tcheou [6]. Plus tard son partenaire perdit son argent et devint pauvre, mon neveu lui céda gentiment son propre capital de deux mille taëls et la maison de prêt sur gages. Son bagage sur l'épaule, il monta un âne harassé et sortit de Sseu-tcheou. Depuis une dizaine d'années il a parcouru les régions de Tch'ou et de Yue [7] le long du Yang-tseu, s'est déplacé pour ses affaires et a gagné quelques dizaines de milliers de taëls. Il a acheté des propriétés et est venu s'établir à Nankin. Il est extrêmement amical, sociable et gentil envers les membres de sa famille; pour les funérailles de son père, il ne voulut pas laisser ses frères payer une seule sapèque, ce fut lui tout seul qui se chargea de toutes les dépenses. Beaucoup de vieux amis à leur mort n'avaient personne pour les inhumer, ce fut lui qui les enterra. De plus il a obéi en tout aux conseils de feu mon père et a toujours montré le plus grand respect aux lettrés et il se passionne pour les monuments historiques. Il est en train de construire un temple du roi Ts'ao Wou-houei (Ts'ao, Bienveillance militaire) [8] sur la montagne du Chant du Coq qui lui coûte trois à quatre mille taëls. Quand ce sera construit, Chao-k'ing, nous inviterons Tch'e Heng-chan et ferons un grand sacrifice pour lui. »

L'ayant entendu, Tou Chao-k'ing fut enchanté et il s'en alla.

En un clin d'œil, le long été s'écoula, ce fut de nouveau l'automne, le vent frais annonça le froid à venir, l'aspect de la rivière Ts'in-houai changea encore une fois. Les habitants de Nankin louèrent des bateaux et engagèrent des moines pour suspendre des peintures de Bouddha et installer des autels pour des messes; partant du Poste de l'Eau de l'Ouest, ils distribuèrent des offrandes de nourriture tout le long du chemin jusqu'à la rivière des Pèlerins Présentant de l'Encens. A dix li alentour l'encens brûlé flottait dans l'air et obscurcissait le ciel comme des brumes et brouillards épais. Des tambours, des cymbales et des chants bouddhistes résonnaient sans cesse aux oreilles. Au crépuscule les plus belles et les plus délicates lanternes de lotus étaient allumées et flottaient sur la rivière. Il y avait aussi d'énormes « embarcations de la loi » [9] pour sauver et transporter les âmes solitaires jusqu'au ciel, car d'après les légendes bouddhistes les crimes sont amnistiés dans les enfers le quinzième jour de la septième lune; ainsi la rivière Ts'in-houai de Nankin devint le pays des Indes de l'Ouest. Le vingt-neuvième jour de la septième lune, il y avait une grande fête religieuse au Ti-tsang (Dieu de la Terre, Bouddha qui sauve les âmes) sur la montagne de la Fraîcheur. D'après ouï-dire, le dieu de la terre (Bouddha qui sauve les âmes), fermait les yeux toute l'année entière et ne les ouvrait que cette nuit-là. S'il voyait toute la ville remplie d'encens, de fleurs et de cierges allumés, il pensait qu'il en était ainsi pendant toute l'année, alors il était content de la piété des gens et daignait les protéger. C'est pourquoi cette nuit-là chaque maison à Nankin dressait deux tables, allumait deux cierges qui brûlaient toute la nuit à côté d'un brûle-encens en forme de pagode. La rue qui allait du Grand Pont Central jusqu'à la montagne de la Fraîcheur avait sept à huit li de longueur, elle brillait comme un dragon d'argent, éclairée toute la nuit par des encensoirs innombrables qu'un grand vent ne pouvait pas éteindre. Hommes et femmes de toute la ville sortaient brûler l'encens et regarder la fête.

Chen K'iong-tche qui habitait une maison à l'Étang du Palais sortit aussi avec la femme de son propriétaire pour brûler de l'encens et s'en retourna. Depuis l'arrivée de Chen K'iong-tche à Nankin et la suspension de son enseigne, les uns étaient venus pour commander des poèmes, les autres pour acheter de la calligraphie sur un papier carré de un à deux pieds de côté, d'autres encore pour commander de la broderie. Il y avait un bon nombre de jeunes débauchés aimant à s'ingérer dans les affaires d'autrui qui venaient regarder cette beauté; un en avertissait deux qui transmettaient à trois, et cela un peu tous les jours. Ce jour-là, comme Chen K'iong-tche revenait après avoir brûlé de l'encens, et comme elle était habillée fastueusement à la mode d'un pays étranger, ceux qui la suivaient étaient au nombre d'une centaine, Tchouang Fei-hiong la suivait également, il vit qu'elle se dirigeait vers l'Étang du Palais, il se demanda qui elle pouvait être. Le jour suivant, il arriva à la maison de Tou Chao-k'ing :

« Cette Chen K'iong-tche habite à l'Étang du Palais, dit-il à Tou, quand les jeunes voyous la taquinent et prennent des libertés avec elle, elle se met en colère et les gronde. Cette fille est un mystère, son origine est très bizarre! Pourquoi n'allez-vous pas la voir, Chao-k'ing?

— J'en ai entendu parler également, répondit Tou Chao-k'ing, de nos jours il y a beaucoup de gens déçus, malheureux, sait-on, c'est peut-être pour échapper à des ennuis qu'elle est venue ici? Cela est fort possible. Justement j'ai l'intention d'aller le lui demander. »

Il garda Tchouang Fei-hiong pour regarder la nouvelle lune au bord de la rivière. Deux invités arrivèrent, l'un était Tch'e Heng-chan, l'autre était Wou Chou. Tchouang Fei-hiong les salua. Après avoir bavardé un moment, il parla de nouveau de cette Chen K'iong-tche qui vendait des poèmes à l'Étang du Palais.

« Peu importe qui elle est, dit Tou Chao-k'ing, si vraiment elle peut écrire des poèmes, c'est quand même rare et honorable!

— Nankin n'est pas un endroit quelconque! dit Tch'e Heng-chan. Les lettrés illustres venant des quatre points cardinaux de la Chine sont innombrables! Qui est-ce qui demanderait à des femmes d'écrire des poèmes? Évidemment ce lui est un prétexte pour séduire les hommes! Peu importe si elle peut écrire des poèmes ou non.

— C'est tout de même étrange, dit Wou Chou. Une jeune fille habite toute seule loin de son pays, sans compagnon et vend des poèmes pour vivre, cela est inconcevable. Je me demande ce qu'il y a là-dessous. Puisqu'elle sait écrire des poèmes, nous allons l'inviter à venir écrire ici, nous les verrons. »

Tout en parlant, ils finirent leur repas, le nouveau croissant de lune s'élevait de la rivière et peu à peu répandait ses rayons sur le pont et au-delà.

« Tcheng-tseu (Wou Chou), en ce qui concerne ce que vous venez de proposer, dit Tou Chao-k'ing, c'est trop tard aujourd'hui, demain venez prendre le petit déjeuner chez moi, après le repas nous lui rendrons visite ensemble. »

Wou Chou acquiesça, puis sortit avec Tch'e Heng-chan et Tchouang Fei-hiong.

Le jour suivant, Wou Chou arriva chez Tou Chao-k'ing. Après le petit déjeuner, ils allèrent à l'Étang du Palais. Ils trouvèrent une maison basse dont la porte était entourée par une vingtaine d'hommes faisant du tapage. Tou Chao-k'ing et Wou Chou s'approchèrent de plus près, ils virent une jeune fille de dix-huit à dix-neuf ans qui criait après la foule. Ses cheveux étaient coiffés à la manière des femmes d'un autre endroit et elle portait une cape de gaze bleu saphir avec un large col. Après avoir écouté pendant un moment, Tou et Wou comprirent que quelques-uns de ces hommes étaient venus acheter des sacs à encens brodés et que des canailles locales cherchaient à accuser d'une faute la jeune fille pour escroquer de l'argent, comme il n'y avait pas de preuve, la jeune fille les injuria. Quand Tou et Wou se rendirent compte de cela, ils entrèrent. A leur arrivée, les autres se dispersèrent peu à peu. Chen K'iong-tche vit que ces deux lettrés avaient des airs et des allures différents de ceux des clients ordinaires, elle les accueillit à la hâte et les salua avec une révérence. Ils s'assirent et échangèrent quelques paroles de politesse.

« C'est Monsieur Tou Chao-k'ing qui est le chef de la tribune des poètes, dit Wou Chou. Comme hier quelqu'un parlait de votre chef-d'œuvre qui est excellent, nous sommes venus pour demander enseignement.

— Depuis plus de la demi-année que je suis à Nankin, répliqua Chen K'iong-tche, tous les hommes qui sont venus ici m'ont prise soit pour une prostituée appuyée à la porte pour attendre des clients, soit pour un membre de quelque bande de brigands. Ces deux sortes de gens sont méprisables et ne méritent pas de parler avec moi. Aujourd'hui, vous deux, messieurs, n'êtes venus ni pour plaisanter ni parce que vous me soupçonnez. Mon père me disait souvent : il y a beaucoup de lettrés illustres à Nankin, mais il n'y a que Monsieur Tou Chao-k'ing pour être magnanime. Ses paroles étaient justes! Je ne sais si vous êtes seul ici ou bien si Madame Tou est aussi à Nankin?

— Ma femme habite avec moi dans une maison du bord de la rivière, répondit Tou Chao-k'ing.

— Dans ce cas je me permettrai d'aller lui rendre visite afin que je puisse lui raconter en détail mon histoire. »

Tou Chao-k'ing accepta et la quitta avec Wou Chou.

« Je vois que cette femme est vraiment un peu étrange, dit Wou Chou. Si on dit qu'elle est une prostituée, elle n'a pas l'air lascif, si on dit qu'elle est une concubine chassée par quelqu'un elle n'a pas l'air méprisable et vulgaire. Bien qu'elle soit une femme, elle a l'air très brave; quoique son beau costume soit charmant, à en juger par ses mains, elle me semble avoir étudié à fond la boxe. D'après les mœurs de nos jours, il est peu probable que nous trouvions des chevalières errantes comme " la jeune fille dans l'équipage " et " la servante Fil Rouge " de la dynastie des T'ang[10]. Je devine que c'est une fille maltraitée qui a été indignée et qui s'est enfuie. Lorsqu'elle viendra dans votre maison, vous la questionnerez, vous verrez si ma clairvoyance est juste. »

A ce moment ils avaient atteint la porte de Tou Chao-k'ing où ils trouvèrent Madame Yao portant sur le dos une corbeille de fleurs à vendre.

« Vous arrivez juste au bon moment, Madame Yao, dit Tou Chao-k'ing. Aujourd'hui un invité rare va arriver chez moi, restez ici. »

Il pria Wou Chou de s'asseoir dans la maison au bord de la rivière, et entra avec Madame Yao pour tout raconter à sa femme. Peu de temps après, Chen K'iong-tche, assise dans une chaise à porteurs, arriva à la porte, descendit de la chaise et entra, Tou Chao-k'ing l'accueillit et l'introduisit dans la chambre intérieure où sa femme la salua, ils s'assirent et le thé fut servi. Chen K'iong-tche avait le siège d'honneur, Madame Tou la place d'hôtesse et Madame Yao un siège de côté pour tenir compagnie, Tou Chao-k'ing était assis près de la fenêtre. Après l'échange des paroles de politesse, Madame Tou demanda :

« Je vois que vous êtes si jeune, Mademoiselle Chen, est-ce que vous habitez toute seule loin de chez vous? N'avez-vous personne pour vous tenir compagnie? Avez-vous des parents à la maison? Êtes-vous déjà fiancée?

— Mon père fut précepteur pendant des années successives au loin, répondit Chen K'iong-tche. Ma mère est décédée. Depuis mon enfance, j'ai appris l'ouvrage à l'aiguille et la broderie. Depuis mon arrivée à Nankin, la capitale du Sud, je gagne ma vie grâce à mon aiguille. Tout à l'heure Monsieur Tou a eu la gentillesse de me rendre visite et de m'inviter à votre maison, maintenant vous êtes si bonne, Madame, nous sommes devenues les meilleures amies dès la première vue, vraiment j'ai " rencontré un ami intime aux confins du ciel "!

— Mademoiselle Chen fait la plus jolie, la plus extraordinaire broderie, cria Madame Yao, hier chez Ko Lai-kouan dont la maison est en face de la mienne, j'ai vu un tableau brodé de la déesse bouddhique de la miséricorde (Avalôkitêsvara) qui donne des enfants, Madame Ko m'a dit qu'elle l'avait acheté à Mademoiselle Chen, vraiment il est plus joli que n'importe quelle peinture!

— Ce n'est rien du tout, je l'ai fait à la légère, dit Chen

K'iong-tche, cela ne vaut pas la peine d'être regardé et ne peut que faire ricaner les gens! »

Peu de temps après, Madame Yao sortit de la chambre, alors Chen K'iong-tche tomba à genoux devant Madame Tou, qui tout à fait surprise, l'aida à se relever. Chen K'iong-tche raconta alors comment le marchand de sel l'avait dupée en la faisant devenir sa concubine et comment elle s'était enfuie après avoir volé quelques biens :

« Maintenant je crains que le marchand de sel n'oublie pas de me chercher et ne vienne me suivre à la piste, dit-elle. Madame, pouvez-vous me sauver ?!

— Les marchands de sel sont riches, puissants et luxueux, dit Tou Chao-k'ing, à leur vue, je ne sais combien de lettrés perdent leurs âmes spirituelles et sensitives! ils s'accroupissent devant eux! Vous êtes une faible femme, mais vous les considérez comme une poussière ou une herbe! C'est très admirable! Sûrement il vous recherchera, vous aurez bientôt des ennuis, mais le malheur ne sera pas grand. »

Comme il parlait, un serviteur entra :

« Monsieur Wou désire vous parler, Monsieur », dit-il.

Tou Chao-k'ing arriva à la chambre donnant sur la rivière, et vit deux hommes, les bras pendants, se tenant debout près de la porte, qui avaient l'air d'être des satellites du yamen. Il frémit et demanda :

« D'où venez-vous ? Comment se fait-il que vous arriviez aussi carrément chez moi ?

— C'est moi qui les ai fait entrer, dit Wou Chou. Chose étrange! Le gouvernement de notre sous-préfecture a reçu une dépêche officielle de la sous-préfecture Kiang-tou et a envoyé des gens arrêter cette fille ici en disant qu'elle est une concubine fugitive d'un marchand de sel nommé Song. Que pensez-vous de ma clairvoyance ?

— A ce moment elle est dans ma maison, dit Chao-k'ing, si nous la livrons chez moi, il semblera que nous avons instigué les satellites à venir ici; si cette nouvelle est transmise à Yang-tcheou, les gens de là-bas penseront que nous avons caché cette fille chez moi. Peu m'importe si elle est fugitive ou non, ce n'est pas convenable que nous la livrions ici.

— C'est justement pour cela que j'ai demandé aux satellites du yamen d'entrer, dit Wou Tcheng-tseu. Vous feriez mieux de leur donner un peu d'argent maintenant, et de demander à la fille de retourner à l'Étang du Palais : lorsqu'elle sera rentrée chez elle, ils pourront l'arrêter. »

Chao-k'ing suivit le conseil de Wou Chou et donna aux satellites quatre dixièmes de taël, ils n'osèrent pas désobéir et s'en allèrent. Chao-k'ing revint à la chambre de sa femme et dit à Chen K'iong-tche ce qui était arrivé, Madame Tou et Madame Yao furent consternées, Chen K'iong-tche se leva :

« Cela ne fait rien, dit-elle, où sont les satellites ? Je vais avec eux.

— Je les ai renvoyés, dit Chao-k'ing, vous allez prendre un repas simple avec nous, Monsieur Wou est en train d'écrire un poème pour vous, attendez qu'il l'ait fini. »

Sur ce, il demanda à sa femme et à Madame Yao de tenir compagnie à Mademoiselle Chen pour prendre le repas, ensuite, il alla dans la pièce qui donnait sur la rivière et y prit un recueil imprimé de ses propres poèmes. Quand Wou Tcheng-tseu eut terminé son poème, Tou Chao-k'ing pesa quatre taëls d'argent, en fit un paquet et ordonna à un serviteur de le porter avec les poèmes à sa maîtresse pour les transmettre à Mademoiselle Chen K'iong-tche comme cadeau de départ.

Chen K'iong-tche prit congé, elle monta dans la chaise à porteurs et retourna directement dans la rue des Mouchoirs. Les deux satellites du yamen l'attendaient déjà à la porte et ils lui barrèrent le chemin :

« Venez avec nous dans la même chaise à porteurs dans laquelle vous êtes assise ou bien voulez-vous descendre de la chaise et marcher avec nous ? demandèrent les deux satellites. En tout cas il n'est pas besoin d'entrer !

— Êtes-vous du yamen du président de censorat ou du yamen du haut commissaire impérial ? Vous n'êtes que du yamen de la sous-préfecture ! dit Chen K'iong-tche. Je n'ai ni enfreint la loi ni commis une haute trahison, vous n'avez pas le droit de m'empêcher d'entrer ! Vous vous alarmez pour une petite chose, il n'y a que des campagnards que vous puissiez effrayer par vos fanfares ! »

Sur ce, elle descendit de sa chaise et entra calmement, les deux satellites la laissèrent passer. Elle déposa les poèmes et l'argent dans sa boîte à joyaux et sortit :

« Amenez-moi au yamen de la sous-préfecture ! », ordonna-t-elle aux porteurs de la chaise.

Les porteurs étaient en train de lui demander d'ajouter de l'argent, les deux satellites se hâtèrent de clamer :

« Mille fautes, dix mille fautes, les satellites n'ont pas de fautes ! Nous nous sommes levés à l'aurore et avons attendu une demi-journée devant la maison de Monsieur Tou ; pour vous sauver la face, nous vous laissons revenir par chaise, même vous êtes une femme, est-il possible que vous ne preniez pas de thé ? Vous devriez savoir que nous attendons quelques remerciements ! »

Chen K'iong-tche comprit qu'ils voulaient de l'argent, mais n'y fit pas attention. Elle promit aux porteurs de chaise vingt-quatre sapèques supplémentaires et ils la transportèrent au yamen de la sous-préfecture. Les satellites ne purent rien faire d'autre que de rapporter au sous-préfet :

« Nous avons arrêté et amené cette demoiselle Chen. »

Le sous-préfet ordonna qu'on la conduise au troisième tribunal[11] pour être questionnée. Quand elle lui fut amenée, le sous-préfet vit qu'elle était belle.

« Puisque vous êtes une femme, pourquoi n'observez-vous pas les vertus des femmes ? demanda-t-il, pourquoi avez-vous pris la fuite, volé l'argent de Monsieur Song et vous cachez-vous dans ma sous-préfecture ?

— Song Wei-fou a forcé une fille de bonne famille à devenir sa concubine, répliqua-t-elle. Mon père a porté plainte contre lui, Song Wei-fou a soudoyé le sous-préfet, par conséquent mon père perdit son procès. On ne doit pas vivre sous le même ciel que l'ennemi de son père[12]; je ne lui pardonnerai jamais aussi longtemps que je vivrai ! En outre, quoique je n'ai pas de talent, je sais quand même écrire des compositions littéraires. Est-il possible qu'une fille qui pourra plus tard épouser Tchang Eul daigne servir un esclave vulgaire de Wei-houang[13] ? C'est pourquoi j'ai pris la fuite, c'est la vérité que je dis.

— Sur toutes ces choses-là vous serez interrogée par le sous-préfet de Kiang-tou, ce n'est pas mon affaire, dit le sous-préfet. Vous dites que vous savez écrire des compositions littéraires, pouvez-vous composer un poème devant moi maintenant ?

— Donnez-moi un sujet à votre choix, s'il vous plaît, répliqua Chen K'iong-tche, je serai heureuse de vous demander conseil. »

Le sous-préfet indiqua un arbre d'acacia à l'extérieur du tribunal :

« Prenez cela pour votre sujet », dit-il.

Chen K'iong-tche garda son sang-froid d'un air dégagé et composa un poème de huit vers à sept caractères par vers, elle l'écrivit non seulement si vite mais aussi si bien que le sous-préfet fut frappé et l'apprécia, il ordonna tout de suite à ces deux satellites d'aller à la demeure de Mademoiselle Chen chercher ses bagages et les examina dans le tribunal. Lorsqu'il trouva dans sa boîte à bijoux un paquet de menue monnaie d'argent, un paquet scellé portant l'inscription « cadeau pour le voyage », un livre et un poème, il sut qu'elle était en rapport avec des lettrés célèbres de Nankin, alors il signa une apostille, écrivit un rapport officiel et commanda aux satellites :

« Escortez Chen K'iong-tche jusqu'à la sous-préfecture de

Kiang-tou, il vous faut prendre bien soin d'elle sur la route. Vous n'avez pas le droit de l'importuner, demandez une attestation écrite de son arrivée saine et sauve et vous me la donnerez! »

Ce sous-préfet avait passé les examens la même année que le sous-préfet de Kiang-tou et était son bon ami, aussi lui écrivit-il une lettre confidentielle et l'enferma dans son rapport officiel pour demander à son collègue de relâcher Mademoiselle Chen et de la renvoyer à son père pour qu'elle puisse choisir un autre mari.

Ceci se passera plus tard, je ne le décris pas.

Chen K'iong-tche et les deux satellites sortirent du yamen de la sous-préfecture, une chaise fut louée pour la porter jusqu'à la Porte de l'Ouest des Han où ils montèrent sur le bateau qui allait à Yi-tcheng. Les satellites déposèrent leurs bagages dans la petite cale d'avant et se reposèrent à la proue, Chen K'iong-tche entra dans la cabine du milieu. Elle venait de s'asseoir, quand un sampan couvert d'une tente amena deux femmes pour prendre ce bateau, les deux femmes entrèrent dans la cabine ensemble. Chen K'iong-tche vit que l'une avait vingt-six à vingt-sept ans et l'autre dix-sept à dix-huit ans. Elles étaient habillées simplement, mais faisaient des manières et jouaient les coquettes. Elles étaient suivies d'un homme qui portait un chapeau de feutre très usé et qui avait la figure rouge d'un ivrogne et des sourcils poilus et courts. Il portait leurs bagages sur un fléau et les déposa dans leur cabine. Les deux femmes s'assirent avec Chen K'iong-tche et demandèrent :

« Où allez-vous, Mademoiselle ?

— A Yang-tcheou, répondit Chen, je pense que nous allons voyager ensemble.

— Nous n'allons pas à Yang-tcheou, dit l'aînée des deux. Nous débarquerons à Yi-tcheng. »

Peu de temps après, le batelier vint recevoir le prix de passage. Les deux satellites crachèrent et montrèrent la dépêche officielle du sous-préfet :

« Regardez! crièrent-ils. Qu'est-ce que c'est! Nous nous occupons des affaires publiques, si nous ne vous demandons pas d'argent, vous devez nous remercier, comment demander des prix de passage! »

Le batelier n'osa pas protester, lorsqu'il eut collecté les prix des autres passagers, le bateau partit et atteignit bientôt le Rocher des Hirondelles. Il y avait un vent sud-ouest cette nuit-là, et ils arrivèrent à la grève de la Boue Jaune de bon matin. Les satellites demandèrent à Chen K'iong-tche de l'argent.

« J'ai entendu clairement hier que lorsque vous êtes en

service des affaires publiques, vous ne payez pas le prix de la place, dit-elle.

— Mademoiselle Chen, protestèrent les satellites. Vous êtes trop dure! “ Ceux qui s’occupent de la montagne vivent de la montagne, ceux qui s’occupent de l’eau vivent de l’eau ”, nous devons gagner notre vie, si tout le monde était comme vous qui “ ne voulez pas vous arracher même un seul poil ” [14] et ne nous donnez pas une sapèque, nous aurions à vivre et à boire le vent nord-est!

— Je ne vous donne pas d’argent. Qu’est-ce que vous osez faire! », répondit Chen K’iong-tche.

Elle sortit de la cabine, sauta à terre et s’envola sur ses deux petits pieds comme si elle avait l’intention de marcher toute seule tout le long du chemin sans être accompagnée. Les deux satellites saisirent à la hâte leurs bagages et se précipitèrent après elle pour l’en empêcher; mais elle les fit tomber par terre sur le dos selon la méthode de la boxe, ils se mirent à quatre pattes et se redressèrent péniblement debout, elle se querella tellement avec les satellites que les bateliers et l’homme au chapeau de feutre usé durent intervenir pour les réconcilier et faire venir une chaise à porteurs pour elle. Les deux satellites la suivant par-derrière s’en allèrent.

L’homme au chapeau de feutre usé emmena les deux femmes passer la Première Écluse; ils arrivèrent à la rue de la Famille des Fong, où ils se rencontrèrent face à face avec Wang Yi-ngan (Wang la Justice).

« Mademoiselle Si et Mademoiselle Chouen sont venues! Le vieux Li le quatrième les amène en personne! cria Wang Yi-ngan. Comment vont les affaires récemment à la Porte de l’Eau de l’Ouest à Nankin?

— Récemment nous avons été écrasés par la concurrence des “ Branches des Trois Bouches ” [15] au Pont de la Limpide Houai, c’est pourquoi je vous ai amené ces deux filles, répondit le vieux Li le quatrième.

— Cela tombe très bien, justement deux femmes nous manquent ici », dit Wang Yi-ngan.

Là-dessus, il emmena les deux prostituées chez lui. En franchissant la porte elles virent trois pièces de chaume divisées par des cloisons de nattes en jonc avec une cuisine. Un homme qui était en train de se laver les mains dans la cuisine fut très enchanté lorsqu’il vit les deux prostituées entrer.

Ce qui précède amena à ceci.

Dans « la caverne des fleurs couvertes de brouillard » (la maison de prostitution) ce qui est le plus important c’est de se montrer très influent et de se vanter d'être un haut fonctionnaire.

Bien qu'ils soient parmi la Forêt des Pinceaux et des Encres (les lettrés), pourtant ils vont dormir dans la « rue des Fleurs » (maison de passe) et s'enivrer dans la « ruelle des Saules » (mauvais lieu).

En fin de compte, pour savoir ce qui suit, lisez le prochain chapitre.

NOTES

1. La rivière Ts'in-houai traverse la ville de Nankin et se jette dans le Yang-tseu.

2. P'i-ling, ancien nom de Tch'ang-tcheou.

3. *Kou Sieou,* broderie faite par un certain Kou de Chang-hai pendant l'époque des Ming. Cette broderie était très belle et fine, plus tard, *Kou-sieou* voulut simplement dire broderie extrêmement fine.

4. Chapeau carré : chapeau de lettré.

5. Houai-yang, nom d'une sous-préfecture dans le Ho-nan.

6. Sseu-tcheou se trouve dans le Ngan-houei.

7. Tch'ou, province du Hounan et du Houpei. Yue, province du Tchö-kiang.

8. Ts'ao Wou-houei, nom posthume de Ts'ao pin (931-999). Ts'ao pin reçut l'ordre de l'empereur T'ai-tsou des Song d'attaquer Nankin. Il ne tua pas un seul innocent, après sa mort il a été fieffé roi de la préfecture Tsi-yang et eut comme nom posthume Wou-houei, Bienveillance militaire. Cf. le *Song-che,* chap. 258.

9. *Fa-tch'ouan :* « embarcations de la loi », bateau en papier qui contenait en son milieu le portrait du roi des enfers Ti-tsang, et de chaque coté des esprits et des diables en papier.

10. Tch'ö Tchong Niu-tseu et Hong-sien sont deux chevalières errantes des contes T'ang.

11. *San-T'ang :* « troisième tribunal ». En général, le sous-préfet jugeait dans le premier et le deuxième tribunal; seuls les cas concernant les femmes étaient jugés au troisième tribunal.

12. Citation du *Li-ki,* chap. *K'iu-li.*

13. A l'époque des Royaumes Combattants (481-221 av. J.-C.) dans la sous-préfecture Wei-houang de l'État de Wei, une jeune fille refusa de se marier avec un homme riche mais stupide de son pays natal, plus tard elle épousa Tchang Eul qui devint le roi de l'État de Tchao.

14. *Yi-mao pou-pa,* « ne vouloir pas s'arracher un seul poil », expression tirée du *Mong-tseu,* chap. *Tsin-sin,* cf. Couvreur, p. 620.

15. « Branches des Trois Bouches » : jeunes garçons acteurs qui jouaient le rôle de femmes pour évoquer la pédérastie.

CHAPITRE XLII

Des jeunes seigneurs parlent des examens officiels dans une maison de prostitution.
Un domestique rapporte des nouvelles de la région des Miao.

Sitôt que les deux prostituées eurent franchi la porte, Wang Yi-ngan dit à l'homme qui se lavait les mains :

« Je vous prie de venir ici, sixième seigneur, regardez ces deux nouvelles filles! »

Les deux prostituées levèrent la tête pour regarder cet homme, elles virent qu'il portait un chapeau usé, était vêtu d'une robe de soie noire tachée de graisse, qu'il était chaussé d'une paire de vieilles bottes pointues et avait une figure noire marquée de vérole et deux yeux rusés et vifs. Pour se laver les mains, il avait relevé d'une façon exagérée ses manches, il n'avait l'air ni d'un lettré ni d'un militaire.

Comme il sortait de la cuisine, les deux prostituées s'avancèrent pour l'accueillir :

« Sixième seigneur! » s'écrièrent-elles ensemble.

Penchant la tête, balançant les hanches et d'une main levant un pan de leurs vêtements elles lui firent une révérence. Le sixième seigneur les agrippa des deux mains.

« Très bien cria-t-il. Petites chéries! Dès votre arrivée ici, vous faites connaissance avec moi, T'ang le sixième, vous avez vraiment de la chance!

— Ce que dit le sixième seigneur est juste, dit Wang Yi-ngan, vous arrivez ici, vous dépendez entièrement du sixième seigneur. Priez-le de s'asseoir et offrez le thé au sixième seigneur! »

T'ang le Sixième s'assit sur un banc et attira les deux filles à lui, une de chaque côté. Il remonta son pantalon et déposa ses jambes noires et grasses sur les genoux de Mademoiselle Si. Il prit sa main et la fit caresser ses jambes noires de sa main douce et blanche. Lorsqu'il eut avalé son thé, il attrappa dans sa poche un paquet de noix d'arec, les fourra dans sa bouche et se mit à les mâcher n'importe comment; le jus sortait abondamment et dégouttait sur sa moustache et ses lèvres, il tourna alors la tête à gauche puis à droite pour appuyer sa joue contre le visage des deux femmes qu'il salit avec le jus d'arec. Quand elles sortirent leurs mouchoirs pour s'essuyer, il s'en saisit et épongea ses aisselles avec. Wang Yi-ngan lui enleva sa tasse de thé et demanda en se tenant debout :

« Ces jours-ci avez-vous eu des nouvelles du Grand Seigneur provenant de la frontière ?

— Bien sûr que oui, répondit T'ang le sixième. Il y a quelque temps il a envoyé ici un homme faire faire vingt grands drapeaux de satin rouge brodés de dragons et un grand étendard de satin jaune pour la commanderie militaire supérieure. Il viendra à la capitale ce mois-ci, le neuvième mois diriger la cérémonie militaire pour la tombée de la gelée blanche, on sacrifiera aux drapeaux, l'empereur sera le grand général, le grand seigneur de ma famille (mon oncle) sera le grand général en second. Tous deux se tiendront debout côte à côte sur le tapis. Après leur prosternation mon oncle sera promu vice-roi. »

Comme il parlait, le « repêcheur de poil » (domestique de la maison de prostitution) appela Wang Yi-ngan au-dehors et lui parla à voix basse pendant un moment. Wang Yi-ngan revint et fit savoir :

« Sixième seigneur, je m'excuse de vous dire qu'un étranger est là pour voir Mademoiselle Si, comme il sait que vous êtes ici, il n'ose pas entrer.

— Quel inconvénient y a-t-il ? demanda le sixième seigneur. Faites-le entrer, je boirai avec lui. »

Alors Wang Yi-ngan fit entrer l'étranger, qui était un jeune marchand.

Sitôt que le client de la prostituée se fut assis, Wang Yi-ngan lui demanda de peser quelques centièmes de taël d'argent pour acheter un plat de viande d'âne, un plat de poisson frit et une dizaine de mesures de vin. Comme le sixième seigneur était un mahométan, on acheta et fit cuire vingt à trente œufs. Une lampe fut allumée. Le sixième seigneur s'assit au siège d'honneur, le client s'assit en face de lui. Quand le sixième seigneur demanda à Mademoiselle Si de s'asseoir sur le même banc que le client, elle fit la mijaurée et insista capricieusement pour s'asseoir avec le sixième seigneur. Quand tous quatre se furent assis, on servit le vin. Le sixième seigneur leur proposa de jouer au « jeu de la mourre », celui qui perdait devait boire et celui qui gagnait devait chanter. Quand il gagna, il chanta d'une voix rauque une chanson sur l'air « Herbe Parasite ». Puis Mademoiselle Si et le client jouèrent à leur tour et le client gagna. Le sixième seigneur demanda du vin pendant qu'ils l'écoutaient chanter, Mademoiselle Si rit en détournant le visage et ne voulut pas chanter aussi. Le sixième seigneur frappa la table avec ses baguettes pour la presser, elle riait toujours et ne daignait pas chanter.

« Mon visage est un store de bambou, l'avertit le sixième seigneur, si je veux le rouler, il sera roulé, si je veux le dérouler, il se déroulera! Je veux que Mademoiselle Si chante une chanson, je le veux absolument! »

Wang Yi-ngan entra la presser aussi, et elle ne put faire autrement que de chanter quelques vers.

« Voici le seigneur Wang! » annonça Wang Yi-ngan, quand elle eut fini de chanter.

Le sergent Wang qui faisait sa ronde dans les rues entra, mais lorsqu'il vit le sixième seigneur il ne dit rien. Les prostituées se prosternèrent devant lui, il s'attabla pour boire avec eux tous. A la quatrième veille un « petit chien » de la maison du grand vieux seigneur apporta une lanterne sur laquelle on pouvait lire : « Maison du Général de brigade. »

« Vous êtes prié d'aller à la maison du général, sixième seigneur », expliqua-t-il.

Le sixième seigneur et le sergent Wang s'en allèrent alors. Lorsque le client fut entré dans la chambre, le serviteur qui lui apporta de l'eau lui demanda l'argent de l'eau et l'entremetteur vint lui demander des pourboires. Après un bon moment de querelle, la prostituée se peigna, puis se lava. Au moment où ils gagnaient le lit, le coq chantait déjà.

Le jour suivant, de très bonne heure, le sixième seigneur vint annoncer qu'il voulait donner ici un festin d'adieu pour les deux fils du général son oncle, qui allaient à Nankin pour une cérémonie. Wang Yi-ngan se dérida, c'était une joie inattendue qui descendait du ciel, il demanda précipitamment :

« Viennent-ils tout de suite, ou bien viendront-ils ce soir, sixième seigneur? »

Le sixième seigneur en tatônnant sortit de sa ceinture un paquet contenant de l'argent médiocre, après l'avoir pesé, on vit que cela faisait cinquante-six centièmes de taël; il les donna à Wang Yi-ngan, et lui ordonna de préparer sept grands plats de mets de choix et deux entremets :

« Si je ne vous donne pas assez, vous me demanderez davantage.

— Je ne l'ose pas, répondit Wang Yi-ngan. Il suffit que vous, sixième seigneur, choisissiez ces deux filles quelques fois de plus, je serai plus que satisfait. Quant à ce festin, c'est nous qui vous l'offrons, nous ne pouvons pas vous demander de le payer d'autant plus que vous invitez les deux fils du général.

— Mon cher, voilà des paroles de connaisseur! déclara le sixième seigneur. Il suffit que ces deux filles soient marquées par la chance et que leur prédestination soit faste, si elles peuvent plaire à ces deux seigneurs et lier amitié intime avec eux, leur fortune est faite. Que manque-t-il dans la maison du général? Elle est bourrée de choses précieuses : jaune est l'or, blanc est l'argent, rondes les perles, brillants les trésors! Il suffit que vous sachiez vous adapter aux caractères de notre premier et de notre deuxième seigneur et que vous leur plaisiez, alors même vos entremetteurs et vos aides-cuisiniers seront couverts d'argent. »

Li le quatrième qui se trouvait présent était vraiment enchanté de ce qu'il avait entendu. Ayant donné ses instructions, le sixième seigneur s'en alla. Au lupanar, on mit tout sens dessus dessous pour les préparatifs. Dans l'après-midi le sixième seigneur arriva avec ses deux cousins (le premier et le deuxième seigneur des T'ang) qui portaient les chapeaux des « protégés par la faveur impériale » et des bottes noires aux semelles blanches. L'un avait une robe rouge brodée d'or, l'autre une robe violet-vert foncé brodée d'or. Ils étaient accompagnés de quatre serviteurs qui portaient, quoiqu'on fût en plein jour, deux paires de lanternes allumées dont les inscriptions étaient pour l'une : « Maison du général de brigade », et pour l'autre « Candidats aux examens de licence à Nankin ». Les deux jeunes seigneurs entrèrent et s'assirent dans les sièges d'honneur. Les deux prostituées se prosternèrent, le sixième seigneur se tenait debout.

« Voici un banc, sixième cousin, dit le premier seigneur, pourquoi ne vous asseyez-vous pas?

— Volontiers, mais je dois d'abord vous demander la permission, dit le sixième seigneur. Autorisez-vous ces deux filles à s'asseoir?

— Mais voyons, ordonnez-leur de s'asseoir », dit le deuxième seigneur.

Alors les deux prostituées tout doucement et timidement, en penchant la tête et en se disloquant le cou, avec mille manières, s'assirent et rirent tout bas en se couvrant la bouche avec leur mouchoir.

« Quel âge ont ces deux filles? demanda le premier seigneur.

— L'une a dix-sept ans, répondit le sixième seigneur à leur place, l'autre a dix-neuf ans. »

Wang Yi-ngan apporta le thé, les deux courtisanes prirent les deux tasses et après les avoir essuyées délicatement avec un linge de table, elles s'avancèrent et les offrirent aux gentilshommes en les tendant de leurs deux mains. Ils prirent le thé et le burent.

« Premier seigneur, deuxième seigneur, quand partez-vous pour célébrer la solennité ? demanda le sixième seigneur.

— Nous devons partir demain, répliqua le premier seigneur. L'examinateur en chef va arriver à Nankin, il ne serait pas correct que nous n'y soyons pas. »

Pendant que le sixième seigneur parlait à son cousin le premier seigneur, le deuxième seigneur profita de l'occasion pour attirer Mademoiselle Si et la faire asseoir avec lui sur un canapé, il tint sa main, saisit son pied et la serra tendrement et amoureusement dans ses bras pendant un moment.

Peu de temps après le vin fut apporté, ils avaient fait venir un cuisinier mahométan pour préparer des plats mahométans, c'étaient nids d'hirondelles, canard, poulet et poisson. Le sixième seigneur servit le vin lui-même et fit prendre les sièges d'honneur à ses cousins, tandis que lui-même s'asseyait à la place la moins digne; les deux prostituées s'assirent aux deux bouts de table. Les mets furent apportés, un bol après l'autre; le sixième seigneur, gêné et embarrassé, était assis gauchement et timidement et buvait.

« Entrerez-vous, premier et deuxième seigneurs, tout de suite dans la salle d'examen quand vous serez arrivés à Nankin ? demanda-t-il. A la cinquième veille du huitième jour, ils commencent par appeler les candidats de la préfecture de T'ai-p'ing, quand ils en arriveront à nos candidats de Yang-tcheou, ne sera-t-il pas très tard ?

— Mais ils appellent tout de suite les candidats de la préfecture T'ai-p'ing! rétorqua le premier seigneur. D'abord ils donnent trois salves devant la salle d'examen de licence et ouvrent la grille, puis ils donnent à nouveau trois autres salves et ouvrent la grande porte, puis ils donnent à nouveau trois autres salves et ouvrent la Porte du Dragon. En tout il y a neuf salves.

— Ces canons ne sont pas aussi gros que ceux qui sont à la porte du quartier général de notre père, dit le deuxième seigneur.

— Un peu plus petits mais presque semblables, répliqua le premier seigneur. Quand les coups de canon ont été tirés, une table à encens est dressée dans la salle de la Justice Extrême. Alors le préfet de Ying-t'ien (le maire de Nankin) couvre son chef avec le chapeau de sacrifice et se vêt de la robe officielle ornée de figures de dragons; après avoir salué, il se met debout et cache son visage derrière deux ombrelles. Le secrétaire du gouvernement provincial s'agenouille pour inviter le grand empereur Kouan Yu, dieu de la guerre et dompteur des diables des trois mondes à entrer dans la salle d'examens pour maintenir l'ordre, il invite également le général Tcheou Ts'ang, le garde du corps de Kouan Yu, pour venir faire des inspections. Les ombrelles sont enlevées, le préfet salue de nouveau. Le secrétaire du gouvernement provincial s'agenouille et invite alors Tseu-t'ong, dieu des lettrés chargé des traitements des fonctionnaires à pénétrer à son tour dans la salle d'examen pour être le président du jury[1], ainsi que K'ouei-sing, l'Étoile de l'Ours, dieu chargé des destins des lettrés, pour répandre sa lumière. »

Le sixième seigneur tressaillit d'effroi et tira la langue :

« Eh oui, il faut inviter tous ces dieux et tous ces Bouddha! dit-il. Cela prouve combien importante est cette cérémonie!

— Puisque dans la salle d'examens il y a des Bouddha qui sont assis là, combien vous êtes audacieux et braves, premier et deuxième seigneurs, d'oser y entrer, dit Mademoiselle Chouen. Quant à nous, nous mourrions plutôt que de nous y glisser.

— Nos premier et deuxième seigneurs sont des étoiles littéraires au ciel, répliqua le sixième seigneur sérieusement avec un maintien grave. Comment peuvent-ils se comparer à des filles comme vous!

— Après avoir invité le dieu de la littérature (le dieu des lettrés), continua le premier seigneur, le préfet salue encore trois fois le ciel, et le secrétaire invite tous les ancêtres méritants et vertueux des candidats à la licence.

— Que signifient les ancêtres méritants et vertueux ? demanda le sixième seigneur.

— Les ancêtres méritants et vertueux sont ceux qui ont réussi à l'examen de doctorat et ont été fonctionnaires. Ceux-là seuls sont invités à être présents; les lettrés qui vieillirent à passer les examens du baccalauréat et les gens ordinaires, quelle serait l'utilité de les inviter ? »

Le premier seigneur continua :

« D'autre part il y a un drapeau rouge et un drapeau noir à la porte de chaque cellule. Sous le drapeau rouge viennent se blottir les revenants que le candidat a aidés, et sous le drapeau noir ceux que le candidat a lésés. Donc, au moment où j'en suis de mon récit le préfet prend son siège officiel. Le secrétaire appelle : “ Que les revenants qui furent aidés ou lésés entrent! ” On brûle de la monnaie de papier de chaque côté et avec une soudaine bouffée de vent froid qui fait le bruit *sa-sa*, les revenants dégringolent puis s'envolent en suivant le appier brûlé jusque sous les drapeaux rouges ou noirs.

— Amida Bouddha! cela montre que les hommes doivent se conduire honnêtement et être bons, cria Mademoiselle Chouen. A un moment comme celui-là, on voit le vrai visage de chaque homme!

— Notre vieux seigneur (votre honorable père) a accumulé tant de bonnes actions à la frontière, il a sauvé beaucoup de vies humaines, les revenants reconnaissants sont évidemment incalculables et innombrables! dit le sixième seigneur. Est-il possible qu'il y ait assez de place pour que tous ces revenants reconnaissants logent sous un seul drapeau rouge?

— Heureusement vous ne vous présentez pas à l'examen, sixième cousin, dit le premier seigneur. Si vous entriez dans la salle d'examen, les revenants que vous avez lésés vous emporteraient et vous tueraient!

— Que voulez-vous dire! dit le sixième seigneur.

— Écoutez l'histoire arrivée à mon ami Yen, originaire de Yi-hing au dernier examen. C'est un bachelier érudit. Il avait fini dans la salle d'examen les sept essais et les lisait à haute voix, soudain un coup de vent léger fit agiter la flamme de sa chandelle, le rideau fut tiré de côté et une tête apparut, Yen la regarda fixement et attentivement et vit que c'était une prostituée qu'il avait connue. " Vous êtes morte, pourquoi venez-vous ici? " demanda Yen. La prostituée le regarda et rit. Yen alors se fâcha et frappa sa planche-pupitre, la pierre à encre se renversa et l'encre noire se répandit abondamment sur ses papiers, faisant une grande tache noire. Tout à coup la prostituée disparut. Yen se dit avec un soupir : "Il faut croire que c'est dans mon destin!" Hélas, voilà qu'il se mit à pleuvoir à verse, le pauvre homme rendit ses papiers d'examen et s'en alla en bravant la tornade. Il tomba malade et garda le lit pendant trois jours. Quand j'allais le voir, il me raconta tout ce qui était arrivé. Je lui dis : " Dans le temps, vous avez dû brutaliser cette prostituée, c'est pourquoi elle est venue vous surprendre. " Sixième cousin, combien de gens avez-vous brutalisés dans votre vie? Dites-moi, est-ce que vous oseriez entrer dans la grande salle d'examen de licence? »

Les deux courtisanes battirent des mains et rirent :

« Nous sommes les personnes que le sixième seigneur aime malmener, dirent-elles, s'il se présente dans la salle d'examen, nous serons ses revenants lésés! »

Pendant le repas, le sixième seigneur chanta une chansonnette d'une voix rauque. Le premier et le deuxième seigneur chantèrent également en battant la mesure sur leurs cuisses. Il va de soi que les prostituées firent entendre leurs voix. Ils s'amusèrent jusqu'à la troisième veille, les deux frères s'en allèrent en s'éclairant avec leurs lanternes.

Le jour suivant, ils louèrent un grand bateau pour aller à Nankin, le sixième seigneur les accompagna jusqu'à ce qu'ils montent sur le bateau et alors il s'en retourna. Sur le bateau, le premier et le deuxième seigneur, ces deux frères, bavardèrent sur l'agitation et l'animation qu'il y avait à l'entrée dans la salle d'examen.

« Devinez quel sujet d'examen sera donné cette année? demanda le deuxième seigneur.

— L'année dernière, notre père a conquis les tribus de Miao dans le Kouei-tcheou, sûrement le sujet d'examen sera quelque chose lié à cette conquête, par exemple la pétition adressée à l'empereur. Je présume qu'il ne peut être donné que ce sujet.

— Il sera donné au Kouei-tcheou, dit le deuxième seigneur.

— Dans ce cas, il ne reste que deux sujets à donner : " Recherche des lettrés de valeur " ou "exemption d'impôt ", cela ne peut être rien d'autre. »

Ils bavardèrent ainsi pendant tout le chemin jusqu'à Nankin. Leur intendant Yeou le Barbu les accueillit et fit transporter leurs bagages à leur logement dans la rue de la Pêche. Le premier et le deuxième seigneur entrèrent par la porte, longèrent un bâtiment à deux étages et entrèrent par une porte de côté dans un édifice de trois pièces donnant sur la rivière; elles étaient bien arrangées et propres. Tous les deux s'assirent et virent une rangée de maisons sur la rive opposée avec des balustrades écarlates, des fenêtres au treillis vert et des stores de bambou tacheté, les bacheliers venant de tous les coins de la province y logeaient et récitaient à haute voix des essais.

Dès que le premier et le deuxième seigneur furent logés ils pressèrent Yeou le Barbu d'aller acheter tout de suite deux nouveaux chapeaux carrés de lettrés, des paniers pour examen, des petites marmites à manche en bronze, des tentes, des rideaux de portes, des réchauds, des chandeliers, des ciseaux à moucher les chandelles et des sacs pour leurs papiers, chaque chose en double. Ensuite ils se dépêchèrent d'aller au temple du Pic du Vautour donner leurs noms, âges et pays d'origine pour les écrire sur la couverture des feuilles d'examen, ils préparèrent aussi de la nourriture dans la salle d'examen : gâteaux de lune, gâteaux au miel d'orange, graines de lotus, yeux de dragon (longanes), *gin-seng* (racine médicinale), riz grillé, concombres en conserve salés, gingembre et canard salé aplati de Nankin.

« Emportons dans la salle d'examen un peu de l'*a-wei (Assofoetida)* que nous avons apportée de Kouei-tcheou, dit le premier seigneur au deuxième seigneur, je crains que nous ne nous affolions et que nous ne nous trompions de caractères, en écrivant; nous en avons besoin. »

Ce ne fut qu'après un jour entier de préparation suffisante que tout fut prêt. Le premier et le deuxième seigneur examinèrent et contrôlèrent eux-mêmes attentivement chaque chose l'une après l'autre :

« Cette entreprise de mérite et de réputation est très importante, toute notre carrière est en jeu, il ne faut pas la négliger », dirent-ils.

Le matin du huitième jour, ils ordonnèrent à leurs serviteurs de transporter leurs vieux chapeaux carrés de lettrés ainsi que des paniers à la salle de l'examen de licence et de venir les servir. La route à partir du Pont de la Houai Limpide était bordée d'étalages installés par les pauvres lettrés qui avaient échoué à l'examen et qui vendaient des ouvrages à couverture rouge ou verte, c'étaient les anthologies des essais de huit paragraphes pour les examens officiels choisies et annotées par Siao Kin-hiuan, Tchou Ko T'ien-chen, Ki T'ien-yi, K'ouang Tch'ao-jen; Ma Tch'ouen-chang et Kiu Chen-fou. Ils attendirent jusque tard dans la soirée, ce fut seulement après que la liste des bacheliers de la sous-préfecture Yi-tcheng eut été appelée que leur tour arriva. Ils entrèrent par la première porte, leurs serviteurs ne purent aller plus loin, le premier et le deuxième seigneur durent alors prendre leurs paniers et porter leur literie sur l'épaule. Ils virent que des feux de jonc de deux côtés éclairaient jusqu'au ciel. Les deux frères s'assirent sur le sol pour défaire leurs habits et enlever leurs chaussures. Ils entendirent quelqu'un crier à l'intérieur :

« Fouillez et perquisitionnez minutieusement! »

Ils entrèrent avec les autres candidats, prirent leurs papiers à la deuxième porte, traversèrent ensuite la Porte du Dragon et allèrent dans leurs cellules. Le dixième jour, ils sortirent de la salle d'examen, morts de fatigue, chacun mangea un canard et dormit un jour entier. Les trois séances d'examen étaient terminées. Le seizième jour, ils ordonnèrent à leur serviteur de prendre une carte du yamen du général de brigade pour réquisitionner une troupe théâtrale afin de remercier les divinités.

Peu de temps après, le préposé arriva, c'était un mahométan qui avait un cuisinier pour préparer des banquets, il n'y avait pas besoin d'en engager un autre. La troupe théâtrale fit porter des coffres, ensuite un homme vint en portant une dizaine de lanternes sur lesquelles étaient inscrits les mots : « Compagnie des Trois Premiers. » Derrière lui suivaient un autre homme et son serviteur qui tenait une boîte de cartes de visite à la main. Quand ils arrivèrent, l'intendant prit leur boîte et entra les annoncer. Le premier seigneur ouvrit la boîte et trouva une carte de visite sur laquelle étaient écrits les mots :

« Votre serviteur Pao T'ing-si vous présente avec respect deux chandelles de joie et un Jardin de Poiriers (une troupe théâtrale) et vous félicite en se prosternant. »

Il comprit que Pao était directeur d'une troupe théâtrale et ordonna de le faire entrer.

« Votre serviteur dirige une petite troupe ici, dit Pao T'ing-si après avoir salué le premier et le deuxième seigneur. Nous ne jouons que pour les lettrés et les fonctionnaires. Comme j'ai entendu dire hier que vous demandiez du théâtre, je suis venu spécialement pour vous servir. »

Le premier seigneur trouva que Pao était un homme intéressant et le garda pour manger avec eux. Un moment après, les comédiens arrivèrent. Alors dans la salle qui donnait sur la rivière, ils installèrent les portraits de Wen-tch'ang Ti-kiun, dieu de la Littérature et en même temps dieu des lettrés, et Kouan Fou-tseu (dieu de la guerre), les deux frères se prosternèrent devant les portraits et firent des sacrifices. Après quoi, ils s'assirent à une table avec Pao T'ing-si. Les gongs et les tambours résonnèrent et quatre actes de pièces théâtrales différentes furent joués avant que le potage soit servi et que la longue pièce théâtrale complète soit commencée. Il faisait tard à ce moment, plus d'une dizaine de lanternes en forme de cornes furent allumées, elles éclairaient brillamment toute la salle. Les acteurs jouèrent jusqu'à la troisième veille (minuit), la pièce principale et complète était terminée.

« Ces jeunes gens de la troupe de votre serviteur sont d'assez bons acrobates, cela vaut la peine de regarder, dit Pao T'ing-si, je vais leur dire de monter une représentation pour vous dégriser, Messieurs. »

Alors habillés de manteaux d'hermine ornés de plumes de faisans et de costumes les plus brillants, les jeunes acteurs entrèrent en courant sur la scène, ils bondirent, firent des sauts périlleux, et formèrent des figures, c'était vraiment « les cinq lignes de batailles et les huit formations militaires », les changements étaient nombreux et les variations multiples. Les deux frères regardaient avec délices.

« Si vous n'avez pas d'objections, Messieurs, dit Pao T'ing-si, choisissez deux de ces garçons pour vous servir.

— Les gamins comme ceux-là, comment peuvent-ils savoir servir des lettrés ? répondit le premier seigneur, s'il y a des endroits amusants, emmenez-nous y faire une promenade.

— C'est facile, Monsieur, répondit Pao T'ing-si, juste de l'autre côté de la rivière est la maison de Kö Lai-kouan, il est considéré comme mon élève nominal. L'année où Monsieur Tou le dix-septième, originaire de la sous-préfecture T'ien-tch'ang, organisa un grand concours ici près du lac et où tous les acteurs furent mis à l'épreuve et notés, le nom de Kö Lai-kouan était sur la liste des reçus. Si vous allez demain à la ruelle de la Chaussette de l'Eau, vous verrez l'enseigne du chirurgien Tcheou; en face de Tcheou, derrière la haie de bambous noirs, c'est la maison de Kö.

— A-t-il des appartements de femmes ? demanda le deuxième seigneur, si oui, je vais aussi avec vous.

— Il y a les douze grands pavillons, répliqua Pao T'ing-si, pourquoi ne pas y aller vous divertir, deuxième seigneur, au lieu d'aller à la Maison de Kö ? Je ne manquerai pas de vous tenir compagnie avec respect et vous y amènerai. »

A ce moment, le spectacle étant terminé Pao T'ing-si s'en alla.

Le jour suivant, le premier seigneur prépara huit brocs d'étain, des bouteilles de sang de chèvre, quatre rouleaux de broderie des Miao et six paniers de thé de choix, article de tribut. Il ordonna à son serviteur de les transporter sur un fléau jusqu'à la maison de Kö Lai-kouan. Ils frappèrent à la porte et furent introduits par une domestique aux grands pieds. L'édifice de façade consistait en deux travées divisées en trois pièces et un passage qui partait de la porte de gauche et conduisait à des portes donnant sur la rivière à l'arrière. Kö Lai-kouan portait une robe de gaze doublée d'un tissu couleur de jade; il tenait un éventail de plumes d'oies sauvages avec ses doigts minces et effilés et se penchait à la balustrade pour prendre le frais.

« Asseyez-vous, s'il vous plaît, dit-il après avoir vu le premier seigneur entrer. D'où venez-vous, Monsieur ?

— Hier, Monsieur Pao m'a dit que vous aviez de votre demeure une belle vue sur la rivière, dit le premier seigneur. Je suis venu aujourd'hui pour vous rendre visite. J'ai apporté quelques pauvres présents sans valeur que j'espère vous daignerez accepter. »

Le serviteur entra en portant les cadeaux, lorsque Kö Lai-kouan les vit, il fut transporté de joie et dérida son front.

« Comment oserais-je accepter toutes ces choses, Monsieur ? », dit-il.

A la hâte, il se tourna vers la femme aux grands pieds.

« Portez-les à l'intérieur, ordonna-t-il. Dites à Madame de servir un repas.

— Je suis mahométan, dit le premier seigneur, je ne mange pas de viande.

— Nous venons d'acheter de très grands crabes de Yang-tcheou, je ne sais pas si vous en mangez, Monsieur ? demanda Kö Lai-kouan.

— Ils sont les produits de mon pays natal, répondit le premier seigneur, il n'y a rien que j'aime mieux. Notre oncle paternel a envoyé une lettre à la maison de Kao-yao, il disait désirer vivement manger des crabes, mais il ne pouvait pas en obtenir même un seul.

— Votre honorable père est-il fonctionnaire de la cour impériale ? demanda Kö Lai-kouan.

— Mon père est actuellement gouverneur militaire du Koueitcheou, répondit le premier seigneur. Je suis revenu pour me présenter à l'examen officiel. »

Comme ils parlaient, le vin fut servi. En face, la rivière était couronnée confusément de brume et de brouillard et dans les maisons sur les deux rives on avait allumé les lampes, tandis que les bateaux allaient et venaient sans cesse. Lorsque Kö Lai-kouan eut bu quelques coupes de vin, son visage devint rose et dans la lumière vacillante des bougies, il leva sa main fine et lisse comme le jade pour exhorter instamment le premier seigneur à boire du vin.

« J'ai bu assez de vin, dit le premier seigneur, j'aimerai prendre une tasse de thé. »

Kö Lai-kouan ordonna à la femme aux grands pieds d'enlever les carapaces de crabes et les assiettes de fruits, et d'essuyer la table. Elle alla chercher une théière violette en grès pour faire infuser un peu de thé parfumé. Au moment où ils étaient en train de se divertir délicieusement en goûtant le thé, ils entendirent soudain un tumulte à l'extérieur. Kö Lai-kouan franchit la grande porte et trouva le chirurgien Tcheou, la figure rouge et son gros ventre en avant, qui était en train d'admonester la femme aux grands pieds, lui reprochant d'avoir jeté d'innombrables carapaces de crabes sur son seuil. Comme Kö Lai-kouan s'avançait pour lui expliquer, le chirurgien l'invectiva violemment :

« Votre maison n'est qu'un mirage, cria-t-il. Vous devez vider les carapaces sur votre propre seuil, pourquoi les déchargez-vous chez moi ?! Avez-vous perdu la tête ? N'y voyez-vous plus clair ? »

Ils se disputèrent, l'intendant de la famille T'ang persuada Kö Lai-kouan de rentrer à l'intérieur. Lorsqu'ils se furent de nouveau assis, Yeou le Barbu entra en courant, très agité.

« Moi, votre serviteur, je vous ai cherché partout, premier seigneur, cria-t-il. Mais vous êtes ici!

— Pourquoi êtes-vous si pressé et si troublé? demanda le premier seigneur.

— Le deuxième seigneur est allé avec le dénommé Pao à la maison de quelqu'un pour prendre le thé près du temple du Pic du Vautour au Parc des Fleurs de l'Est, mais quelques voyous lui firent du chantage et lui arrachèrent ses vêtements! Le dénommé Pao eut tellement peur qu'il prit ses jambes à son cou. Maintenant le deuxième seigneur est enfermé dans cette maison et ne peut sortir, il est frénétique et fou d'inquiétude! Une vendeuse de fleurs de la porte voisine appelée Yao qui dit être la tante de la fille a barré la porte et ne le laisse pas sortir, comment le faire échapper?! »

A ces paroles, le premier seigneur l'envoya en vitesse chercher des lanternes à leurs logements pour éclairer la route jusqu'au temple du Pic du Vautour. Arrivés là quelques gredins leur crièrent :

« Depuis longtemps nous n'avons pas eu de " grands jours rouges " (jours joyeux de grands festins et d'amusement) à passer! Si nous n'escroquons pas son argent et ne le forçons pas à nous faire des dons, il n'y aura personne que nous puissions spolier! »

Le premier seigneur hardiment et héroïquement joua des coudes à travers eux, il les sépara, poussa Madame Yao de côté et d'un coup de poing fit tomber la porte. Le deuxième seigneur apercevant son frère aîné, sans perdre une minute s'élança au-dehors. Les fripons dehors auraient voulu l'arrêter, mais en voyant l'air martial du premier seigneur et de plus les lanternes du général de brigade, ils s'effrayèrent, n'osèrent pas le provoquer et se dispersèrent. Les deux frères retournèrent à leurs logements. Plus de vingt jours après, quand l'encre et la colle de farine furent apportées dans la salle d'examen pour dresser la liste bleue des candidats échoués, ils surent que les résultats sortiraient bientôt. Deux jours plus tard, les listes étaient publiées, les deux frères n'avaient pas réussi à l'examen de licence. Ils s'assirent dans leur chambre et boudèrent pendant sept ou huit jours entiers. Puis ils ramassèrent les épreuves écrites, trois compositions pour le premier seigneur T'ang Yeou, trois compositions pour le deuxième seigneur T'ang Che, pas une seule épreuve écrite n'avait été lue jusqu'au bout! Les deux frères alors se mirent à invectiver les examinateurs, et l'examinateur en chef les considéra comme des profanes, des ignorants qui ne savaient pas apprécier les lettrés de talent! Comme ils étaient en train de les maudire avec véhémence, un domestique de leur famille du yamen de Kouei-tcheou arriva et leur donna une lettre venant de leur père, tous les deux l'ouvrirent et la lurent ensemble.

Cela a eu pour suite :

Dans la forêt des Canneliers (pour l'examen de licence) et dans le parc d'Abricotiers (pour l'examen de doctorat)[2], ce n'est qu'une promenade en rêve de l'âme, tout est vide.

Les tigres se battent, les dragons luttent entre eux, on voit de nouveau surgir la guerre et l'expédition.

En fin de compte, pour savoir ce qui suit, lisez le prochain chapitre.

NOTES

1. Tseu-t'ong ou Tchang Ya-tseu habitait dans la montagne de Ts'i-K'in, Sseu-tch'ouan. Il était fonctionnaire à l'époque des Tsin. A l'époque des T'ang et des Song, il fut nommé roi de Ying-hien. Les prêtres taoïstes le considéraient à l'époque des Yuan comme le dieu des lettrés chargé des traitements des fonctionnaires. Cf. *Ming che, Li-tche*.

2. Car les examens de licence ont lieu pendant la huitième lunaison et les examens de doctorat pendant la troisième.

CHAPITRE XLIII

Un général livre une grande bataille à Ye-yang-t'ang[1]. *Un chef de tribu attaque par surprise le camp adverse au terrain des chants et des danses.*

Dans leurs chambres, T'ang le premier seigneur et T'ang le deuxième seigneur qui avaient repris leurs épreuves écrites refusées étaient en train de les regarder et ils étaient très courroucés, ils aperçurent un serviteur de leur famille arrivé de la préfecture Tchen-yuan du Kouei-tcheou, celui-ci leur donna une lettre venant de leur père. Les deux frères l'ouvrirent et la lurent ensemble :

« ... Les Miao sauvages ont récemment manifesté l'intention de se révolter, sitôt que les résultats d'examens seront publiés, que vous ayez réussi ou échoué, venez tous deux à mon quartier général, c'est très important !... »

« Notre père veut que nous allions à son yamen, dit le premier seigneur au deuxième seigneur après l'avoir lue, allons à Yi-tcheng et de là nous attendre à faire un bien long voyage ! »

Ils dirent à Yeou le Barbu de louer un bateau et de payer leur loyer. Puis les deux frères en chaises à porteurs, leurs serviteurs portant leur bagage, sortirent par la Porte de l'Ouest des Han et montèrent sur le bateau. Quand Kö Lai-kouan apprit qu'ils s'en allaient, il acheta deux canards salés aplatis de Nankin et quelques gâteaux, il alla à bord pour leur dire adieu, le premier seigneur lui donna en cachette un porte-monnaie contenant quatre taëls d'argent, après quoi, l'acteur s'en alla. Le bateau démarra ce même soir et le matin suivant ils arrivèrent à Yi-tcheng où les deux frères débarquèrent et se rendirent chez eux. Ils venaient de se laver la figure et étaient en train de boire du thé quand le portier entra :

« Le sixième seigneur est venu ! » annonça-t-il.

Le sixième seigneur entra suivi d'un étranger.

« J'apprends que notre vieux seigneur conduit des troupes pour attaquer et anéantir les Miao, dit-il aussitôt qu'il vit les deux frères. Quand les Miao seront écrasés, la cour impériale donnera certainement l'ordre de tenir les examens officiels l'année prochaine pour le féliciter, et vous deux, premier et deuxième seigneurs, vous serez reçus à l'examen de licence et de doctorat; notre vieux seigneur sera fieffé marquis, vous serez nommés hauts fonctionnaires de premier rang, je pense que vous mépriserez ce premier rang, je vous prie de me le donner, quand je porterai le chapeau de gaze de fonctionnaire, je le montrerai à Mademoiselle Si (la Fine), elle aura un peu peur de moi et me témoignera un peu de respect !

— Vous voulez un chapeau de gaze de fonctionnaire uniquement pour impressionner Mademoiselle la Fine et lui faire peur, sixième frère, dit le premier seigneur. Dans ce cas mieux vaut donner le chapeau à Wang Yi-ngan !

— Vous deux, vous n'arrêtez pas de parler, dit le deuxième seigneur, mais d'où vient cet homme ? »

L'étranger s'avança, se prosterna et présenta ses respects, puis il sortit de son sein une lettre et la montra.

« Son nom est Tsang K'i et il est originaire de la sous-préfecture T'ien-tch'ang, leur dit le sixième seigneur. La lettre est de Monsieur Tou Chao-k'ing qui dit que Tsang K'i est un homme digne de toute confiance, il vous le recommande comme serviteur, premier et deuxième seigneurs. »

Le deuxième seigneur ouvrit la lettre et la lut avec son frère aîné. Elle commençait en s'enquérant de la santé de leur père, puis elle parlait de Tsang K'i : « Tsang K'i a toujours travaillé comme serviteur du yamen dans le Kouei-tcheou, et y connaît chaque montagne retirée et sentier, il peut être un excellent serviteur, etc... »

Après l'avoir lue, le premier seigneur dit à son frère cadet :

« Il y a longtemps que nous n'avons pas vu notre ami de famille Tou, puisque c'est lui qui nous recommande cet homme, nous n'avons qu'à l'embaucher. »

Tsang le quatrième (Tsang K'i) se prosterna pour remercier et se retira. Le portier entra :

« Monsieur Wang Han-ts'ö est arrivé, annonça-t-il. Il attend dans la salle et désire vous voir, Messieurs.

— Deuxième, sortez le rencontrer pour voir ce qu'il demande, dit le premier seigneur à son frère cadet, Sixième frère et moi nous allons manger. »

Le deuxième seigneur alla recevoir le visiteur, pendant que son frère aîné ordonnait de servir le repas pour manger avec le sixième seigneur. Pendant qu'ils étaient à table, le deuxième seigneur revint après avoir reconduit le visiteur.

« Que vient-il dire ? demanda le premier seigneur.

— Il dit que son patron Wan Siue-tchai a deux chargements de bateaux de sel qui seront expédiés dans les deux jours prochains, répondit le deuxième seigneur. Il nous prie de veiller sur eux en chemin pendant notre voyage. »

Le deuxième seigneur les rejoignit à table. Après le repas, le sixième seigneur dit :

« Je dois m'en aller la voir maintenant, je viendrai demain vous accompagner au départ. »

Puis il ajouta :

« Si vous avez le temps, deuxième seigneur, allez voir Mademoiselle la Fine, je vais lui dire de vous attendre.

— Sixième frère, vous êtes le diable qui réclame la dette ! dit le premier seigneur, vous voulez nous importuner jusqu'à en mourir ! Qui a le temps d'aller voir cette prostituée sordide et coquette aujourd'hui ! »

Le sixième seigneur rit et s'en alla. Le jour suivant, ils réquisitionnèrent un grand bateau et Yeou le Barbu, Tsang le quatrième et quelques autres serviteurs transportèrent les bagages à bord, bannières et placards aux portes faisaient un spectacle pimpant et impressionnant. Le sixième seigneur les accompagna jusqu'à la grève de la Boue Jaune, dit quelques paroles de séparation et prit un petit bateau (sampan) jusque chez lui.

On tira des coups de canon, le bateau remonta le courant. Ce jour-là lorsqu'ils allaient arriver à l'Étang de la Grande Tante, une tempête éclata, le premier seigneur ordonna que le bateau amarre aussitôt. Le fleuve Yang-tseu n'était qu'une immense masse de vagues écumeuses blanches comme du sel et de la neige entassée à perte de vue. Ils virent deux grands bateaux de sel balayés par le vent et coincés au bord de la rive. De deux cents sampans stationnés sur la rive surgirent deux cents hommes au visage féroce ressemblant à des ogres :

« Les bateaux de sel se sont échoués ! crièrent-ils unanimement. Dépêchons-nous d'aller les aider à se sauver ! »

Ils conduisirent leurs petits bateaux et s'attroupèrent en sautant dans les bateaux de sel, aussi vite que possible sans laisser les autres s'expliquer, ils saisirent tout le sel en petits paquets et le transférèrent paquet par paquet à leurs sampans. Quand ces deux cents sampans furent remplis, ils prirent les avirons, chacun une rame, ramèrent comme une volée, pénétrèrent dans une petite crique, et s'en allèrent sans laisser une ombre et une trace! Le timonier et le secrétaire du bateau, épouvantés, se regardèrent face à face, ils avaient les mains liées, ils ne pouvaient rien faire! Puis leurs regards tombèrent sur le bateau près du leur qui portait les bannières du yamen du général de brigade à Kouei-tcheou et ils surent que c'était le bateau des frères T'ang, ils allèrent à bord et s'agenouillèrent pour implorer :

« Nous appartenons aux deux bateaux de sel de Monsieur Wan qui ont été attaqués et pillés en plein jour par les brigands, déclarèrent-ils. Vous, Messieurs, avez vu tout ce qui est arrivé de vos propres yeux, nous vous prions de trouver un moyen de nous sauver!

— Bien que votre patron et nous soyons originaires de la même sous-préfecture, répondirent les deux frères, ce cas de vol est l'affaire du fonctionnaire local; vous devez aller à son yamen déposer une plainte. »

Le secrétaire et les autres n'avaient pas d'autres moyens de s'en sortir, ils durent écouter ce conseil. Ils écrivirent une plainte et la portèrent au yamen de la sous-préfecture P'ong-tsö [2]. Sitôt que le sous-préfet reçut la plainte, il monta tout de suite au tribunal et convoqua le timonier, le secrétaire (régisseur) et tous les bateliers et marins en cause et leur ordonna d'entrer au deuxième tribunal.

« Pourquoi vos bateaux de sel ne continuaient-ils pas à avancer? demanda le sous-préfet. Quelle est la raison pour laquelle vos bateaux ont fait escale dans ma sous-préfecture? Dites-moi les noms des voleurs qui ont volé votre sel. Est-ce que vous les connaissez?

— Nos bateaux étaient balayés par la tempête et échoués au bord de la rive, Votre Excellence, répondit un des timoniers. Il y avait une crique là avec deux cents sampans et plusieurs centaines de vauriens-ogres qui emportèrent de force tous les paquets de sel que nous avions à bord. »

Quand le sous-préfet entendit cela, il fut très irrité et se mit dans une grande colère :

« Dans ma sous-préfecture, les lois et les décrets sont sévères et clairs, toute la région est tranquille et en sécurité, comment est-il possible que cette sorte de chose puisse exister?! gronda-t-il. Évidemment c'est vous, esclaves, chargés de transporter le sel du marchand qui, sur le chemin, avez volé le sel de votre maître avec la complicité de son clerc chargé d'escorter le bateau, pour fréquenter des prostituées et vous adonner au jeu d'argent à votre guise. Après l'avoir volé et l'avoir vendu entièrement pendant le voyage, vous apportez cette plainte inventée comme prétexte pour vous innocenter et pour désavouer votre crime! Maintenant vous êtes en jugement ici, et encore vous prétendez dire la vérité! »

Aussitôt sans les laisser s'expliquer, le sous-préfet jeta à terre une fiche de bambou, à ce signal, les serviteurs du yamen méchants comme des loups et féroces comme des tigres jaillirent de deux côtés; ils renversèrent le timonier sur le sol et lui donnèrent vingt grands coups de bastonnade jusqu'à ce que sa peau soit écorchée et sa chair déchirée. Puis le sous-préfet indiqua le secrétaire chargé d'escorter le bateau :

« Vous avez fait sûrement partie de ce complot, dites-moi tout de suite la vérité! »

En parlant, il palpait le cornet de fiches de bambou. Le pauvre secrétaire avait été le favori dorloté de son maître, comme sa barbe commençait à pousser, le marchand de sel alors l'avait envoyé pour la première fois escorter les bateaux, sa peau était tendre et sa chair délicate, le jeune homme n'avait jamais assisté à une aussi lourde bastonnade de mandarin. Lorsqu'il vit la présente scène, il fut épouvanté et perdit la tête, il pétait sans cesse et son urine coulait, il dit tout ce que le sous-préfet voulait entendre, n'osant pas le contredire même d'un seul mot. Il se prosternait sans cesse aussi rapidement qu'un pilon broyant de l'ail, tout ce qu'il demandait c'était qu'on épargnât sa vie. Le sous-préfet gronda et injuria longuement les bateliers, menaça de les jeter tous en geôle et de les interroger le lendemain. De panique le secrétaire de sel dit à l'un des bateliers d'aller au bateau des frères T'ang leur demander d'intervenir pour demander grâce au sous-préfet pour eux. T'ang le premier seigneur envoya son serviteur Tsang K'i avec sa carte pour dire au sous-préfet : « Les hommes de Monsieur Wan ont commis la faute d'être négligents à l'excès, mais la quantité de sel qu'ils ont perdue est limitée, et votre honneur a déjà puni le timonier, ordonnez-leur de faire attention à l'avenir et pardonnez-leur, je vous en prie. » Le sous-préfet ordonna à Tsang K'i de remporter la carte avec ses respects aux deux seigneurs en disant : « J'ai reçu votre carte, j'obéirai à vos ordres. » Le sous-préfet siégea de nouveau au tribunal et convoqua tous les hommes impliqués :

« Vous devriez être renvoyés à la sous-préfecture Kiang-tou et forcés de rembourser cette perte, dit-il. Je vous fais une faveur et vous laisse partir, je vous pardonne parce que c'est votre première inculpation. »

L'affaire étant réglée comme cela, il les mit tous dehors. Le secrétaire amena le timonier jusqu'au bateau des jeunes seigneurs T'ang pour se prosterner et les remercier de la faveur qu'il leur avait faite en intervenant. Puis tout à fait penauds, ils retournèrent à leurs bateaux.

Le jour suivant, le vent tomba et le bateau leva l'ancre. Après quelques arrêts, les deux frères débarquèrent et continuèrent leur route jusqu'à la préfecture de Tchen-yuan (Garnison lointaine) où ils envoyèrent leur serviteur Yeou le Barbu aller en avant au yamen pour annoncer leur arrivée, puis les deux jeunes seigneurs entrèrent dans le yamen de leur père. Ce jour-là, le général T'ang était en train de tenir compagnie à un invité qui était le préfet de la préfecture de Tchen-yuan. Ce préfet avait pour nom Lei K'i (Lei, Bon cheval) et comme nom social K'ang Si (Bonne Santé), il était docteur ès lettres et avait plus de soixante ans, il avait passé ses examens il y avait longtemps et était originaire de la sous-préfecture de Ta-hing. Il avait travaillé à un ministère comme grand secrétaire puis avait été promu à ce poste de préfet. Il était préfet de Tchen-yuan depuis cinq à six ans et avait une connaissance excellente de la situation des Miao. Après un repas dans la salle occidentale du général T'ang, le thé fut servi et ils commencèrent à parler de la question des Miao.

« Nous avons ici deux sortes de Miao : les Miao crus ou sauvages et les Miao cuits ou domptés ou soumis ou assimilés, dit le préfet Lei. Les Miao domptés ont très peur de la loi royale et la respectent, ils n'osent jamais créer de troubles, mais les Miao sauvages sont toujours en train d'attiser des insurrections et font facilement des émeutes. Les Miao de la région de la falaise du Grand Rocher et de la grotte du Chien Doré surtout sont méchants et détestables! L'autre jour T'ien Tö (T'ien le vertueux), fonctionnaire local, rapporta : le bachelier Fong Kiun-jouei a été enlevé par Pie Tchouang-yen, le chef de la grotte du Chien Doré, qui ne voulut pas le libérer. Si on lui demande de le relâcher il faut lui donner cinq cents taëls d'argent comme rançon, que pensez-vous de cette affaire? comment devons-nous agir, général?

— Puisque Fong Kiun-jouei est un bachelier chinois de l'intérieur du pays, le prestige et les convenances de la cour impériale sont en jeu, répondit le général T'ang. Comment Pie Tchouang-yen a-t-il osé l'enlever et demander rançon! Quel mépris complet de la loi royale! Cette affaire, il n'y a pas d'autre manière de la traiter que de conduire des soldats et des chevaux à leur grotte; nous exterminerons tous ces Miao félons, ramènerons Fong Kiun-jouei, le remettrons aux autorités locales pour trouver la cause du conflit avant de sévir. A part cela, quelle autre solution y aurait-il?

— Votre proposition est juste, général, répondit le préfet.

Mais à quoi bon se donner la peine de lever les troupes et de mobiliser la masse seulement pour le salut de ce seul homme Fong Kiun-jouei?! A mon humble avis, ce serait mieux d'envoyer le fonctionnaire local T'ien à leur grotte pour raisonner avec le chef des Miao et le persuader de rendre sagement Fong Kiun-jouei. Cette affaire réglée, on n'en parlera plus.

— Vous avez tort, Votre Honneur, dit le général T'ang. Supposez, quand le fonctionnaire local T'ien ira à leur grotte, que les rebelles Miao le capturent et demandent un millier de taëls pour rançon, alors vous devriez aller en personne raisonner avec eux, et ils vous enlèveraient pour une rançon de dix mille taëls, dans ce cas, que pourrions-nous faire? En outre, la cour impériale dépense chaque année des millions en grain et en argent à entretenir des soldats, généraux et capitaines, pour quoi faire? Si nous craignons de mettre les troupes en action et de mobiliser la masse, mieux vaut ne pas nourrir tous ces hommes oisifs! »

Le général T'ang et le préfet Lei étaient en désaccord.

« Bon, dit le préfet Lei, nous enverrons un rapport simple et clair au gouverneur provincial pour voir quelle est sa décision et comment il nous répondra, ensuite nous n'aurons qu'à mettre ses instructions en application, c'est tout. »

Sur ce, le préfet Lei remercia son hôte, prit congé et retourna à son propre yamen.

Au quartier général, on tira le canon et on ferma la porte. Lorsque le général T'ang revint après avoir reconduit son invité, ses deux fils lui présentèrent leurs respects. Tsang le quatrième se prosterna également. Après avoir échangé quelques paroles sur les affaires de leur pays, ils allèrent tous se reposer. Quelques jours plus tard, la réponse officielle du gouverneur provincial arriva :

« J'ordonne au général de brigade de conduire ses soldats et ses chevaux exterminer les rebelles Miao afin de faire observer la loi et maintenir l'ordre, pour le reste je suis d'accord avec les propositions. Les instructions doivent être exécutées rapidement, sans délai. »

Aussitôt que le général T'ang reçut cette réponse officielle, il envoya immédiatement quelqu'un pour faire venir le secrétaire de la chambre de la guerre de la préfecture, et le fit enfermer dans sa bibliothèque, le secrétaire terrifié frémit de peur ne sachant pas la raison de cela. Ce ne fut que peu avant minuit, vers la troisième veille que le général T'ang arriva à la bibliothèque voir le secrétaire et ordonna à tous ses subordonnés de se retirer. Le général sortit une barre de cinquante taëls d'argent et la déposa sur la table :

« Je vous prie de la prendre, Monsieur, dit-il. Je vous ai fait venir, ce n'est pas pour autre chose que pour acheter purement et simplement un mot de vous. »

Le secrétaire tremblait de peur :

« Dites-moi ce que vous voulez que je fasse, Votre Honneur, je le ferai suivant votre ordre, bégaya-t-il. Je mourrai plutôt que d'accepter la récompense de Votre Honneur!

— Ne dites pas cela, dit le général T'ang, je ne veux pas vous compromettre. Demain un ordre viendra du gouverneur provincial à la préfecture pour me demander de faire une expédition. Lorsque la préfecture me transmettra l'ordre, copiez en changeant les mots : " conduire les soldats et les chevaux locaux " en " conduire beaucoup de soldats et de chevaux ". Je vous donne ce lingot de cinquante taëls, c'est pour les honoraires de votre pinceau, je ne demande rien d'autre. »

Le secrétaire acquiesça, accepta l'argent et fut autorisé à s'en aller. Quelques jours plus tard, la préfecture transmit l'ordre du gouverneur provincial militaire ordonnant au général de brigade T'ang de conduire des soldats pour faire une expédition rapidement et sans délai. Comme dans la dépêche officielle de la préfecture, il y avait ces mots : " conduire beaucoup de soldats et de chevaux ", le général T'ang appela ses trois propres bataillons et les deux forces auxiliaires qu'il avait le droit de mobiliser, les provisions pour les troupes de chaque route étaient déjà préparées.

C'était la veille du Nouvel An, le lieutenant-colonel de Ts'ing-Kiang et le capitaine de T'ong-jen des deux forces auxiliaires rapportèrent :

« Mobiliser les soldats pour combattre pendant le dernier jour du mois lunaire est à l'encontre des lois militaires, c'est néfaste.

— Aucune importance, n'y faites pas attention, dit T'ang. " L'habileté à utiliser la tactique dépend de l'esprit. " Aujourd'hui les Miao célèbrent la nouvelle année, justement nous pouvons les prendre par surprise lorsqu'ils ne s'y attendent pas, et les attaquer quand ils ne sont pas sur leurs gardes. »

Alors il ordonna au lieutenant-colonel de Ts'ing-kiang de conduire ses forces depuis la falaise du Petit Rocher pour pénétrer jusqu'à la côte de la Tour du Tambour, pour couper la route de retraite de l'ennemi; il ordonna au capitaine de T'ong-jen de conduire ses forces depuis la montagne de l'Écran de Pierre pour arriver directement au mont des Neuf Tournants et attaquer l'avant-garde de l'ennemi. Tandis que le général T'ang conduirait lui-même ses propres forces, la grande troupe de l'armée du milieu, à l'étang de la Chèvre Sauvage. La répartition fut fixée, les ordres furent transmis, et l'avance commença.

« Le repaire (le quartier général) des rebelles Miao se trouve justement à l'étang de la Chèvre Sauvage, dit le général T'ang, si nous approchons par la grand-route et les surprenons, ils équiperont leurs défenses et entreront dans leurs redoutes (blockhaus) pour " attendre la fatigue de l'ennemi avec aisance [3] ", ils auront l'avantage sur nous, il nous sera difficile de gagner la guerre à bref délai. »

Aussi il demanda à Tsang K'i :

« Connaissez-vous un sentier qui nous amènerait à leurs arrières ?

— J'en connais un, dit Tsang K'i. Grimpez sur la montagne par la falaise de l'Encensoir et traversez le ruisseau de Fer jusqu'à leurs arrières, vous pouvez gagner dix-huit li. Mais les eaux du ruisseau sont très froides. Maintenant il y a de la glace dedans, c'est difficile d'y marcher.

— Cela ne fait rien », dit T'ang. Il ordonna à sa cavalerie de l'armée du milieu de mettre des bottes imperméables et à son infanterie de porter des chaussures de faucon légères pour grimper. Puis la force du milieu entière se mit en route le long de ce chemin.

A ce moment-là le chef des Miao avait assemblé tous les hommes et toutes les femmes de sa tribu dans la grotte pour boire du vin et jouer de la musique afin de célébrer le Nouvel An. Fong Kiun-jouei était un scélérat, il avait épousé la fille du chef des Miao, lui et son beau-père alignèrent les nombreuses femmes des Miao portant des vêtements rouges comme les fleurs et verts comme les saules, ils frappaient les gongs, faisaient résonner les tambours et jouaient des pièces des Miao. Soudain une sentinelle arriva en coup de vent :

« Cela va mal! cria-t-il. Le grand empereur a envoyé des troupes pour nous anéantir, ils arrivent déjà au mont des Neuf Tournants! »

Le chef des Miao eut tellement peur que son âme sortit de son corps, à la hâte il ordonna à deux cents soldats armés de javelots d'aller résister à l'ennemi, puis une autre sentinelle vint en courant au mépris de sa vie :

« Une grande force d'infanterie et de cavalerie a atteint la côte de la Tour du Tambour, rapporta-t-il. Il y en a trop pour être compté! »

Pendant que Fong Kiun-jouei et le chef des Miao s'effrayaient et s'affolaient sans savoir que faire, un canon gronda, des torches flamboyèrent au même instant sur la montagne derrière. Les cris de « Tuez » s'élevèrent jusqu'au ciel et les ennemis descendirent des airs. Le chef des Miao à la tête de ses soldats lança un combat de mêlée désespéré, mais il ne pouvait pas contrecarrer les troupes du général T'ang, qui avec de longues lances et des grandes hallebardes tuaient carrément tout devant eux jusqu'à l'étang de la Chèvre Sauvage, plus de la moitié des soldats des Miao furent tués ou blessés. Le chef des Miao et Fong Kiun-jouei trouvèrent un sentier qui leur permit de s'échapper vers une autre grotte des Miao.

Le capitaine de T'ong-jen avec son avant-garde et le lieutenant-colonel de Ts'ing-kiang avec son arrière-garde se réunirent tous à ce moment à l'étang de la Chèvre Sauvage. Ils fouillèrent les repaires, tuèrent tous les Miao qui restaient et prirent les femmes comme esclaves pour faire la cuisine dans l'armée. Le général T'ang ordonna à ses trois armées de camper à l'étang de la Chèvre Sauvage même. Puis le lieutenant-colonel et le capitaine vinrent à la tente militaire adresser leurs félicitations pour la victoire.

« Vous ne devez pas relâcher votre vigilance pour le moment, Messieurs, dit le général T'ang. D'après moi, quoique les bandits aient été vaincus, ils se sont enfuis vers une autre grotte et sûrement demandent des renforts, ils attaqueront par surprise notre camp cette nuit. Il ne faut pas ne pas prendre de précautions et de mesures défensives. »

Alors il demanda à Tsang K'i :

« Quelle est la grotte la plus proche d'ici ?

— La grotte des Yeux Verticaux est à moins de trente li, répondit Tsang K'i.

— J'ai trouvé un moyen », dit le général T'ang.

Puis il se tourna vers le lieutenant-colonel et le capitaine :

« Messieurs, dirigez vos forces, mettez-vous en embuscade à gauche et à droite du pont du Pilier de Pierre, car les bandits Miao doivent revenir par ce chemin. Attendez qu'ils battent en retraite et que vous entendiez le signal du grondement du canon, alors que tous les soldats au guet se lèvent et s'avancent les faucher par surprise. »

Les deux officiers sortirent pour exécuter ces ordres. Le général T'ang fit choisir les meilleures chanteuses parmi les femmes Miao captives, leur fit peigner les cheveux en hauteur de cinq pieds en forme d'une alène, leur fit mettre des vêtements brodés pour chanter et danser pieds nus dans la tente militaire du quartier général, pendant que tous les soldats et chevaux se cachaient dans le ravin. En effet, à la cinquième veille (entre trois et cinq heures du matin), le chef des Miao à la tête des soldats de la grotte des Yeux Verticaux munis d'épées et de javelots traversa furtivement et silencieusement le pont du Pilier de Pierre. Quand ils virent les lanternes et les chandelles brûler brillamment et splendidement dans la tente militaire du quartier général à l'étang de la Chèvre Sauvage, et qu'ils entendirent là chants et musique de danse, ils poussèrent tous un grand cri de bataille et se ruèrent sur la tente. Fourvoyés, ils manquèrent leur but et firent un coup nul. Il n'y avait là que des femmes de la minorité Miao, et pas même un seul homme. Une fois qu'ils surent qu'ils étaient tombés dans un piège, ils se pressèrent d'en sortir en courant. Alors les troupes cachées dans le ravin se levèrent unanimement, leurs cris atteignirent le ciel. Le chef des Miao en risquant sa vie dirigea ses soldats Miao et se jeta vers le pont du Pilier de Pierre, mais de façon inattendue, un coup de canon retentit, les soldats cachés sous le pont surgirent tous, ils se rassemblèrent et s'avancèrent pour anéantir les Miao. Heureusement les Miao ont des plantes de pied épaisses insensibles aux falaises escarpées et aux épines pointues, ils se dispersèrent et s'enfuirent partout dans la montagne comme des singes terrifiés et des lièvres affolés et lestes.

Le général T'ang avait remporté une grande victoire, il fit l'appel et examina le rôle de ses trois bataillons et des deux forces auxiliaires, les pertes étaient insignifiantes. Ils retournèrent triomphalement à la préfecture de Tchen-yuan, où le préfet Lei les accueillit et leur offrit ses félicitations. Puis il demanda ce qu'étaient devenus le chef des Miao Pie Tchouang-yen et Fong Kiun-jouei.

« Nous les avons vaincus successivement plusieurs fois, ils étaient dans l'impasse, et avaient juste le temps de fuir pour sauver leurs vies, répliqua le général T'ang, je pense que ces deux hommes se sont déjà donné la mort dans les fossés.

— D'après la situation générale, naturellement il doit en être ainsi, dit le préfet Lei. Mais quand nos supérieurs nous questionneront à ce sujet, cela ne sera pas facile de leur répondre, une telle réponse ressemble évidemment à une échappatoire. »

Alors le général T'ang ne put répondre. Il retourna à son yamen où ses deux fils l'accueillirent et s'informèrent de sa santé. Mais à cause de cette affaire, il était très embarrassé et agité et il ne put s'endormir de toute la nuit. Le jour suivant, il envoya un rapport détaillé de son expédition et de sa victoire à ses supérieurs. La réponse officielle du vice-roi arriva, son point de vue était exactement et étrangement celui du préfet Lei, il ne demanda que ces deux criminels principaux : Pie Tchouang-yen et Fong Kiun-jouei :

« Il faut les arrêter immédiatement et les amener au yamen afin que je puisse envoyer un rapport à la cour impériale. »

Le général T'ang s'affolait et ne savait que faire. Alors Tsang

K'i, qui était à côté de lui, s'agenouilla pour faire une demande :

« Je connais tous les sentiers dans les grottes des Miao sauvages, dit-il. Je vous prie de me laisser aller trouver où est Pie Tchouang-yen, alors vous pourrez chercher un moyen de le capturer. »

Le général T'ang fut transporté de joie, donna à Tsang cinquante taëls et lui ordonna d'aller s'informer soigneusement.

Tsang K'i ayant l'ordre de son maître partit. Il revint huit à neuf jours plus tard :

« Je suis allé directement jusqu'à la grotte des Yeux Verticaux, rapporta-t-il. J'ai découvert que Pie Tchouang-yen avait emprunté des troupes pour attaquer par surprise notre camp; quand il fut défait, le chef de cette grotte se querella avec lui, et maintenant Pie se réfugie dans la grotte du Ver Blanc; j'y suis allé, en m'informant, j'ai appris que Fong Kiun-jouei était également là. Il reste à Pie Tchouang-yen seulement une dizaine de membres de sa famille, et il n'a ni un seul soldat ni un seul cheval. J'ai entendu dire qu'ils ont fait un plan : dans le chef-lieu de la préfecture Tchen-yuan, le dix-huitième jour du premier mois la divinité du ruisseau de Fer apparaît, tous les habitants de la ville doivent fermer leurs portes et rester dans leur maison pour se cacher. Ils ont l'intention de se déguiser comme des revenants et des monstres ce jour-là pour piller et saccager votre yamen, Monsieur, afin de se venger. Vous devez prendre les précautions nécessaires pour que tout aille bien.

— Je sais », répondit le Général T'ang après l'avoir entendu.

Il donna à Tsang K'i un mouton et du vin et lui dit d'aller se reposer. En effet telle était la légende dans la préfecture de Tchen-yuan : le dix-huitième jour du premier mois, disait-on, le dieu Dragon donne sa sœur cadette en mariage, elle est si laide qu'elle a peur qu'on ne la voit, beaucoup de soldats-crevettes et de généraux-crabes sont envoyés pour l'escorter. Toutes les familles doivent fermer leurs portes et sont dans l'interdiction de sortir la regarder. Si la sœur cadette du dieu Dragon apercevait quelqu'un la regarder furtivement, elle envoyait un vent si rapide et une pluie si violente que le sol était couvert d'une eau profonde de trois pieds et des gens innombrables s'y noyaient. C'était une vieille croyance qui se transmettait de génération en génération depuis longtemps.

Le dix-septième jour, le général T'ang fit venir sa garde du corps :

« Qui d'entre vous connaît Fong Kiun-jouei ? », demanda-t-il.

Parmi sa garde un homme de haute taille s'avança et s'agenouilla :

« Je le connais, dit-il.

— Très bien », dit le général T'ang.

Alors il ordonna à cet homme de porter une longue robe de toile blanche et un chapeau noir en papier extrêmement élevé et d'enduire tout son visage de chaux pour faire semblant d'être le démon local; il ordonna aussi à ses serviteurs de se déguiser en monstres extrêmement laids et méchants : têtes de bœufs, figures de chevaux, roi de l'enfer et démons agiles *(yaksa)*.

Il donna cet ordre à l'homme de haute taille :

« Demain quand vous verrez Fong Kiun-jouei, vous le saisirez tout de suite, vous serez fortement récompensé. »

Quand tout fut prêt, il ordonna au gardien de la porte du Nord de la ville de l'ouvrir avant l'aube. Pie Tchouang-yen et Fong Kiun-jouei étaient déguisés en paysans ordinaires qui allaient à la foire ou à la fête, mais chacun avait un poignard caché sur lui. Quand ils arrivèrent à la porte du Nord, ils virent qu'elle était déjà ouverte, ils se précipitèrent avec une dizaine d'autres, armes à la main ils escaladèrent le mur et se laissèrent tomber à l'intérieur de l'écurie du général de brigade; à ce moment-là, la pâle lumière de la lune éclairait une grande cour déserte, juste au moment où ils se demandaient par où entrer, ils virent un monstre tapi au sommet du mur, il avait un petit gong en main qu'il frappa alors deux fois, le mur s'écroula comme dans un tremblement de terre, plusieurs dizaines de torches s'allumèrent en même temps et plusieurs dizaines de diables méchants sortirent en sautant avec des fourches en acier, et des « retenir des visiteurs »[4] (longues lances à quatre crochets) à la main, ils s'avancèrent en fendant l'air. Pie Tchouang-yen et Fong Kiun-jouei furent si effrayés que leurs pieds leur semblèrent cloués au sol; alors le diable local s'avança à grands pas et accrocha Fong Kiun-jouei avec sa faucille-lance.

« J'ai attrapé Fong Kiun-jouei! cria-t-il. Tous les autres entrèrent en action et s'emparèrent des hommes de la minorité Miao, pas un seul ne put s'échapper. Ils les firent marcher jusqu'au deuxième tribunal où le général T'ang les compta et le jour suivant ils furent emmenés sous escorte jusqu'au yamen de la préfecture. Le préfet Lei apprenant que le chef des rebelles et Fong Kiun-jouei avaient été capturés, en fut bien aise, sans tarder il sortit avec respect « la bannière de l'ordre impérial » et « l'épée de l'empereur »[5], fit couper les têtes de Pie Tchouang-yen et de Fong Kiun-jouei et les fit suspendre à un poteau dans un lieu public pour l'exemple, les autres membres de la minorité Miao furent tous tués. Cela fait, il envoya un rapport au trône à la capitale. L'édit impérial arriva :

« En ce qui concerne l'affaire des bandits Miao de la grotte du Chien Doré menée par T'ang Tseou, celui-ci s'est avancé témérairement à sa guise et a gaspillé de l'argent et des vivres, j'ordonne qu'il soit dégradé de trois rangs et transféré à un autre poste comme avertissement aux autres militaires ambitieux et vaniteux. Respectez cela. »

Le général T'ang reçut une copie, il poussa un soupir après l'avoir vue. Une dépêche officielle du ministère annonça le nouveau fonctionnaire, son successeur qui arriva. Après avoir remis ses sceaux, T'ang délibéra avec ses deux fils et ils firent leurs bagages pour rentrer à la maison.

Cela a eu pour résultat :

Le général est parti, les gens s'affligent de la malchance du « Grand Arbre » [6].

Le lettré illustre braille, il consulte ses amis sur le cimetière de ses parents.

Pour savoir ce qui suivra, lisez le prochain chapitre.

NOTES

1. Ye-yang-t'ang (Étang des chèvres sauvages) se trouve dans la préfecture Tchen-Yuan du Kouei-tcheou.
2. P'ong-tsö se trouve dans la province de Kiang-si.
3. *Yi-yi Tai-lao :* « attendre la fatigue de l'ennemi avec aisance », expression tirée du *Souen-tseu.*
4. *Lieou-k'o-tchou :* « retenir les visiteurs à rester », sorte de longue lance sur la tête de laquelle il y a quatre crochets.
5. *Wang Ming :* « bannière de l'ordre impérial » : d'après les institutions des Ts'ing, les fonctionnaires dans les provinces au rang supérieur à celui de général de brigade pouvaient recevoir la bannière de l'ordre impérial; dans ce cas, ils pouvaient tuer des criminels importants sans demander l'autorisation de l'empereur. *Chang-fang-k'ien :* « épée de l'empereur » : l'empereur donnait aux hauts fonctionnaires cette épée qui leur conférait le privilège de tuer n'importe qui sans décret impérial.
6. « Grand Arbre » était le surnom du général Fong Yi (?-34) des Han orientaux.

CHAPITRE XLIV

Le général T'ang, après sa victoire, retourne dans son pays natal.
Le bachelier Yu, pendant un festin, se renseigne sur les enterrements.

Après avoir délibéré avec ses deux fils, le général T'ang fit ses bagages pour rentrer chez lui. Le préfet Lei envoya quatre taëls d'argent au lieu d'offrir lui-même un festin et demanda aux cuisiniers de T'ang de préparer un repas d'adieu pour lui dans son propre yamen. Le jour de son départ, tous les fonctionnaires de la ville vinrent l'accompagner. Il voyagea par voie d'eau jusqu'à Tch'ang-tö (Vertu éternelle), traversa le lac Tong-t'ing (lac de la Salle des Grottes), puis descendit le fleuve Yang-tseu jusqu'à Yi-tcheng (symbole des rites). Ce voyage fut tranquille sans aucun incident, il interrogea ses deux fils sur leurs études, et regarda les paysages au bord du fleuve. En moins de vingt jours ils arrivèrent à Cha-mao-tcheou (l'îlot du chapeau de gaze de fonctionnaire), et envoyèrent un serviteur devant pour préparer la maison. Le sixième seigneur au courant de leur retour alla directement à la grève de la Boue Jaune pour les accueillir, il présenta ses respects à son oncle puis leur raconta les nouvelles du pays natal. Le général T'ang voyant qu'il avait une langue mielleuse et une bouche bavarde, se fâcha :

« J'ai quitté la maison il y a trente ans, vous avez grandi, dit-il. Mais où avez-vous appris ce caractère méprisable des basses classes ? »

Puis il remarqua que chaque fois que son neveu ouvrait

la bouche, c'était pour dire : vieux seigneur ceci, et vieux seigneur cela, il se mit en colère :

« Quel est ce baragouinage! bassesses! bêtises! cria-t-il. Je suis votre oncle, pourquoi ne m'appelez-vous pas oncle, mais vous m'appelez seigneur? »

Le sixième seigneur en parlant aussi de ses deux cousins disait « premier seigneur » et « deuxième seigneur ». Le général T'ang frémit de colère davantage encore :

« Vous êtes un brigand! cria-t-il. Vous méritez d'être tué! Au lieu de donner des conseils et de veiller sur vos cousins, comment se fait-il que vous les appeliez premier seigneur et deuxième seigneur?! »

Il le gronda jusqu'à ce qu'il ait l'air abattu et l'oreille basse. A son retour à la maison, le général T'ang se prosterna devant les tablettes de ses ancêtres et fit défaire ses bagages. Son frère aîné, l'ancien sous-préfet de la sous-préfecture Kao-yao (hautement importante), s'était retiré à la maison maintenant, ces deux vieux frères furent très heureux de se retrouver; ils festoyèrent pendant plusieurs jours. Le général T'ang n'alla pas à la ville et il ne visita pas les fonctionnaires, mais il fit construire une villa de quelques pièces au bord de la rivière, installa sa guitare à gauche et ses livres à droite, lut des ouvrages et instruisit ses fils. Trois ou quatre mois s'écoulèrent, un jour il vit les essais à huit paragraphes composés par ses deux fils dans une association de lettrés, et en fut mécontent.

« En écrivant des essais comme cela, comment pourraient-ils réussir à l'examen de licence! pensa-t-il. Maintenant ils vont profiter de ce que je suis à la maison, je dois leur trouver un précepteur pour les instruire. »

Chaque jour il remâchait cette pensée.

Ce jour-là le portier entra :

« Monsieur Siao le deuxième originaire de Yang-tcheou est venu vous rendre visite, annonça-t-il.

— Son père a été mon collègue, ce jeune homme Siao est un ami de famille, dit T'ang. Mais je ne pourrai le reconnaître quand je le verrai. »

Il ordonna de le faire entrer. Siao Po-ts'iuan entra et salua. Le général vit qu'il était beau comme un jade et habillé avec élégance, il l'accueillit et ils s'assirent.

« Je vous félicite d'être revenu à la maison, dit Siao Po-ts'iuan. J'aurais dû venir plus tôt pour vous présenter mes respects. Mais récemment Monsieur Kao, le lecteur de l'Académie de la Forêt des Pinceaux à Nankin est rentré pour un congé, comme il passait par Yang-tcheou, je lui ai tenu compagnie pendant quelque temps, c'est pourquoi j'ai tardé à venir.

— Puis-je vous féliciter si vous êtes reçu bachelier ?

— Le dernier examinateur, le commissaire d'éducation provincial, a eu la gentillesse de me classer comme l'un des élèves des docteurs ès lettres, répondit Siao. Ce rang de bachelier portant le collet bleu ne peut être considéré comme rare et extraordinaire, mais je suis heureux de ce que chacun dans la ville lise mes essais; il y a trois jours, en effet j'étais apprécié par le grand maître (l'examinateur), cela montre que le jugement n'était pas erroné. »

Le général T'ang trouva qu'il parlait bien et avait la langue bien déliée, il le garda à déjeuner dans la bibliothèque et ordonna à ses deux fils de lui tenir compagnie. L'après-midi, le général lui dit qu'il voulait inviter un précepteur pour enseigner à ses deux fils à écrire les essais d'examens officiels.

« J'ai fait récemment la connaissance d'un homme qui est originaire de la sous-préfecture de Wou-ho (Cinq Rivières), il s'appelle Yu t'ö (Yu, homme extraordinaire), son nom social est Yeou-ta (parvenir), c'est un bachelier supérieur, qui connaît bien les essais d'examen officiel. Il est en ce moment précepteur dans la maison d'un marchand de sel, mais il n'est pas content là. Si vous voulez engager un précepteur, mon oncle, vous ne trouverez personne de mieux. Si vous lui écrivez une invitation et envoyez un de vos fils avec moi pour aller lui rendre visite, Monsieur Yu pourra venir avec votre fils. Ses honoraires annuels ne dépassent pas cinquante à soixante taëls d'argent. »

L'ayant entendu, le général T'ang fut extrêmement content, il garda Siao Po-ts'iuan pendant deux nuits et rédigea une invitation. Il ordonna à son fils de louer un « voler sur les herbes » (petit bateau) et d'accompagner Siao jusqu'à Yang-tcheou pour rendre visite à Monsieur Yu dans la maison au bord de la rivière d'un marchand de sel nommé Wou.

Siao Po-ts'iuan dit au fils aîné du général T'ang d'écrire sur sa carte « jeune lettré inférieur » (lorsque monsieur Yu deviendrait son précepteur, le fils aîné pourrait écrire une carte d' « étudiant »).

« Monsieur Yu est moitié un ami, moitié un précepteur, dit le fils aîné, j'écrirai donc sur ma carte "votre camarade et votre frère cadet" . »

Comme Siao ne pouvait le convaincre, il dut prendre cette carte et ils se rendirent chez Monsieur Yu. Le portier transmit la carte et les fit entrer dans la bibliothèque. Monsieur Yu portait un chapeau carré de lettré, une robe bleu saphir et des pantoufles rouges; il avait le teint clair et une barbe à trois mèches, il était myope et semblait avoir plus de cinquante ans. Il pénétra dans la bibliothèque, les salua et s'assit.

« Frère Po-ts'iuan, dit-il, vous alliez à Yi-tcheng il y a quelques jours. Quand êtes-vous revenu ?

— Je suis allé à Yi-tcheng pour voir mon oncle, ami de ma famille, le général T'ang qui m'a gardé quelques jours, répondit Siao, voici mon frère aîné d'après la génération, le fils aîné du général T'ang. »

Puis il sortit la carte du fils aîné de T'ang de sa manche et la donna à Yu. Celui-ci la prit et la posa sur la table après l'avoir lue.

« Je suis trop honoré, comment oserai-je être digne de cette appellation ? », dit Yu.

Siao Po-ts'iuan lui expliqua comment le général T'ang en était venu à souhaiter qu'il devienne précepteur de ses fils.

« C'est pourquoi je vous rends visite aujourd'hui, dit Siao, si vous daignez accepter, je vous enverrai immédiatement le contrat et le traitement.

— Le général T'ang est un haut fonctionnaire, ses fils ont un grand talent, dit Yu Yeou-ta en souriant. Je suis vieux, imbécile et incompétent, comment serais-je capable d'être leur précepteur [1]. Je vous prie de me laisser peser la situation et je vous répondrai plus tard. »

Les deux gentilshommes s'en allèrent. Le jour suivant, Yu Yeou-ta vint rendre visite à Siao :

« Frère Po-ts'iuan, dit-il. Pour l'offre d'hier, je ne peux pas obéir à votre ordre.

— Pourquoi ? demanda Siao.

— Puisqu'il veut que je sois son précepteur, répondit Yu avec un sourire, pourquoi écrit-il sur sa carte « d'un frère cadet » ? Cela montre qu'il n'a pas l'intention de recevoir mon enseignement. Voici, en outre, ce qu'il en est, j'ai un vieil ami qui est préfet de la préfecture Wou-Wei (Non-Agir), et l'autre jour j'ai reçu une lettre de lui m'invitant là-bas, j'ai l'intention d'y aller; s'il peut m'aider un peu, je m'en tirerai mieux qu'avec une année d'enseignement, je gagnerai beaucoup plus, je vais résilier mon emploi et donner ma démission au marchand de sel dans quelques jours et quitter cet endroit. Je vous prie de recommander quelqu'un d'autre à la maison du général T'ang. »

Siao Po-ts'iuan ne pouvait le convaincre et le forcer d'accepter et il transmit cette réponse au premier seigneur T'ang pour qu'il cherche un autre précepteur.

Quelques jours après, Yu Yeou-ta en effet donna sa démission, fit ses bagages et retourna à Wou-ho. Sa maison était dans la ruelle de la famille des Yu. Quand il y arriva, son frère cadet sortit à sa rencontre. Il s'appelait Yu Tch'e (Yu la persistance) et avait comme nom social Yeou-tchong (le lourd), il était également un bachelier érudit de la sous-préfecture de Wou-ho. A ce moment-là, dans cette sous-préfecture, la famille P'ong devenait très célèbre car cette famille de parvenus avait produit plusieurs docteurs ès lettres et deux académiciens. Comme les gens de Wou-ho étaient des provinciaux à vue courte, ils flattaient tous la famille P'ong. Il y avait aussi une famille nommée Fang qui venait de la sous-préfecture Houei-tcheou, cette famille avait ouvert un mont-de-piété et s'était adonnée aux affaires de sel, elle se faisait passer pour native de Wou-ho et voulait s'unir par des mariages avec les personnes de cette sous-préfecture. Au début la famille Yu, de la ruelle des familles Yu, avait marié de génération en génération ses enfants à ceux de la vieille famille de notables locale Yuu, ni les Yu ni les Yuu ne voulaient épouser des Fang. Mais, plus tard, ces deux familles avaient produit quelques personnes éhontées et mesquines qui convoitèrent les riches cadeaux de mariage des Fang et épousèrent leurs filles, ainsi les familles devinrent unies par mariage. Après de nombreux mariages entre ces Fang et les Yu et Yuu, non seulement les Fang arrêtèrent leurs riches cadeaux de mariage, mais déclarèrent que les Yu et les Yuu admiraient tellement leur richesse qu'ils faisaient tout pour s'allier à eux. C'est pourquoi dans ces deux familles désormais il y eut deux types d'hommes qui ne se souciaient pas de la bonne réputation et du prestige de leurs ancêtres : les premiers étaient des sots qui avaient les phrases suivantes comme règle de conduite :

« Nous n'épousons que des Fang et nous ne lions amitié qu'avec les P'ong, n'était la famille Fang, nous ne nous marierions pas, n'était la famille P'ong, nous ne nous ferions pas d'amis. »

Les seconds étaient des pervers qui avaient également les phrases suivantes comme règle de conduite :

« Nous ne pensons qu'aux Fang et nous ne parlons que des P'ong, n'était les Fang, nous ne penserions pas, n'était les P'ong, nous ne parlerions pas. »

En d'autres termes cela voulait dire que s'il n'y avait pas cette famille Fang qui prétendait être originaire de la sous-préfecture des Cinq Rivières, ces gens imbéciles et sans honte pourraient se passer d'épouse et s'il n'y avait pas la famille P'ong qui avait produit des docteurs ès lettres, ils se seraient passés d'amis. Cette sorte d'hommes pensaient qu'ils avaient atteint le plus haut degré du succès et se croyaient remarquablement sagaces, mais en fait ils étaient complètement stupides. Ces rusés pensaient faire alliance avec la famille Fang, mais celle-ci ne le voulait pas, ils ne daignaient pas le dire et mentaient pour faire trembler les gens :

« Le vieux Monsieur P'ong est mon professeur, disaient-ils. Monsieur P'ong le troisième m'a invité dans sa bibliothèque et nous avons bavardé longuement à cœur ouvert en paroles intimes » ou bien encore :

« Monsieur P'ong le quatrième m'a écrit une lettre de Pékin. »

Grâce à de telles paroles, ils étaient souvent invités à des festins dans l'espoir qu'ils diraient ces paroles pour impressionner les autres invités. Les mœurs de la sous-préfecture des Cinq Rivières étaient vilaines et vicieuses à ce point.

Mais les frères Yu Yeou-ta et Yu Yeou-tchong obéissaient aux préceptes de leurs ancêtres et étudiaient en fermant les portes sans faire cas de cet arrivisme mondain qui ne les intéressait pas. Le frère aîné Yu, secrétaire privé dans différentes préfectures ou sous-préfectures liait amitié avec pas mal de préfets ou sous-préfets, mais à son retour dans sa propre sous-préfecture natale, il n'osait jamais mentionner ces fonctionnaires, car les habitants des Cinq Rivières avaient une croyance indestructible : un docteur ès lettres ou un licencié était l'égal d'un préfet ou d'un sous-préfet, quelque faveur que le docteur ou le licencié aille demander au yamen le préfet ou le sous-préfet ne pouvait pas ne pas l'accorder. Si quelqu'un leur avait dit qu'un sous-préfet respectait un homme pour sa bonne conduite ou se faisait des amis de bons lettrés, tous les habitants de cette sous-préfecture se seraient moqués de lui et auraient ri jusqu'à se tordre la bouche. Pour eux, si un homme qui n'avait pas réussi à l'examen de licence rendait visite à un sous-préfet, celui-ci pouvait le saisir par le cou et le chasser dehors. En ce qui concerne la conduite et l'instruction, les frères Yu avaient rarement été égalés. Mais comme le sous-préfet ne leur rendait jamais visite et qu'ils n'étaient pas non plus parents par mariage de la famille Fang, ni amis de la famille P'ong, bien que leurs parents et amis n'osassent pas les mépriser, ils ne savaient pas les respecter non plus.

Ce jour-là, le frère cadet Yu Yeou-tchong accueillit son frère aîné, le salua et lui prépara un festin pour lui souhaiter la bienvenue à la maison, ils parlèrent en détail de tout ce qui était arrivé depuis plus d'un an. Après le repas, le frère aîné Yu Yeou-ta n'alla pas dans sa chambre, mais partagea son lit avec son frère cadet dans sa bibliothèque. Pendant la nuit, le frère aîné dit à son frère cadet qu'il avait l'intention d'aller à la sous-préfecture de Non-Agir pour voir un ami.

« J'espère que vous resterez à la maison pendant quelque temps, frère aîné, dit Yu le deuxième. Je voudrais aller à la préfecture pour passer les examens éliminatoires pour les bacheliers, attendez mon retour, avant de vous en aller.

— Vous ne savez pas que j'ai dépensé tous mes honoraires de précepteur que j'avais gagnés à Yang-tcheou, je dois me dépêcher d'aller à la sous-préfecture de Non-Agir pour chercher quelques taëls afin de retourner passer le long été. Vous pouvez aller vous présenter aux examens éliminatoires pour les bacheliers, cela ne fait rien, mon épouse votre belle-sœur et votre femme toutes deux pourront s'occuper de la maison. Nous, tous les deux, passons des jours tranquillement en fermant les portes sans nous occuper des choses à l'extérieur, pourquoi avez-vous besoin de moi à la maison ?

— Si en partant vous pouvez obtenir d'une façon ou d'une autre plusieurs dizaines de taëls d'argent, dit le frère cadet, dès votre retour, nous pourrons enterrer notre père et notre mère. Leurs cercueils sont dans la maison depuis plus de dix ans, ce qui ne nous laisse pas l'esprit en paix.

— Je pense également comme vous, répondit le frère aîné. A mon retour nous ferons tout de suite cette chose. »

Quelques jours plus tard, Yu le premier s'en alla pour la sous-préfecture de Non-Agir. Plus d'une dizaine de jours après, l'examinateur en chef, le commissaire d'éducation provincial, arriva à Fong-yang et y fit passer les examens. Yu le deuxième alors fit ses bagages et alla à Fong-yang où il loua un logement. C'était le huitième jour du quatrième mois. Le neuvième jour, l'examinateur en chef offrit l'encens, le dixième jour, une tablette fut accrochée pour annoncer que les plaintes seraient reçues. Le onzième jour une tablette annonça que les étudiants des huit sous-préfectures subordonnées à la préfecture de Fong-yang seraient examinés, le quinzième jour, les résultats des examens des bacheliers furent publiés, trois bacheliers de chaque sous-préfecture avaient été reçus. Yu le deuxième était parmi les reçus. Le seizième jour, il se présenta au deuxième examen, le dix-septième jour, le résultat fut publié, il était reçu second dans le premier rang, il resta à Fong-yang jusqu'au vingt-quatrième jour, après avoir accompagné l'examinateur en chef qui partit, il revint à la sous-préfecture des Cinq Rivières.

Lorsque Yu le premier fut arrivé à la sous-préfecture de Non-Agir, le sous-préfet se rappelant leur ancienne amitié le retint à séjourner plusieurs jours.

« Il n'y a pas longtemps que je suis arrivé à mon poste, Monsieur, dit le sous-préfet, je ne puis vous donner beaucoup d'argent. Mais il y a actuellement un procès, dans lequel vous pourrez intercéder, et j'accepterai votre défense. L'accusé paiera quatre cents taëls qui seront partagés entre trois personnes. Votre part sera de plus de cent taëls avec lesquels vous pourrez enterrer votre père et votre mère, je ferai davantage pour vous plus tard. »

Yu le premier était comblé, il remercia le sous-préfet et alla voir l'accusé, qui s'appelait Fong Ying (Ombre du vent) et qui était impliqué dans un cas judiciaire de meurtre. Monsieur Yu le premier intervint pour lui et le sous-préfet le déclara innocent, après sa remise en liberté, il sortit et pesa l'argent, Yu le premier prit congé du sous-préfet et fit ses bagages pour rentrer chez lui. Comme sur son chemin il passait par Nankin, une idée lui vint : « Tou Chao-k'ing de T'ien-tch'ang habite dans une maison au bord de la rivière, au pont de la Traversée Heureuse de Nankin. C'est mon cousin, pourquoi ne pas aller lui rendre visite en passant ? »

Alors il entra dans la ville et arriva à la maison de Tou Chao-k'ing. Tou sortit l'accueillir et fut très content de voir son cousin. Après s'être salués mutuellement ils s'assirent et parlèrent de tout ce qui était arrivé dans les dizaines d'années depuis leur dernière rencontre.

« C'est dommage que vous ayez abandonné votre excellente propriété, mon cousin ! dit Yu le premier avec un soupir. Vous avez été un grand patron riche, mais maintenant vous gagnez votre vie en vendant les compositions littéraires; vivre de votre pinceau, comment pouvez-vous vous habituer à cette sorte de chute ?!

— Maintenant je suis ici, je jouis du paysage de la montagne et de la rivière et de la compagnie de bons amis, répliqua Tou Chao-k'ing, j'y suis habitué. Je ne vous cache pas, mon cousin, que moi, votre cousin, je suis un homme ignorant, et n'ai pas de péché mignon quelconque, ma femme et moi, avec mes fils nous portons des vêtements de coton et mangeons seulement des légumes sans viande, nous vivons sobrement mais tout à fait contents. Ce qui est passé est passé, il est trop tard pour se repentir. »

En disant cela, il offrit du thé à son cousin Yu le premier. Quand ils eurent fini le thé, Tou entra discuter avec sa femme comment préparer un festin de bienvenue pour son cousin. A ce moment Tou était trop pauvre pour faire des achats, il envisagea de prendre quelques objets pour les mettre au mont-de-piété. Heureusement c'était le troisième jour de la cinquième lune, juste à ce moment Tchouang Tchouo-kiang envoya un chargement de présents pour la fête du double cinq. Un serviteur portant une boîte de visite marchait derrière le porteur des cadeaux, ils entrèrent. Les présents étaient : une alose; deux canards rôtis, cent poudings triangulaires de millet et de riz et deux livres de sucre blanc en poudre. Dans la boîte, il y avait quatre taëls d'argent. Tou Chao-k'ing accepta les cadeaux et écrivit une lettre de remerciements. Le serviteur s'en alla.

« Maintenant, je puis être un hôte et je suis en mesure d'inviter mon cousin », dit Tou à sa femme.

Sur ce, il acheta quelques assiettes de plus, et sa femme prépara de ses propres mains le festin. Comme Tch'e Heng-chan et Wou Tcheng-tseu étaient de proches voisins, Tou leur écrivit des cartes d'invitation et leur demanda de venir tenir compagnie à son cousin. Ils arrivèrent et après avoir échangé les paroles usuelles d'admiration de politesse, ils se mirent à table dans la pièce qui donnait sur la rivière.

Pendant qu'ils festoyaient, Monsieur Yu le premier parla de son intention de chercher un terrain pour enterrer ses parents.

« Monsieur, il suffit que le terrain soit sec et chaud, sans vent et sans fourmis, vos parents y seront bien, c'est tout, dit Tch'e Heng-chan. Tout ce bavardage au sujet de devenir riche et devenir noble n'est qu'absurdités et bêtises, il ne faut pas y croire.

— Vous avez tout à fait raison! répliqua Yu le premier. Cependant les habitants de mon humble sous-préfecture attachent une très grande importance à cette chose. Les gens sont souvent si difficiles à satisfaire pour trouver un terrain qu'ils retardent l'enterrement de leurs parents sans pouvoir les inhumer. Je n'ai jamais étudié la géomancie, puis-je vous demander, Messieurs, quelle est l'origine de la théorie de Kouo P'ou [2] ? »

Tch'e Heng-chan soupira :

« Depuis que les fonctionnaires des cimetières pendant la dynastie des Tcheou (1027-222 av. J.-C.) ont été supprimés, et que la règle de l'enterrement par clan n'est plus observée, même les lettrés ont été dupés par les théories du " repaire de dragons " et des " sables et eaux " [3]; dans leur cœur, ils pensent devenir riches et nobles, mais ils ne savent pas qu'ils commettent une grande impiété!

— Que voulez-vous dire ? Comment sont-ils impies ? demanda Yu avec étonnement.

— Il y a un poème, laissez-moi vous le réciter, dit Tch'e Heng-chan :

Comment les esprits peuvent-ils habiter dans un endroit où le vent souffle ?
— Quelle est la logique de votre science de géomancie?
A midi vous n'avez pas pu échapper d'être tué [4].
Cependant les gens dans ce monde croient encore à votre « livre sur l'enterrement » !

— Ce poème a été écrit par un ancien sur la tombe de Kouo P'ou. Ce que je déteste le plus, c'est que les géomanciens de nos jours prétendent citer la théorie de Kouo P'ou en disant : ce petit terrain vous assurera des descendants *Ting-kia* (docteurs ès lettres reçus les trois premiers) ou *tchouang-yuan* (docteur ès lettres, reçu premier)! Je me permets de vous faire remarquer ceci, Monsieur, ce titre *tchouang-yuan* (docteur reçu premier) a été institué seulement sous la dynastie des T'ang (618-907), tandis que Kouo P'ou a vécu sous la dynastie des Tsin (265-420), comment aurait-il pu connaître ce titre des T'ang et prétendre qu'un certain type de terrain procurerait ce rang ?! C'est tout à fait ridicule! si les anciens pouvaient prédire honneurs et rangs civils et militaires élevés d'après le terrain de cimetière, je vous demande comment il se fait que ce marquis de Houai-yin [5] qui a choisi un terrain élevé et spacieux pour y enterrer sa mère est d'abord devenu marquis mais ensuite non seulement a été tué, mais a eu ses trois clans exterminés également [6] ?! Est-ce que le terrain de cimetière de sa mère est faste ou néfaste ?! C'est encore plus ridicule lorsque ces gens vulgaires disent que le site pour le tombeau du premier empereur des Ming a été choisi par Monsieur Ts'ing-t'ien [7]; or Monsieur Ts'ing-t'ien était un grand sage et un homme très célèbre en son temps, il était si occupé à étudier et à mettre en pratique la science militaire, l'agriculture, la cérémonie et la musique qu'il n'avait pas même un seul jour de loisir, comment aurait-il eu le temps de choisir un site funéraire ?! Quand le premier empereur Hong-wou est monté sur le trône, naturellement il y avait des géomanciens pour choisir un terrain faste pour la prospérité éternelle de sa postérité, mais Monsieur Ts'ing-t'ien n'a rien à faire avec cela!

— Monsieur, vraiment on peut dire que votre thèse ferait voir un aveugle et entendre un sourd, dit Yu le premier.

— Monsieur Heng-chan a entièrement raison, remarqua Wou Tcheng-tseu. Il y a deux ans, une chose extraordinaire est arrivée ici dans cette ville, je voudrais vous la raconter pour que vous l'écoutiez.

— Je voudrais bien l'entendre, je serai très intéressé, remarqua Yu le premier.

— C'est arrivé dans la maison du censeur Che qui habite la ruelle de la Famille des Che près du Pont Flottant Intérieur, dit Wou Tcheng-tseu.

— Moi aussi j'ai entendu parler vaguement de quelque chose comme cela dans la famille du censeur Che, dit Tch'e Heng-chan, mais je ne l'ai jamais su en détail.

— Le censeur Che a un frère cadet, dit Wou Tcheng-tseu, celui-ci prétendit que la raison pour laquelle son frère aîné avait réussi à l'examen de doctorat alors que lui-même avait échoué, c'était parce que l'endroit du tombeau de leur mère n'était pas bon, il aida et rendit prospère seulement le premier fils, et pas le second. Il nourrit un " maître du vent et de l'eau " (géomancien) dans sa maison et passa tout son temps à discuter du transfert de la tombe de leur mère. Le censeur Che, son frère aîné, lui dit : " Elle a été enterrée depuis longtemps, je pense qu'il ne faut pas déplacer son tombeau. " Il salua en pleurant et implora son frère cadet de n'en rien faire, mais celui-ci insista résolument pour que l'on transférât le tombeau. Son géomancien l'intimida en disant : " Si le tombeau n'est pas déplacé, non seulement le frère cadet ne pourra jamais devenir fonctionnaire, mais de plus il deviendra aveugle! " Le deuxième fils. de plus en plus effrayé, chargea le géomancien d'aller partout chercher un site. Il ne se contentait pas d'avoir un géomancien à la maison, il se lia d'amitié avec beaucoup d'autres. Quand son géomancien eut trouvé un terrain, le frère cadet fit venir les autres pour le réexaminer afin d'être plus sûr. Mais inexplicablement l'habitude dans le milieu des géomanciens était la suivante : lorsque même le père trouvait un site, le fils riait et se moquait de lui, lorsque le fils trouvait un site, le père riait et se moquait de lui, en tout cas aucun d'eux ne pouvait se mettre d'accord. Chaque fois que l'un trouvait un site, les autres géomanciens qui le vérifiaient disaient toujours que le site n'était pas bon. Finalement le géomancien qui était gardé à la maison devint impatient et impétueux, il désigna de nouveau un site et soudoya un parent qui habitait à gauche de ce site pour lui faire dire qu'une nuit il avait rêvé que la vieille Madame Che, en chapeau de phénix et en mantelet à nuages rouges lui avait montré ce site et dit qu'elle voulait être enterrée là. Comme ce site avait été choisi par la vieille dame elle-même, les autres géomanciens ne pouvaient faire opposition, et alors le frère cadet insista pour y transférer le cercueil de leur mère. Le jour du transfert du tombeau, le censeur Che et son frère s'agenouillèrent devant la tombe de leur mère. Sitôt que la fosse fut ouverte après avoir creusé et qu'ils aperçurent le cercueil, une bouffée d'air chaud se précipita tout droit sur les yeux du frère cadet, il fut aveuglé sur-le-champ! Il crut davantage encore à cet homme de vent et d'eau et pensa qu'il était vraiment un dieu vivant qui savait à la fois le passé et le futur. Plus tard, il le récompensa largement de plusieurs centaines de taëls en remerciements.

— Les habitants de notre région aiment également à la folie déplacer les tombes, dit Yu le premier, est-ce que cette chose est faisable ou non, Chao-k'ing?

— Je dirai franchement ce que je pense, répondit Tou Chao-k'ing. Pour cette affaire, la cour impériale (le gouvernement) devrait établir une loi : faire que celui qui veut déplacer une tombe aille au yamen déposer une pétition et obliger le géomancien à écrire une déclaration qui l'engage : combien de pieds d'eau il y a sous le cercueil, et combien de boisseaux de fourmis. Quand la tombe est ouverte, si ce qu'il a dit est vrai, c'est bien, on n'en parle plus. Si le géomancien dit qu'il y a de l'eau et des fourmis, et que lorsque la tombe est ouverte on constate que ce n'est pas vrai, alors le bourreau qui trouve là pour creuser coupera d'un coup de couteau la tête de chien de cet esclave-géomancien! Celui qui veut déplacer la tombe sera tout de suite exécuté par le supplice de la mise en pièces [8] comme un parricide. Alors ces mœurs pourront probablement s'apaiser. »

Yu Yeou-ta, Tch'e Heng-chan et Wou Tcheng-tseu en applaudissant dirent unanimement :

« Bien dit! Paroles à cœur ouvert et franches! Buvons dans de grandes coupes! »

Après avoir bu pendant quelque temps, Yu le premier parla de la manière dont le général T'ang l'avait invité à être le précepteur de ses deux fils; après l'avoir raconté, il dit en riant pour conclure :

« Nous savons bien que les militaires sont toujours grossiers comme cela!

— Parmi les militaires, parfois il y a des gens très cultivés », dit Wou Tcheng-tseu.

Il leur raconta en détail l'histoire de Siao Yun-sien, puis il s'adressa à Tou Chao-k'ing :

« Veuillez chercher le rouleau et le montrer à Monsieur Yu, Chao-k'ing. »

Tou Chao-k'ing l'apporta. Yu le premier le déroula, regarda les tableaux et lut les poèmes du docteur Yu et des autres, après les avoir lus, sous l'influence du vin, en profitant de l'inspiration, excité par l'alcool, pour chaque poème il écrivit un nouveau poème en utilisant les mêmes rimes. Les trois autres lui firent des louanges chaleureuses à haute voix. Ils burent jusqu'à minuit et Yu demeura chez Tou pendant trois jours. Le troisième jour, un vendeur de canards de la sous-préfecture des Cinq Rivières arriva avec une lettre de la maison de Yu et dit que cette lettre venait de Monsieur Yu le deuxième et s'adressait à son frère aîné.

Quand Yu le premier l'eut ouverte et lue, son visage devint pâle.

Cela a eu pour résultat :

Les frères s'entr'aident, ils sont vraiment riches de bonnes affections.

Les amis se respectent, on voit de nouveau leurs amitiés sincères de même volonté.

En fin de compte pour savoir ce qui était écrit dans la lettre, lisez le chapitre suivant.

NOTES

1. *Yi-je Tche-tchang :* « âgé d'un jour de plus », cela veut dire « professeur ou précepteur », expression tirée du *Louen-yu.*

2. Kouo P'ou (276-324), originaire du Chan-si, devin, grand poète et célèbre commentateur de divers ouvrages : *Eul-ya, Chang-hai-king, Tch'ou-ts'eu,* etc. Il est surtout célèbre pour avoir écrit le *Tsang-chou* (géomancie). Il fut fonctionnaire et fut tué par Wang Touen. Les théories de Kouo P'ou sont des théories sur la géomancie.

3. *Long-hiue :* « le repaire ou la tanière des dragons », terme technique de géomancie; c'est l'endroit le plus convenable pour enterrer le cercueil d'après la configuration du terrain. *Cha-chouei* (« sables et eaux »), autre terme technique de géomancie, voulait dire que devant et derrière le cimetière, il doit y avoir des tertres, des ravins et des fossés convenables.

4. Le général Wang Touen (266-324) voulut se révolter et demanda à Kouo P'ou de faire une divination. La réponse de Kouo fut « échec ». Wang Touen se mit en colère et demanda : « Savez-vous d'avance quand votre vie prendra fin ? — Je mourrai à midi aujourd'hui », répondit Kouo. Alors Wang tua Kouo à Nan-Kang. Cf. Biographie de Kouo P'ou dans le *Tsing-chou.*

5. Le marquis de Houai-yin était Han Sin; voir sa biographie dans le *Che-ki,* chap. 92.

6. Les trois clans : clan du père, clan de la mère et clan de la femme ou bien père et mère, frères, femme et fils.

7. Ts'ing-t'ien, nom d'une sous-préfecture dans le Tchö-kiang, pays natal de Lieou Ki (1311-1375) grand lettré et homme d'État des Ming. Souvent désigné comme « Monsieur Ts'ing-t'ien ». Cf. *Ming-che,* chap. 128.

8. *Ling-tche,* « supplice de la mise en pièces », ou de la mort lente; on découpait les membres de la victime avant de l'achever.

CHAPITRE XLV

Par amour fraternel, le frère cadet supporte un blâme pour éviter une condamnation à son frère aîné.
Un fils retourne chez lui pour enterrer sa mère et se renseigne auprès des géomanciens.

Yu le premier montra à Tou Chao-k'ing la lettre venant de chez lui; le sens général était le suivant : « Maintenant des ennuis viennent de surgir ici, je suis en train de tout arranger. Je vous prie, frère aîné, ne rentrez surtout pas à la maison. J'entends dire que vous demeurez chez notre cousin Tou Chao-k'ing, mieux vaut rester chez lui tranquillement. Attendez et quand j'aurai fini d'arranger cette affaire, je viendrai vous chercher, alors seulement à ce moment-là, vous reviendrez à la maison. »

« En fin de compte, qu'y a-t-il, qu'est cette affaire ? dit Yu le premier.

— Puisque mon deuxième cousin n'a pas voulu le dire, et que vous ne savez pas où vous renseigner, dit Tou Chao-k'ing, vous n'avez qu'à rester ici et vous le saurez naturellement plus tard. »

Yu le premier écrivit une lettre de réponse à son frère cadet, disant : « Au fond quelle est cette affaire ? Écrivez-moi immédiatement et en détail, je promets de ne pas me faire de souci. Mais si vous ne voulez pas me le faire savoir, au contraire, vous me rendrez anxieux. »

Le vendeur de canards remporta cette réponse à la sous-préfecture des Cinq Rivières et la donna à Yu le deuxième, qui était en train de parler avec un satellite du yamen de la sous-préfecture. Yu le deuxième prit la réponse et renvoya le vendeur de canards.

« La dépêche officielle venant de là-bas demande d'arrêter un grand criminel, Yu Tch'e, dit Yu le deuxième. Je ne suis jamais allé à la sous-préfecture du Non-Agir. Pourquoi devrais-je aller au yamen ?

— Qui sait si vous avez été là-bas ou non ? répliqua le satellite du yamen. Nous autres nous nous occupons des affaires publiques, nous devons seulement chercher l'homme, d'après ce qui est écrit sur le mandat d'arrêt. Quand nous arrêtons des bandits et des voleurs, nous les amenons à notre yamen et bien que nous leur fassions porter les " bottes de Santal "[1], ils ne veulent toujours pas avouer ! Qui veut dire la vérité ? »

Monsieur Yu le deuxième ne put faire autrement que de se rendre au yamen avec le satellite. Il s'agenouilla devant le sous-préfet qui siégeait au tribunal.

« Moi, bachelier, je suis resté chez moi, je ne suis jamais allé à la sous-préfecture du Non-Agir, l'affaire dont vous, père et grand maître, me parlez, je n'y comprends vraiment rien.

— Moi, sous-préfet, je ne sais pas si vous êtes allé là-bas ou non, dit le sous-préfet, mais j'ai ici une dépêche officielle en provenance de la sous-préfecture du Non-Agir pour vous arrêter et vous transférer là-bas. Puisque vous dites que vous n'avez jamais été là-bas, prenez cette dépêche et regardez vous-même. »

Alors, il prit sur la table une dépêche officielle avec le sceau rouge, et ordonna à un « employé du tribunal »[2] de la passer à Yu le deuxième, qui la prit et la lut : « Dans le ressort judiciaire du sous-préfet de Non-Agir, il y a une accusation de corruption. » Un passage concernait « Yu Tch'e, bachelier supérieur, originaire de la sous-préfecture des Cinq Rivières qui accepta un pot-de-vin... » Yu Tch'e dit :

« Père et grand maître, vous pouvez écouter mes paroles ; cette dépêche officielle demande le bachelier supérieur Yu Tch'e, je ne suis que bachelier tout court, il me faudra plus de dix ans pour devenir bachelier supérieur[3] ! »

Cela dit, il rendit la dépêche officielle et fit demi-tour pour s'en aller.

« Bachelier Yu, attendez ! Ce n'est pas la peine de vous hâter, dit le sous-préfet, ce que vous venez de me dire est clair. » Puis il fit venir l'employé de la chambre des Rites et lui demanda :

« Dans notre sous-préfecture, est-ce qu'il y a un autre Yu Tch'e qui soit bachelier supérieur ?

— Il y a un bachelier supérieur dans la famille des Yu, répondit le secrétaire de service, mais son nom n'est pas Yu Tch'e.

— Cela prouve que cette dépêche officielle " prend le vent

et saisit les ombres ". C'est une mystification sans fondement », ajouta Yu Tch'e.

Il se leva et voulut de nouveau s'en aller.

« Bachelier Yu, retirez-vous, dit le sous-préfet, et écrivez une supplique pour affirmer votre innocence, je répondrai et réfuterai l'accusation. »

Yu Tch'e acquiesça et s'en alla, il sortit du yamen avec le satellite et ils s'assirent à un cabaret pour boire un pot de thé. Puis Yu Tch'e se leva pour partir. Le satellite l'en empêcha.

« Monsieur Yu le deuxième, où allez-vous ? demanda-t-il. Je me suis levé de bon matin, je n'ai goûté ni eau, ni riz, j'ai marché longtemps de votre maison jusqu'ici, même si c'était une affaire de la cour impériale, vous ne devriez pas être si avare! Est-il possible maintenant que je fasse encore quelques pas avec vous ?

— Le sous-préfet, votre seigneur m'a dit de sortir pour écrire ma défense, dit Yu le deuxième.

— Tout à l'heure, vous avez dit au tribunal que vous étiez bachelier, dit le satellite du yamen, les bacheliers écrivent pour les autres tout au long de l'année, mais, au contraire, leur propre défense, quelqu'un d'autre doit l'écrire à leur place! Derrière cette maison de thé, juste en face, c'est là que vous autres, bacheliers, rédigez vos plaintes; si vous voulez entrez là. »

Monsieur Yu le deuxième dut se résigner à aller dans l'édifice derrière la maison de thé avec le satellite. Celui-ci apercevant un homme à l'intérieur lui dit :

« Ce dénommé Yu veut écrire une défense, il la rédigera lui-même, ensuite vous la copierez avec des caractères réguliers et lisibles et vous la cachetterez. S'il ne vous paye pas, je ne manquerai pas de subir des calamités, tant pis pour moi! L'individu de l'affaire d'hier est encore enfermé dans le restaurant, je reviendrai quand je l'aurai vu. » Monsieur Yu le deuxième salua, les mains jointes, le scribe, puis aperçut un autre homme assis sur un banc près de la table qui portait un mouchoir en lambeaux autour de la tête, une robe en haillons et des chaussures dont les semelles détachées claquaient (chaussures pour battre la mesure en chantant), Yu reconnut T'ang San-t'an (T'ang aux trois crachats), le « mangeur du plat de gras » (chicaneur, et avocassier-escroc) de la sous-préfecture. T'ang San-t'an le voyant entrer dit :

« Yu deuxième frère, ah! vous êtes venu, asseyez-vous, s'il vous plaît.

— Vous êtes bien matinal, il est très tôt, T'ang troisième frère, dit Yu le deuxième en s'asseyant.

— Cela ne peut pas être considéré comme tôt, répondit

T'ang San-t'an, je me suis levé de très bonne heure pour prendre des nouilles avec le sixième seigneur Fang et ne suis venu ici qu'après l'avoir accompagné jusqu'à la sortie de la ville. Je connais votre affaire. »

Il tira donc Yu le deuxième dans un coin et chuchota :

« Quoique cette affaire ne soit pas un cas de haute trahison, Monsieur Yu le deuxième, elle ne manquerait pas de le devenir. Votre frère aîné est actuellement à Nankin, qui ne le sait pas ? Depuis l'Antiquité un proverbe dit : " Le verdict local sous-préfectoral est aussi solide qu'un seau cerclé de fer. " C'est toujours le sous-préfet qui est le plus important, la chose à faire est de mettre le sous-préfet de votre côté. Il fera respectueusement tout ce que la famille P'ong lui ordonnera. Maintenant dépêchez-vous d'aller discuter avec le troisième seigneur P'ong, tous ceux de sa famille sont insolents et despotiques comme des dragons et des tigres aux yeux écarquillés; seul P'ong le troisième est un homme vertueux, maintenant vous êtes en difficulté et vous vous affolez ne sachant pas comment faire; si vous allez demander son aide, il ne vous en voudra probablement pas de ne pas lui avoir souvent rendu visite et présenté vos respects dans les jours ordinaires auparavant. C'est un homme qui est heureux et qui est très généreux et bon; vous pouvez aller le voir avec un cœur tranquille sans rien craindre; sinon j'irai avec vous. Pour parler raisonnablement, vous auriez dû vous lier et chercher à avoir de meilleurs rapports avec les notables locaux; mais votre frère aîné a toujours été trop fier. Maintenant que l'affaire surgit et que vous êtes dans l'embarras, vous n'avez pas de protecteur sur qui vous appuyer.

— Je vous remercie de prendre tant de soin pour moi, dit Yu le deuxième. Mais le sous-préfet vient de me promettre oralement et en personne d'écrire une réponse; aussi, je vais lui remettre une défense, puis j'examinerai ce qu'il y a lieu de faire dès qu'il aura écrit et envoyé la défense.

— D'accord, dit T'ang San-t'an, je vous regarde écrire votre défense. »

Yu le deuxième écrivit immédiatement sa défense et la donna au yamen de la sous-préfecture. Le sous-préfet ordonna à son secrétaire de rédiger une réponse pour la sous-préfecture du Non-Agir pour la défense de Yu le deuxième. Naturellement, le secrétaire demanda beaucoup d'argent à Yu le deuxième pour le papier et le pinceau, cela va sans dire.

Une quinzaine de jours plus tard, arriva la dépêche officielle de la sous-préfecture du Non-Agir en réponse à la défense.

Dans cette dépêche, la description était très claire : « Le

grand criminel Yu Tch'e est un bachelier supérieur de la sous-préfecture des Cinq Rivières, de taille moyenne, avec une figure blanche et une barbe légère, âgé d'un peu plus de cinquante ans. Exactement le huitième jour du quatrième mois, il était dans la sous-préfecture du Non-Agir et y rencontrait Fong Ying (l'Ombre du vent) dans le temple du Dieu de la Ville, pour étouffer un cas de meurtre. Le onzième jour, il alla au yamen sous-préfectoral pour intercéder. Après que le procès-verbal eut été inscrit et la sentence rendue le seize, Fong Ying prépara et envoya un festin au temple du Dieu de la Ville. Fong Ying donna en tout quatre cents taëls en pot-de-vin, qui furent partagés également entre trois personnes, Yu Tch'e reçut pour sa part cent trente-trois taëls et quelques. Le vingt-huitième jour, il quitta le yamen sous-préfectoral pour retourner dans son pays natal des Cinq Rivières par la route de Nankin. Puisque nous avons la preuve qu'il reçut ce pot-de-vin, comment pouvez-vous prétendre qu'un tel individu n'existe pas ? Cette affaire concerne la souveraineté de la loi et il s'agit d'un cas important de meurtre. Nous nous permettons de déranger à nouveau votre sous-préfecture pour qu'elle prenne connaissance de cette dépêche et envoie immédiatement sous escorte le criminel en état d'arrestation dans notre sous-préfecture afin que le cas soit jugé et liquidé. Cette affaire est urgente ! Nous espérons que vous agirez immédiatement. »

Le sous-préfet ayant reçu cette dépêche fit venir Yu le deuxième pour l'interroger.

« C'est encore plus facile à réfuter, dit Yu le deuxième. J'écrirai une défense plus détaillée, je vous supplie, père et grand maître, de soutenir la justice. »

Cela dit il quitta le tribunal et alla chez lui pour écrire sa deuxième défense.

« Beau-frère ! Cette affaire ne doit pas être traitée comme cela, dit le frère cadet de sa femme, Tchao Lin-chou. Il est évident que c'est votre frère aîné qui a fait cela et qu'il a reçu ce pot-de-vin, mais les assignations tombent sur vous à droite et à gauche comme des flocons de neige. Pourquoi supportez-vous le blâme pour vous-même ? Vous feriez mieux de faire un rapport en racontant la vérité. Dites que votre frère aîné est actuellement à Nankin et priez-les d'envoyer un mandat à Nankin pour l'arrêter, vous serez tranquille et innocenté, beau-frère ! Le proverbe dit : " Si le bébé ne pleure pas, le lait ne coule pas. " Pourquoi traîneriez-vous le cercueil de quelqu'un d'autre à votre porte et le pleureriez-vous ?

— C'est une affaire entre mon frère aîné et moi, répliqua Yu le deuxième, j'ai ma propre solution, je sais ce que je dois faire, ne prenez pas la peine de vous inquiéter pour moi.

— J'aurais voulu ne pas le dire, dit Tchao Lin-chou, mais l'humeur de votre frère est toujours bien mauvaise, les gens qu'il a vexés sont trop nombreux! Prenez par exemple, Fang le troisième et Fang le sixième du mont-de-piété de la Prospérité de l'Humanité, tous les deux sont les notables locaux les plus importants, les plus illustres, résonnant comme le bruit du métal sur les cinq portes et dans les quatre banlieues de notre sous-préfecture des Cinq Rivières; ils sont avec le duc Wang, sous-préfet, comme une seule personne; cependant votre frère les a vexés en paroles! Il y a un ou deux jours, Fang le deuxième et P'ong le cinquième devinrent parents par alliance. P'ong le cinquième vient de passer avec succès l'examen de doctorat ès lettres. J'ai entendu dire que le sous-préfet Wang a été l'entremetteur de ces deux familles, et le mariage a été fixé pour le troisième jour du mois prochain. Ils parleront sûrement de cette affaire au festin; P'ong le cinquième n'aura pas besoin de dire clairement les défauts de votre frère aîné, il lui suffira de faire une légère allusion pour dévoiler un peu ses intentions et le sous-préfet Wang comprendra. Alors, le sous-préfet sera furieux et vous fera des méchancetés en disant que vous avez couvert votre frère; ce sera très fâcheux pour vous, et vous ne pourrez pas le supporter! vous feriez mieux de suivre mon conseil!

— Je vais envoyer d'abord une autre défense, dit Yu le deuxième. S'ils me pressent sans cesse et me harcèlent avec insistance, à ce moment-là, je leur dirai la vérité, ce ne sera pas trop tard.

— Sinon allez demander de l'aide à monsieur P'ong le cinquième, dit Tchao Lin-chou.

— Attendez un peu, pour l'instant », répondit Yu le deuxième avec un sourire.

Tchao Lin-chou comprit qu'il ne pourrait pas le convaincre, et il s'en alla.

Monsieur Yu le deuxième envoya de nouveau une autre défense au yamen de la sous-préfecture. La sous-préfecture écrivit une réponse à la sous-préfecture du Non-Agir en basant cette défense ainsi :

« Selon la dépêche venant de votre honorable sous-préfecture, le criminel important Yu Tch'e est un bachelier supérieur de la sous-préfecture des Cinq Rivières, de taille moyenne avec une figure blanche et une barbe rare, âgé d'un peu plus de cinquante ans. Exactement le huitième jour du quatrième mois, il était dans la sous-préfecture du Non-Agir, et y rencontrait Fong Ying (l'Ombre du vent) dans le temple du Dieu de la

Ville, pour étouffer un cas de meurtre. Le onzième jour, il alla au yamen de la sous-préfecture pour intercéder. Après que le procès-verbal eut été inscrit et que la sentence eut été rendue, le seizième jour, Fong Ying prépara et envoya un festin au temple du Dieu de la Ville. Fong Ying donna en tout quatre cents taëls d'argent comme pot-de-vin, lesquels furent divisés également en trois parts; Yu Tch'e reçut cent trente-trois taëls et quelques pour sa part. Le vingt-huitième jour il quitta le yamen de la sous-préfecture pour retourner dans son pays natal de la sous-préfecture des Cinq Rivières par la route de Nankin. Puisque nous avons la preuve qu'il reçut ce pot-de-vin comment pouvez-vous prétendre qu'un tel homme n'existe pas ? Cette affaire concerne la souveraineté de la loi, et il s'agit d'un cas important de meurtre... etc.

« Sitôt que votre dépêche est arrivée dans notre sous-préfecture nous assignâmes tout de suite le bachelier pour l'interroger. Le bachelier Yu Tch'e est de taille moyenne, a un visage grêlé et des marques de variole, et une légère barbe, il est âgé de quarante-quatre ans; il est encore un bachelier salarié et n'est pas bachelier supérieur. Le huitième jour du quatrième mois de cette année, le commissaire de l'éducation provincial fit passer des examens à Fong-yang (Phénix mâle), le neuvième jour, il offrit de l'encens, le dixième jour, il suspendit la tablette pour publier un avis, le onzième jour il fit passer les examens aux bacheliers des huit sous-préfectures. Le bachelier Yu Tch'e se présenta à l'examen, le quinzième jour il passa de nouveau un examen et fut reçu après publication des résultats. Le jour suivant, Yu Tch'e passa de nouveau des examens et fut reçu deuxième de la première classe. Le vingt-quatrième jour, il accompagna à son départ le commissaire provincial de l'éducation, ensuite il revint dans son pays natal pour étudier. Comment aurait-il pu, en même temps avec un seul corps, se présenter aux examens à la préfecture de Fong-Yang et escroquer ce pot-de-vin à la sous-préfecture du Non-Agir ? Nous avons vérifié sa déposition orale dans nos archives scolaires : ce bachelier se présenta vraiment aux examens, à la préfecture du Fong-yang (Phénix mâle) et par conséquent ne put aller à la sous-préfecture du Non-Agir escroquer ce pot-de-vin. Il ne nous convient pas de l'arrêter et de vous l'envoyer sous escorte en état d'arrestation. Nous pensons qu'un coquin étranger au pays a probablement emprunté le nom de Yu Tch'e pour escroquer. La raison exige que nous vous répondions la vérité et que vous cherchiez à arrêter le vrai coupable pour le juger et terminer cette affaire... etc. »

Après que cette dépêche eut été envoyée, la sous-préfecture

du Non-Agir ne parla plus de cette affaire et ne fit parvenir aucun message. Yu le deuxième se sentit soulagé d'un fardeau comme si une pierre, dans son cœur, tombait par terre; il écrivit une lettre à son frère aîné pour lui demander de rentrer à la maison. Yu le premier revint chez lui et interrogea en détail sur tout ce qui s'était passé :

« Vous vous êtes donné de la peine, je vous dois beaucoup, frère cadet! s'écria-t-il. Combien d'argent au total avez-vous dépensé au yamen ?

— A quoi bon demander cela ? répliqua Yu le deuxième, nous pouvons préparer l'enterrement avec l'argent que vous avez rapporté. »

Quelques jours plus tard, les deux frères délibérèrent et furent d'accord pour aller rendre visite au géomancien Tchang Yun-fong (Tchang le pic des nuages). Justement le hasard fit qu'un membre de la famille Yu les invita à un festin. Donc après avoir présenté leurs respects à Tchang Yun-fong, ils allèrent dans la maison de ce parent pour le festin. Il n'y avait pas d'autres personnes invitées sauf deux de leurs cousins, Yu Fou (Yu le suffisant) et Yu Yin (Yu le riche). Voyant les deux frères Yu entrer, les deux cousins se hâtèrent de les saluer; ils s'assirent et échangèrent des nouvelles :

« Aujourd'hui " le père et la mère du peuple " (le sous-préfet) Wang festoie chez P'ong le deuxième, dit Yu Fou.

— Il n'est pas encore arrivé, il vient d'envoyer le nécromancien avec sa carte, dit leur hôte qui s'assit à la place inférieure de la table.

— P'ong le quatrième est désigné comme examinateur en chef, dit Yu Yin, j'ai entendu dire que l'autre jour, quand il quitta la cour, l'empereur lui donna une tape parce qu'une phrase de sa réponse était erronée.

— Je ne pense pas qu'il ait fait une faute dans ses propos, dit Yu le premier en riant, même s'il en avait fait une, l'empereur se tient à distance, comment pourrait-il lui-même donner une tape ?

— Mais il n'en est pas ainsi! dit Yu Yin qui rougit, il est un haut fonctionnaire, il est un grand lettré de l'Académie de la Forêt des Pinceaux, et en même temps il est instructeur supérieur du prince héritier; chaque jour il se tient debout dans le " Pavillon chaud " de la grande salle dans la cour impériale pour donner des conseils; s'il répond mal pourquoi l'empereur ne lui donnerait-il pas une tape ? Est-il possible que l'empereur ait peur de le vexer ?

— L'autre jour quand vous êtes revenu de Nankin, dit leur hôte en s'asseyant à la place inférieure de la table, et s'adressant à Yu le premier, avez-vous entendu dire que le préfet de Ying-t'ien (Suivre la volonté du ciel) était allé à Pékin ? »

Monsieur Yu le premier n'avait pas encore répondu que Yu Fou dit :

« Pour cette affaire, il s'agit également d'un rapport de P'ong le quatrième à l'empereur. Un jour l'empereur demanda s'il fallait changer le maire de Nankin; comme P'ong le quatrième voulait recommander son camarade T'ang Tseou qui a passé avec succès ses examens la même année que lui, il répondit qu'il fallait le changer. Mais comme il ne voulait pas vexer le maire de Nankin, en cachette il lui écrivit une lettre et lui demanda de venir à la cour pour une audience, c'est pourquoi il est parti pour Pékin.

— Le changement des hauts fonctionnaires n'est pas du ressort de l'Académie de la Forêt des Pinceaux, dit Yu le deuxième, cette histoire est probablement fausse.

— C'est ce qu'a raconté le sous-préfet Wang, lui-même, avant-hier, quand il était en train de festoyer au mont-de-piété de la Prospérité de l'Humanité, rétorqua Yu Yin, pourquoi ne serait-ce pas vrai ? »

A ce moment-là le repas fut servi, il y avait neuf plats : des choux-fleurs avec de la viande sautée, de la brême frite, du poulet avec du riz, de l'omelette, des crevettes sautées avec des oignons, des graines de pastèques, des fruits de gin-seng, des grenades et du fromage de soja séché. On apporta aussi une jarre scellée de vin très chaud.

Quand ils eurent bu, leur hôte alla quelques instants dans une pièce de l'intérieur et revint avec un sac de toile rouge lié par un cordon rouge contenant plusieurs mottes de terre et dit à Yu Fou et Yu Yin :

« Je vous ai invités à venir ici aujourd'hui pour que vous jugiez de la qualité de la terre de la montagne, je ne sais pas si elle est bonne ou non ?

— Quand cette terre a-t-elle été ramassée sur la montagne ? demanda Yu le deuxième.

— Avant-hier », répondit leur hôte.

Yu Fou était en train d'ouvrir le sac pour en sortir la terre à examiner lorsque Yu Yin lui arracha le sac en disant :

« Laissez-moi regarder le premier. »

Il s'empara brusquement du sac et sortit une motte de terre, il la posa devant lui et penchant la tête à droite, il la regarda un moment, puis penchant la tête à gauche il la regarda encore un moment, puis avec ses doigts il en pétrit un peu et la portant à sa bouche, il commença à mastiquer avec énergie en penchant la tête. Après avoir mâché pendant un long moment il passa la motte à Yu Fou :

« Regardez si cette terre est bonne, quatrième frère aîné. »

Yu Fou prit la motte et la retourna sous la lumière de la lampe : il examina d'abord la partie supérieure pendant un moment, puis il observa la partie inférieure pendant un autre instant, ensuite il cassa un peu de la motte et la mit dans sa bouche; fermant la bouche et les yeux il mastiqua lentement. Après avoir mâché pendant un long moment il ouvrit les yeux et renifla énergiquement la terre tout près de son nez. Après l'avoir flairée pendant un moment il annonça :

« Cette terre n'est pas bonne.

— Peut-elle être employée pour une tombe? demanda leur hôte effrayé.

— Ce terrain ne peut être employé pour une tombe! répliqua Yu Yin, si vous enterrez quelqu'un là-dedans, votre famille deviendra très pauvre!

— Je ne suis pas resté à la maison ces dix dernières années et même plus, dit Yu le premier, je ne m'étais pas bien rendu compte que vous excelliez tellement à connaître la qualité des terres!

— Je ne vous cache pas, grand cousin, dit Yu Fou, qu'une fois le sol examiné par mon frère et moi, il n'y a rien à contester.

— De quelle montagne vient cette terre de tout à l'heure? demanda Yu le premier.

— De la tombe de son quatrième oncle, répondit Yu le deuxième, en montrant leur hôte, ils sont en train de délibérer et pensent déplacer la tombe.

— Le quatrième oncle a été enterré il y a plus de vingt ans, dit Yu le premier, en comptant sur ses doigts, la famille vit quand même en paix, je pense que cela ne vaut pas la peine de déplacer la tombe.

— Vous avez tort, grand cousin, dit Yu Yin, dans sa tombe il y a beaucoup d'eau et de nombreuses fourmis. Si un fils dépose son père au creux de l'eau et dans un nid de fourmis, et s'il ne le déplace pas, est-ce qu'il peut être considéré comme un homme?

— Et où se trouve le nouveau terrain qui vient d'être choisi? demanda Yu le premier.

— Le site trouvé hier n'est pas celui que nous avons trouvé nous, dit Yu Yin, le petit terrain que nous avons trouvé est aux Trois Pics Pointus, je vais vous en montrer la configuration, grand cousin. »

Il enleva donc deux des plats et trempa un doigt dans la jarre contenant le vin pour tracer un cercle sur la table.

« Regardez, grand cousin, dit-il en indiquant les Trois Pics Pointus, le filon prend son départ très loin. Il commence dans la montagne à P'ou-keou : un tertre, un petit monticule [4], un tertre, un petit monticule; il se tord et tourne sinueusement, il roule sans cesse le long du chemin en faisant le bruit *kou-li kou-lou ;* il roule jusqu'à la colline de la famille des Tcheou, dans notre sous-préfecture, le corps du dragon se baisse et traverse la vallée, puis un autre tertre et un autre petit monticule, il roule en faisant *Kou-kou lou-lou* à travers plus d'une dizaine de petits monticules pour former une figure de cimetière, cette figure s'appelle " la fleur de nénuphar sort de l'eau ". »

Comme il était en train de parler, le serviteur apporta cinq bols de nouilles. Leur hôte les pria de prendre du vinaigre, puis ils entassèrent les choux-fleurs et la viande sur les nouilles, ils prirent leurs baguettes et mangèrent.

Quand Yu Yin eut fini de manger des nouilles, il en choisit parmi les restantes, les tordit sur la table en formant un dragon, puis en écarquillant les yeux, il déclara :

« Ce terrain que j'ai choisi produira sûrement un docteur ès lettres qui sera reçu premier dans votre famille. Si vous y faites un tombeau et enterrez quelqu'un là-bas, si plus tard votre famille ne produit qu'un docteur ès lettres reçu deuxième au lieu de premier, vous pourrez m'arracher les deux yeux!

— D'après vous, si j'enterre quelqu'un dans ce terrain, sûrement ma famille sera prospère? demanda leur hôte.

— Elle sera prospère immédiatement! répondit Yu Fou. Vous n'aurez pas à attendre trois ou cinq ans.

— Tout de suite votre famille sera prospère! déclara Yu Yin, vous découvrirez de l'avantage aussitôt que vous aurez déplacé la tombe là-bas.

— L'autre jour, à Nankin, j'ai entendu des amis dire que pour choisir un site pour enterrer, il suffit que le père et la mère décédés soient tranquilles et que tous les bavardages au sujet de la prospérité des descendants sont vains et indignes de confiance, dit Yu le premier.

— Mais il n'en est pas ainsi! s'exclama Yu Fou, si les parents sont vraiment tranquilles, pourquoi leurs descendants ne réussiraient-ils pas?

— Mais il n'en est pas ainsi! cria Yu Yin, regardez le cimetière de la famille P'ong, une patte de dragon repose tout justement sur l'épaule gauche de leur père, c'est pourquoi P'ong le quatrième a reçu cette tape de l'empereur l'autre jour. Est-il possible que ce ne soit pas la patte du dragon? Si vous ne me croyez pas, grand cousin, vous et moi, nous irons dans leur cimetière demain pour voir, alors vous comprendrez. »

Après avoir bu quelques coupes de plus, ils se levèrent en chœur et remercièrent leur hôte. Un serviteur portant une lanterne les éclaira en les accompagnant jusqu'à l'entrée de la ruelle de la famille Yu ; chacun rentra chez soi dormir.

Le jour suivant, Yu le premier consulta son frère cadet :

« Que pensez-vous de ce que nos deux cousins ont dit hier ?

— Ce qu'ils ont dit est seulement bon à écouter, répondit Yu le deuxième, en fin de compte, ils n'ont pas étudié sous la direction de maîtres compétents, nous ferions mieux de consulter Tchang Yun-fong.

— Vous avez tout à fait raison. » Le jour suivant, les deux frères préparèrent un repas et invitèrent Tchang Yun-fong.

« Dans le passé pour toutes sortes de choses, j'ai bénéficié de votre faveur, messieurs, dit le géomancien Tchang, maintenant que vous m'avez chargé de chercher un site pour enterrer vos parents, je ferai naturellement de mon mieux.

— Mon frère cadet et moi, nous sommes de pauvres lettrés, dit Yu le premier, nous vous remercions de votre bienveillance, si nous vous manquons de respect, nous espérons que vous nous excuserez.

— Tout ce que nous voulons, c'est uniquement enterrer nos parents décemment, dit Yu le deuxième, maintenant nous vous confions cette affaire, ce n'est pas nécessaire de chercher un site pour devenir riches ou nobles, il suffit que le terrain soit sec et chaud et qu'il n'y ait pas de fourmis, ni de vent ; nous vous serons tous deux infiniment reconnaissants. »

Tchang Yun-fong promit de faire ce qu'ils demandaient. Quelques jours plus tard, il trouva un site à côté de leur cimetière ancestral. Les frères Yu allèrent avec Tchang Yun-fong dans la montagne pour inspecter eux-mêmes le terrain, puis ils l'achetèrent vingt taëls au propriétaire et chargèrent Tchang Yun-fong de choisir une date faste pour l'enterrement. Alors que Tchang n'avait pas encore choisi la date, un jour où les deux frères n'avaient rien à faire, Yu le premier acheta deux livres de vin et prépara six à sept plats, avec l'intention d'avoir une bonne conversation avec son frère cadet. L'après-midi, ils reçurent une carte d'invitation de Monsieur Yuu le quatrième qui habitait dans la grand-rue. Sur la carte il y avait : « J'ai préparé un repas en toute simplicité pour ce soir, je vous prie, chers cousins, de venir dans ma maison déserte, bavarder un peu. J'espère que vous ne me considérerez pas comme un étranger et que vous ne refuserez pas mon invitation. Votre cousin Yuu Leang. »

Yu le premier dit au serviteur :

« J'ai lu le billet, présentez nos respects à votre maître, nous venons tout de suite. »

Dès que le serviteur fut parti, un homme originaire de Soutcheou qui avait ouvert une distillerie dans la ville envoya un messager inviter les deux frères à venir dans sa distillerie pour prendre un bain.

« Cet homme Ling nous invite pour un bain; je pense qu'il nous convie aussi à un repas, dit Yu le premier à son frère. Allons festoyer chez Ling Fong et ensuite nous irons chez notre cousin Yuu. »

Les deux frères se rendirent chez Ling. A peine entrés, ils entendirent des disputes et du tapage à l'intérieur. Comme Ling n'était pas originaire du pays mais un étranger, il avait pris à son service deux campagnardes aux grands pieds et il avait des rapports sexuels avec les deux. Les mœurs de la sous-préfecture des Cinq Rivières voulaient que tous les hommes couchent avec ces servantes aux grands pieds. Même si dans la grande salle, pendant des réceptions chez les familles respectables, on parlait de cela, les gens riaient tellement qu'on ne voyait plus leurs yeux et dans leur gloriole ils étaient transportés de joie sans considérer que c'était honteux. Les deux servantes de la maison de Ling se soupçonnaient mutuellement, chacune présumant que l'autre recevait plus d'argent du maître et par jalousie, elles commencèrent à se quereller et à se battre. Puis elles dévoilèrent leur secret disant par exemple avoir couché avec l'employé de la distillerie; l'employé se joignit aussi à la dispute et à la bagarre. Après avoir brisé en menus morceaux les bols, les assiettes et les plats dans la cuisine, les servantes avec leurs grands pieds renversèrent toutes les cuvettes et les bassines préparées pour le bain.

Les deux frères ne pouvaient plus boire du vin, ni prendre un bain. Ils passèrent un long moment à exhorter tout un chacun à faire la paix et à les empêcher de se battre avant de décider de se retirer. Leur hôte très embarrassé déversa un millier d'excuses et promit de les inviter un autre jour.

Les deux frères arrivèrent chez Yuu quand le banquet était terminé et la grande porte fermée.

« Frère cadet, nous devons rentrer chez nous manger notre propre repas », dit Yu le premier en riant. Yu le deuxième rit aussi. Quand ils arrivèrent chez eux, ils demandèrent qu'on apporte du vin, mais qui l'aurait cru, les deux livres de vin et les six plats avaient été consommés par leurs épouses. Il restait seulement un pot vide et quelques plats vides qu'on avait laissés là.

« Nous avions trois festins aujourd'hui, mais nous n'avons pu en manger un seul, dit Yu le premier, cela prouve que chaque gorgée et que chaque bouchée est prédestinée. »

En riant ils soupèrent de légumes marinés et de riz. Après avoir bu quelques tasses de thé, chacun gagna sa chambre à coucher.

Ils dormirent jusqu'à la quatrième veille. A ce moment-là de grands cris se firent entendre de l'extérieur, ils se réveillèrent en sursaut et virent que tout était rouge hors de chez eux, ils se rendirent compte que la maison en face, de l'autre côté de la rue, prenait feu. En hâte, ils jetèrent un vêtement sur leurs épaules et sortirent pour demander à leurs voisins de les aider à porter les cercueils de leurs parents dans la rue. Deux maisons avaient brûlé, mais à l'aube le feu était éteint. Les cercueils étaient encore dans la rue. Dans la sous-préfecture des Cinq Rivières on croyait que, si un cercueil avait été transporté hors de la maison, la famille fatalement s'appauvrirait. C'est pourquoi tous leurs amis et parents vinrent regarder et leur conseillèrent de profiter de cette occasion pour porter les cercueils dans la montagne et de choisir un jour pour l'enterrement.

« Quand nous enterrerons nos parents, dit Yu le premier à son frère cadet, nous devrons bien entendu l'annoncer gravement dans le temple des ancêtres, sacrifier pour dire adieu à leurs esprits et inviter les parents et amis à assister à l'enterrement; comment pourrions-nous prendre cela à la légère ? A mon avis, nous rapportons les cercueils et les déposons dans la salle principale comme auparavant et nous choisissons un jour pour les funérailles.

— Bien sûr, cela va sans dire, répliqua Yu le deuxième. Si quelqu'un doit mourir de pauvreté, nous deux subirons seuls le fléau. »

Mais les gens rassemblés leur déconseillaient énergiquement d'agir ainsi; obstinés ils firent la sourde oreille à ces raisonnements et appelèrent des hommes pour rapporter les cercueils dans le centre de la salle principale en attendant que Tchang Yun-fong choisisse le jour des funérailles. Ils se conformèrent tout à fait aux rites. Le jour de l'enterrement dans toute la sous-préfecture beaucoup de gens vinrent faire partie du cortège funèbre et plusieurs personnes de la famille Tou de la sous-préfecture T'ien-tch'ang (Éternité céleste) arrivèrent aussi. Désormais se propagea partout dans la sous-préfecture des Cinq Rivières aussi bien que dans celle des Cinq Portes et des Quatre Banlieues, une grande nouvelle : « Les deux frères Yu deviennent de plus en plus fous, ils ont fait une chose pareille pour solliciter la malchance! »

Cela eut pour résultat :

« Dans les mœurs dépravées de ce monde de vicissitudes, se cachent quand même des personnes valables, en plus de savoir compter les grains de riz et de peser le bois de chauffage (choses insignifiantes), elles ont de grands desseins politiques. »

Pour savoir ce qui suivra, lisez le chapitre suivant.

NOTES

1. Bottes de Santal : entraves de torture ou presses à chevilles.

2. *Tche-t'ang-li :* employé du tribunal qui se tient debout à côté de la table du sous-préfet et qui est chargé de transmettre les paroles de celui-ci, au cas où le peuple ne comprend pas la langue nationale, il traduit en dialecte.

3. *Kong-cheng* : « bachelier supérieur » ou « présenté ». D'après le *Ts'ing-che-kao* (« Brouillon de l'histoire des Ts'ing ») il y avait six sortes de bacheliers : *Souei-kong, Ngen-kong, Yeou-kong, Pa-kong, Fou-kong*, et *Li-kong*. Il s'agit ici de *Souei-kong*. Tous les deux ans une école de la sous-préfecture ne pouvait recommander qu'un seul bachelier salarié pour devenir bachelier supérieur d'après l'ancienneté, un bachelier salarié devait attendre plus de dix ans avant de devenir bachelier supérieur. Cf. Kien Po-ts'an, *Li-che wen-t'i louen-ts'ong*, Pékin, 1962, p. 256.

4. *Touen :* « tertre » et *pao :* « petit monticule » sont des termes techniques de géomancie (*touen* est plus petit que *pao*).

CHAPITRE XLVI

A la porte des Trois Montagnes [1] *des sages se réunissent en un banquet d'adieu.*
Les habitants de la sous-préfecture des Cinq Rivières s'empressent auprès des riches et des puissants [2].

Quand Yu le premier eut enterré ses parents, il délibéra avec son frère cadet, il voulait aller à Nankin remercier Tou Chao-k'ing, de plus comme il n'avait plus d'argent, il comptait chercher en passant un poste de précepteur. Il fit ses adieux à son frère, traversa le Yang-tseu et arriva à la maison de Tou Chao-k'ing. Celui-ci l'interrogea au sujet du procès, Yu raconta en détail tout ce qui s'était passé et Tou Chao-k'ing, frappé par la conduite de Yu le deuxième, poussait sans cesse des soupirs d'admiration. Comme ils étaient en train de bavarder, on annonça Monsieur T'ang le premier seigneur, originaire de la sous-préfecture Yi-tcheng. Yu le premier demanda qui il était.

« C'est l'homme qui vous a demandé d'être le précepteur de ses fils, répondit Tou Chao-k'ing. Il n'y a aucun inconvénient à ce que vous le rencontriez. »

Comment ils étaient en train de parler, le général de brigade T'ang entra.

« Chao-k'ing, dit T'ang, l'autre jour, j'eus la chance de vous rencontrer dans la maison de Monsieur le docteur Yu. Tous mes sentiments vulgaires disparaissent imperceptiblement quand je suis en votre présence. Sans tarder, dès hier, je me suis rendu chez vous, mais vous étiez sorti, j'ai attendu impatiemment un jour entier pour revenir. Quel est le nom de cet honorable Monsieur ?

— C'est mon humble cousin Yu Yeou-ta, dit Tou. L'année dernière, vous l'avez invité à être précepteur chez vous.

— Je ne pensais pas rencontrer un autre lettré éminent aujourd'hui, vraiment c'est un plaisir », dit le général T'ang enchanté.

Il salua de nouveau, puis s'assit.

« Monsieur, après avoir fait de grandes actions méritoires pour l'État, vous vivez dans la retraite et ne parlez pas de vos exploits, dit Yu le premier, vraiment c'est la manière des généraux célèbres de l'Antiquité.

— C'est la situation de ce moment-là qui m'obligeait à agir ainsi, je ne pouvais pas faire autrement, dit le général, maintenant à la pensée de cette affaire, je trouve que j'ai été quand même un peu trop impulsif, et que je n'ai pas du tout rendu service à l'État, au contraire, j'ai vexé mon collègue, mais c'est inutile de le regretter!

— En cela, à la cour et à la campagne, le monde sait comment juger, dit Yu le premier, vous n'avez pas besoin d'être trop modeste.

— Puis-je vous demander ce qui vous amène ici à la capitale, oncle? demanda Tou, où habitez-vous?

— Je n'ai rien à faire à la maison, je viens ici par hasard et profite de l'occasion pour rencontrer quelques hommes de grand talent. J'habite au temple de la Faveur Impériale. Je vais rendre visite au docteur Yu et aussi à Tchouang Tcheng-kiun et à son neveu. »

Après avoir bu le thé, le général prit congé, Yu le premier et Tou Chao-k'ing l'accompagnèrent jusqu'à sa chaise à porteurs. Yu le premier logea provisoirement dans la maison au bord de la rivière de Tou Chao-k'ing.

Le général T'ang voulait rendre visite au docteur Yu à l'Université des Fils de l'État, il donna sa carte, on lui dit que le docteur était sorti. Alors il alla au pont de la Porte Septentrionale chez Tchouang Tchouo-kiang, qui l'invita à entrer sitôt que sa carte fut présentée, le général T'ang descendit de la chaise et entra dans la salle. Quand son hôte arriva, ils se saluèrent et s'assirent, puis échangèrent des paroles de courtoisie, chacun disant qu'il était heureux de rencontrer l'autre. Le général mentionna son intention d'aller au lac du Lotus (arrière-lac) rendre visite à Tchouang Tcheng-kiun.

« Mon oncle se trouve justement chez moi, pourquoi ne pas le prier de venir vous rencontrer? dit Tchouang Tchouo-kiang.

— C'est parfait! », répondit le général T'ang.

Tchouang Tchouo-kiang ordonna à un serviteur d'inviter

son oncle à venir. Tchouang Tcheng-kiun entra, salua le général T'ang et s'assit. On servit de nouveau le thé.

« Vous arrivez peu avant le départ du docteur Yu, dit Tchouang Tcheng-kiun, de plus, la fête du double neuf[3] est proche, je vous propose de prendre rendez-vous à cette date pour célébrer la fête en montant sur les collines et de profiter de cette occasion pour offrir un repas d'adieu à Monsieur le docteur Yu, nous pourrons passer un jour agréable ensemble.

— Très bien, excellente idée, dit Tchouang Tchouo-kiang. Nous pourrons nous rencontrer tous ici dans mon humble demeure. »

Au bout d'un moment, le général T'ang se leva pour partir.

« A bientôt, dit-il, je vous reverrai à cette " réunion d'ascension ", alors nous pourrons bavarder agréablement un jour entier. »

Le général T'ang alla également en visite chez Tch'e Heng-chan et Wou Tcheng-tseu. Tchouang Tchouo-kiang envoya son serviteur porter cinq taëls d'argent à l'habitation du général T'ang pour la préparation du repas prévu. Trois jours plus tard, l'intendant de la famille Tchouang porta une carte chez les invités en les priant d'arriver de bonne heure. Tchouang Tchouo-kiang avait déjà accueilli Tchouang Tcheng-kiun quand Tch'e Heng-chan, Wou Tcheng-tseu et Tou Chao-k'ing arrivèrent à leur tour. Tchouang Tchouo-kiang avait déblayé et arrangé un grand pavillon spacieux, entouré d'une haie de chrysanthèmes. On était au cinquième jour de la neuvième lune, et le temps était sec et clair, ils portaient tous des vêtements doublés et bavardaient en sirotant du thé. Peu de temps après, le général T'ang, le capitaine Siao et le docteur Yu les rejoignirent, les autres les reçurent cérémonieusement.

« Nous venons des confins du ciel et des rives de la mer, de bien des endroits différents, dit le général T'ang, heureusement notre hôte distingué nous a rassemblés, cette réunion était sûrement prédestinée. C'est dommage que le docteur Yu s'en aille si tôt, je ne sais pas quand nous aurons le plaisir de le rencontrer à nouveau.

— Vous êtes tous parmi les hommes les plus éminents de nos jours, dit Tchouang Tchouo-kiang, vous daignez venir dans ma chaumière qui en est honorée, je gage que les sages de cinq cents li à l'entour se trouvent rassemblés ici. »

Une fois qu'ils furent assis, un serviteur déposa sur la table les bols à thé qui, découverts, semblaient contenir de l'eau blanche; il s'en exhalait un parfum suave et les feuilles flottaient à la surface. Quand ils l'eurent bu, ils dégustèrent aussi le thé de la « véritable capitale céleste »[4]; bien que les feuilles eussent été conservées pendant plus d'un an, cette infusion était encore plus parfumée que la première.

« Quand vous étiez tous deux, Messieurs, dans l'armée, dit le docteur Yu avec un sourire tout en buvant, je pense que vous n'avez jamais vu de thé comme celui-ci.

— Certes pas dans l'armée, répliqua Siao Yun-sien, mais même pendant mon séjour de six ans à la cité d'Érable-Vert, je me trouvais très chanceux de boire de l'eau fraîche, c'était bien meilleur que l'urine de cheval !

— En effet l'eau et l'herbe à la cité d'Érable-Vert étaient suffisantes pour plusieurs années, dit le général T'ang.

— Le capitaine Siao est érudit et distingué, vraiment il est l'égal de Ts'ouei Hao de la dynastie des Wei du Nord [5].

— L'état des choses peut changer d'une génération à l'autre, remarqua Tch'e Heng-chan.

— Non seulement les ministres doivent être des lettrés, mais aussi les maréchaux et les généraux, dit Tou Chao-k'ing, si le capitaine Siao n'était pas érudit, comment aurait-il pu acquérir ces grands mérites ?

— Ce que je trouve le plus ridicule, dit Wou Tcheng-tseu, c'est que les commandants militaires à la frontière ne savaient pas qu'il y avait de l'herbe et de l'eau, alors qu'au ministère dans la capitale on le savait très bien quand on a fait les estimations. Je ne sais pas si c'était les ministres qui savaient tout cela ou si c'était leurs clercs ? Au cas où ce serait les ministres, il n'est pas étonnant que la cour impériale prise davantage les fonctionnaires civils que les militaires. D'autre part, si ce sont les clercs qui sont savants, cela montre combien essentiel est le système des dossiers, de la jurisprudence et des précédents. »

A cette boutade, tous éclatèrent de rire. La musique s'était arrêtée, c'était le moment de passer à table. Comme les acteurs entraient, Tchouang Fei-hiong se leva et dit :

« Puisque vous êtes, Messieurs, nos invités aujourd'hui, j'ai engagé les dix-neuf fameux acteurs de la liste du Jardin des Poiriers, et je prie chacun de vous de désigner un acte qu'il désire voir jouer.

— Qu'est-ce que la liste du Jardin des Poiriers ? », demanda le docteur Yu.

Yu le premier décrivit alors le concours romantique que Tou Chao-k'ing avait organisé ici dans le temps et tous rirent joyeusement de nouveau.

« Est-ce que votre cousin a été choisi comme fonctionnaire dans un ministère ? demanda le général T'ang à Tou Chao-k'ing.

— Oui, répondit celui-ci.

— Le jugement de Monsieur Chen-k'ing est très judicieux,

on peut le dire, dit Wou Tcheng-tseu, je crains seulement qu'après qu'il eut travaillé dans le gouvernement et fut devenu examinateur en chef, ses yeux ne soient éblouis par les cinq couleurs et qu'il n'aperçoive pas les talents véritables quand il examinera les épreuves écrites des candidats! qu'y faire ? »

La société rit encore une fois. Ils festoyèrent toute la journée, les opéras furent terminés au crépuscule. Tchouang Tchouo-kiang trouva un peintre habile à qui il fit représenter ce festin d'adieu et tous les invités écrivirent des poèmes. Puis chacun fit porter chez le docteur Yu un festin d'adieu.

Plus de mille familles à Nankin offrirent des repas d'adieu au docteur Yu, celui-ci accablé par les festivités exprima le désir que personne ne se dérange pour l'accompagner à son bateau. Le jour où il loua un petit bateau, il partit par la Porte de l'Eau de l'Ouest, et laissa le seul Tou Chao-k'ing venir l'accompagner.

« Quand vous serez parti, oncle, dit Tou Chao-k'ing, je n'aurai personne vers qui me tourner! »

Le docteur Yu ne put s'empêcher de s'attrister également, il invita Tou à s'asseoir dans la cabine :

« Je ne vous cache pas, Chao-k'ing, qu'à parler franchement, j'ai été un très pauvre lettré, mais pendant les six à sept années que j'ai été professeur de l'Université à Nankin, chaque année j'ai mis de côté plusieurs taëls sur mon traitement, tout ce que j'ai économisé est juste assez pour acheter un champ de riz produisant trente boisseaux par an. Maintenant je vais partir, je pourrai être nommé secrétaire dans un ministère ou bien je serai préfet ou sous-préfet. Je resterai à mon poste deux ans, trois ans au plus, et économiserai de quoi acheter un autre morceau de terre produisant vingt boisseaux de riz par an, chaque année, ma femme et moi nous serons nourris et nous n'aurons pas peur de mourir de faim, nous aurons assez. Je ne me fais pas de soucis pour mon fils et mes petits-fils. J'ai non seulement enseigné à mon fils les classiques, je lui ai aussi fait apprendre la médecine pour qu'il puisse gagner sa vie. Pourquoi serais-je fonctionnaire ? Je vous écrirai fréquemment à Nankin. »

Sur ce, en versant des larmes ils se séparèrent. Tou Chao-k'ing alla à terre, regarda s'éloigner le bateau du docteur Yu et ne s'en retourna qu'après qu'il eut été hors de vue. Il retrouva Yu le premier dans sa maison au bord de la rivière et il lui raconta ce que le docteur Yu avait dit.

« Peu disposé à avancer, mais heureux de se retirer [6], le docteur Yu est vraiment un gentilhomme de nature calme et continente, dit Yu le premier avec admiration, un jour, si nous devenons fonctionnaires, nous devrons le prendre comme modèle. »

Ensemble ils admirèrent le docteur Yu. Ce soir-là, arriva une lettre de Yu le deuxième demandant à son frère aîné de revenir à la maison :

« Le précepteur que notre cousin Yu Houa-hiuan a invité est parti, écrivait-il. Yu désire que vous enseigniez à son fils et que vous preniez votre charge bientôt, je vous prie de revenir aussi vite que possible. »

Yu le premier expliqua cela à Tou Chao-k'ing et dit qu'il devait s'en aller. Le jour suivant, il fit ses bagages et traversa le fleuve, Tou Chao-k'ing l'accompagna sur la rive, puis retourna chez lui.

Quand Yu le premier eut traversé le fleuve et atteint sa maison, son frère cadet alla à sa rencontre et lui montra une carte sur laquelle étaient écrits ces mots :

« Votre cousin stupide Yu Leang invite respectueusement son grand cousin Yu le premier à être le précepteur de son fils à son domicile, les traitements annuels sont quarante taëls d'argent, les cadeaux supplémentaires de fête n'y sont pas inclus. Pour cela le contrat est signé. »

Yu le premier, le jour suivant, se rendit à l'invitation de Yu Houa-hiuan [7], ce dernier sortit l'accueillir, heureux de le voir. Quand ils se furent salués et assis, un serviteur apporta un thé de bonne qualité et ils commencèrent à le boire à petites gorgées.

« Mon fils est imbécile, dit Yu Houa-hiuan, il a manqué d'instruction depuis son enfance. Depuis des années, je désire que vous soyez son précepteur, mais vous êtes toujours parti en voyage, maintenant fortuitement vous êtes à la maison, c'est la bonne chance de mon fils. Votre famille et la mienne ont produit des licenciés et des docteurs par charretées et par boisseaux, ces titres ne sont donc pas quelque chose de précieux et d'extraordinaire pour nous; plus tard sous votre enseignement je veux que mon fils apprenne à se modeler sur votre bonne conduite, c'est la chose la plus importante, il recevra alors beaucoup d'avantages.

— Je suis vieux, maladroit et sot comme le cultivateur de Song qui monta la garde au pied d'un tronc d'arbre dans l'attente d'un lièvre [8], répliqua Yu le premier. Nos deux familles sont entièrement apparentées depuis des générations, mais vous êtes le seul avec lequel j'ai des affinités. Je considère votre fils comme mon propre fils et ferai tout mon possible pour l'instruire de mon mieux. En ce qui concerne la réussite aux examens de licence et de doctorat, puisque je ne les ai jamais passés avec succès moi-même, je suis probablement profane en ce domaine. Quant à la bonne conduite et le style littéraire, votre fils a la tradition de votre famille pour le guider, il n'y a rien que je puisse ajouter. »

Tous deux se prirent à rire de bon cœur. Puis un jour de bon augure fut choisi pour recevoir le nouveau précepteur dans ses fonctions. Ce jour-là, Yu le premier arriva de très bonne heure, le jeune Yu sortit lui présenter ses respects, c'était un enfant très intelligent et charmant. Après la salutation, Yu Houa-hiuan accompagna le précepteur jusqu'à la salle de classe et là Yu le premier prit le siège du maître, et Yu Houa-hiuan le quitta et alla dans sa bibliothèque.

Il venait juste de s'y asseoir, quand le portier entra guidant un visiteur, c'était le frère aîné de T'ang San-t'an (T'ang aux trois crachats), il s'appelait T'ang Bang-tchouei (T'ang Bâton poinçon, T'ang le vantard), ou T'ang le deuxième, il avait passé avec succès le dernier examen de licence pour être fonctionnaire civil, et avait été reçu à l'examen du baccalauréat la même année que Yu Houa-hiuan. Comme c'était le premier jour des cours, il était venu saluer le nouveau précepteur. Yu Houa-hiuan le fit asseoir et lui offrit le thé.

« Aujourd'hui, votre fils commence ses études, je vous en félicite! dit T'ang le deuxième.

— Oui, merci, répondit Yu Houa-hiuan.

— Ce précepteur est excellent, mais il manque de patience et aime à étudier les diverses hérésies au détriment des études orthodoxes. Quoique les compositions d'examens de Monsieur Yu le premier ne soient pas coupables des mauvaises habitudes des lettrés modernes, il désire imiter le style des essais des lettrés des premières années de notre dynastie, ce n'est ni convenable ni utile.

— Mon fils est encore trop jeune pour passer des examens, fit remarquer Yu Houa-hiuan, j'ai invité mon cousin simplement pour qu'il lui enseigne des principes moraux afin de ne pas devenir un homme méprisable, empressé auprès des riches et des puissants, c'est tout. »

Après un moment, T'ang le deuxième dit :

« Comme vous êtes un érudit, j'ai justement un conseil à vous demander.

— Quelle érudition ai-je ? vous vous moquez de moi!

— Pas du tout, je ne me moque pas de vous, vraiment je vous prie de me donner des conseils, dit T'ang le deuxième. J'ai eu la chance de réussir au dernier examen, j'ai un neveu qui habite au chef-lieu de la préfecture de Fong-yang, il a été reçu licencié en même temps que moi, nos noms ont figuré sur la même liste de candidats admis, et nous avons eu le même examinateur;

depuis son succès à l'examen, il n'était pas revenu ici, mais maintenant il est venu sacrifier à nos ancêtres. Il m'a rendu visite hier avec une carte marquée : " Votre camarade de même promotion et neveu. " Maintenant je vais lui rendre visite, dois-je moi-même écrire : " Votre camarade de promotion et oncle ? "

— Que voulez-vous dire ?

— Est-il possible que vous n'ayez pas entendu ce que j'ai dit ? mon neveu et moi, nous avons passé avec succès les examens de licence avec le même examinateur, il m'a rendu visite avec une carte marquée : " Votre camarade et neveu ", dois-je lui rendre visite avec une carte semblable ?

— Bien sûr que je sais que deux candidats qui ont passé avec succès des examens de licence sous le même examinateur sont appelés des camarades du même examinateur, dit Yu Houa-hiuan, mais votre neveu a écrit : " Votre camarade et neveu ", c'est une divagation ! il a perdu la tête !

— Pourquoi est-ce une divagation ?

— De l'Antiquité jusqu'à aujourd'hui, il n'y a pas eu chose aussi absurde ! déclara Yu Houa-hiuan regardant vers le plafond et riant aux éclats.

— Ne m'en voulez pas de vous dire, Houa-hiuan, dit T'ang le deuxième en se mettant en colère, que quoique votre famille soit une famille distinguée de lettrés fonctionnaires, elle n'a pas produit de fonctionnaire depuis longtemps ; et vous-même n'avez jamais réussi aux examens de licence et de doctorat, probablement vous ne connaissez pas le protocole qui règne dans le milieu des fonctionnaires ! Je ne sais pas combien de hauts fonctionnaires mon neveu a pu voir dans la capitale et il doit avoir sûrement une raison pour écrire sa carte de cette manière, il ne peut l'avoir écrite à tort et à travers !

— Puisque vous dites qu'il faut l'écrire de cette manière, alors écrivez-la comme cela, à quoi bon me consulter ?

— Allons, vous ne savez pas, attendons que Monsieur Yu le premier sorte pour le repas et je lui demanderai. »

Juste à ce moment, un serviteur entra et annonça Monsieur Yao le cinquième.

Yu et T'ang se levèrent tous deux pour saluer Yao.

« Cinquième cousin, dit Yu Houa-hiuan, comment se fait-il que vous ayez disparu après le déjeuner hier ? Nous avions fait préparer du vin dans la soirée, mais vous n'êtes pas venu.

— Avez-vous déjeuné ici hier, Monsieur Yao ? demanda T'ang le deuxième, mais hier je vous ai rencontré dans l'après-midi, et vous m'avez dit que vous veniez de prendre votre déjeuner avec Monsieur Fang le sixième du mont-de-piété de la Prospérité de l'Humanité. Pourquoi mentir comme cela ? »

Le serviteur apporta les mets et ils firent demander à Monsieur Yu le premier de venir. Celui-ci eut le siège le plus honorable, T'ang le deuxième en face de lui, Yao le cinquième à la place de l'invité et Yu Houa-hiuan à la place inférieure de l'hôte. Après le repas, Yu Houa-hiuan raconta en souriant à Yu le premier l'affaire de la carte de T'ang le deuxième, Yu le premier fut tellement furieux que son visage devint pourpre, les veines de son cou se gonflèrent de colère :

« Qui a dit ces paroles ? dit-il. Dites-moi quelle est la chose la plus importante dans la vie humaine ? Les ancêtres ou bien les titres universitaires ?

— Naturellement les ancêtres sont plus importants, cela va sans dire, répondit Yu Houa-hiuan.

— Puisque les ancêtres sont plus importants, dit Yu le premier, comment un homme qui vient de passer avec succès les examens de licence peut-il abandonner les relations familiales et se considérer comme le camarade de son oncle ? Toute ma vie je ne veux pas entendre à jamais à nouveau une telle raillerie de la morale de Confucius ! Deuxième frère, votre neveu a eu la chance de passer avec succès les examens de licence, en vérité, il est un imbécile complet sans comprendre bien même un seul caractère ! S'il était mon neveu, je le conduirais immédiatement au temple des ancêtres et lui donnerais quelques dizaines de coups de bastonnade devant les tablettes des ancêtres ! Il le mériterait tout à fait ! »

Quand T'ang le deuxième et Yao le cinquième virent que Yu le premier était rouge de rage, et s'entêterait jusqu'à en éclater, ils changèrent de sujet de conversation pour le calmer. Après le thé, Yu le premier retourna dans sa salle de classe.

« Je vais faire un petit tour et reviendrai ensuite, dit Yao le cinquième en se levant.

— Aujourd'hui, quand vous sortirez, n'omettez pas de dire que vous avez dîné avec P'ong le deuxième ! ricana T'ang.

— Aujourd'hui je suis ici pour tenir compagnie au nouveau précepteur, tout le monde le sait, il m'est difficile de prétendre avoir été ailleurs », répondit Yao le cinquième avec un sourire.

Il sortit en riant. Quelque temps après, il revint à pied :

« Houa-hiuan ! Vous avez un visiteur assis dans la salle, il dit qu'il vient du yamen du préfet, dépêchez-vous de le recevoir !

— Je ne connais pas un tel homme, dit Yu Houa-hiuan, qui peut-il être ? »

Pendant qu'il se le demandait, la carte de l'étranger fut apportée par le portier : « Votre camarade d'études et votre parent Ki Houan vous présente ses respects. »

Yu Houa-hiuan alla dans la salle accueillir Ki, quand ils se furent salués et se furent assis, Ki sortit une lettre et la donna à Yu :

« Je viens de la capitale, dit-il où j'allais accompagner mon patron le préfet et j'arrive dans votre honorable ville; votre cousin Tou Chen-k'ing m'a demandé de vous apporter une lettre. Aujourd'hui, j'ai l'honneur de vous rencontrer, j'en suis très heureux! »

Yu Houa-hiuan prit la lettre, l'ouvrit et la lut du commencement à la fin :

« Êtes-vous un ami de longue date de notre préfet Li, Monsieur? demanda-t-il.

— Le préfet Li était un étudiant de mon oncle, le gouverneur Siun, c'est pourquoi il m'a invité à travailler dans son yamen comme secrétaire privé.

— Quelle affaire publique vous amène ici dans notre sous-préfecture, Monsieur?

— Puisqu'il n'y a pas d'étranger ici, je peux vous le dire fit Ki Wei-siao [9], les pèse-argent dans les monts-de-piété sont excessifs, le menu peuple est exploité, c'est pourquoi le préfet [10] Li m'a chargé de venir ici pour faire une investigation. Si c'est vrai, il faut faire disparaître ce mal! »

Yu Houa-hiuan rapprocha sa chaise tout près de Ki Wei-siao.

« Ah! que voilà la grande bienveillance du préfet [11]! murmura-t-il. Les monts-de-piété de notre sous-préfecture n'ont pas l'audace de prendre un intérêt trop élevé, à l'exception de deux d'entre eux : la Prospérité de l'Humanité et la Grandeur de l'Humanité, qui appartiennent à la famille Fang. Les Fang sont des notables locaux, ce sont des marchands de sel, ils sont dans les meilleurs termes avec les fonctionnaires de sous-préfecture et de préfecture, c'est pourquoi ils font tout ce qui leur plaît, et le peuple ose seulement se mettre en colère mais n'ose pas parler. Maintenant si vous voulez mettre fin à cet abus, il suffit de fermer ces deux boutiques de prêts sur gages. En outre le préfet est un haut fonctionnaire, pourquoi va-t-il lier amitié avec de tels gens! Ce que je vous ai dit ne peut qu'être gardé dans notre cœur, Monsieur, il ne faut pas le révéler, ne dites pas que c'est moi qui vous ai averti.

— Je reçois tous vos enseignements, merci de vos informations, répondit Ki Wei-siao.

— Je suis honoré de votre venue, dit Yu Houa-hiuan, je devrais préparer un repas de toute simplicité pour exprimer ma gratitude et m'instruire à votre conversation, mais je crains qu'il ne soit pas assez bon, et je crains aussi les oreilles et les yeux, nombreux dans cette petite localité, j'enverrai demain un pauvre repas à votre habitation, je vous prie de ne pas le refuser!

— Vous me faites trop d'honneur, je ne le mérite pas », dit Ki Wei-siao.

Ayant parlé ainsi, il s'en alla.

Yu Houa-hiuan retourna à la bibliothèque, Yao le cinquième alla à sa rencontre et demanda :

« Est-il venu du yamen du préfet?

— Pourquoi pas? », répondit Yu Houa-hiuan.

Yao le cinquième secoua la tête et rit :

« Je ne le crois pas », dit-il.

T'ang le deuxième réfléchit profondément, puis dit :

« Houa-hiuan! Yao a probablement raison, comment pourrait-il être vraiment du yamen du préfet? Le préfet n'est pas un de vos amis, il est ami avec P'ong le troisième et Fang le sixième. Quand j'ai entendu que cet homme était venu, j'ai douté : s'il avait été vraiment envoyé ici du yamen du préfet, n'aurait-il pas d'abord rendu visite à Monsieur P'ong et à Monsieur Fang au lieu de venir vous voir en premier? Cela a l'air trop invraisemblable. Je suppose que c'est un gredin d'un pays étranger qui se fait passer pour un envoyé du préfet afin de s'introduire partout pour escroquer les gens. Faites bien attention, il ne faut pas être pris au piège!

— Peut-être leur a-t-il rendu visite en premier, dit Yu Houa-hiuan.

— Il ne l'a certainement pas fait! dit Yao le cinquième en riant. Sinon, comment daignerait-il venir vous rendre visite?

— Ce n'est pas le préfet qui lui a dit de venir me rendre visite, répliqua Yu Houa-hiuan, mon cousin Tou Chen-k'ing de T'ien-tch'ang qui est à la capitale lui a donné une lettre pour moi, cet homme est le célèbre Ki Wei-siao.

— C'est encore plus impossible! dit T'ang le deuxième en agitant la main. Ki Wei-siao est un fameux lettré qui a jugé le concours des comédiens du Jardin des Poiriers. Puisque c'est un lettré célèbre, il fréquente sûrement les académiciens de la Forêt des Pinceaux et les fonctionnaires dans la capitale. En outre, Tou Chen-k'ing de T'ien-tch'ang est extrêmement lié avec Monsieur P'ong le quatrième, si Ki apporte une lettre de la capitale pour vous de la part de Tou Chen-k'ing, est-il possible que Ki n'apporte pas une lettre de Monsieur P'ong le quatrième pour sa famille? Cet homme sûrement n'est pas Ki Weisiao.

— Qu'il soit Ki ou ne le soit pas, peu importe! dit Yu Houa-hiuan. A quoi bon continuer à parler de ce sujet! »

Puis il gronda un serviteur :

« Pourquoi le repas n'est-il pas encore prêt? » On annonça à ce moment même :

« Le repas est servi. »

Un autre serviteur entra avec un bagage sur le dos :

« Le vieux Monsieur Tch'eng est arrivé venant de la campagne », annonça-t-il.

On vit entrer un homme au chapeau carré de lettré, à la robe de coton bleue et aux chaussures de toile à semelles minces, il avait une barbe grisonnante et le teint d'un ivrogne, il salua les mains jointes, puis s'assit :

« Très bien! déclara-t-il, aujourd'hui, vous invitez le nouveau précepteur, je viens par hasard me joindre au festin de célébration! »

Yu Houa-hiuan ordonna au serviteur d'aller chercher de l'eau pour que Monsieur Tch'eng se lave la figure et brosse la boue jaune de ses vêtements et de ses jambes. Puis il les fit tous entrer dans la salle où le festin était préparé. Yu le premier s'assit à la place la plus honorable, les autres prirent les sièges inférieurs de ceux qui « tiennent compagnie ». Comme le crépuscule tombait, ils allumèrent dans la salle deux lanternes de lustrine en verre. Ces lanternes étaient un cadeau de l'empereur à l'arrière-grand-père de Yu Houa-hiuan quand il avait été secrétaire d'État au palais de la Bravoure Militaire, il y a soixante ans, mais elles avaient l'air aussi neuves que jamais.

« Depuis l'antiquité, on dit : " Les vieilles maisons ont de grands arbres " [12], cita Yu le premier, en effet, ce proverbe est parfaitement vrai. Il n'y a pas d'autre famille dans notre sous-préfecture qui ait des lanternes comme celles-ci!

— Monsieur Yu le premier, dit Tch'eng, le dicton dit : " Il y a trente ans, les habitants de l'Est de la rivière ont prospéré, mais trente ans après, les habitants de l'ouest se développent. " En effet, il y a trente ans, combien étaient puissantes et influentes vos deux familles! Je l'ai vu de mes propres yeux, mais maintenant les P'ong et les Fang prospèrent de plus en plus chaque année, pour ne rien mentionner d'autre, le préfet et le sous-préfet Wang sont extrêmement liés avec eux, ils envoient toujours des secrétaires privés de leur yamen à leurs maisons pour discuter des choses importantes, le peuple a naturellement peur d'eux! Leurs secrétaires privés ne rendent jamais visite à quelqu'un d'autre.

— Récemment est-ce qu'il y a quelque secrétaire privé qui est venu du yamen? demanda T'ang le deuxième.

— Il y a un secrétaire privé nommé Ki qui est venu ici pour faire une enquête, répondit Tch'eng, il habite avec un abbé bouddhiste dans le temple de la Forêt Précieuse. Ce matin en premier lieu, il a rendu visite à Monsieur Fang le sixième au mont-de-piété de la Prospérité de l'Humanité, Monsieur Fang le sixième a fait venir Monsieur P'ong le deuxième pour lui tenir compagnie. Tous les trois entrèrent dans la bibliothèque et eurent une très longue conversation. Je ne sais pas ce qui déplaît au préfet : il envoie ce Monsieur Ki ici pour faire une enquête. »

T'ang le deuxième regarda Yao le cinquième et rit du bout des lèvres :

« Qu'est-ce que j'ai dit ? » cria-t-il.

Yu le premier dégoûté de ce dont ils parlaient, demanda à Monsieur Tch'eng :

« Est-ce que vous avez été autorisé à porter les vêtements et le chapeau d'un bachelier l'année dernière [13] ?

— Oui, répondit le vieux Monsieur Tch'eng. Par chance, le commissaire d'éducation provincial était un camarade de même promotion que P'ong le quatrième, j'ai prié P'ong d'écrire une lettre pour moi, c'est pourquoi cela me fut accordé.

— Quand le commissaire d'éducation provincial a vu votre figure au teint vermeil et votre aspect vraiment tout jeune, comment se fait-il qu'il a accordé votre requête ? dit Yu le premier en riant.

— Je lui ai dit que mon visage était enflé », dit le vieux Monsieur Tch'eng.

Tout le monde rit unanimement. Après avoir bu du vin un moment :

« Monsieur Yu le premier, vous et moi, nous sommes vieux et bons à rien maintenant, dit le vieux Tch'eng. Seuls les jeunes hommes peuvent faire valoir leur talent. J'espère que notre frère Yu Houa-hiuan sera reçu brillamment au prochain examen de licence, et deviendra docteur ès lettres en même temps que Monsieur T'ang le deuxième, même s'ils ne peuvent occuper un poste de haut fonctionnaire comme P'ong le quatrième, peut-être pourront-ils être nommés sous-préfet choisi en attendant une vacance comme P'ong le troisième et P'ong le deuxième pour sauver l'honneur de leurs ascendants et apporter la gloire à leurs ancêtres, nous participerons à leur célébrité et sur nos visages il y aura également de l'éclat ! »

De telles paroles dégoûtèrent Yu le premier davantage encore, alors il dit :

« Ne parlons pas de telles choses, jouons à un jeu de boisson ! »

Immédiatement ils jouèrent au jeu appelé « Joyeux ivrogne », ils burent sans arrêt pendant la moitié de la nuit et tout le monde devint ivre. Monsieur Tch'eng fut conduit dans une chambre pour dormir, des lanternes furent allumées pour éclairer Yu le premier, T'ang le deuxième et Yao le cinquième jusqu'à leur maison. Monsieur Tch'eng à la mi-nuit se leva pour vomir, après le vomissement, il alla à la selle. Avant qu'il ne fasse jour, il appela un serviteur pour venir balayer ses excréments, puis il lui ordonna secrètement de faire venir deux des intendants chargés des fermages. Après quelques manigances et entretiens secrets il leur demanda de prier leur maître de venir.

Cela a eu pour résultat :

« Dans une petite localité retirée, ceux qui se livrent à la basse flatterie sont pourtant nombreux.

« Devant un établissement scolaire, ont eu lieu des conduites inconvenantes. »

Mais pour savoir ce qui suit, lisez le prochain chapitre.

NOTES

1. Porte située à l'entrée sud de la ville de Nankin.

2. Littéralement : « Le cœur humain est obscurci par le profit et la puissance dans la sous-préfecture des Cinq Rivières. »

3. *Tch'ong-kieou :* double neuf, le neuvième jour du neuvième mois.

4. *Tchen-t'ien-tou :* « véritable capitale céleste », nom du thé cultivé au pic de la Capitale Céleste de la montagne Jaune dans la province Ngan-houei.

5. Ts'ouei Hao (?-450), grand savant et stratège militaire, voir sa biographie détaillée dans le *Wei-chou,* chap. 35.

6. *Nan-tsin Yi-t'ouei,* littéralement : « avancer difficilement et se retirer facilement », c'est-à-dire : accepter un poste de fonctionnaire lentement et après avoir réfléchi à plusieurs reprises, tandis qu'on le quittera rapidement.

7. Houa-hiuan est le nom social de Yu Leang.

8. *Cheou-tchou tai-t'ou :* « monter la garde au pied d'un tronc d'arbre dans l'attente d'un lièvre », expression tirée du chapitre *Wou-tou* du *Han-fei-tseu :* dans le pays de Song, un cultivateur avait dans son champ un tronc d'arbre. Un lièvre en courant se précipita contre ce tronc, se brisa le cou et mourut. Le cultivateur, ayant abandonné sa charrue, monta la garde au pied de l'arbre, dans l'espoir d'avoir un autre lièvre, mais il ne put jamais en obtenir et fut tourné en ridicule toute sa vie par les habitants de Song.

9. Wei-siao est le nom social de Ki Houan.

10. *T'ai-tsouen,* « le grand honorable », désigne le préfet.

11. *T'ai-kong-tsou,* « grand duc », autre manière de désigner le préfet.

12. Cette expression se trouve avec une légère variante dans le *Mong-tseu,* 2-7.

13. Les candidats au baccalauréat très âgés pouvaient, avec l'autorisation du commissaire d'éducation provincial, porter les chapeaux et les vêtements d'un bachelier.

CHAPITRE XLVII

Le bachelier Yu répare le Pavillon Yuan-wou.
Le marchand de sel Fang fait du scandale dans le temple des Femmes Vertueuses.

Yu Houa-hiuan (Yu Leang) était un homme extraordinaire. A l'âge de sept ou huit ans, c'était un enfant prodige. Plus tard, que ce soit les Canoniques de Confucius, les histoires officielles, les ouvrages philosophiques, les recueils littéraires variés de chaque auteur, il n'y avait pas un seul livre qu'il n'ait lu entièrement, il n'y avait pas un seul ouvrage qu'il n'ait étudié à fond, il n'y avait pas un seul volume qu'il n'ait assimilé complètement. A l'âge d'un peu plus de vingt ans, il était un lettré accompli : en ce qui concernait la science militaire, l'agriculture, les rites, la musique, les travaux publics, l'exploitation de la richesse dans les montagnes et les marais, la conservation de l'eau et la surveillance du feu, quand vous mentionniez le début, il savait tout de suite la fin, ses compositions littéraires étaient aussi excellentes que celles de Mei et Ma [1], ses poèmes étaient aussi remarquables que ceux de Li et Tou [2]. De plus son bisaïeul était ministre, son grand-père était académicien, son père était préfet, sa famille était vraiment une famille très distinguée. Mais en dépit de son érudition, les habitants de Wou-ho (les Cinq Rivières) n'avaient pas de respect pour lui et ne lui permettaient pas d'ouvrir la bouche. Voici les mœurs dans la sous-préfecture des Cinq Rivières : si un homme était loué à cause de sa bonne conduite morale, la population locale raillait en se tordant la bouche; si l'on mentionnait des grandes familles dont la distinction remontait à des décennies, la population riait avec le nez; si l'on parlait d'un homme qui savait écrire des poèmes et des essais classiques, alors même les sourcils de la population savaient rire pour s'en moquer. Si vous leur demandiez quel était le beau paysage dans la sous-préfecture des Cinq Rivières, ils vous répondaient : le notable local P'ong; si vous leur demandiez quel était le produit merveilleux et rare, dans la sous-préfecture des Cinq Rivières, ils répondaient : le notable local P'ong; si vous leur demandiez quels sont les hommes distingués, ils répondaient : ceux qui flattent le notable P'ong; si vous leur demandiez, quels sont les hommes vertueux, ils répondaient : ceux qui flattent le notable local P'ong; si vous demandiez quels étaient les hommes de talent, ils répondaient : ceux qui ne savent que flatter le notable local P'ong. En outre, il y avait encore une chose qui impressionnait beaucoup la population locale, c'était de devenir parents par alliance avec la famille Fang de Houei-tcheou; il y avait encore une chose à laquelle la population s'intéressait beaucoup, c'était sortir des lingots d'argent pour acheter la terre. Yu Houa-hiuan était né dans cette sous-préfecture de mauvaises mœurs, comme il possédait quelques arpents de terre dans cet endroit, il ne pouvait pas déménager ailleurs; il était indigné et devint misanthrope. Son père était un fonctionnaire intègre qui avait vécu frugalement pendant qu'il était préfet, Yu Houa-hiuan mangeait et s'habillait en toute simplicité et il avait économisé un peu d'argent. Maintenant le préfet avait pris sa retraite, était rentré chez lui et ne s'occupait pas des affaires familiales. Chaque année grâce à une stricte économie, Yu Houa-hiuan accumulait quelques taëls de plus; un jour, il fit venir les courtiers de terre pour leur dire qu'il voulait acheter de la terre ou une maison, quand on était presque parvenu à un accord, il injuria ces courtiers et refusa d'acheter pour s'amuser et se moquer d'eux afin de donner libre cours à son indignation. Tous les habitants de la sous-préfecture disaient qu'il était un peu fou, cependant, avides de gagner quelques taëls de lui, ils vinrent lui faire des avances.

Ce vieux Monsieur Tch'eng était le chef de la guilde des courtiers. Ce jour-là, il demanda aux intendants d'inviter leur maître à sortir et s'assit avec Yu dans la bibliothèque.

« Il y a un morceau de champ tout près de chez moi, dit le vieux Tch'eng, vous n'avez pas besoin de vous faire de soucis pour les inondations ou la sécheresse, chaque année, vous en récolterez six cents piculs (six mille boisseaux) de riz. Le vendeur demande deux mille taëls. Avant-hier, Monsieur Fang le sixième voulait l'acheter et le propriétaire avait l'intention de le lui vendre, seulement les fermiers ne voulaient pas.

— Pourquoi les fermiers ne le voulaient-ils pas ? demanda Yu Houa-hiuan.

— Parce que lorsque les propriétaires de terre de la famille Fang descendent à la campagne dans leurs fermes, ils exigent que les fermiers brûlent l'encens de bonne odeur pour les accueillir; si les fermages sont en retard, les fermiers sont battus et reçoivent la bastonnade! C'est pourquoi ils n'ont pas voulu que la terre lui fut vendue.

— Ne pas vouloir la lui vendre, mais vouloir me la vendre, demanda Yu Houa-hiuan, est-ce que cela signifie que lorsque j'irai à la campagne, ils brûleront l'encens de mauvaise odeur et au lieu que je les batte, me battront-ils à la place ?

— Ce n'est pas ça, répondit le vieux Tch'eng. Ils disent que vous êtes généreux et libéral et que vous n'êtes pas méchant et cruel comme eux, c'est pourquoi je suis venu pour vous présenter cette affaire, je ne sais pas si votre argent est prêt ?

— Pourquoi mon argent ne serait-il pas prêt ? Naturellement je l'ai ici, dit Yu Houa-hiuan. Je vais ordonner à mon serviteur de l'apporter pour vous le montrer. »

Sur ce, il ordonna à un serviteur d'apporter trente lingots d'argent qu'il jeta sur la table. Ces lingots roulaient pêle-mêle sur la table et les yeux du vieux Monsieur Tch'eng suivirent ces lingots comme ils roulaient.

Alors Yu Houa-hiuan fit remporter cet argent dans les pièces intérieures et dit au vieux Monsieur Tch'eng :

« Mon argent ne peut pas mentir, n'est-ce pas ? Retournez tout de suite à la campagne pour décider l'affaire, quand vous serez de retour, j'achèterai la terre.

— Je dois rester ici quelques jours, ensuite seulement je pourrai retourner à la campagne, répondit le vieux Monsieur Tch'eng.

— Quelles affaires publiques avez-vous ici ? demanda Yu Houa-hiuan.

— Demain je dois rendre visite au sous-préfet Wang afin de toucher l'argent pour construire un arc de triomphe de chasteté à ma tante décédée, et j'ai l'intention de payer mes impôts en même temps puisque je suis là; après-demain la fille de Monsieur P'ong aura juste dix ans et je dois aller lui présenter mes compliments pour son anniversaire et lui souhaiter une longue vie; le jour suivant, Fang le sixième m'a invité à déjeuner, je ne puis m'en retourner qu'après le repas. »

Yu Houa-hiuan rit du nez et garda le vieux Tch'eng à déjeuner. Quand le vieil homme alla toucher l'argent de l'arc de triomphe et payer ses impôts, Yu Houa-hiuan envoya un serviteur pour faire venir T'ang San-t'an (T'ang le troisième). Comme les Fang habituellement invitaient le licencié T'ang Eul (T'ang le deuxième) seul, frère de T'ang le troisième, celui-ci indigné, se renseignait à droite et à gauche pour savoir quel était le jour où les Fang avaient des invités et qui étaient les invités, son information était toujours exacte. Yu Houa-hiuan connaissait cette manie de T'ang le troisième; ce jour-là, il le fit venir et lui dit :

« Puis-je vous déranger d'aller vous informer si Monsieur Fang le sixième du mont-de-piété de la Prospérité de l'Humanité invite le vieux Tch'eng le jour après après-demain? Si vous m'apportez un renseignement digne de confiance, je vous inviterai à un repas ce jour-là. »

T'ang le troisième acquiesça et s'en alla. Après un bon moment il revint et dit :

« Ce n'est pas vrai, Monsieur Fang le sixième n'invite personne le jour après après-demain.

— C'est merveilleux! cria Yu Houa-hiuan, venez chez moi de bonne heure ce jour-là et nous festoierons toute la journée. »

Quand T'ang le troisième eut accepté et se fut en allé, Yu Houa-hiuan ordonna à son serviteur d'aller à la boutique de l'encens et des chandelles pour demander secrètement à un employé d'écrire une carte d'invitation rouge, rédigée ainsi : « Me ferez-vous l'honneur de venir déjeuner chez moi le 18. Je préparerai un repas de toute simplicité et j'attends votre venue. Fang Chao qui vous salue. » Cette carte fut mise dans une enveloppe et bien scellée, ensuite Yu Houa-hiuan ordonna à son serviteur de déposer cette carte sur le pupitre dans la chambre où dormait le vieux Tch'eng. Après avoir payé ses impôts, le vieux Tch'eng revint le soir, quand il vit cette carte d'invitation, il fut transporté de joie :

« J'ai vraiment la chance de mon côté! pensa-t-il. A tout hasard, je fais un mensonge et mon mensonge est devenu vrai, de plus, c'est le même jour aussi! » Et il s'endormit tout joyeux.

Le 18, T'ang le troisième vint de bonne heure, Yu Houa-hiuan invita le vieux Tch'eng à s'asseoir dans la salle et le vieil homme vit les serviteurs l'un après l'autre entrer, venant de l'extérieur, portant qui du vin, qui des poulets et des canards, qui une tortue de mer et des pieds de cochon, qui quatre paquets de friandises et qui encore un large plat de petits pains farcis cuits à la vapeur; et se dirigeant vers la cuisine. Le vieux Tch'eng comprit que c'était pour une fête ce jour-là, mais ne posa pas de question.

« Avez-vous parlé aux charpentiers et aux maçons au sujet de la réparation du Pavillon Yuan-wou, demanda Yu Houa-hiuan à T'ang le troisième.

— Oui, répondit T'ang le troisième. Vous devrez dépenser beaucoup pour les travaux et les matériaux. Le mur extérieur s'est effondré et devra être reconstruit; il faut encore faire refaire un nouvel escalier, cela occupera les maçons pendant deux à trois mois. Les poutres et les piliers à l'intérieur ont besoin d'être changés ou renforcés et les chevrons d'être cloués, on aura besoin d'un grand nombre de charpentiers sans savoir encore le chiffre exact. Mais tous les hommes chargés de la réparation, charpentiers et maçons, ne travailleront qu'à mi-temps. Ils parlent de trois cents taëls seulement, mais je crains que cela ne vous coûte au moins cinq cents taëls pour finir la réparation.

— Vos ancêtres ont construit le Pavillon Yuan-wou, dit le vieux Tch'eng, cependant cela a apporté tant de chance à notre sous-préfecture tout entière que beaucoup de lettrés ont réussi aux examens à cause de cette géomancie. De nos jours, seuls les P'ong passent avec succès les examens, ce sont eux qui doivent sortir de l'argent pour payer les réparations, cela n'a rien à faire avec vous, pourquoi dépensez-vous tant d'argent pour cela ?

— Bien, dit Yu Houa-hiuan en saluant avec les mains jointes, veuillez prendre la peine, Monsieur Tch'eng, de le leur mentionner et leur demander une contribution de quelques taëls, je ne manquerai pas de vous remercier.

— Je le leur dirai, dit le vieux Tch'eng, quoiqu'il y ait tant de fonctionnaires dans leurs familles et qu'ils aient l'air si imposant, quand je leur dis quelque chose, ils m'écoutent quand même un peu. »

A ce moment, le serviteur de Yu fit signe discrètement à un vendeur de foin à la porte arrière, lui donna quatre sapèques et lui ordonna d'entrer par la grande porte principale et de dire :

« Monsieur Tch'eng, je viens de la part de Monsieur Fang le sixième, il vous prie de venir, il vous attend.

— Présentez mes respects à votre maître, dit le vieux Tch'eng, je viens tout de suite. »

Alors le vendeur de foin s'en alla.

Le vieux Tch'eng prit congé de son hôte et alla tout droit au mont-de-piété de la Prospérité de l'Humanité, où le portier entra annoncer son arrivée, Monsieur Fang le sixième sortit le voir, ils se saluèrent et s'assirent.

« Quand êtes-vous venu à la ville ? », demanda Fang le sixième.

Tch'eng fut surpris et répondit :

« Avant-hier.

— Où habitez-vous ? » demanda Fang le sixième.

Tch'eng fut encore plus étonné et répondit :

« Chez Monsieur Yu Houa-hiuan. »

Un serviteur apporta le thé.

« Il fait beau aujourd'hui, dit le vieux Tch'eng après avoir bu le thé.

— Oui, répondit Fang le sixième.

— Ces jours-ci, avez-vous vu souvent le sous-préfet Wang? demanda Tch'eng.

— Souvent, je l'ai même vu avant-hier », répondit Fang le sixième.

Ils s'assirent là pendant un moment et n'avaient rien à dire. Après avoir bu encore un moment du thé, le vieux Tch'eng rompit le silence et dit :

« Le préfet n'a pas été ici depuis quelque temps, s'il vient dans notre sous-préfecture, sûrement il viendra chez vous pour vous rendre visite le premier. Le préfet vous apprécie plus que n'importe qui d'autre. En vérité, vous êtes le seul homme qu'il prise dans toute la sous-préfecture, qui d'autre parmi les notables locaux peut se comparer à vous!

— Le nouveau commissaire judiciaire est arrivé, probablement le préfet viendra dans notre sous-préfecture ces jours-ci.

— Tout à fait exact », répondit le vieux Tch'eng.

Ils continuèrent à rester assis là pendant un moment, le thé était servi de nouveau, mais aucun autre invité n'arriva et aucun festin ne fut préparé, le vieux Tch'eng eut des soupçons, il commençait à avoir faim, il décida de prendre congé et de voir ce que Fang dirait.

« Je vais vous dire au revoir, dit le vieux Tch'eng qui se leva pour partir.

— Restez encore un peu, dit Fang le sixième, qui se leva également.

— Non, je dois m'en aller », dit le vieux Tch'eng.

Sur quoi, Tch'eng prit congé et fut reconduit à la porte. Il sortit par la grande porte; il se creusait la tête sans comprendre ce qui s'était passé.

« Est-ce que c'est parce que je suis venu trop tôt ? se demanda-t-il. L'ai-je offensé et il m'en a voulu ? pensa-t-il. Ou bien ai-je lu la carte d'invitation de travers ? »

Il ne pouvait comprendre ce qui était arrivé.

« Chez Yu Houa-hiuan, il y a un festin tout prêt, je vais retourner chez lui manger d'abord, et chercherai la raison ensuite », pensa-t-il.

Il alla tout droit à la maison de Yu. Yu Houa-hiuan avait fait préparer une table dans la bibliothèque, et il était là avec T'ang le troisième, Yao le cinquième et ses deux parents, ils étaient en train de manger gaiement les cinq à six bols de mets délicieux et bouillants. En voyant le vieux Tch'eng entrer, ils se levèrent tous.

« Monsieur Tch'eng nous a quittés et est venu après avoir mangé les bonnes choses de la famille des Fang, comme il est joyeux! », dit Yu Houa-hiuan.

Puis, il cria :

« Dépêchez-vous d'apporter une chaise, de la donner à Monsieur Tch'eng pour s'asseoir là-bas et faites infuser pour lui du bon thé pour aider sa digestion. »

Un serviteur plaça une chaise à quelque distance de la table et invita Tch'eng à s'asseoir. Puis on lui apporta des bols de thé bien fort bien couverts, l'un après l'autre, et placés à gauche et à droite. Plus il buvait, plus il devenait affamé, il souffrait d'une douleur indicible. En voyant qu'ils serraient avec des baguettes de gros morceaux de viande, de canard et de tortue de mer pour bourrer leur bouche, il était si furieux que le feu coléreux jaillit de son crâne! Ils mangèrent jusqu'au crépuscule, et le vieux Tch'eng fut affamé jusqu'au crépuscule. Mais aussitôt que Yu reconduisit ses invités qui se dispersèrent, Tch'eng alla secrètement jusqu'à la chambre d'un des intendants et il demanda un bol de riz sauté qu'il mangea en le trempant dans l'eau chaude. Puis il alla au lit, mais pendant toute la nuit, il était furieux et ne put dormir. Le jour suivant, il prit congé de Yu Houa-hiuan et voulut descendre à la campagne et retourner chez lui.

« Quand reviendrez-vous de nouveau? demanda Yu Houa-hiuan.

— Sitôt que l'affaire au sujet de ce terrain sera réglée, je viendrai tout de suite, répondit le vieux Tch'eng, si cette affaire ne peut être réglée, j'attendrai le jour où ma tante décédée entrera dans le temple des Femmes Vertueuses et je viendrai. »

Cela dit, il s'en alla.

Un jour Yu Houa-hiuan était à la maison et n'avait rien à faire, T'ang le deuxième vint lui rendre visite :

« Cher ami Houa-hiuan, dit-il, ce dénommé Ki qui réside chez le fonctionnaire des moines du temple de la Forêt Précieuse est vraiment venu du bureau du préfet. Fang le sixième et P'ong le deuxième l'ont vu tous deux. C'était pourtant vrai!

— La fois dernière, vous avez dit que cela ne pouvait être vrai, dit Yu Houa-hiuan, aujourd'hui vous dites que cela est vrai. Vrai ou faux, peu importe, à quoi bon en parler!

— Je n'ai jamais rencontré le préfet, dit T'ang en riant, vous devez aller à la préfecture rendre la visite de ce monsieur Ki, m'emmènerez-vous avec vous voir le préfet, est-ce que c'est faisable?

— D'accord », répondit Yu Houa-hiuan.

Quelques jours plus tard, ils louèrent deux chaises à porteurs et allèrent à Fong-yang (Phénix mâle). Ils arrivèrent au yamen et remirent leurs cartes de visite. Yu Houa-hiuan avait apporté une carte pour Ki Wei-siao. Le yamen la prit aussi, peu après, un homme sortit pour annoncer :

« Monsieur Ki est allé à Yang-tcheou, mais Son Honneur le préfet vous reçoit maintenant. »

Tous les deux entrèrent et le préfet les reçut dans sa bibliothèque. Puis ils sortirent et trouvèrent des chambres à l'est de la ville. Le préfet tout de suite envoya une carte et les invita à un repas.

« Le préfet nous invite demain, dit T'ang le deuxième, ce n'est pas poli de rester ici dans nos chambres pour attendre qu'il envoie un homme parcourir tout le long chemin pour nous chercher. Demain, vous et moi, nous allons nous asseoir dans le temple du Dragon qui se lève juste à la porte du yamen, dans ce cas, dès qu'il nous invite, nous entrons tout de suite.

— Si vous voulez », répondit Yu Houa-hiuan en riant.

Le jour suivant, après déjeuner, ils allèrent dans la maison d'un moine au temple du Dragon qui se lève et s'y assirent. Ils entendirent de la musique charmante et des chants ravissants provenant du voisinage, de la maison d'un autre moine.

« Combien cette musique et ces chants sont délicieux à écouter ! s'exclama T'ang le deuxième, je vais jeter un coup d'œil. »

Peu après il revint, il avait l'air tout à fait abattu :

« Vous m'avez joué un mauvais tour ! se plaignit-il à Yu Houa-hiuan. Savez-vous qui fait jouer de la musique et chanter là ? Ce sont Fang le sixième du mont-de-piété de la Prospérité de l'Humanité et le fils du préfet Li qui préparent un festin tout à fait splendide, chacun d'eux embrasse un jeune acteur et ils s'amusent. Comme ils sont en des termes si amicaux, j'aurais dû venir avant-hier avec Fang le sixième. Si j'étais venu avec lui, je serais assis avec le fils du préfet maintenant. Venant avec vous, bien que j'aie vu le préfet, c'est trop froid, et ce n'est pas aussi familier que cela, ce n'est pas du tout intéressant !

— C'est vous qui l'avez proposé, répondit Yu Houa-hiuan, je ne vous ai pas traîné de force à venir ici. Comme Monsieur Fang le sixième est là actuellement, vous pouvez le rejoindre !

— Ceux qui voyagent ensemble ne doivent pas abandonner leur compagnon, dit T'ang le deuxième, j'irai quand même au yamen avec vous pour dîner avec le préfet. »

A ce moment-là, un homme du yamen vint les chercher et

ils entrèrent. Le préfet les accueillit et dit beaucoup de paroles affables, puis il demanda :

« Quand est-ce que les Femmes Vertueuses décédées de votre sous-préfecture entrent dans le temple ? J'enverrai un fonctionnaire descendre pour le sacrifice.

— Quand nous serons de retour et fixerons une date, répondirent-ils, certainement nous préparerons une carte pour inviter Votre Honneur. »

Après le repas, ils s'en allèrent. Le jour suivant, ils portèrent des cartes, prirent congé et retournèrent à leur sous-préfecture.

Le jour après que Yu Houa-hiuan fut rentré, Yu le premier vint lui dire :

« Le troisième jour du mois prochain a été fixé pour l'entrée des Femmes Vertueuses dans le temple. Il y a plusieurs grand-tantes et tantes dans nos deux familles qui doivent entrer dans le temple et être mises en châsse, nous devrons préparer un sacrifice et rassembler tous les hommes de notre clan pour escorter leurs châsses jusqu'au temple. Je propose que nous allions les appeler.

— Bien sûr ! acquiesça Yu Houa-hiuan, mon humble famille en a une à enchâsser, votre honorable famille en a deux, nos deux clans doivent avoir cent quarante à cent cinquante membres, nous devrons tous nous réunir en costume officiel pour aller à la porte du temple accueillir le cortège, comme il convient à de grandes familles distinguées.

— Je vais appeler les membres de mon clan, vous allez appeler les membres du vôtre », dit Yu le premier.

Yu Houa-hiuan fit le tour des membres de son clan et revint les yeux étincelants de colère, il était trop furieux pour pouvoir s'endormir la nuit. De bonne heure le matin du jour suivant, Yu le premier arriva, il était tellement irrité que ses deux yeux roulaient de fureur :

« Qu'ont dit les membres de votre clan, cousin ? demanda-t-il.

— Justement, je voudrais vous demander qu'ont dit les membres du vôtre ? pourquoi êtes-vous courroucé à ce point ?

— Ne m'en parlez pas ! répondit Yu le premier, je suis allé prévenir les membres de mon humble clan, s'ils avaient refusé de venir, cela n'aurait pas eu d'importance, mais ils disent tous que la vieille Madame Fang va être mise en châsse, ils doivent aller tous assister au sacrifice et se joindre à la procession, de plus, ils me pressèrent de m'y joindre aussi. Je les ai grondés, ils se moquèrent de moi en disant que mes paroles étaient néfastes, dites-moi, est-ce que cela ne peut pas faire mourir les gens de rage !

— Mon humble clan était aussi ainsi, dit Yu Houa-hiuan en riant, j'étais furieux pendant une nuit entière! Demain je préparerai une table de sacrifice et escorterai tout seul la châsse de ma grand-tante sans eux!

— Je serai obligé de faire la même chose que vous! », dit Yu le premier.

Leur décision fut prise et ils convinrent d'agir ainsi.

Le troisième jour, Yu Houa-hiuan vêtu d'habits nouveaux et avec un chapeau neuf, ordonna à un serviteur de porter une table d'offrandes et il arriva ainsi à la maison de son huitième cousin. En entrant sous le porche, il trouva l'endroit solitaire et désert, il n'y avait même pas un seul visiteur. Son huitième cousin qui était un pauvre bachelier, couvert d'un chapeau déchiré et revêtu d'une robe en haillons, sortit l'accueillir en saluant. Yu Houa-hiuan entra saluer devant la tablette de sa tante, puis la porta au kiosque. Sa famille avait loué un vieux kiosque à porteurs et deux fléaux d'épaules. Quatre campagnards portaient le kiosque en penchant sur le côté sans aucun cortège. Quatre musiciens jouèrent une fanfare discordante en avant comme ils transportaient la tablette dans la rue. Yu Houa-hiuan et son cousin suivaient par-derrière; ils l'escortèrent jusqu'à la porte du temple et s'arrêtèrent; ils aperçurent de loin deux autres kiosques usés sans escorte de musiciens et suivis par les deux frères Yu. Lorsque ceux-ci eurent atteint la porte du temple, les quatre lettrés se rencontrèrent; ils se saluèrent l'un l'autre. Ils virent que sur le Pavillon à l'Honneur des Classiques devant le temple, des lanternes et des banderoles étaient suspendues et un festin était préparé. Du sommet de ce pavillon, très grand et élevé, et qui se trouvait au milieu de la rue, on avait vue sur les quatre points cardinaux. Les acteurs y transportaient fléau après fléau leurs malles.

« Les acteurs de la famille des Fang sont arrivés! », dirent les porteurs de kiosque.

Ils se tinrent là pendant un petit moment, puis entendirent trois coups de canon à la Porte de l'Ouest.

« La vieille dame Fang est partie! », dirent les porteurs.

Tout de suite après, le son des gongs et des tambours remplit la rue, deux ombrelles jaunes, et huit drapeaux apparurent aussi bien que quatre groupes de cavaliers de rites portant des pancartes avec les inscriptions dorées : « le ministre de cérémonies », « les académiciens de la Forêt des Pinceaux », « le haut commissaire d'éducation provincial » et le « docteur ès lettres reçu premier », elles avaient été prêtées par les familles de Yu le premier et de Yu Houa-hiuan. Comme la procession s'approchait, les gongs et les trompettes résonnèrent, l'encens fut brûlé, et la foule accourut autour du kiosque de la châsse de la vieille dame Fang qui était porté par huit servantes aux grands pieds. Monsieur Fang le sixième en chapeau de gaze et collet rond suivait le kiosque par-derrière. Deux groupes venaient après lui : un groupe de notables locaux et un groupe de lettrés. Le groupe de notables comprenait P'ong le deuxième, P'ong le troisième, P'ong le cinquième et P'ong le septième, puis vinrent les docteurs, les licenciés, les bacheliers supérieurs et les bacheliers de l'Université des familles de Yu le premier et de Yu Houa-hiuan, soixante à soixante-dix en tout. En chapeaux de gaze et collets ronds, ils suivaient respectueusement derrière les P'ong. Le groupe de lettrés comprenait les bacheliers des familles de Yu le premier et de Yu Houa-hiuan, il y avait en tout également soixante à soixante-dix personnes. En chapeaux et en robes de lettrés, ils se précipitaient derrière eux. Le dernier du groupe des notables était T'ang le deuxième, qui tenait un cahier dans lequel il écrivait le compte. Le dernier du groupe des bacheliers était T'ang le troisième qui portait aussi un cahier dans lequel il écrivait le compte. Comme les familles de Yu le premier et de Yu Houa-hiuan étaient des familles de lettrés, les membres de ces deux familles avaient quand même un sens moral, quand ils atteignirent le temple et virent les kiosques de châsses de leurs propres familles, sept ou huit d'entre eux vinrent saluer avec les mains jointes, puis ils reprirent leur course derrière le kiosque de châsse de la vieille dame Fang qui entrait dans le temple. Derrière eux, il y avait le sous-préfet, le professeur de l'école sous-préfectorale, le directeur de police et le sous-lieutenant qui vinrent avec le cortège pour jouer de la musique et placer la châsse. Le sous-préfet, le professeur, le directeur de police, le sous-lieutenant sacrifièrent chacun à son tour, puis les notables locaux et les lettrés, et à la fin, les membres de la famille Fang sacrifièrent à leur tour. Quand le sacrifice fut terminé, ils se précipitèrent tous bruyamment dehors et montèrent dans le Pavillon à l'Honneur des Classiques pour un banquet.

Quand la foule s'en fut allée, Yu le premier et Yu Houa-hiuan transportèrent leurs kiosques de châsses à l'intérieur du temple et les déposèrent aux places convenables. Yu Houa-hiuan avait préparé une table d'objets de sacrifice, Yu le premier avait seulement préparé trois offrandes : bœuf, mouton et porc. Le sacrifice terminé, la table fut transportée au-dehors, comme il n'y avait pas d'endroit pour prendre de la nourriture, ils décidèrent d'aller emprunter la maison d'un appariteur pour s'asseoir un peu. Yu le premier leva les yeux vers les hommes richement habillés, aux vêtements brodés et chaussures rouges, qui se portaient des toasts et qui buvaient tout leur saoul dans le Pavillon à l'Honneur des Classiques. Fang le sixième était mal à l'aise après une aussi longue cérémonie, il enleva son chapeau de gaze et son col rond et les remplaça par un foulard de tête et une robe ordinaire, puis il se promena sur les balcons du pavillon. Peu de temps après, arriva une vendeuse de fleurs du nom de K'iuan qui de ses grands pieds monta l'escalier du pavillon :

« Je suis venue voir la vieille dame qui entre dans le temple ! », dit-elle en riant.

Fang le sixième rayonna de joie et se tint à côté d'elle, s'appuya sur la balustrade et regarda drapeaux et musiciens. Il indiqua avec sa main ceci et cela l'un après l'autre et lui expliqua, tandis que la vendeuse de fleurs appuyait une main sur la balustrade, de l'autre main elle défaisait la ceinture de sa culotte pour chercher les poux qu'elle fourrait dans sa bouche l'un après l'autre dès qu'elle les attrapait. Yu le premier était tout à fait dégoûté après avoir vu cette scène :

« Ne festoyons pas ici, cousin, suggéra-t-il. Faisons porter la table d'offrandes dans votre maison. Mon frère et moi nous y viendrons. Nous ferions mieux de ne pas regarder des scènes aussi horripilantes ! »

La table fut enlevée et fut transportée et tous quatre la suivirent en marchant.

« Cousin, dit Yu le premier en cheminant dans la rue, dans notre sous-préfecture, les rites, la justice, la pudeur et la honte sont tous anéantis ! C'est parce que dans l'école il n'y a pas de bon professeur-fonctionnaire ! Si le docteur Yu de Nankin était là, de telles choses n'auraient jamais pu avoir lieu !

— J'examine les actions du docteur Yu, dit Yu le deuxième, il n'interdit pas aux gens de faire quelque chose mais les gens sont influencés par sa vertu, ils s'abstiennent automatiquement de conduite inconvenante contraire au rite ! »

Ils poussèrent un soupir et arrivèrent à la maison, après avoir festoyé ils se dispersèrent.

Maintenant les travaux du Pavillon Yuan-wou avaient commencé, Yu Houa-hiuan allait chaque jour surveiller les réparations. Un soir qu'il revenait chez lui il trouva le vieux Tch'eng assis dans la bibliothèque. Yu Houa-hiuan le salua et le thé fut servi.

« L'autre jour quand les tablettes des Femmes Vertueuses furent mises dans le temple, pourquoi n'êtes-vous pas venu ? demanda Yu Houa-hiuan.

— J'avais l'intention de venir ce jour-là, répondit le vieux Tch'eng, mais j'étais malade et n'ai pu venir. Quand mon frère cadet alla à la campagne, il m'a dit que c'était très animé, vraiment un spectacle magnifique! La procession de la famille des Fang remplissait la moitié de la rue, le sous-préfet Wang et les membres de la famille des P'ong sont venus pour escorter la châsse. Il y eut un festin et un spectacle d'opéra au Pavillon à l'Honneur des Classiques et les habitants des quatre cantons et des huit bourgs sont tous venus regarder après avoir voyagé plusieurs dizaines de li. "Seule la famille des Fang pouvait faire une telle entreprise!" dirent-ils. Naturellement vous avez dû boire du vin sans moi dans le Pavillon.

— Ne saviez-vous pas que j'ai escorté ma huitième grand-tante ce jour-là ? dit Yu Houa-hiuan.

— Votre huitième cousin est trop pauvre pour s'acheter des pantalons, persifla Tch'eng avec un sourire froid, pas un seul de vos parents ne daigne lui rendre visite, vous devez plaisanter et vous moquer de moi, sans doute vous avez escorté la vieille dame Fang.

— Cela est passé, ce n'est pas la peine d'en parler! », répliqua Yu Houa-hiuan.

Après le dîner, Tch'eng dit :

« Le propriétaire de ce terrain et le témoin sont venus tous deux à la ville et habitent au temple de la Forêt Précieuse, si vous voulez le terrain, l'affaire peut être réglée demain.

— Je le veux, c'est tout, dit Yu Houa-hiuan.

— Il y a une autre chose, dit Tch'eng, c'est moi qui vous ai parlé de cette terre, je désire obtenir cinquante taëls sur cette transaction, j'aimerai que vous me payiez cette somme, je demanderai également au vendeur de me donner l'argent de l'intermédiaire.

— Certainement, inutile d'en parler, vous aurez un lingot d'argent, mon oncle », répondit Yu Houa-hiuan.

Sur ce, Tch'eng lui raconta explicitement : le compte des impôts, le prix de la terre, la balance à employer, la qualité de l'argent, le prix de la volaille et du fourrage, les frais pour le témoignage, les pourboires, le droit de l'acte de propriétaire, etc. Le matin suivant de bonne heure, Tch'eng amena le vendeur de terre et le témoin s'asseoir dans la salle de la famille Yu, puis il entra à l'intérieur pour demander à Yu Houa-hiuan de signer le contrat, mais lorsqu'il arriva à la bibliothèque, il vit une foule de charpentiers et de maçons y toucher leur salaire. Yu Houa-hiuan tenait dans ses mains de grands lingots de cinquante taëls et les distribua à gauche et à droite, pendant une durée de deux heures, plusieurs centaines de taëls étaient réparties et dissipées. Quand Tch'eng vit que Yu Houa-hiuan avait terminé la distribution, il lui demanda de sortir signer le contrat.

« La terre est trop chère, je n'en veux pas! », dit Yu Houa-hiuan les yeux étincelants de courroux.

A cette réponse le vieux Tch'eng fut effrayé et resta bouche-bée.

« Mon oncle, c'est vrai, je ne veux pas de la terre! », dit Yu Houa-hiuan.

Et il ordonna à ses serviteurs :

« Allez à la salle mettre à la porte ces campagnards aux jambes boueuses! »

Le vieux Tch'eng était tellement furibond qu'il avait les sourcils froncés et le visage crispé, il dut aller rejoindre les campagnards et partir avec eux.

Cela a eu pour conséquence :

Ayant quitté une région aux mœurs dissolues, il voit un bon lettré parmi ses élèves.

Un visiteur arrive dans un pays renommé et n'a pas la chance de rencontrer des sages vertueux.

Qu'advint-il par la suite? Lisez le chapitre suivant.

NOTES

1. Mei et Ma : Mei est Mei Kao (153 av. J.-C.- ?), poète et favori de l'empereur Wou des Han; Ma est Sseu-ma Hiang-jou (ca. 179-117 av. J.-C.). C'étaient deux grands écrivains des Han occidentaux.

2. Li et Tou : Li est Li Po (701-762), Tou est Tou Fou (712-770), les deux plus grands poètes de l'époque des T'ang.

CHAPITRE XLVIII

Une veuve vertueuse de la préfecture de Houei-tcheou se donne la mort pour suivre son mari dans la tombe. Plus tard, un lettré évoque avec mélancolie le passé dans le temple de T'ai-po.

Yu le premier était précepteur dans la famille Yu, il y allait chaque matin pour enseigner puis retournait chez lui le soir. Un matin, il se leva, se lava, but son thé et se préparait à partir comme d'habitude, mais il eut à peine passé la grande porte que trois cavaliers venant à sa rencontre mirent pied à terre et lui présentèrent leurs félicitations.

« Pourquoi y a-t-il lieu de me féliciter ? », demanda Yu le premier.

Les messagers lui montrèrent un avis, alors il sut qu'il était choisi comme professeur à l'école préfectorale de Houei-tcheou.

Fort satisfait, il leur offrit un repas, puis les renvoya avec un pourboire. Peu après Yu Houa-hiuan vint le féliciter, puis ses parents et ses amis vinrent tous le congratuler. Yu le premier sortait pour les recevoir, il fut ainsi occupé pendant plusieurs jours.

Ensuite il mit ses affaires en ordre et alla à Ngnan-k'ing chercher ses lettres de créance. Après son retour il repartit avec sa famille pour se rendre au lieu où il avait son poste. Il invita son frère cadet à se joindre à eux.

« Frère aîné, vous êtes un professeur mal payé, objecta Yu le deuxième, dans peu de temps lorsque vous prendrez votre poste je crains que vous n'ayez juste ce qu'il faut pour vos propres dépenses. Je ferai mieux de rester ici.

— Mon bon frère, ne faisons pas fi de nous trouver l'un

avec l'autre, répliqua Yu le premier. Autrefois nous avons enseigné dans des endroits différents et souvent nous sommes restés l'un et l'autre deux années sans nous voir, maintenant que nous sommes vieux, restons donc ensemble le plus longtemps possible, même s'il nous arrive de connaître la faim, nous pourrons toujours trouver quelque moyen de nous sortir d'affaire. Je pense qu'être professeur fonctionnaire de l'école d'État est mieux que précepteur privé dans une famille, venez avec moi frère! »

Yu le deuxième se rendit à ces arguments; ils firent leurs préparatifs et prirent la route pour la préfecture de Houei-tcheou. Les habitants de Houei-tcheou avaient entendu parler de Yu le premier lettré de qualité et maintenant ils se réjouissaient de sa venue. Ceux qui rencontrèrent Yu le premier à son nouveau poste le trouvèrent franc et ouvert et sa conversation sincère et agréable, les bacheliers qui jadis ne se dérangeaient pas pour le rencontrer vinrent aussi lui rendre visite, le tenant pour un maître éclairé. De plus, ils rencontrèrent Yu le deuxième, et dans leurs conversations avec lui découvrirent qu'il était très cultivé, alors ils respectèrent davantage encore le professeur et chaque jour il y avait plusieurs bacheliers qui venaient lui rendre visite.

Un jour que Yu le premier était assis dans son salon, il vit entrer un bachelier au visage hâlé et à la barbe grise, qui semblait avoir plus de soixante ans et qui portait un chapeau carré et une vieille robe bleue. Ce bachelier avait à la main une carte qu'il présenta à Yu le premier. Celui-ci regarda la carte; il y était écrit : « Votre élève Wang Yun. » Wang Yun salua et Yu lui rendit son salut.

« Est-ce que votre nom social est Yu-houei (Éclat de jade)? demanda-t-il.

— Oui, professeur, répondit Wang Yun.

— Voici vingt ans que j'ai entendu parler de votre réputation et que je suis désireux de vous rencontrer, dit Yu le premier, aujourd'hui seulement j'ai l'occasion de vous voir. Vous et moi, devrions nous considérer comme frères, nous n'avons pas besoin d'observer les conventions ordinaires. »

Il invita donc Wang à s'asseoir dans sa bibliothèque et ordonna à son serviteur de prévenir son frère cadet. Celui-ci vint aussitôt, après les échanges de politesse habituels, tous les trois s'assirent.

« Je suis bachelier dans cette école préfectorale depuis trente ans, dit Wang Yu-houei, pédant et stupide comme je suis, je ne voyais le professeur de cette école qu'officiellement, mais aujourd'hui comme vous, Monsieur le professeur et cher oncle ainsi que votre frère, êtes deux lettrés illustres, je vous rendrai fréquemment visite pour connaître votre enseignement. Je vous prie de ne pas me considérer comme l'un des nombreux étudiants ordinaires de cette école mais de m'accepter comme votre disciple!

— Mon cher frère, nous sommes de vieux amis, pourquoi parlez-vous comme cela? protesta Yu le premier.

— J'ai entendu parler de votre situation financière difficile, dit Yu le deuxième. Est-ce que vous êtes précepteur actuellement? De quoi avez-vous vécu pendant toutes ces années?

— Je ne vous cache pas mon oncle, répondit Wang Yu-houei, que je me suis fixé un but dans la vie : compiler trois livres pour les jeunes.

— Quels sont ces trois livres? demanda Yu le premier.

— Un livre sur les rites, un second sur l'étymologie, et un autre sur l'étiquette et les règlements dans les villages, dit Wang Yu-houei.

— De quoi traite votre livre des rites? demanda Yu le deuxième.

— Je distingue d'après les " Trois Classiques des Rites "[1] plusieurs catégories de cérémonials, par exemple, les rites pour servir les parents, les rites pour respecter les aînés, etc., dit Wang. Le texte de ces Trois Classiques sera écrit en gros caractères avec au-dessous des citations en petits caractères tirés des autres classiques, des œuvres philosophiques et des histoires officielles pour servir d'explications. Les étudiants pourront les apprendre dès leur enfance.

— Un tel livre devrait être distribué dans toutes les écoles, recommandé par le gouvernement et circuler dans tout le pays, dit Yu le premier. Qu'est-ce que votre livre sur l'étymologie?

— C'est un manuel d'étymologie qui fournit la méthode pour apprendre les caractères en sept ans, ce livre est déjà terminé, je vous l'apporterai, Monsieur le professeur, afin que vous puissiez le superviser en détail.

— La science étymologique a été longtemps négligée, dit Yu le deuxième. Un livre comme celui-ci ne manque pas d'avoir un grand mérite. Je me permets de vous demander ce qu'est votre ouvrage sur l'étiquette et les règlements des villages?

— Il ajoute simplement quelques cérémonies supplémentaires pour conseiller et réveiller le peuple ignorant, répondit Wang. Dans le but de compiler ces trois livres, mes mains ne se sont pas arrêtées de feuilleter des ouvrages, c'est pourquoi je n'ai pas eu le temps d'enseigner.

— Combien de fils avez-vous? demanda Yu le premier.

— Un fils seulement mais quatre filles, répondit Wang.

Ma fille aînée est veuve et est à la maison, elle refuse de se remarier pour garder la chasteté, il n'y a pas encore un an que mes autres filles se sont mariées. »

Yu le premier pria Wang de partager leur repas et refusa d'accepter sa carte « d'élève à maître ».

« Mon frère et moi, nous vous prions d'avoir la bonté de vous déranger souvent en venant bavarder ici, ajouta-t-il. Nous espérons que vous ne serez pas choqué par notre repas frugal de " luzerne des professeurs pauvres " [2] ! »

Les deux frères Yu raccompagnèrent à la porte Wang qui rentra chez lui sans se presser; il habitait à quinze li de la ville. Il dit à sa femme et à son fils combien le professeur Yu avait été bon pour lui. Le lendemain Yu le premier alla en chaise à porteurs jusqu'au village pour lui rendre sa visite et s'assit pendant quelque temps dans la chaumière de Wang.

Le jour suivant Yu le deuxième y vint à pied, avec un domestique de l'école portant un fléau de dix boisseaux de riz. Après un échange de saluts avec Wang, ils s'assirent.

« Ce sont dix boisseaux des émoluments en riz de mon frère aîné », dit Yu le deuxième. Il sortit un lingot d'argent :

« C'est un taël de son traitement, il vous le donne, mon frère, comme appointement " pour acheter de l'eau et du bois de chauffage " [3]. » Wang prit l'argent et dit :

« Je n'ai pas encore eu l'occasion de témoigner de ma respectueuse filialité à mon professeur et oncle, comment pourrais-je accepter de telles bontés ?

— Cela ne mérite pas d'être considéré comme extraordinaire, répliqua Yu le deuxième en riant, seulement les traitements de l'école de votre honorable sous-préfecture sont modestes, de plus, mon frère aîné vient d'arriver à ce poste; le docteur Yu offrait souvent plusieurs dizaines de taëls aux lettrés illustres de Nankin, et mon frère aimerait l'imiter.

— Ce que le " supérieur donne, je n'ose pas le refuser " [4], cita Wang, je suis obligé d'accepter en vous remerciant. »

Il garda Yu le deuxième à déjeuner et alla quérir les manuscrits de ses trois livres pour les lui montrer. Yu le deuxième les lut avec soin et poussa des soupirs d'admiration, ils restèrent assis jusque dans l'après-midi, lorsqu'un homme entra :

« Monsieur Wang, dit-il, notre jeune maître est très malade et notre jeune maîtresse m'a demandé de vous prier de venir la voir. Je vous prie de vous mettre en route tout de suite.

— Cet homme vient de chez ma troisième fille, dit Wang à Yu le deuxième. Comme mon gendre est malade, elle me demande d'aller la voir.

— Dans ce cas, je vous quitte immédiatement, dit Yu le

deuxième. Je prends vos manuscrits pour les montrer à mon frère aîné et je vous les retournerai quand il les aura lus. »

Cela dit il prit congé. Le domestique de l'école qui était resté au repas mit les manuscrits dans les paniers vides et le fléau sur l'épaule retourna en ville en marchant derrière Yu le deuxième.

Monsieur Wang fit vingt li à pied et arriva chez son gendre; il le trouva vraiment très malade, un médecin était présent, mais les médicaments n'étaient toujours pas efficaces. Quelques jours plus tard, son gendre mourut et Wang le pleura amèrement, en voyant les larmes émouvantes de sa fille qui attristaient le ciel et chagrinaient la terre. Après la mise en bière, elle sortit présenter ses respects à ses beaux-parents et à son père.

« Père, dit-elle, depuis que le mari de ma sœur aînée est mort, vous devez la nourrir chez vous, maintenant que mon mari est mort, comment accepterais-je que vous me nourrissiez aussi ? Vous êtes un lettré pauvre, vous n'avez pas les moyens de nourrir tant de filles !

— Que voulez-vous faire maintenant ? demanda Wang.

— Maintenant je veux dire adieu à vous et à mes beaux-parents, dit la troisième fille de Wang, et me donner la mort pour aller rejoindre mon mari dans la tombe ! »

Quand les beaux-parents entendirent ces paroles, ils furent frappés d'épouvante et leurs larmes coulèrent comme de la pluie !

« Mon enfant ! crièrent-ils, vous avez perdu la raison, vous devenez folle ! Depuis l'Antiquité jusqu'à nos jours, les courtilières et les fourmis sont avides de vivre, comment pouvez-vous dire de telles paroles et suggérer une telle chose ! Dans la vie, vous êtes un membre de notre famille, dans la mort vous serez le fantôme de notre famille, en tant que beau-père et belle-mère, nous devons naturellement vous nourrir, vous n'avez pas besoin de votre père pour vous entretenir, il ne faut absolument pas faire cela.

— Beaux-parents ! vous êtes âgés, dit la troisième fille de Wang, étant votre belle-fille, je suis incapable de vous aider et de pratiquer la piété filiale, au contraire je ne serai qu'un fardeau pour vous, mon esprit n'est pas tranquille, je vous en prie, laissez-moi suivre cette voie ! Mais je ne le pourrai que dans quelques jours : j'aimerais que mon père aille à la maison informer ma mère de mon dessein et la prier de venir ici afin que je puisse lui dire adieu de vive voix, c'est important pour moi.

— Parents par alliance, dit Wang aux parents de son gendre, j'ai bien réfléchi, puisque ma fille désire sincèrement mourir pour son mari, nous la laisserons suivre sa voie et réaliser son vœu. Depuis l'Antiquité, un proverbe dit : " Il est difficile d'arrêter quelqu'un qui est décidé. " » Ensuite il dit à sa fille :

« Mon enfant, puisque vous voulez agir ainsi, votre nom sera écrit dans l'histoire et transmis à la postérité, je ne me sens pas le droit de vous dissuader. Agissez donc ainsi ! Je vais rentrer aujourd'hui même à la maison et dire à votre mère de venir vous faire ses adieux. »

Les beaux-parents de la jeune veuve refusèrent à plusieurs reprises ce sacrifice, mais Wang Yu-houei persista dans sa volonté et alla chez lui et raconta à sa femme ce qui était arrivé :

« Comment se fait-il que plus vous devenez vieux, plus vous devenez fou ! protesta-t-elle. Si notre fille veut chercher la mort vous devriez au contraire l'en dissuader, comment pouvez-vous l'encourager à mourir ?! Je n'ai jamais entendu des bêtises pareilles.

— Vous autres femmes, ne pouvez comprendre ces choses-là », rétorqua Wang Yu-houei.

Sa femme se mit à sangloter et les larmes ruisselaient le long de ses joues, elle loua immédiatement une chaise à porteurs et s'en alla chez ses parents par alliance pour faire entendre raison à sa fille et l'empêcher d'exécuter son projet.

Après son départ, Wang Yu-houei resta chez lui et continua à lire et à écrire en attendant des nouvelles de sa fille. Madame Wang voulait dissuader sa fille mais n'arrivait pas à la convaincre. Chaque jour sa fille faisait toilette comme d'habitude, puis elle venait deviser aux côtés de sa mère, seulement elle ne prenait aucune boisson ni aucune nourriture. Sa mère et sa belle-mère employèrent mille moyens et cent plans de persuasion. Mais elle refusa toujours de manger.

Après avoir jeûné pendant six jours, elle ne put plus se lever ; en la voyant ainsi, sa mère avait le cœur brisé de chagrin, la douleur pénétra dans son foie, elle tomba malade elle-même et dut garder le lit ; on la transporta chez elle où elle resta couchée.

Trois jours s'écoulèrent encore, vers la deuxième veille, plusieurs porteurs de torches apparurent ; ils vinrent frapper à la porte :

« Votre troisième fille a jeûné pendant huit jours, annoncèrent-ils, elle est morte aujourd'hui à midi. »

Quand la mère entendit ces paroles, un hurlement de détresse lui échappa et elle perdit connaissance. On la fit revenir à elle, elle se mit alors à pleurer amèrement sans pouvoir s'arrêter. Wang Yu-houei s'approcha de son lit :

« Vous êtes vraiment une vieille femme sotte, dit-il. Notre troisième fille est maintenant devenue une immortelle, pourquoi la pleurez-vous ? Elle a trouvé une belle mort, je crains de ne pas pouvoir moi-même mourir pour une aussi bonne cause! »

Alors il leva la tête vers le ciel et cria dans un grand rire : « Mort admirable! Elle est morte dans la gloire! » Sans cesser de faire entendre son rire il sortit de la chambre.

Le jour suivant, Yu le premier apprit la nouvelle, il en fut abasourdi et ne put s'empêcher de s'attrister; immédiatement il acheta de l'encens, du papier-monnaie pour les morts et les trois offrandes sacrificielles (le bœuf, le mouton et le porc) et il alla se prosterner devant le cercueil. Après l'offrande il revint au yamen et pria son clerc de rédiger en hâte une pétition pour prier les autorités de conférer des honneurs à cette veuve chaste. Yu le deuxième aida à rédiger plus vite la pétition qui fut expédiée la nuit même, il fit aussi des offrandes et vint sacrifier devant le cercueil.

Quand les étudiants de l'école préfectorale surent que leur professeur montrait un tel respect envers la morte, ils vinrent si nombreux sacrifier que le chiffre était incalculable.

Deux mois plus tard les autorités supérieures approuvèrent la demande et décrétèrent qu'une tablette serait fabriquée et placée dans le temple des Femmes Chastes et qu'un arc de triomphe serait érigé devant la porte de la jeune veuve.

Le jour où la tablette fut placée dans le temple, puis enchâssée, Yu le premier invita le sous-préfet à accompagner le cortège qui escortait la veuve vertueuse jusqu'au temple. Tous les notables locaux et les lettrés de la sous-préfecture en robes officielles se joignirent à la procession à pied. Après être entré dans le temple et avoir mis la tablette en place, le sous-préfet sacrifia, les professeurs de l'école préfectorale sacrifièrent, Yu le premier sacrifia, tous les notables locaux de la sous-préfecture sacrifièrent, les lettrés de l'école sacrifièrent, les parents des deux familles sacrifièrent. La cérémonie dura toute la journée et ensuite, tous festoyèrent dans la salle pour la Manifestation des Cinq Relations sociales et des Cinq Vertus [5]. Les autres lettrés de l'école pressèrent Wang de se joindre au festin et de s'asseoir à la place d'honneur en disant qu'il avait élevé une fille très vertueuse et rendu glorieuses les Cinq Relations sociales et les Cinq Vertus. Mais Wang à ce moment commença de ressentir une véritable affliction, il refusa de se joindre à eux. Après avoir festoyé dans la salle pour la Manifestation des Cinq Relations sociales et des Cinq Vertus, tous se dispersèrent et rentrèrent chez eux.

Le jour suivant Wang Yu-houei alla à l'école remercier Yu le premier. Les deux frères le reçurent et le gardèrent à un repas.

« Tous les jours ma femme sanglote désespérément, je ne peux plus supporter sa vue, ni tenir le coup, dit Wang Yu-houei. Je songe à faire un voyage pendant quelque temps, tant qu'à partir j'irai au moins jusqu'à Nankin, car il y a de grands imprimeurs là-bas, je peux leur demander d'imprimer mes trois livres.

— Vous voulez aller à Nankin, frère vénéré, dit Yu le premier, quel dommage que le docteur Yu ne soit plus là, s'il était encore là et voyait vos livres, ses louanges feraient accourir tous les imprimeurs et les feraient rivaliser entre eux pour les graver.

— Si vous allez à Nankin dit Yu le deuxième, mon frère aîné peut vous écrire des lettres d'introduction pour notre cousin Tou Chao-k'ing et pour Monsieur Tchouang Chao-kouang. Leurs paroles ont un grand poids. »

Yu le premier écrivit avec empressement des lettres d'introduction pour Tchouang Tcheng-kiun, Tou Chao-k'ing, Tch'e Heng-chan et Wou Tcheng-tseu.

Trop âgé pour voyager par la route, Wang Yu-houei prit un bateau pour Yen-tcheou[6] et le lac de l'Ouest. En chemin il regardait le paysage magnifique, les montagnes et les rivières et s'attristait au souvenir de sa fille; mélancolique et morose il arriva à Sou-tcheou où il dut changer de bateau, lorsqu'il se souvint :

« J'ai un vieil ami qui habite sur la colline du Capitaine Teng, il aime beaucoup mes écrits, pourquoi ne lui rendrais-je pas visite ? »

Il laissa ses bagages dans une auberge du lac de la Montagne et prit un bateau pour la colline du Capitaine Teng. C'était le matin et son bateau ne partait que le soir. Wang Yu-houei demanda à l'aubergiste :

« Quels endroits intéressants y a-t-il tout près d'ici ?

— A six ou sept li seulement, vous avez le mont des Tigres, c'est un endroit très animé », répondit l'aubergiste.

Wang Yu-houei ferma sa porte à clef et sortit. La rue étroite s'élargissait peu à peu deux ou trois li plus loin. Il y avait une maison de thé au bord de la route, Wang y entra, s'assit et but un bol de thé. Là, il regarda les bateaux de plaisance qui s'éloignaient, les uns étaient de très larges embarcations aux poutres sculptées et aux piliers peints, les passagers brûlaient de l'encens et festoyaient tout le long du trajet jusqu'au mont des Tigres. Derrière un bon nombre de bateaux de plaisance vinrent plusieurs bateaux chargés de femmes. Il n'y avait pas de rideaux de bambou suspendus et les femmes portant toutes des vêtements extrêmement beaux et éclatants, étaient assises à boire du vin.

« Cette coutume de Sou-tcheou n'est pas bonne, se dit Wang Yu-houei en lui-même, les femmes ne devraient pas sortir de leur gynécée, c'est vraiment abominable que les femmes errent en naviguant sur des bateaux de plaisance. »

Après avoir regardé pendant un moment il remarqua sur l'un des bateaux une jeune femme vêtue de blanc [7], il se souvint soudain de sa fille et des sanglots lui montèrent à la gorge, tandis que des larmes chaudes coulaient impétueusement de ses yeux. Wang Yu-houei refoula ses larmes et sortit de la maison de thé pour aller tout droit vers le mont des Tigres. Le long de la route il vit des vendeurs de yaourt, de fromage de soja, de nattes, de jouets, de fleurs. C'était animé, il y avait aussi des restaurants où l'on vendait du vin et de la nourriture et des boutiques de gâteaux. Wang Yu-houei vieux comme il était avançait péniblement, il mit un long moment avant d'atteindre la porte du temple du mont des Tigres. Il monta les degrés, tourna et arriva à la pierre des Mille Hommes, où des tables étaient dressées pour le thé. Wang Yu-houei s'assit et but un bol de thé, il regarda tout autour de lui. C'était vraiment une vue magnifique. Le ciel était couvert comme s'il allait pleuvoir, Wang Yu-houei ne pouvait pas rester là davantage, il se leva et franchit la porte du temple.

Au retour, à mi-chemin, sentant la faim venir il s'assit dans une boutique de gâteaux pour manger des petits pains farcis de porc, cuits à la vapeur qui coûtaient six sapèques pièce; puis il paya et sortit de la boutique. Il revint lentement à pied à l'auberge, il faisait noir, la nuit tombait déjà et les bateliers avaient hâte de lever l'ancre. Wang Yu-houei porta ses bagages au bateau, heureusement la pluie était légère, il n'y avait qu'une bruine, la jonque voyagea toute la nuit.

Arrivé à la colline du Capitaine Teng, Wang alla à la recherche du logis de son ami.

Il trouva une maison basse avec des saules ombrageant l'entrée, les deux battants de la porte étaient fermés et scellés en blanc. Wang eut un mouvement de frayeur et s'empressa de frapper, le fils de son ami en habit de deuil lui ouvrit la porte :

« Pourquoi êtes-vous venu si tard, oncle ? demanda le fils. Chaque jour mon père pensait à vous! Jusqu'à son dernier jour, il a déploré de n'avoir pu vous revoir et il a regretté de n'avoir pas lu tous vos livres. »

Wang Yu-houei comprit que son ami n'était plus, des larmes chaudes coulèrent à flots de ses yeux.

« Quand votre père est-il mort ? demanda-t-il.

— Il y a moins d'une semaine.

— Son cercueil est-il encore dans la maison ?

— Oui, il est encore dans la maison, répondit le fils.
— Conduisez-moi devant le cercueil,
— Je vous prie de laver d'abord votre visage, puis de prendre du thé, mon oncle, ensuite je vous amènerai au cercueil. »

Il pria Wang Yu-houei de s'asseoir dans la salle et lui apporta une bassine d'eau. Refusant de prendre du thé, Wang demanda à nouveau au fils de son ami de le mener vers le cercueil. Le jeune homme le conduisit dans la salle centrale, le cercueil était au centre avec des brûle-encens, des cierges, le portrait du mort et un drapeau pour invoquer l'âme. Wang en pleurant amèrement s'agenouilla et salua quatre fois. Le fils pieux lui exprima ses remerciements. Wang but alors du thé et employa une partie de son viatique pour acheter de l'encens, de la monnaie en papier, de la viande pour les sacrifices et du vin, il plaça le tout devant le cercueil avec ses manuscrits et sacrifia; puis ses lamentations reprirent. Il resta pour la nuit et dès le lendemain il parla de s'en aller, le fils ne réussit pas à le retenir, Wang dit adieu à son vieil ami devant le cercueil et encore une fois éclata en sanglots. Puis les larmes aux yeux, il s'en retourna vers le bateau.

Wang Yu-houei arriva à Sou-tcheou où il changea de bateau. Il débarqua à la Porte de l'Ouest de l'Eau à Nankin. Entré dans la ville il prit un logement au temple du duc Nieou. Le lendemain, il passa la journée entière, avec ses lettres d'introduction, à chercher les connaissances de Yu le premier. Mais voilà que le docteur Yu avait été nommé fonctionnaire au Tchö-kiang, que Tou Chao-k'ing était parti lui rendre visite, que Tchouang Tcheng-kiun était allé dans son pays natal réparer les tombes ancestrales, et que Tch'e Heng-chan et Wou Tcheng-tseu étaient tous les deux partis comme fonctionnaires dans des postes lointains. Il ne rencontra donc aucun d'entre eux. Toutefois Wang Yu-houei n'était nullement consterné et il se résignait devant le destin.

Chaque jour, il étudiait dans le temple du duc Nieou. Un mois plus tard, son viatique totalement épuisé, alors qu'il se promenait sans but, il croisa à l'extrémité d'une ruelle un passant qui le salua les mains jointes, et l'interpella :

« Comment se fait-il que vous soyez ici, mon oncle ? » Wang dévisagea l'homme, c'était un natif de son pays, il s'appelait Teng Yi (Teng, la Justice) et son nom social était Tche-fou (Homme modeste). Son père avait passé l'examen du baccalauréat la même année que Wang et avec le même professeur. Lorsque Teng Tche-fou s'était présenté au baccalauréat, Wang avait été son garant [8], c'est pourquoi le jeune homme appelait Wang « mon oncle ».

« Il y a des années que nous ne nous sommes pas rencontrés, mon neveu, où étiez-vous donc ?

— Où habitez-vous, mon oncle ? demanda à son tour Teng Tche-fou.

— Dans le temple du duc Nieou, là devant, ce n'est pas loin, répondit Wang.

— Je vous accompagne dans votre demeure, mon oncle. »

Quand ils y furent arrivés, Teng salua et dit :

« Depuis que je vous ai quitté, mon oncle, je suis resté quatre ou cinq ans à Yang-tcheou. Mon patron vient de m'envoyer ici pour vendre du sel sur le cours supérieur du Yang-tseu et j'habite dans le temple pour Adorer le Ciel. J'ai souvent pensé à vous, votre état est-il satisfaisant maintenant ? Pourquoi êtes-vous venu à Nankin ? »

Wang Yu-houei le pria de s'asseoir.

« Cher Monsieur, dit-il, dans le temps, quand votre honorable mère fut veuve et garda la chasteté, la maison d'un voisin prit feu, votre mère fit alors une prière au ciel et le vent s'éleva et éteignit les flammes, dans le pays tout le monde a entendu parler de ce miracle. Aujourd'hui, ma troisième fille est elle aussi célèbre comme veuve vertueuse. » Il décrivit alors comment sa fille se laissa mourir de faim après le décès de son mari afin de le suivre dans la tombe.

« Comme ma femme pleurait sans arrêt à la maison, continua-t-il, je ne pouvais plus le supporter. Le professeur Yu de l'école préfectorale m'a remis quelques lettres d'introduction auprès de ses amis de Nankin pour que je puisse leur rendre visite, mais le hasard a fait que je n'ai pas réussi à rencontrer un seul d'entre eux.

— Qui sont-ils ? », demanda Teng Tche-fou.

Wang Yu-houei énuméra leurs noms.

« Quant à moi, je suis désolé d'être venu ici trop tard, mon oncle ! soupira Teng Tche-fou. Du temps où le docteur Yu était à Nankin, beaucoup de lettrés fameux se rassemblaient ici, le pays entier a entendu parler des grands sacrifices du temple T'ai-po. Mais depuis qu'il s'en est allé, ces personnages vertueux et ces hommes de qualité sont partis comme " le vent qui disparaît et les nuages qui se dispersent "[9]. Je suis déjà venu l'année dernière ici et ai rencontré Monsieur Tou Chao-k'ing, grâce à lui j'ai pu aller saluer Monsieur Tchouang Tcheng-kiun au lac Yuan-wou. Mais aujourd'hui aucun d'entre eux n'est là. Votre logement n'est pas confortable, mon oncle, pourquoi ne déménageriez-vous pas pour le temple où je demeure et n'y resteriez-vous pas quelque temps ? »

Wang Yu-houei accepta, il dit au revoir au moine, paya son

loyer et appela un homme pour porter ses bagages, il se rendit avec Teng Tche-fou au temple pour Adorer le Ciel.

Ce soir-là Teng Tche-fou prépara un festin pour Wang Yu-houei; pendant le repas ils parlèrent à nouveau du temple T'ai-po.

« Où se trouve-t-il? demanda Wang Yu-houei, je voudrais aller le voir demain.

— J'irai avec vous », dit Teng Tche-fou.

Le jour suivant, tous les deux franchirent la Porte du Sud, Teng Tche-fou donna quelques centièmes de taël au gardien du temple qui ouvrit alors la porte et les fit entrer dans la salle principale. Tous deux se prosternèrent avec vénération. Puis ils allèrent vers les édifices de l'arrière, au rez-de-chaussée, le programme de la cérémonie sacrificielle et la liste des personnes chargées de pratiquer les rites que Tch'e Heng-chan avait collés sur le mur, étaient encore là, ils en chassèrent la poussière avec leurs manches pour les mieux voir. Étant montés à l'étage ils virent huit grands coffres dans lesquels étaient rangés les instruments de musique et l'attirail sacrificiel. Wang Yu-houei dut renoncer à son désir d'y jeter un coup d'œil. Car la clef, lui expliqua le gardien, était chez Monsieur Tch'e.

Ils redescendirent et déambulant le long des deux corridors, ils regardaient de tous leurs yeux les bibliothèques des deux côtés; ils arrivèrent ainsi jusqu'à l'édifice du contrôle des offrandes de viande, et finalement ils sortirent par la grande porte du temple où ils prirent congé du gardien.

Tous les deux se rendirent alors au temple de la Bonté Récompensée pour passer le temps et prirent un bol de thé sur la tour Vernissée puis ils s'arrêtèrent à la taverne de la Porte du Temple pour une collation.

« Quand je reste longtemps hors de chez moi, cela me fatigue, dit Wang Yu-houei à Teng Tche-fou, j'aimerais rentrer, seulement je n'ai plus d'argent.

— Ne craignez rien, mon oncle! répondit Teng Tche-fou, je vous procurerai votre viatique et vous accompagnerai à votre départ. »

Alors il prépara un vin d'adieu, chercha une dizaine de taëls d'argent, loua des chaises à porteurs puis laissa Wang retourner à Houei-tcheou.

« Quoique vous vous en alliez, mon oncle, dit-il, veuillez me donner les lettres d'introduction de Monsieur Yu, quand ces lettrés reviendront, je les leur montrerai et ils sauront que vous leur avez rendu visite.

— Très bien », dit Wang Yu-houei.

Il donna les lettres à Teng Tche-fou avant qu'ils ne se séparassent. Wang Yu-houei était parti depuis un temps assez long quand Teng Tche-fou apprit que Wou Tcheng-tseu était de retour, il prit la lettre pour la lui remettre en personne, mais Wou Tcheng-tseu était sorti ce jour-là pour une visite et Teng ne put donc pas le voir, il laissa la lettre.

« Mon nom est Teng, j'habite dans le temple pour Adorer le Ciel et j'apporte cette lettre, dit-il au serviteur de Wou, je voudrais expliquer le pourquoi de cette lettre à votre maître de vive voix lorsque je le rencontrerai. »

Wou Tcheng-tseu quand il revint vit la lettre ; il était sur le point d'aller au temple pour Adorer le Ciel rendre visite à Teng mais juste à ce moment, un homme envoyé par l'académicien Kao vint l'inviter de la part de ce dernier.

Cela eut pour conséquences :

Alors que les invités et les amis étaient réunis pour un grand festin, survint une personne extraordinaire.

Au moment où il portait secours à des malheureux, survint un homme brave.

Pour savoir ce qu'il advint ensuite, écoutez ce qui est dit dans le chapitre suivant.

NOTES

1. *San Li :* « Les Trois Classiques des Rites » : le *Tcheou-li* (« Rite des Tcheou »), le *Yi-li* (« Rituel des nobles ») et le *Li-ki* (« Mémoires sur les rites »).
2. *Mou-siu fong-wei :* « goût de la luzerne ou du trèfle », expression tirée d'un poème de Sie Ling-tche des Tang avec modification, pour signifier que les professeurs ont une pauvre nourriture.
3. *Sin-chouei :* « bois de chauffage et eau » : appointements.
4. Expression tirée du *Li-ki*, *K'iu-li*, première partie, 29.
5. Les cinq relations sociales : relations entre souverain et sujets, entre père et fils, entre frères aînés et frères cadets, entre maris et femmes et entre amis. Les cinq vertus : humanité, justice, rite, sagesse et fidélité.
6. Yen-tcheou, préfecture du Tchö-kiang.
7. Blanc, couleur du deuil récent.
8. Un bachelier salarié avait le droit de garantir qu'un candidat au baccalauréat était de bonne famille et qu'il n'avait pas de dettes dans son pays natal.
9. *Fong-lieou yun-san :* « le vent disparaît et les nuages se dispersent », expression tirée d'un poème de Wang Ts'an (177-217).

CHAPITRE XLIX

Un académicien de la Forêt des Pinceaux parle hautement de « la liste des dragons et des tigres [1] *».*
Un imposteur se fait passer pour un secrétaire dans l'Étang des Phénix [2].

Ce jour-là Wou Tcheng-tseu de retour chez lui était sur le point de rendre sa visite à Teng Tche-fou, quand on apporta une carte d'invitation :

« Monsieur Kao, l'académicien de la Forêt des Pinceaux, vous invite à aller chez lui pour tenir compagnie à son hôte du moment.

— Je viendrai dès que je serai revenu d'une visite, dit Wou Tcheng-tseu au messager, allez le dire à votre maître.

— Mon maître vous présente ses plus chaleureuses salutations, Monsieur, dit le serviteur. L'invité principal est un certain Wan du Tchö-kiang, un ancien frère juré de notre maître, vous et Monsieur Tch'e êtes les seuls invités de cette rencontre, si on met à part Monsieur Ts'in, le parent par alliance de mon Maître. »

Ayant entendu que Tch'e Heng-chan serait présent, Wou Tseng-tseu accepta l'invitation mais à contre cœur. Il ne trouva pas Teng Tche-fou chez lui. L'après-midi un des serviteurs de Monsieur Kao vint le chercher par deux fois, alors seulement Wou Tcheng-tseu se rendit chez Kao. Après que l'académicien Kao l'eut accueilli et salué, le censeur Che et le secrétaire du grand secrétariat Ts'in sortirent de la bibliothèque et le saluèrent également. Ils venaient d'achever leur tasse de thé quand Tch'e Heng-chan arriva. L'académicien Kao envoya son intendant presser Monsieur Wan de venir et expliqua au censeur Che :

« Mon ami Wan est un des hommes les plus capables du Tchö-kiang, sa calligraphie est excellente. Il y a vingt ans, quand j'étais bachelier, je l'ai rencontré à Yang-tcheou. A ce moment-là il était aussi un bachelier mais son comportement était déjà différent de celui des hommes ordinaires, et aucun des messieurs de la gabelle du sel n'osait le dédaigner, il y fut plus heureux que moi. Puis je suis allé à Pékin, et nous avons perdu contact à cause de la distance. Avant-hier, il est arrivé ici, venant de la capitale, et m'a fait savoir qu'il a été nommé secrétaire du grand secrétariat impérial, il sera un collègue de mon parent Ts'in. »

Celui-ci dit en riant :

« Pourquoi voulez-vous inviter mes collègues ? Je vous supplie de venir demain chez moi. »

Comme ils conversaient ainsi, le secrétaire du grand secrétariat impérial, Wan, se présenta à la porte, et fit transmettre sa carte. L'académicien Kao se tenait les mains jointes sous l'auvent devant la salle pour l'accueillir, il fit ouvrir la porte par son intendant afin de laisser entrer la chaise à porteurs. Mais le secrétaire Wan descendit de la chaise à l'extérieur et s'avança à pas rapides, ils se saluèrent les mains jointes et prirent des sièges dans la salle.

« Vous me faites trop d'honneur en m'invitant, dit Wan, vraiment je n'en suis pas digne. Après vous avoir quitté il y a vingt ans, je suis impatient de parler avec vous tout en goûtant votre vin. Je ne sais pas si vous avez d'autres invités aujourd'hui ?

— Il n'y a pas d'étrangers aujourd'hui, répliqua l'académicien Kao, seulement le censeur Che, mon parent le secrétaire Ts'in et deux amis de l'Université d'ici : l'un se nomme Wou, l'autre se nomme Tch'e, ils attendent dans la salle de l'ouest.

— Veuillez leur demander de se joindre à nous », dit le secrétaire Wan.

L'intendant alla prier les quatre autres invités d'entrer dans la salle principale, et quand tous se trouvèrent réunis :

« Monsieur Kao m'a demandé de vous tenir compagnie, dit le censeur Che.

— J'ai rencontré Monsieur Kao il y a vingt ans à Yang-tcheou, dit le secrétaire Wan, à ce moment-là, Monsieur Kao ne connaissait pas encore la célébrité, mais d'après son air distingué hors du commun, je savais que plus tard il serait sûrement un “ pilier ” de la cour impériale. Après que Monsieur Kao eut passé brillamment les examens de licence et de doctorat, j'ai trouvé un emploi et j'ai passé mon temps à me déplacer un peu partout dans le pays entier, mais je ne suis jamais allé le voir à la capitale. L'année dernière, je suis allé à Pékin, mais par malchance Monsieur Kao était en congé et je retournai chez moi. Comme hier j'avais quelques affaires à traiter avec de vieilles connaissances à Yang-tcheou, j'ai donc fait un détour pour venir ici à Nankin afin de pouvoir lui rendre visite. Je suis très heureux d'avoir la chance de pouvoir recevoir les enseignements de Monsieur Kao et aussi de vous, Messieurs!

— Quand serez-vous nommé à un poste, Monsieur ? demanda le secrétaire Ts'in. Pourquoi quittez-vous la capitale?

— Pour être promu au rang de secrétaire du grand secrétariat impérial, il y a deux voies : être docteur ès lettres ou bien être étudiant à l'Université; dans les deux cas on peut obtenir la fonction de secrétaire impérial, dit le secrétaire Wan. Comme j'ai été promu secrétaire impérial " avec l'attribution de traiter les affaires "[3] j'ai craint de ne pouvoir de toute ma vie me débarrasser de cette mention " traiter les affaires "; je pensai alors que je ne serais jamais promu académicien de la Forêt des Pinceaux! Il m'a été très difficile récemment de trouver un poste vacant.

— Si on a seulement ce titre sans avoir de poste, mieux vaut n'avoir pas le titre », répliqua le secrétaire Ts'in.

Le secrétaire Wan ne releva pas cette phrase mais se tourna vers Wou Tcheng-tseu et Tch'e Heng-chan :

« Vous avez tous les deux un talent supérieur, Messieurs, mais vous êtes depuis longtemps injustement humiliés dans des petits postes, dit-il. Plus tard, sûrement vous arriverez au succès, car " le Grand vase précieux ne peut que s'achever tardivement et lentement "[4].

« Ce poste que j'ai, cela ne compte pas, on devrait toujours entrer en fonction et prendre une charge par la voie du succès aux examens.

— Nous sommes médiocres et sots, dit Tch'e Heng-chan, comment pourrions-nous nous comparer à votre éminence?

— Puisque Monsieur l'académicien Kao est votre frère juré, dit Wou Tcheng-tseu, plus tard, bien entendu vous serez égaux en tant que grandes personnalités, le frère cadet sera aussi brillant que le frère aîné [5], je peux le savoir d'avance. »

A ce moment, un serviteur annonça :

« Veuillez passer pour le repas dans la salle de l'ouest, Messieurs.

— Après un repas en toute simplicité, nous pourrons bavarder tranquillement à notre gré! », dit l'académicien Kao.

Quand ils eurent terminé leurs agapes dans la salle de l'ouest, l'académicien Kao fit ouvrir la porte sur le jardin et invita ses hôtes à jouir de la vue. Par une porte en forme de lune, à droite de la salle d'ouest, ils atteignirent un long mur blanchi à la chaux, à l'angle duquel un huis qu'ils franchirent menait à une galerie dont ils descendirent les degrés pour atteindre enfin un jardin d'orchidées.

Il faisait doux et les orchidées étaient en fleur. Devant eux se dressaient une butte et un parapet habilement sculptés en pierre, sur la butte un petit kiosque pouvait contenir trois à quatre personnes. A côté du parapet, se trouvaient deux tabourets en porcelaine, et derrière, il y avait une futaie d'une centaine de bambous. Des balustrades basses de couleur vermillon à l'entour d'une plate-bande de pivoines encore en boutons chatoyaient derrière la futaie. L'académicien Kao et le secrétaire Wan, la main dans la main, parlaient à voix basse en se dirigeant vers le kiosque, le censeur Che et le secrétaire Ts'in musardaient, assis au bas du parapet, tandis que Tch'e Heng-chan et Wou Tcheng-tseu laissant leurs pas au hasard parmi les bambous avaient atteint les balustrades bordées de pivoines.

« C'est un joli jardin propre et bien soigné, seulement il n'y a pas assez d'arbres, dit Tch'e Heng-chan, à Wou Tcheng-tseu qui répondit :

— Les gens d'autrefois disaient : " kiosques et pièces d'eau sont comme dignités et rangs officiels : un coup de chance vous les apporte; arbres et arbustes sont comme célébrité et chasteté : seule une longue culture permet d'y atteindre ". »

A ce moment, ils virent descendre du kiosque le secrétaire Wan et l'académicien Kao. Ce dernier dit :

« Quand l'année dernière dans la maison de Monsieur Tchouang Tchouo-kiang, j'ai lu le poème de Monsieur Wou sur les pivoines rouges, c'était comme aujourd'hui, à l'approche de leur floraison! »

L'hôte et ses cinq invités se promenèrent encore un peu puis revinrent s'asseoir dans la salle d'ouest. L'intendant fit signe au préposé au thé d'apporter du thé assorti [6].

« J'ai un ami dans votre honorable province, dit Tch'e Heng-chan au secrétaire Wan, il est originaire de la préfecture de Tch'ou-tcheou, je ne sais pas si vous le connaissez ?

— Le lettré le plus connu de la préfecture Tch'ou-tcheou est Monsieur Ma Tch'ouen-chang, répondit le secrétaire Wan, je connais aussi quelques amis de l'école préfectorale, mais je ne vois pas de qui vous voulez parler; qui est votre ami ?

— Justement je parlais de Monsieur Ma Tch'ouen-chang.

— Monsieur Ma le deuxième est mon frère juré, vous voyez que je le connais bien, il est à Pékin maintenant, une fois arrivé dans la capitale il ira sûrement très loin.

— Pourquoi est-il allé à Pékin ? demanda vivement Wou Chou. Il n'a pas encore passé avec succès l'examen de licence.

— Quand le dernier commissaire provincial d'éducation termina ses trois années de service, répondit le secrétaire Wan, il a recommandé Ma pour son excellente conduite. Le voilà maintenant à la capitale, c'est quand même un raccourci pour obtenir mérite et gloire, c'est pourquoi je sais qu'il ira loin. »

Le censeur Che objecta :

« Le mérite et la gloire obtenus par ces méthodes non orthodoxes, n'importe comment, ne mènent personne très loin. Un homme honnête en vérité devrait accéder à la fonction publique par les examens de licence et de doctorat..

— Pendant sa visite l'année dernière dans mon humble pays, dit Tch'e Heng-chan, j'ai été très frappé par ses connaissances profondes. C'est étrange qu'après toutes ces années il soit encore bachelier, cela démontre que les examens officiels ne veulent rien dire!

— Vous avez tort de parler ainsi, Monsieur Tch'e, protesta l'académicien Kao, c'est la seule chose dans laquelle il n'y ait pas la moindre déformation depuis les deux cents dernières années de notre dynastie, les lettrés qui méritent d'être reçus les premiers seront reçus toujours les premiers, ceux qui méritent de venir en tête viendront sûrement en tête. Les écrits de Ma Tch'ouen-chang sur la composition littéraire des examens officiels ne sont que des paroles superficielles de profane, en vérité, si mystère il y a c'est qu'il ne sait absolument rien. Même s'il était bachelier pendant trois cents ans et arrivait premier deux cents fois dans les épreuves préfectorales, il échouerait encore chaque fois aux examens de licence.

— Serait-ce que les examinateurs de licence et le commissaire provincial d'éducation, examinateur de l'examen du baccalauréat ne voient pas du même œil et ont des critères différents? demanda Wou Tcheng-tseu.

— Bien sûr, qu'ils ont deux critères différents! répondit l'académicien Kao. Tous les étudiants qui sont classés dans les rangs élevés et passent avec succès leurs premiers examens échouent infailliblement aux examens véritables de licence et de doctorat. C'est pourquoi avant que j'aie eu la chance de réussir à mon premier examen, j'avais déjà donné toute mon attention aux examens de licence, alors que le commissaire d'éducation provincial m'avait souvent placé seulement au troisième rang!

— Votre essai qui gagna la première place a été soigneusement étudié par chacun dans notre humble province, dit le secrétaire Wan.

— " Une étude soigneuse est la clef d'or du succès aux examens officiels ", répondit l'académicien Kao. Dans mes trois essais pour l'examen de licence, pas une seule phrase n'était inventée, chaque mot fut choisi dans les classiques. C'est pourquoi l'examen eut une heureuse issue pour moi. Si l'on ne pratique pas " l'étude et la recherche soigneuses ", même un sage ne peut réussir à l'examen. Monsieur Ma a commenté des essais pendant la moitié de sa vie, mais ce qu'il enseigne est bon à vous faire échouer à l'examen officiel! S'il avait compris la signification de " l'étude et de la recherche soigneuses ", il serait un haut fonctionnaire maintenant!

— Vos paroles sont vraiment un guide pour la jeunesse, Monsieur, dit le secrétaire Wan. Mais Monsieur Ma le deuxième tout de même peut être considéré comme un excellent lettré; j'ai vu son œuvre sur les " Printemps et Automnes " dans la maison d'un ami à Yang-tcheou et j'ai trouvé que c'était un bon travail bien ordonné.

— Comment pouvez-vous dire une chose pareille! protesta l'académicien Kao. Il y a un Monsieur Tchouang ici, lequel a été convoqué par la cour impériale à une audience avec l'empereur et qui maintenant chez lui, refuse de recevoir les visiteurs et travaille tranquillement à un commentaire du " Livre des Mutations ". Il n'y a pas longtemps, un de mes amis le rencontra à un festin et l'entendit dire : « Ma Tch'ouen-chang sait avancer, mais ne sait pas se retirer, il est vraiment comme " le petit dragon qui s'élève trop haut " du " Livre des Mutations " [7]. Sans compter que ce Monsieur Ma ne peut pas, cela va sans dire, être comparé à un dragon qui s'élève trop haut, et que ce Monsieur Tchouang n'aurait pas dû citer un vivant qui tente d'expliquer le canon du sage, c'est extrêmement ridicule!

— Monsieur Tchouang plaisantait simplement, observa Wou Tcheng-tseu. Si vous dites que des hommes vivants ne peuvent être cités et employés à des éclaircissements, pourquoi le roi Wen et le duc de Tcheou citent-ils Wei-tseu et Ki-tseu [8]? Et pourquoi Confucius plus tard se réfère-t-il à Yen tseu [9]? Ces hommes étaient tous leurs contemporains.

— Vos paroles montrent bien que vous êtes très érudit, dit l'académicien Kao. Mais le canon que j'étudie spécialement est le " *Livre de la Poésie* " d'après le commentaire de Mao, non le " Livre des Mutations " [10]. C'est pourquoi il y a des points que je ne sais pas très bien.

— Votre mention du " Livre de la Poésie " d'après le commentaire de Mao me rappelle une autre chose encore plus ridicule, dit Wou Tcheng-tseu. Ceux qui préparent les examens officiels de nos jours adoptent aveuglément les interprétations de Tchou Hi. Plus ils essayent de l'expliquer, moins ils le comprennent. Il y a quatre ou cinq ans, quand Monsieur Tou Chao-k'ing eut compilé un commentaire sur le " Livre de la Poésie " et eut cité les interprétations de certains commentateurs des Han, ses amis furent tout à fait étonnés et considérèrent cela comme une chose inouïe. D'après cela on peut voir que la véritable connaissance est négligée aujourd'hui!

— Vos paroles ne sont que partiellement vraies! dit Tch'e Heng-cha. D'après mon humble opinion, les lettrés qui s'attachent à la véritable connaissance ne doivent pas nécessairement essayer de réussir à l'examen pour obtenir des titres et devenir des fonctionnaires, et les lettrés qui désirent réussir à l'examen pour devenir fonctionnaires doivent seulement chercher comment réussir à l'examen et ne doivent pas essayer d'acquérir les véritables connaissances. Si un homme veut être les deux, plus tard finalement il ne réussira ni l'un ni l'autre! »

A ce moment, l'intendant se présenta :

« Je vous prie de prendre vos places à table, Messieurs », dit-il.

L'académicien Kao pria le secrétaire Wan de prendre le siège le plus honorable, et fit asseoir le censeur Che à la deuxième place, Monsieur Tch'e à la troisième place, Monsieur Wou à la quatrième place et son parent Ts'in à la cinquième, il prit lui-même la place de l'hôte. Le festin fut servi à trois tables dans la salle d'ouest; le vin et les mets furent exquis mais il n'y eut pas d'opéra à regarder. Pendant le repas ils parlèrent de la politique de la cour impériale. Cette conversation dura un moment, puis Tch'e Heng-chan dit à Wou Tcheng-tseu :

« Depuis que le docteur Yu nous a quittés, nos réunions sont devenues de plus en plus rares. »

Peu après les chandelles allumées, un autre festin fut servi. Quand il fut achevé, le secrétaire Wan se leva pour partir, mais le secrétaire Ts'in le retint par le bras et dit :

« Tout d'abord, vous êtes le frère juré de mon parent, c'est comme si vous étiez aussi mon parent, en second lieu, nous sommes collègues; plus tard quand nous serons choisis comme fonctionnaires, nous travaillerons probablement dans le même bureau, j'insiste pour que vous veniez demain dans mon humble demeure bavarder un peu. Je vais m'y rendre maintenant pour écrire mes invitations. » Il tourna la tête et dit à tous les autres :

« Demain, nous n'aurons pas un invité de plus et pas un de moins, juste les six personnes d'aujourd'hui. »

Tch'e Heng-chan et Wou Tcheng-tseu ne dirent rien.

« Très bien! dit le censeur Che, j'avais l'intention d'inviter Monsieur Wan moi-même demain, dans ce cas, j'aurais à attendre jusqu'à après-demain.

— Je ne suis arrivé ici qu'hier, dit le secrétaire Wan, et ne m'attendais pas à être aujourd'hui l'invité de Monsieur Kao. Je ne me suis pas encore présenté dans vos honorables maisons pour y exprimer mes respects, comment oserais-je venir vous déranger ?

— Mais il n'y a à cela aucun inconvenient, dit l'académicien Kao, comme mon humble parent appartient à votre yamen, vous devez faire une exception pour lui, je vous prie donc de venir demain en toute simplicité, comme il vous le demande. »

Le secrétaire Wan acquiesça d'une voix indistincte, puis les invités s'en allèrent par des chemins différents. Le secrétaire Ts'in rentré dans sa maison, écrivit cinq cartes d'invitation et envoya un serviteur les porter au secrétaire Wan, au censeur Che, aux bacheliers Tch'e et Wou, à l'académicien Kao. Il envoya aussi une convocation à une compagnie théâtrale pour le matin suivant. En outre, son intendant général dut avertir les serviteurs de thé et les cuisiniers que ce festin devait être remarquable.

Le lendemain, quand le secrétaire Wan se leva il pensa : « Si je rends d'abord visite à Monsieur Ts'in, j'ai peur qu'il me garde, alors je ne pourrai pas rendre visite aux autres personnes, elles m'en voudront sûrement et diront que je ne vais que dans les maisons où l'on fait très bonne chère. Mieux vaut que j'aille saluer les autres en premier lieu et Monsieur Ts'in en dernier lieu. »

Il se décida à écrire quatre cartes et alla voir en premier le censeur Che. Le censeur n'insista pas pour le retenir sachant qu'il allait festoyer chez le secrétaire Ts'in. Ensuite Monsieur Wan alla rendre visite au bachelier Tch'e, le serviteur de Tch'e Heng-chan lui dit :

« Hier soir, à cause d'une affaire concernant la réparation de l'école, mon maître a quitté la ville pendant la nuit pour aller à Kiu-jong[11]. »

Le secrétaire Wan alors alla voir le bachelier Wou Tcheng-tseu, mais le serviteur de Wou répondit :

« Notre maître n'est pas rentré à la maison hier, quand il sera de retour, il vous rendra visite. »

Au moment du repas du matin, le secrétaire Wan arriva à la maison du secrétaire Ts'in. Sa chaise s'arrêta devant le portail; il y avait un mur bleu, d'une largeur d'un tir d'arc, avec une niche et, au centre, un large passage voûté avec une ornementation en relief. Il vit collé sur un écran blanchi à la chaux un papier rouge sur lequel était écrit en vermillon : « Le secrétaire du grand secrétariat impérial. » De deux côtés se tenait une rangée d'intendants telles les deux ailes d'une oie sauvage et derrière eux sur des portemanteaux étaient collés deux avertissements officiels. Quand la carte de Wan fut présentée à l'intérieur, le secrétaire Ts'in sortit l'accueillir et fit ouvrir la porte centrale. Le secrétaire Wan descendit de son palanquin et prit la main de Ts'in, ils entrèrent dans la salle où ils se saluèrent et s'assirent, puis le thé fut servi.

« Je suis honoré d'être votre collègue, dit le secrétaire Wan, plus tard, je vous prie de me patronner en toutes choses. Aujourd'hui, je vous ai fait porter mon humble carte, comme signe de respect, plus tard je viendrai à nouveau pour vous remercier de votre hospitalité.

— Mon humble parent m'a dit que vous aviez un grand talent, plus tard si par hasard je deviens fonctionnaire, vous serez mon protecteur, comme une grande montagne sur laquelle je m'appuierai.

— Votre honorable parent est-il déjà arrivé ?

— Il a fait dire ce matin qu'il viendrait sûrement aujourd'hui, répondit le secrétaire Ts'in, il sera ici d'un moment à l'autre. »

A ce moment, la chaise à porteurs de l'académicien Kao et celle du censeur Che atteignirent la porte, ils entrèrent, s'assirent et burent du thé.

« Monsieur Tch'e et Monsieur Wou ne devraient-ils pas être ici maintenant ? demanda l'académicien Kao à son parent Ts'in.

— J'ai déjà envoyé quelqu'un les chercher, répondit Ts'in.

— Monsieur Wou viendra peut-être, dit le secrétaire Wan, mais Monsieur Tch'e ne viendra pas.

— Comment le savez-vous, Monsieur ? demanda l'académicien Kao.

— Ce matin, je suis allé leur rendre visite à tous deux. A la maison de Monsieur Wou on m'a dit qu'il n'est pas rentré chez lui la nuit dernière. Quant à Monsieur Tch'e il est allé à Kiu-jong s'occuper des réparations de l'école, c'est pourquoi je sais qu'il ne viendra pas.

— Ces deux personnes ont le diable au corps et sont extravagants, dit le censeur Che, lorsque nous les invitons, neuf fois sur dix ils ne viennent pas. Vous dites qu'ils sont vraiment pris ! mais comment de petits bacheliers peuvent-ils être aussi occupés comme ça ? Vous dites qu'ils se donnent de grands airs ! un simple bachelier ! Comment peut-il faire l'important ?

— Puisque vous et mon parent êtes ici, Monsieur, dit le secrétaire Ts'in, peu importe si ces deux personnes viennent ou non.

— Je pense que la science de ces deux messieurs est excellente, dit le secrétaire Wan.

— Comment pourraient-ils posséder la moindre science ?

railla l'académicien Kao. S'ils avaient quelque érudition, ils ne seraient pas de vieux bacheliers aujourd'hui. C'est seulement parce que l'année passée le docteur Yu de l'Université des Fils d'État gâta vraiment ces gens que tout le monde s'est mis à les fréquenter. Mais ces derniers temps, nous les avons de moins en moins vus. »

Comme ils étaient en train de parler, soudain ils entendirent une voix d'homme crier :

« Merveilleux! Merveilleux! »

Ils furent tous surpris. Le secrétaire Ts'in envoya son intendant dans la pièce contiguë à la bibliothèque voir qui criait.

« C'est l'ami de mon second maître, Monsieur Fong le quatrième, leur apprit l'intendant en revenant.

— En effet, Monsieur Fong le quatrième est dans la pièce de derrière, dit le secrétaire Ts'in, pourquoi ne l'avez-vous pas invité à venir ici bavarder un peu? »

L'intendant retraversa la bibliothèque à cet effet. Un homme grand, dans la quarantaine, aux yeux ronds écarquillés, aux sourcils droits et avec une longue barbe noire qui lui couvrait la poitrine, entra. Il portait un chapeau d'athlète, une robe de satin noir aux manches serrées, des bottes à bouts pointus et une ceinture de soie d'une largeur de quatre pouces avec des franges aux deux bouts. Un poignard était suspendu à son côté sous son coude. Il pénétra jusqu'au milieu de la salle et fit un salut.

« Messieurs, vous êtes tous ici, dit-il. J'étais derrière et je ne le savais pas. Veuillez m'excuser de n'être pas venu vous voir! »

Le secrétaire Ts'in le prit par le bras et le fit asseoir. Puis en indiquant Fong le quatrième il dit au secrétaire Wan :

— Monsieur Fong est l'homme le plus dévoué et le plus chevaleresque de notre humble pays. Il est très habile en matière de boxe, et connaît par cœur le *Yi-kin-King* (Canon sur la force musculaire)[12]. Il lui suffit de concentrer ses forces, même si une pierre qui pèse des milliers de livres lui tombe sur la tête ou bien sur le corps, il ne sent absolument rien. Ces jours-ci, mon frère cadet l'a gardé chez moi afin de lui demander des conseils du matin au soir et d'apprendre son art.

— Je vois d'après la physionomie de Monsieur Fong, dit le secrétaire Wan, qu'il est vraiment un homme extraordinaire, il ne peut pas être un de ces hommes qui n'ont même pas la force de ligoter un poulet.

— Tout à l'heure, quand vous étiez par-derrière, qu'est-ce qui vous a fait crier " Merveilleux! Merveilleux! ", demanda le secrétaire Ts'in à Monsieur Fong le quatrième.

— Ce n'était pas moi, c'était votre frère cadet. Comme il

prétendait que la force d'un homme était grande ou petite par naissance, je lui ai dit de faire une inspiration profonde, et de se faire battre par quelqu'un avec un bâton; plus on le frappait moins il ressentait de douleur; il était si content qu'il criait " Merveilleux ".

— Votre frère cadet est à la maison, dit le secrétaire Wan à Ts'in, pourquoi ne le priez-vous pas de venir se joindre à nous ? »

Le secrétaire Ts'in ordonna à son serviteur de prier son frère de venir, mais celui-ci, le niais, était déjà sorti à cheval et par la porte de derrière avait rejoint le camp militaire pour regarder les soldats s'exercer au tir. Les serviteurs vinrent demander aux invités de gagner la salle à manger en ouvrant une porte à gauche. Le secrétaire Wan et les autres invités trouvèrent deux salles face à face, un peu plus petites que la salle principale, mais arrangées et meublées avec goût et finesse. Ils s'assirent à leur guise, et douze variétés de thé aux fruits furent servies pendant qu'un jeune serviteur âgé de onze à douze ans remettait de l'encens dans l'encensoir.

« L'arrangement et la disposition de cet endroit sont vraiment distingués, pensait Wan, quand je serai chez moi pourquoi n'arrangerai-je pas les choses de la même façon ? Seulement je ne puis faire un étalage aussi splendide, car je ne puis faire venir des fonctionnaires en service dans ma maison et je n'ai pas autant de domestiques pour me servir. »

Au moment où il se plongeait dans cette méditation, un acteur au rôle d'homme en costume brillant entra avec un répertoire de pièces théâtrales, s'avança et mettant un genou à terre :

« Veuillez choisir quelques scènes, Monsieur », dit-il.

Le secrétaire Wan pria vainement l'académicien Kao et le censeur Che de choisir les premiers, puis il choisit lui-même une scène : « L'invitation à un Festin », et une autre scène : « Un repas d'Adieu »[13]. Che choisit la scène sur « Les cinq terrasses »[14], et Kao choisit « la poursuite de Han Sin »[15]. L'acteur écrivit tous ces titres sur une tablette puis alla dans les coulisses où les acteurs se costumaient. A ce moment le secrétaire Ts'in ordonna de resservir du thé vert.

« S'il vous plaît, venez prendre place à l'extérieur, Messieurs », annonça l'intendant.

Ils suivirent le secrétaire Wan, sortirent des deux salles et arrivèrent dans une autre où une estrade avait été dressée; cinq fauteuils se trouvaient devant elle, couverts de tissu rouge foncé et doré; quand ils se furent assis l'un après l'autre, le chef de la compagnie théâtrale introduisit les acteurs portant les costumes de leurs rôles, qui venaient présenter leurs respects. Les musiciens debout devant la scène firent résonner doucement leurs claquettes, l'acteur dans le rôle de la jeune servante Hong-Niang (fille Rouge) monta sur l'estrade en se balançant et en faisant des manières. Le chef de la compagnie entra à nouveau et plia un genou :

« Vous êtes autorisés à vous asseoir », annonça-t-il.

Les musiciens alors seulement s'assirent. Cette jeune servante Hong-Niang venait tout juste de commencer à chanter, quand tout à coup, on entendit retentir les gongs de la grande porte d'entrée, et des gardes en chapeaux rouges et noirs bondirent en criant dans la salle. Les invités eurent tous quelque suspicion :

« Dans la scène de " L'invitation à un Festin ", il n'y a pas cette façon de jouer! », pensèrent-ils.

Puis un intendant entra en courant, si terrifié qu'il ne put parler. Tout de suite après entra dans la salle un mandarin en chapeau de gaze, robe de satin couleur de jade et chaussures noires à semelles blanches. Il était suivi par plus d'une vingtaine d'agents de police, les deux agents en tête s'avancèrent à grandes enjambées vers le secrétaire Wan et l'arrêtèrent, ils attachèrent une chaîne de fer autour de son cou et l'entraînèrent à l'extérieur. Le mandarin sortit également de la salle sans prononcer un seul mot. Les invités étaient tellement consternés qu'ils se regardèrent fixement l'un l'autre.

Cela a eu pour résultat :

Les acteurs du Jardin des Poiriers désormais se moquent extrêmement des notables locaux.

Un héros qui le rencontre fortuitement comme des lenticules qui se rencontrent sur l'eau se charge tout seul de faire face à son malheur.

Mais pour savoir ce qui arriva après, allez lire le chapitre prochain!

NOTES

1. *Long-hou-pang :* « liste des dragons et des tigres », c'était la liste des candidats reçus aux examens de doctorat, expression tirée de la « Biographie » de Ngeou-yang Tchan dans le *T'ang-chou*. Les dragons et les tigres, métaphore employée pour désigner des hommes particulièrement distingués.

2. *Fong-houang-tch'e :* « Étang des phénix » : autre nom du grand secrétariat impérial à partir de l'époque des Tsin (265-420). Cf. « biographie » de Siun Hiu dans le *Tsin-chou*.

3. *Pan-che Tche-hien*. A l'époque des Ming, dans les palais de Wen-houa et de Wou-ying, il y avait des secrétaires qui s'occupaient de copier des ouvrages; les charges de secrétaire de cette sorte étaient achetées par les lettrés qui avaient échoué à l'examen, leur situation était peu élevée, on les appelait *Pan-che Tchong-chou :* « secrétaire pour traiter des affaires », *Pan-che Tche-hien :* « secrétaire avec l'attribution de traiter des affaires » : ils ne s'occupaient que de copier et n'avaient pas de droit dans la rédaction des dépêches officielles.

4. *Ta-ki Wan Tch'eng :* « un grand vase précieux s'achève tardivement », dix-huitième vers, chap. 41 du *Tao-tö-king* de Lao tseu.

5. *Nan-hiong-nan-ti*, littéralement : « Il est difficile (à l'un) d'être le frère aîné et difficile (à l'autre) d'être le frère cadet », expression tirée du *Che-chouo Sin-yu*, chap. 1er, sur « Les hommes vertueux ». Cette expression signifie : le frère cadet est aussi brillant que le frère aîné.

6. *Ts'ouan-tch'a :* « thé assorti », c'est le thé assorti de germe de céleri blanc, de châtaigne d'eau, de cerneau et de pistache.

7. *K'ang-long :* « dragon qui s'élève trop haut », voir : le *Yi-king ; K'ien-koua, k'ang-long yeou-houei :* « le dragon (le prince) qui s'élève trop haut aura à se repentir ».

8. Roi Wen : le père du roi Wou des Tcheou. Le duc de Tcheou : frère cadet du roi Wou des Tcheou. Wen-tseu : frère aîné du tyran Tcheou des Chang. Ki-tseu : oncle du tyran Tcheou des Chang.

9. Yen tseu (Yen Houei) (521-490), disciple favori de Confucius.

10. Les candidats de licence et de doctorat devaient étudier spécialement un des cinq canons : le *Yi-king*, le *Chou-king*, le *Che-king*, le *Li-ki*, et le *Tch'ouen-ts'ieou*. Au moment de se présenter à l'examen ils devaient écrire quel canon ils avaient choisi sur l'enveloppe des feuilles d'examen.

11. Kiu-jong, sous-préfecture du Kiang-sou.

12. *Yi-kin-King :* « Canon sur la Force musculaire », ou la santé physique. Ce livre est attribué à Ta-mo Tsou-che, moine de l'époque Liang (502-557); c'est un traité sur la boxe chinoise pratiquée surtout par les boxeurs de l'école Chao-lin.

13. Ces deux scènes sont tirées du *Si-siang-ki* (« Histoire de la chambre de l'ouest ») écrite par Wang Che-fou des Yuan.

14. *Wou-t'ai :* « Les Cinq terrasses », une scène tirée du *Hao-t'ien-t'a* des Yuan, qui relate la rencontre de Yang Wou-lang avec son frère aîné dans la montagne Wou-t'ai.

15. Cette scène est tirée du *Ts'ien-kin-ki* des Ming. C'est l'histoire de Siao Ho qui court après le général Han Sin.

CHAPITRE L

Un faux fonctionnaire est conduit, à sa honte, à travers les rues.
Un homme chevaleresque fait acheter pour son ami un titre honorifique.

Comme le secrétaire Wan regardait un opéra chez le secrétaire Ts'in, un mandarin entra brusquement avec des policiers et le fit sortir enchaîné. Le censeur Che, l'académicien Kao et le secrétaire Ts'in étaient tellement terrifiés qu'ils se regardèrent fixement sans savoir que faire. L'opéra alors s'arrêta, ils restèrent là, stupéfaits, pendant un moment. Le censeur Che fut le premier à rompre le silence.

« Sans doute, Monsieur, dit-il à l'académicien Kao, soupçonnez-vous la raison de l'arrestation de votre ami ?

— Je n'en ai pas la moindre idée, mais tout à l'heure, le sous-préfet Fang a été vraiment ridicule, à quoi bon se donner de tels airs !

— Un de mes invités a été arrêté et enchaîné par le sous-préfet pendant le banquet, se plaignit le secrétaire Ts'in, vous m'avez tout de même fait perdre la face.

— Vous avez tort de parler ainsi, cher parent, protesta l'académicien Kao, je suis chez moi pour un congé, comment aurais-je pu savoir qu'il avait des ennuis ? De plus, c'est lui qui a été arrêté et pas moi, de quoi avez-vous peur ? »

A ce moment l'intendant revint :

« Les acteurs vous demandent des instructions, Messieurs, voulez-vous qu'ils continuent à vous servir ou bien qu'ils s'en aillent ?

— Un de mes invités est dans l'ennui mais ce n'est pas un

membre de ma famille, que le spectacle continue donc », répondit Ts'in.

Ils s'assirent de nouveau pour regarder l'opéra, ils remarquèrent que Fong le quatrième tout seul dans son coin les regardait à distance avec un sourire sardonique. Le secrétaire Ts'in l'aperçut et lui demanda :

« Quatrième frère Fong, est-ce que vous savez quelque chose sur cette affaire ?

— Comment le pourrais-je, répondit Fong le quatrième.

— Si vous ne savez rien alors pourquoi riez-vous ? demanda Ts'in.

— Je ris parce que je trouve que vous, Messieurs, êtes ridicules, dit Fong le quatrième, puisque l'homme a déjà été arrêté et éloigné, à quoi bon se faire du souci ? A mon humble avis, vous devriez envoyer quelqu'un de capable au yamen de la sous-préfecture pour s'informer sur ce qui est arrivé ! En premier lieu, vous apprendrez ce qu'il est advenu de Monsieur Wan, en second lieu vous saurez si vous êtes impliqués dans l'affaire.

— Ces paroles sont très justes ! acquiesça le censeur Che immédiatement.

— Très justes ! très justes ! », dit aussi vite le secrétaire Ts'in.

Celui-ci dépêcha aussitôt un intendant au yamen de la sous-préfecture pour s'informer. Tous les quatre reprirent leurs places et les acteurs montèrent de nouveau sur scène pour jouer « L'invitation au festin » puis « Le repas d'adieu ».

« Les deux actes qu'il a choisis tout à l'heure furent néfastes ! remarqua le censeur Che en se tournant vers l'académicien Kao. Il avait à peine invité quelques personnes qu'il dut prendre congé ; cela fait que l'invitation a été ratée et il y a eu juste l'adieu ! »

Après « Les frères se rencontrent sur la montagne des Cinq terrasses », les acteurs étaient sur le point de jouer « Siao Ho poursuit Han Sin », quand l'intendant chargé de s'informer de l'affaire revint et s'approcha de son maître :

« Même le yamen de la sous-préfecture ne sait rien clairement, rapporta-t-il. J'ai rencontré Siao le deuxième de la chambre pénale et lui ai demandé de faire copier la circulaire. »

Il remit la copie au secrétaire Ts'in. Les autres se levèrent tous et vinrent la lire. C'était une mince feuille de papier sur laquelle les mots suivants étaient gribouillés de façon négligée :

« Le préfet K'i de la préfecture de T'ai-tcheou au sujet du territoire important de la défense côtière, etc. Nous avons reçu du vice-président du censorat et du gouverneur provincial du Tchö-kiang un acte d'accusation contre Wan Li (Dix mille li) alias Wan Ts'ing-yun (Wan les nuages bleus) un des meneurs dans l'incrimination contre Miao Eul-sieou (Germe élégant) général de brigade de T'ai-tcheou. Wan est un bachelier destitué, il est de taille moyenne, la couleur de son visage est jaunâtre, sa barbe est clairsemée et il est âgé de quarante-neuf ans. Il s'est enfui de notre préfecture; comme j'ai reçu l'ordre de l'arrêter, j'ai envoyé des policiers pour le saisir. Je dois informer toutes les sous-préfectures. S'il se trouve dans une sous-préfecture j'espère que le sous-préfet l'arrêtera immédiatement et l'enverra dans ma préfecture sans délai afin que je puisse le juger minutieusement. Faites attention et ne tardez pas, l'affaire est urgente. C'est tout! » Une phrase supplémentaire à la ligne disait : « Que tous les fonctionnaires de la sous-préfecture prennent connaissance de cela. »

En effet un satellite avait apporté cette circulaire au yamen de la sous-préfecture, il advint que le sous-préfet était lui-même originaire du Tchö-kiang, quand il vit le criminel demandé par le gouverneur de sa province il l'arrêta donc lui-même avec ses policiers. En vérité, le sous-préfet lui-même ne connaissait pas les détails de l'accusation.

« Non seulement l'homme a été arrêté d'une façon peu claire, dit l'académicien Kao après l'avoir lue, mais le langage de la circulaire est aussi un peu embrouillé, car cet homme dit qu'il est secrétaire, comment cela se fait-il qu'il soit ici décrit comme un bachelier destitué, même si c'était un bachelier destitué comment peut-il être compromis dans un cas judiciaire d'incrimination d'un général de brigade ?

— Tout à l'heure, vous vous êtes moqué de nous, dit le secrétaire Ts'in en regardant Fong le quatrième, est-ce que maintenant vous comprenez ce qui est arrivé ?

— Cette espèce d'intendant est-il capable de s'informer? rétorqua Fong le quatrième. Laissez-moi y aller pour vous. » Il se leva et était sur le point de partir :

« Voulez-vous y aller vraiment ? demanda le secrétaire Ts'in.

— Pourquoi mentirais-je! », répondit Fong le quatrième. Sur ces mots, il s'en alla.

Il arriva tout droit à la porte du yamen de la sous-préfecture et y trouva deux agents de police qui avaient l'habitude de lui obéir servilement, s'il leur disait de se diriger vers l'est, alors ils se dirigeaient vers l'est, s'il leur ordonnait d'aller à l'ouest alors ils allaient à l'ouest. Quand Fong demanda à ces deux agents de le conduire voir les satellites du Tchö-kiang, ils le conduisirent directement jusqu'à la salle des Trois Fonctionnaires [1] pour les y rencontrer.

« Êtes-vous les satellites de la préfecture de T'ai-tcheou ? demanda Fong le quatrième.

— Oui, répondirent-ils.

— Au fond, quel est le crime que ce Monsieur Wan a commis ? demanda Fong le quatrième.

— Nous ne le savons pas non plus, répondirent les satellites. Seulement notre préfet nous a dit que c'est un criminel important, c'est pourquoi des satellites ont été envoyés dans les différentes provinces pour l'arrêter. Mais si vous avez quelque ordre à nous donner, nous ferons ce que nous pourrons pour avoir soin de lui.

— Où est-il ? demanda Fong.

— Le sous-préfet Fang a juste fini de le questionner, mais Wan lui-même ne sait pas expliquer clairement de quoi il s'agit, répondirent les satellites. Maintenant il est dans la geôle extérieure, demain quand on nous aura donné la dépêche officielle, nous devrons probablement partir, voulez-vous le voir maintenant, Monsieur ?

— Comme il est dans la geôle extérieure, je vais le voir moi-même, dit Fong le quatrième. Lorsque vous aurez reçu la dépêche officielle demain, ne manquez absolument pas de m'attendre ici avant de partir. »

Les satellites acquiescèrent.

Fong alla jusqu'à la geôle avec les agents de police et vit le secrétaire Wan.

« Je suis probablement victime d'une grande et extraordinaire injustice, dit le secrétaire Wan à Fong le quatrième. Je vous prie de transmettre mes amitiés à Monsieur Kao et à Monsieur Ts'in quand vous retournerez, je ne sais pas si nous pourrons nous rencontrer à nouveau désormais. »

Fong l'interrogea minutieusement encore une fois, mais Wan ne pouvait lui expliquer clairement ce qui était arrivé.

« Il me faut aller au Tchö-kiang avec lui afin de tirer au clair les causes de ce procès », pensa Fong le quatrième. Mais il n'en dit rien à Wan et prit congé en lui assurant :

« Demain, je reviendrai vous voir. »

Il retourna à la hâte chez le secrétaire Ts'in, d'où les acteurs étaient tous partis, le censeur Che était également rentré chez lui, il n'y avait que Kao qui était encore là pour attendre les nouvelles. En voyant revenir Fong le quatrième, il se précipita vers lui :

« Eh bien ! qu'est-il arrivé ?

— C'est vraiment très étrange, dit Fong, non seulement les gens du yamen, mais aussi les satellites du Tchö-kiang, personne ne sait quelque chose. Non seulement les satellites, mais Wan lui-même ignorent tout. Cette affaire est si embrouillée que je dois aller avec l'accusé au Tchö-kiang pour la tirer au clair.

— Laissez tomber cette affaire, nous n'avons pas besoin de nous occuper de ses ennuis qui ne nous regardent pas! protesta le secrétaire Ts'in.

— Mon humble avis est que je dois partir avec lui demain, dit Fong le quatrième. Si l'accusation est grave, je l'aiderai au tribunal, je l'ai rencontré une fois, nous nous sommes considérés comme amis et je dois le secourir. »

Comme l'académicien Kao avait peur d'être également compromis plus tard, il encouragea Fong à aller avec Wan. Ce soir-là il fit porter dix taëls à la maison de la famille de Fong en mentionnant que cet argent était offert à Monsieur Fong le quatrième pour ses frais de voyage.

Fong accepta. Le lendemain, aussitôt levé, il alla tout droit à la salle des Trois Fonctionnaires et y rencontra les satellites : « Vous êtes très matinal, Monsieur », dirent ceux-ci.

Avec eux, Fong le quatrième tourna le coin et arriva à la porte du yamen de la sous-préfecture, il entra dans la chambre pénale, y vit Monsieur Siao le deuxième et lui demanda de se hâter de terminer le rapport de ce procès. Monsieur Siao prépara les documents et proposa quatre satellites d'escorte à l'approbation du sous-préfet qui apposa des sceaux sur les documents. Le sous-préfet siégeant au troisième tribunal ordonna à un satellite de service d'amener le secrétaire Wan. Les satellites venant de la préfecture de T'ai-tcheou attendaient derrière la porte. Le secrétaire Wan portait encore son chapeau de gaze et était encore habillé de sa robe de fonctionnaire de septième rang. Le sous-préfet Fang pensa soudain :

« La circulaire dit que c'est un bachelier destitué qui a été arrêté. Comment se fait-il qu'il soit habillé comme cela? Il vérifia à nouveau le nom, l'âge et la physionomie du criminel, mais il n'y avait pas la moindre erreur :

— Au fond êtes-vous un bachelier ou un fonctionnaire? demanda-t-il.

— A l'origine j'étais un bachelier de l'école préfectorale de T'ai-tcheou, répondit le secrétaire Wan. Cette année, dans la capitale, à cause de ma bonne calligraphie, j'ai été recommandé au secrétariat impérial, mon titre de bachelier n'a jamais été révoqué.

— Je pense que votre certificat de nomination n'est pas encore arrivé à T'ai-tcheou, dit le sous-préfet, à cause de cette accusation, le gouverneur provincial a supprimé votre titre de bachelier, c'est tout à fait possible, on ne sait jamais. Mais vous êtes originaire du Tchö-kiang, moi je le suis aussi, bien sûr je ne cherche pas à vous mettre en difficulté pour votre procès, vous n'avez qu'à tâcher de vous innocenter. » Puis il pensa :

« Quand il sera de retour, les autorités locales diront qu'il est un bachelier rayé de la liste des bacheliers et pourront le torturer comme un citoyen ordinaire, comme nous sommes originaires du même pays, ne dois-je pas faire ce que je peux pour l'aider ? »

Tout de suite, de son pinceau vermillon, il ajouta une ligne de mots sur la circulaire : « L'âge et l'apparence du criminel Wan Li sont conformes à la description donnée sur la circulaire, mais il porte un chapeau et un costume de fonctionnaire du septième rang, il dit que cette année à Pékin, il a été recommandé comme secrétaire du secrétariat impérial, je dois l'envoyer enchaîné tel qu'il est, il est interdit aux satellites de lui extorquer de l'argent, ils ne doivent pas non plus le laisser s'échapper. »

Ayant écrit ces lignes, il choisit le satellite Tchao Cheng et fit entrer également les satellites de T'ai-tcheou.

« Cet homme n'est pas un bandit, leur dit-il, vous êtes deux, je vous adjoins le satellite de notre préfecture, c'est bien assez pour l'escorte. Faites attention sur la route ! »

Les trois satellites prirent la dépêche officielle et firent sortir le secrétaire Wan sous escorte, ils trouvèrent Fong le quatrième qui les attendait.

« Êtes-vous les satellites de l'escorte ? demanda-t-il aux satellites préfectoraux. Avez-vous vérifié l'identité de cet homme ? »

Puis il indiqua le satellite sous-préfectoral et demanda :

« Êtes-vous le satellite d'escorte ?

— Nous avons vérifié son identité, répondirent les satellites préfectoraux, il est bien satellite d'escorte. »

Lorsque l'homme enchaîné en chapeau de gaze et costume de fonctionnaire quitta la porte du yamen de la sous-préfecture, deux cents personnes se pressaient tout autour pour voir, les satellites ne purent pas passer.

« Où habitez-vous Monsieur Tchao ? demanda Fong le quatrième.

— Juste au coin, répondit Tchao Cheng.

— Allons d'abord chez vous. »

Ils marchèrent ensemble jusqu'à la maison de Tchao Cheng et s'assirent dans le petit salon. Fong demanda à Tchao Cheng de délier les chaînes du secrétaire Wan. Puis il enleva sa robe extérieure et dit au secrétaire Wan d'échanger son costume de fonctionnaire contre cet habit civil. Il dit aussi aux satellites préfectoraux d'aller à la demeure de Monsieur Wan pour faire venir son intendant. Les satellites revinrent et rapportèrent :

« Aucun des intendants n'est présent, nous pensons qu'ils

se sont enfuis. Ses bagages sont là, mais le moine n'a pas voulu nous les laisser prendre. »

En entendant cela Fong le quatrième enleva son propre chapeau pour le donner au secrétaire Wan, il n'avait plus qu'une calotte et une veste sur lui.

« Ici les pièces sont petites, allons tous chez moi », suggéra-t-il.

Le secrétaire Wan et les trois satellites suivirent Fong jusqu'à la rue Hong-wou (grand militaire). Ils passèrent par la grande porte et entrèrent dans la salle intérieure, où le secrétaire Wan s'agenouilla. Fong le quatrième le releva et dit :

« Maintenant ça ne vaut pas la peine de saluer, allez vous asseoir, Monsieur. »

Puis il se tourna vers les satellites :

« Vous êtes tous les trois des gens aux yeux clairs [2]. Il n'y a pas besoin de paroles superflues avec vous, vous habitez tous ici chez moi, Monsieur Wan est mon ami ; à propos du procès, j'ai l'intention d'aller avec lui pour l'aider, mais je ne vous causerai pas d'ennui.

— Qu'en dites-vous ? demanda Tchao Cheng aux deux autres satellites.

— Nous ferons tout ce que Monsieur Fong dira, répondirent les deux autres. Seulement nous lui demandons de se dépêcher.

— Naturellement, » dit Fong le quatrième.

Sur ce, il fit entrer ces trois satellites dans une chambre vide face à la salle.

« Restez ici deux jours, leur dit-il, vous pouvez vous installer. »

Les trois satellites laissèrent le secrétaire Wan chez Fong le quatrième et allèrent tranquilles et confiants chercher leurs bagages.

Fong emmena Wan dans sa bibliothèque de gauche, le fit asseoir et lui demanda :

« Monsieur Wan, ne voyez aucun inconvénient à me dire franchement la vérité sur cette affaire. Quelle qu'en soit la gravité, je pourrai vous aider. Mais si vous me cachez la vérité, je ne peux rien faire. C'est à vous de décider.

— Je vois d'après votre conduite que vous êtes certainement un héros, répondit le secrétaire Wan. Devant un homme sincère, je ne dis pas de mensonges. Pour ce procès, je ne le perdrai pas dans la préfecture de T'ai-tcheou, mais je le perdrai sûrement ici dans la sous-préfecture de Kiang-ning.

— Le sous-préfet Fang de la sous-préfecture de Kiang-ning vous a bien traité ; pourquoi ? demanda Fong le quatrième.

— Je ne vous cache pas, Monsieur, répondit le secrétaire Wan, que je suis en vérité un bachelier, et non un secrétaire du secrétariat impérial. Parce que je ne pouvais gagner ma vie chez moi, je fus obligé de quitter ma famille pour vagabonder çà et là. Si j'avais dit que j'étais un bachelier, je n'aurais eu que le vent à boire et le brouillard à manger. Lorsque je disais que j'étais le secrétaire du secrétariat impérial, les marchands et les notables locaux riches daignaient m'aider. Je ne pensais pas que le sous-préfet de Kiang-ning eût décrit mon costume de fonctionnaire, mon rang et mon titre sur cette dépêche officielle. Quand je serai de retour à T'ai-tcheou, même si l'accusation est très grave, je pourrai faire face et il n'y aura aucun danger; mais au contraire, l'accusation de me faire passer pour fonctionnaire est plus difficile à arranger et je ne saurai comment faire. »

Fong le quatrième réfléchit profondément pendant un moment, puis demanda :

« Monsieur Wan, si vous étiez réellement un fonctionnaire, je ne sais pas si vous gagneriez votre procès.

— Je n'ai rencontré le général de brigade Miao qu'une seule fois, répondit Wan, de plus, je n'ai jamais reçu de pot-de-vin, ni enfreint la loi; d'après les circonstances des faits, je ne puis être sérieusement compromis ni perdre mon procès. Il suffit là-bas, à T'ai-tcheou, qu'ils n'aient pas connaissance de cette imposture et je n'aurai aucun ennui.

— Pour l'instant vous habiterez ici, je sais comment il faut agir », dit Fong.

Le secrétaire Wan resta dans la bibliothèque et les trois satellites emménagèrent dans la chambre vide face à la salle. Fong le quatrième ordonna à ses serviteurs de préparer un repas pendant qu'il allait rendre visite au secrétaire Ts'in. Quand celui-ci eut entendu dire que Fong le quatrième était là, il sortit précipitammant sans mettre sa robe extérieure.

« Qu'est-il arrivé quatrième frère Fong ? demanda-t-il.

— Vous me le demandez! répondit Fong le quatrième. Vous êtes assis chez vous, votre porte est fermée, mais le malheur descend du ciel jusque chez vous. N'en avez-vous pas entendu parler ?

— Quoi ? Quoi ? bafouilla Ts'in, pris de panique.

— N'importe comment, une accusation vous prendra largement la moitié de votre vie pour la réfuter », répondit Fong.

Le secrétaire Ts'in était tellement effrayé que son visage était couleur de terre, il était trop épouvanté pour pouvoir parler.

« Dites-moi quel est en vérité son titre de fonctionnaire ? demanda Fong.

— Il dit qu'il est secrétaire au secrétariat impérial.

— Le juge de l'enfer est en train d'envisager de préparer un cahier pour lui donner le titre de secrétaire du secrétariat impérial.

— Vous voulez dire que c'est un faux fonctionnaire ?

— Naturellement, inutile de le dire ! Seulement il s'agit d'un procès très grave. Un homme est accusé d'un crime sérieux et a été arrêté dans votre honorable maison comme un imposteur. Le gouverneur provincial du Tchö-kiang n'a pas besoin d'une dénonciation spéciale contre vous, Monsieur, il lui suffit de vous mentionner simplement. Veuillez m'excuser de vous le dire : j'ai bien peur que vous ne soyez dans le même cas qu'un rat qui se trouve dans l'eau bouillante. »

Ayant entendu ces paroles, le secrétaire Ts'in horrifié ouvrit démesurément les yeux et regarda fixement Fong le quatrième.

« Quatrième frère Fong, vous êtes un homme très capable, cria-t-il. Dites-moi ce que je dois faire ?

— Il n'y a pas moyen d'en sortir, répondit Fong le quatrième. Mais s'il ne perd pas son propre procès, votre famille et vous-même ne serez pas en danger.

— Comment peut-on l'empêcher de perdre son procès ?

— S'il est un faux fonctionnaire, il perdra. Si c'est un vrai, il gagnera.

— Puisqu'il est un faux fonctionnaire, comment le rendre vrai ? demanda le secrétaire Ts'in.

— Est-il possible que vous soyez un faux fonctionnaire aussi ?

— J'ai été recommandé tout à fait conformément aux règlements.

— Si vous avez pu être recommandé, pourquoi ne le pourrait-il pas ? demanda Fong.

— Même si on le recommande maintenant, ce ne sera pas fait à temps.

— Pourquoi pas ? Avec de l'argent n'importe qui peut devenir fonctionnaire ; avec le censeur Che, auriez-vous peur de ne pas arriver à arranger l'affaire ?

— Dans ce cas, dites à Wan d'agir immédiatement, dit le secrétaire Ts'in.

— D'après moi, si vous ne craignez pas d'être compromis dans un procès qui se traîne sans fin, laissez-le aller. Mais si vous désirez arranger l'affaire pour avoir l'esprit tranquille, faites-lui obtenir ce titre. Lorsqu'il aura gagné son procès et sera fonctionnaire il vous remboursera intégralement d'après vos calculs, même si en empruntant quatre-vingt-dix on rembourse cent avec un intérêt de trente pour cent, cela n'a pas d'importance. »

Après cet échange de paroles le secrétaire Ts'in poussa un soupir :

« Tout cela arrive à cause de mon bon parent qui m'a compromis, dit-il. Maintenant il n'y a pas d'autre solution. Quatrième frère Fong, tant pis, je fournirai l'argent, seulement vous devrez vous charger de faire les arrangements.

— Vous me demandez de " repêcher la lune de l'eau ", c'est impossible! pour cette affaire c'est Monsieur Kao qui doit faire le nécessaire.

— Pourquoi faut-il absolument Kao ?

— Le censeur Che est un bon ami de Monsieur Kao, dit Fong le quatrième, Monsieur Kao peut lui demander d'écrire immédiatement suivant l'usage une requête au grand secrétariat, nous avons besoin d'avoir une requête qui soit conservée aux archives.

— Quatrième frère Fong, vous êtes vraiment un homme expérimenté. »

Il écrivit aussitôt une carte dans laquelle il demandait à son parent Monsieur Kao de venir discuter une affaire urgente et importante. Peu de temps après l'académicien Kao arrivait, le secrétaire Ts'in le reçut et lui raconta tout ce que Fong le quatrième avait dit.

« Je vais m'en occuper tout de suite, s'empressa de dire l'académicien Kao.

— C'est très urgent, ajouta Fong qui était à leur côté. Monsieur Ts'in dépêchez-vous de lui donner le " pourquoi ainsi "[3] afin qu'il l'emporte. »

Le secrétaire Ts'in se dirigea rapidement vers sa chambre intérieure. Un moment après il fit apporter par son intendant douze paquets dont chacun contenait cent taëls d'argent pur, il les donna à l'académicien Kao.

« Nous devons compter moitié sur l'amitié, moitié sur l'argent, dit-il. Voici l'argent que j'avance. Je sais qu'il y a également les dépenses pour le grand secrétariat; je vous prie de prendre la peine, cher parent, de demander au censeur Che d'assumer totalement la charge d'arranger cette affaire. »

L'académicien Kao, embarrassé, était gêné de refuser et ne put faire autrement que d'accepter. Il prit l'argent, alla chez le censeur Che et le pria d'envoyer un homme à Pékin le jour même pour traiter cette affaire.

Fong le quatrième retourna chez lui et se précipita tout droit dans la bibliothèque, il y trouva Wan assis sur une chaise regardant stupidement devant lui.

« Félicitations! dit Fong, maintenant votre titre est vrai! »

Il lui raconta en détail tout ce qui s'était passé. Le secrétaire Wan tout de suite se jeta par terre et se prosterna en frappant le front vingt ou trente fois devant Fong le quatrième pour le remercier. Fong l'arrêtait et l'arrêtait encore, il eut la plus grande difficulté à le remettre sur pied.

« Demain vous devez porter vos robes de fonctionnaire comme auparavant et aller chez les deux familles pour les remercier.

— C'est ce que je dois faire certainement, répondit le secrétaire Wan, seulement je serai très gêné. »

A ce moment les satellites entrèrent demander à Fong le quatrième quand ils pourraient partir.

« Nous ne pouvons pas partir demain, répondit Fong le quatrième, ce sera après-demain. »

Le jour suivant, dès son lever, Fong activa le secrétaire Wan pour qu'il aille remercier Messieurs Kao et Ts'in. Les deux familles acceptèrent la carte de Wan, mais déclarèrent qu'ils étaient absents, alors Wan revint. Fong le quatrième lui demanda d'aller en personne au Temple de la Faveur Impériale pour y prendre ses propres bagages. Le jour suivant Fong emballa aussi ses affaires et se mit en route avec les trois satellites pour escorter le secrétaire Wan qui allait à la préfecture de T'aitcheou du Tchö-kiang pour être jugé.

Cela eut pour résultat :

Un lettré tombé dans la misère devient fonctionnaire, habillé de brocart il rentre dans son pays natal.

Un censeur se réforme et a peur qu'un homme soit victime d'une injustice.

Pour savoir ce qui va arriver par la suite, lisez le prochain chapitre.

NOTES

1. *San-kouan-t'ang :* « salle des Trois Fonctionnaires », nom de certains temples taoïstes. Il s'agit des divinités appelées : le fonctionnaire du Ciel, celui de la Terre et celui de l'Eau.
2. *Yen-leang :* « yeux clairs » : homme intelligent.
3. *So-yi-jan :* « c'est la raison pour laquelle c'est ainsi », mot d'argot qui désigne l'argent.

CHAPITRE LI

Une jeune femme séduit un marchand et le dupe.
Un homme brave endure la torture de son plein gré.

Quand Fong le quatrième eut fait ce qu'il fallait pour que le faux secrétaire Wan devînt un secrétaire authentique du secrétariat impérial, il fit ses bagages et alla avec les trois satellites escorter le secrétaire Wan à T'ai-tcheou pour le jugement du procès. Comme c'était justement la première décade du quatrième mois et qu'il faisait très doux, tous les deux portaient des vêtements non doublés; ils sortirent par la porte ouest des Han de Nankin et cherchèrent un bateau pour aller tout droit au Tchö-kiang. Mais après avoir fureté pendant longtemps, ils ne purent trouver de place dans un seul bateau pour Hang-tcheou et furent obligés d'en louer un particulier qui les mena seulement à Sou-tcheou. Arrivés là ils prirent une jonque, moitié plus grande que le bateau de Nankin, qui se rendait à Hang-tcheou.

« Nous n'avons pas besoin de cette grande jonque, dit Fong le quatrième, nous prendrons seulement deux cabines. »

Sur ce, il paya un taël et quatre-vingts centièmes de taël au dock pour réserver une cabine du milieu et une cabine de l'arrière. Tous les cinq montèrent à bord et après un jour entier d'attente, les bateliers alors seulement trouvèrent un acheteur de soie brute pour prendre la cabine de devant. Ce marchand était un jeune homme d'une vingtaine d'années, il était assez beau, il avait un seul colis, mais vraiment très lourd. Le soir, les bateliers levèrent l'ancre; ils quittèrent l'embarcadère, et avec des perches progressèrent plus de cinq li puis s'arrêtèrent à côté d'un petit village.

« Attachez bien la haussière, baissez la deuxième ancre et ayez soin des passagers! ordonna le timonier à ses employés, je vais à la maison jeter un coup d'œil.

— Vous allez demander un vent favorable! », dirent les satellites de T'ai-tcheou en ricanant.

Le timonier fit une grimace et s'en alla.

Le secrétaire Wan et Fong le quatrième débarquèrent et marchèrent quelques pas pour se dégourdir les jambes, ils contemplaient le brouillard du soir qui se dispersa peu à peu et le clair de lune qui devint de plus en plus brillant dans l'eau. Après avoir erré un moment, ils revinrent au bateau pour se reposer. Ils entendirent le craquement des avirons d'un sampan qui remontait le fleuve à la rame pour s'amarrer à côté de leur jonque. A ce moment-là les bateliers dormaient dans leurs couvertures enroulées autour d'eux, tandis que les trois satellites avaient allumé une lampe et jouaient aux dominos. Il n'y avait que le secrétaire Wan, Fong le quatrième et le jeune acheteur de soie dans les cabines, ils ouvrirent les fenêtres pour regarder la lune. Le sampan s'approcha de leur jonque, il était propulsé à la perche par un homme mince d'une quarantaine d'années debout à la proue, une jeune femme de dix-huit à dix-neuf ans maniait le gouvernail à l'arrière; mais dès qu'elle vit les trois hommes sur la jonque qui observaient la lune, elle se cacha dans la cabine arrière. Un moment après, Fong le quatrième et le secrétaire Wan allèrent dormir, il n'y avait plus que cet acheteur de soie qui restait là et alla dormir plus tard.

Le jour suivant, avant le lever du soleil, le timonier revint avec un sac sur le dos, il ne quitta plus le bord et mit les voiles sans tarder. Après avoir parcouru une trentaine de li, ils déjeunèrent. Le repas achevé, vers midi, Fong le quatrième assis oisif dans la cabine dit au secrétaire Wan :

« Je ne pense pas que vous allez courir un danger très grave dans ce procès, Monsieur. Cependant il s'agit d'une accusation portée par le gouverneur principal, c'est toujours suffisamment fâcheux et cela risque de traîner! A mon humble avis, lorsque vous serez interrogé, peu importe ce dont vous êtes accusé, vous n'avez qu'à dire que tout cela a été fait par un voyageur appelé Fong Ming-k'i qui a habité chez vous. Quand on m'aura arrêté, je saurai comment faire. »

A ce moment-là, ils virent que l'acheteur de soie dans la cabine de devant avait les yeux tout rouges de pleurs.

« Quelle en est la cause, Acheteur? », demandèrent à la fois Fong le quatrième et les autres.

Le jeune marchand ne répondit pas. Soudain Fong le quatrième devina et cria en indiquant du doigt ce jeune acheteur :

« Oui, je sais, probablement parce que vous êtes jeune, et n'êtes pas sérieux, vous êtes tombé dans le piège! »

L'acheteur se sentit honteux et se mit à pleurer de nouveau. Fong le quatrième le questionna minutieusement; il apprit que la nuit passée, quand tout le monde dormait, ce jeune homme s'était penché à la fenêtre de la cabine pour regarder la jeune femme dans le sampan. Quand elle vit que les deux autres étaient partis, elle sortit de la cabine et lui sourit. Les deux bateaux étaient côte à côte, ils étaient très proches; le jeune homme tenta de tendres caresses, alors elle sourit et grimpa dans sa cabine par la fenêtre et ils passèrent une nuit d'amour [1]. Lorsque l'acheteur de soie fut endormi, la jeune femme déroba dans son colis le contenu intégral des quatre paquets d'argent d'une valeur de deux cents taëls. La jonque était déjà partie, à l'aurore, lorsque le jeune homme se réveilla de son doux sommeil, il s'aperçut seulement alors que son sac avait été ouvert et qu'il avait été volé. Vraiment il ressemblait au muet qui vit en rêve sa mère, mais qui ne pouvait dire l'amertume de son cœur! Fong le quatrième réfléchit un moment, puis fit venir les bateliers et leur demanda :

« Reconnaîtriez-vous encore ce sampan d'hier?

— Nous le reconnaîtrions, répondirent les bateliers. Mais hélas! dans un cas comme celui-là, nous ne pouvons pas faire naître un procès en portant une accusation contre eux, que faire?

— Puisque vous êtes sûrs de le reconnaître, c'est déjà très bien, dit Fong le quatrième. Ils ont dû prendre la direction opposée à la nôtre. Couchez les mâts, préparez les avirons et revenez à la hâte en arrière; quand vous verrez le sampan, vous amarrerez à quelque distance. Si je récupère l'argent, je vous récompenserai. »

Les bateliers ramèrent selon son ordre à contre-courant, ce n'est qu'au crépuscule qu'ils atteignirent l'endroit où ils s'étaient arrêtés la nuit précédente, mais le sampan n'était pas en vue.

« Continuez à ramer dans cette même direction », dit Fong.

Ils avancèrent d'un peu plus de deux li et aperçurent le sampan amarré sous un vieux saule; à le regarder de loin, il semblait n'y avoir personne à bord. Fong le quatrième ordonna aux bateliers d'ancrer un peu plus près et de s'amarrer également sous un vieux saule desséché. Puis il leur dit d'aller dormir et de ne pas faire le moindre bruit pendant que lui-même irait à terre se promener. Il marcha jusqu'au sampan, c'était en effet le sampan d'hier, la jeune femme était en train de parler avec l'homme mince dans la cabine du milieu. Fong se promena de long en large pendant un moment, puis retourna lentement à la jonque, il vit que le sampan s'en était rapproché et était amarré tout à côté. Un moment après, l'homme mince avait disparu. Cette nuit-là, la lune était plus brillante que la nuit précédente, elle éclairait la jeune femme qui peignait ses cheveux à bord, elle était habillée d'une veste de coton blanc et d'une jupe de soie, elle était assise dans sa cabine pour regarder et admirer la lune.

« Tard dans le silence de la nuit, il n'y a personne à l'entour, dit Fong le quatrième tout bas, n'avez-vous pas peur toute seule sur ce bateau, petite fille ?

— Est-ce que cela vous regarde ?! répondit la jeune femme, j'ai l'habitude d'être seule à bord, de quoi aurais-je peur ?! »

Sur quoi, elle lui lança deux regards doux de biais.

Fong sauta à bord et la prit dans ses bras. Elle fit semblant de le pousser et repousser, mais resta silencieuse. Il la releva et l'installa sur son genou droit, elle alors ne bougea plus et se blottit contre sa poitrine.

« Il n'y a personne sur votre bateau, couchez avec moi pour une nuit; tenez-moi compagnie, dit Fong le quatrième, notre rencontre était prédestinée dans notre vie antérieure.

— Nous autres qui habitons sur les fleuves, sommes des gens sérieux et corrects et nous ne faisons jamais des choses irrégulières, dit la jeune femme. Mais il n'y a personne ici cette nuit, et voilà que je tombe sur vous, bien-aimé ennemi prédestiné, je n'y suis pour rien. Seulement restez ici, je ne veux pas aller dans votre jonque.

— J'ai des choses précieuses dans mes bagages, je ne serais pas tranquille de rester sur votre sampan », répondit Fong le quatrième.

Il la releva doucement et facilement et la transporta sur sa jonque. A ce moment-là tous ceux qui étaient sur la jonque étaient endormis, seule une lampe brillait dans la cabine du milieu où une seule couverture était étalée. Aussitôt que Fong eut déposé la jeune femme sur la couverture, elle se dévêtit sans tarder et pénétra à l'intérieur de la couchette. Elle vit que Fong le quatrième ne se dévêtait pas et elle entendit le bruit des avirons. Elle essaya de lever la tête pour regarder, mais il la maintint avec sa jambe et elle ne put bouger, elle ne put qu'écouter attentivement et elle s'aperçut que le bateau avançait sur l'eau !

« Comment se fait-il que le bateau soit parti ? demanda-t-elle affolée.

— Laissez-les faire marcher le bateau, pendant que nous passons un moment délicieux, ce sera merveilleux, répondit Fong le quatrième.

— Laissez-moi partir! implora la jeune femme qui devenait de plus en plus effrayée.

— Petite sotte! Vous escroquez de l'argent, moi j'escroque la femme, nous sommes tous les deux des escrocs, pourquoi avez-vous peur? »

Alors la jeune femme commença à comprendre qu'elle était tombée dans un piège :

« Relâchez-moi! supplia-t-elle, je vous rendrai tout ce que j'ai pris.

— Vous relâcher, ce n'est pas possible! Je ne pourrai vous laisser partir que lorsque l'argent sera rapporté. Cependant je promets de ne pas vous embarrasser. »

Alors seulement il la laissa se relever, même ses pantalons avaient disparu. Le secrétaire Wan et l'acheteur de soie entrèrent venant de l'autre cabine; en la voyant, ils ne purent s'empêcher de rire. Fong le quatrième s'informa de l'adresse de sa famille et du nom de son mari, puis demanda au batelier de s'arrêter dans un endroit retiré sans habitation. Le lendemain, sitôt qu'il fit jour, il dit à l'acheteur de soie d'envelopper tous les vêtements de la jeune femme et de retourner à pied plus de dix li en arrière pour retrouver son mari. Ce gredin, ayant découvert que la jonque était partie et que sa femme avait disparu, était aux abois, planté sous un arbre. L'acheteur de soie le reconnut vaguement, il s'approcha de lui et le frappa à l'épaule.

« Vous avez perdu la partie et votre femme par-dessus le marché[2]! dit-il. Mais c'est quand même votre chance! »

Le gredin n'osa pas répondre. L'acheteur ouvrit le paquet et en sortit les vêtements, les pantalons, les sous-vêtements et les chaussures de sa femme. Le mari pris de peur s'agenouilla en se prosternant sans arrêt.

« Je ne vais pas vous faire arrêter, dit l'acheteur. Dépêchez-vous de me rendre les quatre paquets d'argent que vous m'avez volés hier, alors je vous rendrai votre femme. »

Le mari monta à la hâte dans son sampan, et de la proue il sortit un grand sac caché sous le pont de la cabine inférieure :

« L'argent n'a pas été du tout touché, dit-il, je sollicite de vous la faveur de me rendre ma femme! »

L'acheteur emporta l'argent sur son dos. Le mari prit les vêtements de sa femme et marcha en le suivant, il n'osa pas aborder la jonque, ce fut seulement au moment où il entendit l'appel de sa femme qu'il eut assez d'audace pour monter sur le bateau où il vit sa femme enveloppée dans une couverture dans la cabine du milieu. Il s'avança et lui donna les vêtements.

Quand elle se fut habillée, elle se prosterna deux fois, puis quitta le bateau avec le cocu au visage tout à fait honteux. L'acheteur de soie donna à Fong le quatrième un paquet d'argent contenant cinquante taëls pour le remercier, après avoir réfléchi un moment, Fong l'accepta; il le divisa en trois parts et le donna aux trois satellites :

« Votre métier est en effet une profession pénible, dit-il. Je vous offre ceci que vous considérerez comme une subvention. »

Ils le remercièrent.

Soyons brefs, coupons le bavardage. Ils arrivèrent bientôt à Hang-tcheou et y changèrent de bateau pour T'ai-tcheou. Tous les cinq s'approchèrent ensemble de la ville.

« J'ai peur que les gens ici aient eu vent de cette affaire, Monsieur Fong, dirent les satellites préfectoraux. Si le préfet apprend ce que nous avons fait, nous serons punis sans pouvoir répondre.

— Je sais ce qu'il convient de faire », dit Fong le quatrième.

Il loua quatre chaises à porteurs dans la banlieue, il baissa les rideaux et y fit asseoir les trois satellites et le secrétaire Wan tandis que lui-même suivait à pied. Ils arrivèrent ainsi à la maison des Wan, ils entrèrent par la grande porte, il y avait deux ailes en bordure de la rue, et dans la cour intérieure deux salons divisés chacun en trois parties. En entrant, ils entendirent des sanglots, qui peu après s'arrêtèrent. Un repas fut servi.

« Ne vous en allez pas maintenant, dit Fong quand ils eurent mangé. Attendez le moment où les lampes seront allumées, demandez au clerc en charge de ce procès de venir ici me voir, je sais bien quoi lui dire. »

Les satellites acquiescèrent, et lorsque les lampes furent allumées, ils allèrent en catimini au yamen de la préfecture de T'ai-tcheou trouver le clerc Tchao K'in. Celui-ci fut étonné d'apprendre que Fong le quatrième de Nankin était venu avec eux.

« C'est un célèbre redresseur de torts, dit-il, comment le bachelier Wan l'a-t-il rencontré ? Wan a vraiment de la chance ! »

Il retourna tout de suite avec les satellites jusqu'à la maison de Wan. Dès que lui et Fong eurent fait connaissance, on aurait dit de vieux amis.

« Je ne vous demande qu'une seule chose, Maître Tchao, dit Fong, lorsque le préfet aura fait inscrire la déposition orale, vous ferez venir tout de suite les accusés d'après la déposition. »

Le clerc Tchao acquiesça.

Le jour suivant, le secrétaire Wan prit une petite chaise à porteurs et arriva au temple du Dieu de la Ville devant le yamen de la préfecture, il portait toujours la robe officielle du septième rang, le chapeau de gaze et les bottes, seulement autour de son cou, il y avait une chaîne. Les satellites de la préfecture de T'ai-tcheou remirent son mandat d'arrêt, et le préfet K'i prit place au tribunal immédiatement. Tchao Cheng, le satellite d'escorte venu de Nankin, présenta la réponse officielle au préfet et le secrétaire Wan fut amené au tribunal. Ayant vu le chapeau de gaze et le collet rond de Wan, le préfet sursauta d'étonnement; ayant lu la réponse officielle qui disait que Wan était recommandé d'après les règles comme secrétaire du secrétariat impérial, il sursauta d'étonnement une fois de plus. Il leva les yeux et regarda Wan Li qui demeurait debout et ne s'était pas agenouillé.

« Quand avez-vous reçu cette nomination du secrétariat impérial ? demanda le préfet.

— Le premier mois de cette année, dit le secrétaire Wan.

— Pourquoi n'en ai-je pas vu la notification ? demanda le préfet K'i.

— Elle devait partir du cabinet pour aviser le ministère, et du ministère pour informer le gouverneur provincial, tout cela prend du temps. Cependant je pense qu'elle devrait arriver ici bientôt.

— Votre titre de secrétaire vous sera tôt ou tard enlevé.

— Depuis que je suis allé à Pékin l'année dernière et que je suis revenu à Nankin, je n'ai jamais violé la loi. Puis-je demander à Monsieur le préfet, vous avez envoyé des satellites m'arrêter dans une autre province, quelle en est au fond la cause ?

— Comme le général Miao a négligé la défense côtière, il a été accusé et arrêté par le gouverneur provincial, répondit le préfet K'i. Dans son yamen, ils ont trouvé un papier sur lequel vous avez écrit un poème pour lui avec une dédicace rédigée dans les termes les plus flatteurs, vous avez été soudoyé par lui pour l'écrire, nous connaissons le montant de ce pot-de-vin, prétendez-vous ne pas le savoir ?

— C'est justement une calomnie, c'est tout à fait injuste ! protesta le secrétaire Wan. Quand j'étais dans ma demeure, je n'ai jamais rencontré le général Miao, comment aurais-je pu lui envoyer un poème ?!

— J'ai vu le poème moi-même. Il est d'une très bonne longueur; il est signé de votre nom social et cacheté avec votre sceau. Maintenant le gouverneur provincial inspecte les régions côtières et réside dans notre préfecture pour attendre que délit soit jugé, comment osez-vous encore nier votre crime ?!

— Quoique par chance j'appartienne au collège, je suis incapable d'écrire des poèmes. Quant au sceau de mon nom social, je n'en ai jamais employé. Mais j'ai un ami qui habite chez moi; l'année dernière, il a taillé plusieurs sceaux de différentes dimensions pour moi, je les ai laissés dans ma bibliothèque sans songer à les ranger. Quant à rédiger des poèmes, c'est lui qui sait le faire, il a probablement écrit ce poème et a employé mon nom, je demande à Votre Excellence de faire une enquête minutieuse!

— Comment s'appelle cet homme? demanda le préfet, où est-il maintenant?

— Il s'appelle Fong Ming-k'i, et il habite actuellement chez moi. »

Le préfet prit immédiatement une fiche de bambou du mandat pressant et ordonna aux mêmes satellites d'arrêter Fong Ming-k'i tout de suite pour le questionner. Bientôt les satellites revinrent avec Fong le quatrième. Le préfet prit son siège au deuxième tribunal et les satellites vinrent annoncer : « Fong Ming-k'i est ici! »

Le préfet le fit avancer et demanda :

« Êtes-vous Fong Ming-k'i? Êtes-vous depuis longtemps l'ami du général Miao?

— Je ne l'ai jamais rencontré, répondit Fong le quatrième.

— Wan Li a écrit un poème pour lui, dit le préfet. Aujourd'hui Wan Li s'est présenté devant le tribunal et a dit que vous avez écrit ce poème et que vous avez également taillé le sceau avec son nom. Pourquoi faites-vous des choses violant la loi?

— De ma vie je n'ai su écrire de poèmes, répondit Fong le quatrième. Mais si j'en ai écrit un pour quelqu'un, cela ne peut pas être considéré comme un crime!

— Ce type ose faire des raisonnements sophistiqués! », cria le préfet.

Le préfet ordonna d'apporter l'instrument de torture. Les satellites au-dessus et au-dessous de l'estrade poussèrent unanimement un cri et apportèrent les carcans de chevilles et les jetèrent par terre à l'entrée du tribunal. Deux d'entre eux alors renversèrent Fong le quatrième au sol et lui ajustèrent les carcans aux chevilles.

« Serrez fort! », dit le préfet.

Le satellite qui tenait les cordes tira avec effort, on entendit crac! et les carcans se cassèrent en six morceaux!

« Est-ce que ce type utilise la magie?! », demanda le préfet.

Il leur ordonna d'apporter tout de suite une nouvelle paire de carcans, sur laquelle il fit coller un scellé avec une écriture rouge et son sceau officiel, puis les satellites recommencèrent à presser, mais à l'ébahissement général les cordes ne purent être tirées, on entendit un autre craquement et les carcans de chevilles se cassèrent une fois de plus! Trois paires de carcans furent apportées successivement, elles se brisèrent en dix-huit fragments répandus sur le sol. Fong ne cessait de sourire; il continua à ne rien avouer. Le préfet K'i secoué ne put faire autrement que de quitter le tribunal, il envoya les criminels à la geôle et alla en chaise à porteurs à la résidence du gouverneur provincial pour lui rapporter ce qui était arrivé. Lorsque le gouverneur provincial apprit tout ce qui s'était passé, comme il savait que Fong Ming-k'i était un célèbre redresseur de torts il soupçonna que quelque injustice avait été commise. De plus, à ce moment, le général Miao était déjà mort dans la prison, et l'annonce de la nomination de Wan Li au poste de secrétaire du secrétariat impérial était enfin arrivée, cette affaire, après tout, n'était donc plus très grave. Alors le gouverneur provincial ordonna au préfet de terminer le procès d'une manière indulgente. Wan Li et Fong Ming-k'i furent tous deux relâchés et le gouverneur provincial revint à Hang-tcheou. Cette affaire officielle ressemblait à une flamme dangereuse éteinte par Fong le quatrième avec une calebasse d'eau froide.

Quand le procès fut terminé, et que le secrétaire Wan eut expédié les satellites, il alla chez lui avec Fong et il épanchait sans cesse son cœur plein de reconnaissance :

« Vous êtes vraiment un père et une mère qui m'ont mis de nouveau au monde! déclarait-il. Vous êtes mes parents qui m'ont engendré! Comment pourrai-je vous remercier?

— Nous ne sommes pas de vieux amis, dit Fong le quatrième éclatant de rire, je n'ai jamais reçu votre faveur et je n'avais aucune obligation envers vous, c'était purement et simplement une fantaisie de ma part de vous aider ainsi. Si vous insistiez vraiment et sérieusement pour me remercier, ce serait des façons d'homme vulgaire. Je dois aller maintenant à Hang-tcheou chercher un ami, et je m'en vais demain même. »

En vain, le secrétaire Wan Li lui demanda à plusieurs reprises de rester, il fut obligé d'agréer au désir de Fong le quatrième qui insistait pour partir. Le lendemain, Fong prit donc congé du secrétaire Wan sans même accepter un verre d'eau de lui en remerciement et il se rendit à Hang-tcheou.

Cela a eu pour résultat :

Cet homme brave capable de « déraciner des montagnes et de soulever un trépied »[3] montrera de nouveau ses moyens divins.

Un félon ayant des projets réfléchis et des intrigues fourbes remboursera à la hâte ses dettes d'autrefois.

Pour savoir qui Fong le quatrième alla chercher, lisez le chapitre suivant.

NOTES

1. *Wou-chan yi-si :* « une nuit sur la montagne des Sorcières », endroit où un garçon et une fille se réunissent pour réaliser une union sexuelle secrète, allusion tirée de la préface pour le poème narratif de la terrasse de Kao-t'ang, écrit par Song Yu, cette préface se trouve dans le *Wen-siuan* (« Anthologie des chefs-d'œuvre littéraires »).

2. *P'ei Le Fou-jen yeou Tchö-ping,* « perdre la femme et la guerre », expression tirée du *San kouo-tche* au sujet du projet de Tcheou Yu.

3. *Pa-chan kang-ting :* « déraciner les montagnes et soulever un trépied », expression tirée de la biographie de Hiang Yu (232-202 av. J.-C.) du *Che-ki*, chap. 7.

CHAPITRE LII

Un fils de ministre est blessé dans une compétition athlétique.
Un brave démolit une salle pour recouvrer une dette.

Fong le quatrième prit congé du secrétaire Wan et voyagea seul jusqu'à Hang-tcheou où il avait un ami nommé Tch'en Tcheng-kong auquel il avait prêté plusieurs dizaines de taëls. « Pourquoi ne le chercherai-je pas? pensa-t-il. Sa dette remboursée, j'aurai mes frais de voyage jusqu'à la maison. »

Tch'en Tcheng-kong habitait à l'extérieur de la porte Ts'ien-t'ang (Étang des Sapèques), Fong le quatrième y alla; après avoir fait un bout de chemin à pied, il aperçut sous l'ombrage des saules sur la digue de Sou, un groupe d'hommes entourant deux cavaliers qui faisaient des exercices. Un des cavaliers reconnut Fong de loin :

« Quatrième frère Fong, cria-t-il, d'où arrivez-vous? »

Fong le quatrième s'approcha, ce cavalier mit pied à terre et lui saisit la main :

« Mais c'est Monsieur Ts'in le deuxième, s'exclama Fong. Quand êtes-vous arrivé? et que faites-vous ici?

— Vous avez été absent tellement longtemps! déclara Ts'in le deuxième. Qu'avez-vous à faire avec les ennuis de Wan? Lorsque vous buvez votre propre eau pure et mangez votre propre riz blanc, vous vous occupez des affaires d'autrui qui ne vous regardent pas, n'êtes-vous pas un sot? Je suis très heureux que vous soyez venu, le huitième frère Hou et moi nous pensions justement à vous!

— Quel est le nom honorable de ce monsieur? demanda Fong le quatrième.

— C'est Monsieur Hou le huitième, fils du ministre Hou

d'ici (Hang-tcheou), répondit Ts'in le deuxième à sa place, c'est un homme très intéressant et un de mes meilleurs amis. »

Hou le huitième comprit que c'était Fong le quatrième, lui et Fong échangèrent des admirations et des compliments.

« Puisque le quatrième frère Fong est venu, dit Ts'in le deuxième, cessons de monter à cheval et allons boire un verre dans mon logement !

— Je dois aller chercher un ami, objecta Fong.

— Cherchez votre ami demain, dit Hou le huitième le Perturbateur, la chance de notre rencontre d'aujourd'hui est trop rare pour la perdre. Allons nous distraire dans les appartements du deuxième frère Ts'in. »

Sans laisser à Fong le quatrième le temps de répondre, ils s'emparèrent de lui, ordonnèrent aux palefreniers d'amener un autre cheval pour lui, et le prièrent de monter, ils arrivèrent devant la porte du temple du ministre Wou [1], mirent pied à terre et entrèrent.

Ts'in le deuxième le Grossier habitait au rez-de-chaussée d'une maison à l'arrière. Fong le quatrième entra, salua et s'assit. Ts'in ordonna à ses serviteurs de préparer tout de suite un repas, leur disant d'apporter le vin en même temps que le riz.

« Notre quatrième frère Fong est venu, c'est une rare chance, dit Ts'in le deuxième à Hou le huitième. Demain vous aurez le plaisir de voir une belle manifestation athlétique. Un autre jour, je ne manquerai pas de vous rendre visite avec le quatrième frère Fong, nous allons vous déranger beaucoup.

— Mais, bien certainement ! », répondit Hou le huitième.

Fong apercevant une banderole sur le mur, l'indiqua du doigt et leur dit :

« Je connais également ce Hong Han-sien, au début il a aussi étudié les arts militaires, mais plus tard, je ne sais pourquoi, il a préféré s'occuper d'occultisme et séduire les gens en pratiquant l'alchimie. Je ne sais pas si cet homme est encore en vie maintenant ?

— Ah, parlons de cela, c'est une vraie plaisanterie, dit Hou le huitième, mon troisième frère aîné a failli tomber dans son piège. Cette année Hong entra en collusion avec Ma Tch'ouen-chang de Tch'ou-tcheou pour exhorter mon frère aîné à fabriquer la pierre philosophale, l'argent était tout prêt en paquet, heureusement la chance de mon frère aîné a été grande, Hong tomba soudain malade et mourut quelques jours plus tard. Sinon, tout l'argent de mon frère aurait été escroqué par Hong.

— Le nom de votre troisième frère aîné n'est-il pas Hou Tchen ? demanda Fong.

— Oui, répondit Hou le huitième, le caractère de mon frère

aîné et le mien sont très différents. Il a l'habitude de se lier d'amitié avec un tas de gens incongrus qui écrivent des vers de travers et se prétendent être lettrés. En vérité, il n'a pas bu une seule livre de bon vin ni mangé une seule livre de bonne viande, mais cependant il se laisse escroquer des centaines et des milliers de taëls en fermant les yeux sans cligner même une seule fois! De nature, j'aime à élever quelques chevaux, mais lui avait une aversion pour mes chevaux et les détestait en prétendant qu'ils endommageaient sa cour. Il n'y a pas longtemps, lorsque je n'ai plus pu le supporter, je lui ai cédé la vieille maison et ai déménagé, j'ai rompu définitivement avec lui et nous nous sommes séparés franchement.

— La nouvelle résidence du huitième frère est très propre, dit Ts'in le deuxième, quand nous lui rendrons visite, quatrième frère, vous le comprendrez. »

A ce moment-là, le vin fut apporté par des serviteurs et tous les trois commencèrent à se porter des toasts réciproquement. Quand ils furent à demi ivres, Ts'in le deuxième demanda :

« Quatrième frère Fong, vous avez dit tout à l'heure que vous voulez joindre un ami, quel est cet ami ?

— Il se nomme Tch'en Tcheng-kong, répondit Fong le quatrième, il est originaire d'ici, il me doit quelques taëls et je voulais recouvrer cette dette.

— N'habitait-il pas rue de la Perche-de-Bambou, demanda Hou le huitième, et ne vient-il pas de déménager à la porte de l'Étang des Sapèques ?

— C'est bien exact, répondit Fong le quatrième.

— Il n'est pas chez lui actuellement, dit Hou, il est allé avec Mao le Barbu à Nankin pour vendre de la soie. Mao le Barbu le deuxième était l'un des protégés de mon frère aîné. Vous n'avez pas besoin d'aller le chercher, quatrième frère, j'enverrai un serviteur avec un message de votre part, lui demandant de vous rendre visite à son retour. »

A la fin du repas, ils se séparèrent. Hou le huitième rentra chez lui, Ts'in le deuxième garda Fong dans ses appartements. Le jour suivant, il l'emmena rendre visite à Hou le huitième. Celui-ci, plus tard, rendit la visite. Puis il envoya un serviteur leur dire :

« Mon maître invite Messieurs Ts'in et Fong à venir demain de bonne heure chez lui pour un repas de toute simplicité, il dit qu'il n'enverra pas de carte d'invitation aux amis intimes. »

Le jour suivant, après le petit déjeuner, Ts'in le deuxième fit préparer deux chevaux et accompagnés d'un serviteur, lui et Fong, allèrent à cheval jusqu'à la maison de Hou. Leur hôte les accueillit dans la salle.

« Pourquoi n'allons-nous pas nous asseoir dans la bibliothèque ? demanda Ts'in le deuxième.

— Attendons que nous ayons bu du thé », dit leur hôte.

Après le thé, il emmena les deux invités dans la cour à l'arrière par un sentier couvert de crottin de cheval. Arrivés à la bibliothèque, les deux invités entrèrent et trouvèrent quelques autres invités, c'étaient tous des cavaliers et des hommes d'épée, amis habituels de Hou le huitième, aujourd'hui ces hommes étaient spécialement venus pour voir Fong le quatrième exécuter des exercices d'art militaire. Les uns et les autres se saluèrent puis s'assirent.

« Ces amis sont tous mes bons camarades, dit Hou, sachant que vous, quatrième frère Fong, seriez ici aujourd'hui, ils sont venus spécialement pour apprendre quelque chose de vous.

— Comment en suis-je digne, dit Fong le quatrième, vous me flattez ! »

Après une autre tasse de thé, ils sortirent pour se promener. Cette maison à étages avait trois chambres pas très grandes, les corridors étaient remplis de selles et de carquois de flèches pendus contre le mur. Ils passèrent une porte en forme de lune et arrivèrent à une grande cour et à une écurie.

« Deuxième frère Ts'in, dit Hou le huitième, l'autre jour, j'ai acheté un nouveau cheval de bonne taille, évaluez-le, combien vaut-il ? »

Il ordonna à un palefrenier d'amener le cheval roux à crinière noire, les invités s'avancèrent, et l'entourèrent tous pour le contempler. Le cheval était très fougueux, lorsque les gens n'étaient pas sur leurs gardes, il rua et donna un coup de pied à un jeune invité dans la jambe, celui-ci ressentit une douleur insupportable, il se tordit et s'accroupit. A cette vue, Hou le huitième se mit en rage, s'avança à grands pas et d'un coup de pied bien envoyé, il cassa la jambe du cheval, les autres sursautèrent de surprise !

« Grande habileté ! s'exclama Ts'in le deuxième. Pendant tout ce temps que je ne vous ai pas vu, votre art militaire s'est beaucoup amélioré ! »

Ils firent ramener le jeune invité chez lui. Puis un festin fut servi et ils s'assirent selon le protocole. L'hôte et ses sept invités jouèrent au jeu de la mourre et s'amusèrent à rivaliser en buvant avec de grands bols et de grands plats, ils firent tous un repas abondant et joyeux.

Quand ils se levèrent de table :

« Quatrième frère Fong, dit Ts'in le deuxième, veuillez montrer un ou deux de vos exercices d'art militaire suivant votre préférence à ces frères.

— Nous attendons vos conseils, dit unanimement le groupe pour appuyer cette requête.

— Je ne demande pas mieux que de vous montrer ma maladresse, répondit Fong, seulement qu'aimeriez-vous que je fasse ? »

Il indiqua du doigt le parterre de fleurs dans la cour :

« Que l'on transporte ici quelques-unes de ces briques carrées ! »

Ts'in le deuxième ordonna à un serviteur de déplacer huit briques et les déposer à côté d'une marche. Ils regardèrent Fong le quatrième retrousser sa manche droite. Les huit briques carrées étaient empilées en bon ordre d'une hauteur de quatre pieds environ sur la marche. Alors Fong le quatrième frappa de sa main la brique supérieure, toutes les huit furent fracassées en petits morceaux jusqu'au fond de la pile. Les autres l'admirèrent unanimement.

« Notre quatrième frère Fong est arrivé à cette réussite après quel entraînement ! remarqua Ts'in le deuxième. Dans son " Canon de boxe " on lit " Le poing fermé peut mettre en pièces le cerveau d'un tigre, le côté de la paume peut abattre la tête d'un bœuf ". Mais ce n'est pas encore sa capacité la plus extraordinaire. Huitième frère Hou, venez ici, la force avec laquelle vous avez donné un coup de pied à ce cheval à l'instant peut être considérée comme remarquable, si vous osez donner un coup de pied à frère Fong dans son scrotum, je vous admirerai et vous serez décrété Homme Véritable !

— Vous ne devez pas faire cela ! dirent les autres en riant.

— Si vous voulez vraiment essayer, Monsieur Hou le huitième, dit Fong, il n'y a pas d'inconvénient à cela. Si je suis blessé, j'en voudrai seulement à Monsieur Ts'in le deuxième, cela n'aura rien à voir avec vous !

— Puisque Monsieur Fong le quatrième consent, dirent tous les autres, c'est qu'il est sûr de lui. »

L'un après l'autre ils exhortèrent Hou le huitième à aller donner un coup de pied.

« Ce Fong le quatrième n'est pas un titan[2] ni un géant[3], pensa Hou le huitième, pourquoi aurais-je peur de lui ? »

Alors il dit :

« Quatrième frère Fong, dans ce cas, je vous vexerai et j'aurai l'audace de vous donner un coup de pied. »

Fong le quatrième souleva le devant de sa robe, montra sa culotte, alors Hou le huitième fit voler son pied droit et de toutes ses forces frappa le scrotum de Fong.

Mais, ô prodige, Hou n'eut pas l'impression de frapper de la chair mais un morceau de fer; ses cinq orteils étaient presque cassés, et une douleur insupportable monta jusqu'à son cœur, immédiatement il devint incapable de mouvoir sa jambe.

« Pardonnez-moi, je vous ai vexé! », dit Fong le quatrième en se dirigeant vers lui. Après cet exploit, tous les spectateurs étaient stupéfaits et bien amusés. Ils firent encore quelques jeux, remercièrent leur hôte et s'en allèrent. Hou le huitième boita clopin-clopant pour les raccompagner, à son retour, il n'arriva pas à enlever sa botte, son pied demeura enflé et assez douloureux pendant sept à huit jours.

Fong le quatrième logeait dans les appartements de Ts'in le deuxième. Chaque jour il fit de la boxe ou de l'équitation et il ne s'ennuya pas. Un jour, lorsqu'il était en train de pratiquer la boxe, un petit homme mince d'une vingtaine d'années entra et demanda si Monsieur Fong le quatrième de Nankin habitait ici. Fong sortit pour le rencontrer et sut que c'était Tch'en Hia-tseu, le neveu de Tch'en Tcheng-kong. Il lui demanda la raison de sa venue.

« L'autre jour, Monsieur Hou envoya quelqu'un dire que vous étiez arrivé ici, dit Tch'en, mais mon oncle était allé à Nankin vendre de la soie. Maintenant je vais le rejoindre pour l'accompagner à son retour, si vous avez quelque chose à lui dire, je peux lui porter un message de votre part.

— Je désirais rencontrer votre oncle, dit Fong le quatrième, pour la simple raison que dans le temps il m'a emprunté cinquante taëls, j'aimerais qu'il me les rende à l'occasion; comme je resterai ici encore quelque temps, dans ce cas j'attendrai qu'il soit de retour. Veuillez prendre la peine de transmettre mes amitiés à votre oncle, alors je ne lui écrirai pas. »

Tch'en acquiesça, alla chez lui faire ses bagages puis prit un bateau et arriva à Nankin. Il alla à la guilde de la soie de la famille des Fou, en face du yamen de la sous-préfecture de Kiang-ning et y trouva son oncle Tch'en Tcheng-kong. Celui-ci était en train de manger à une table avec Mao le deuxième, le Barbu. Ayant vu son neveu, il le fit venir à sa table et lui demanda des nouvelles de la maison. Tch'en Hia-tseu lui dit que Fong le quatrième lui réclamait de l'argent, puis installa ses bagages à l'étage au-dessus pour y habiter.

Ce Mao le deuxième, le Barbu, avait un magasin de fil de laine à Hang-tcheou et avait commencé avec un capital de deux mille taëls; plus tard il acquit les bonnes grâces de Hou le troisième, fils du ministre, devint son écornifleur flatteur; il lui avait soutiré deux mille autres taëls, avec lesquels il déménagea à la préfecture de Kia-hing et ouvrit un petit mont-de-piété. Cet homme avait une manie, il était extrêmement avare, et prisait une sapèque aussi précieusement que sa propre vie.

Récemment il s'associa avec Tch'en Tcheng-kong pour vendre de la soie. Tch'en était également un avare qui estimait qu'un sou était aussi important que sa propre vie, par conséquent, leur volonté était identique, leurs doctrines s'accordaient et ils collaborèrent à merveille. La nourriture que la guilde de la soie de Nankin fournissait aux marchands de soie était plus copieuse que celle des autres endroits, Mao le Barbu dit à Tch'en :

« Le chef de la guilde nous a donné de la viande à chaque repas, ce n'est pas sa viande mais la nôtre, il nous fait payer d'une façon ou d'une autre en tout cas, nous ferions mieux de manger seulement ses légumes et d'acheter notre propre viande, cela ne reviendrait-il pas moins cher ?

— Vous avez tout à fait raison, c'est bien ce que nous devons faire », acquiesça Tch'en.

A l'heure du repas, il dit à Hia-tseu d'aller à la boutique de viande cuite acheter quatorze sapèques de saucisses fumées pour tous trois. Hia-tseu n'en avait qu'extrêmement peu à manger, il ne pouvait empêcher que l'eau ne lui vienne à la bouche tant il désirait vivement la viande !

Un jour, Mao le Barbu dit à Tch'en Tcheng-kong :

« Hier j'ai entendu un ami dire que le secrétaire Ts'in de la ruelle du Fard veut aller à Pékin pour se procurer un poste, il prépare les frais de voyage mais ne peut pas emprunter tout l'argent immédiatement. Il veut emprunter mille taëls à un escompte de soixante-dix pour cent. Je pense que c'est un client extrêmement sûr et vous serez certainement remboursé dans trois mois, frère; la somme qui vous reste après avoir acheté la soie s'élève à plus de deux cents taëls, pourquoi ne pas en peser deux cent dix pour les lui prêter ? En trois mois vous aurez trois cents taëls de retour. L'intérêt que vous gagnerez sera plus élevé qu'en vendant de la soie, n'est-ce pas ? Si vous ne me croyez pas, j'écrirai une garantie pour vous. Je connais tous ces intermédiaires, il n'y aura pas du tout d'incident. »

Tch'en suivit son conseil et prêta de l'argent. Trois mois plus tard, Mao le Barbu fit rembourser son capital avec l'intérêt, non seulement la qualité de l'argent était très pure, mais aussi le poids était honnête, et Tch'en était enchanté.

Un autre jour, Mao le Barbu dit à Tch'en :

« Hier j'ai rencontré un ami qui vend du *gin-seng*. Il m'a dit que Monsieur Siu le neuvième qui est au palais du duc de la Principauté a un cousin, Tch'en le quatrième, qui lui avait acheté une livre de *gin-seng*, maintenant ce marchand désire retourner à Sou-tcheou et Tch'en le quatrième ne peut rassembler tant d'argent tout de suite, alors il voudrait emprunter cent taëls à l'escompte de cinquante pour cent pour le rembourser. Si vous lui prêtez cent taëls, il vous en rendra deux cents dans deux mois pour emporter la reconnaissance, c'est également une affaire extrêmement sûre. »

Tch'en sortit de nouveau cent taëls et les donna à Mao le Barbu pour qu'il les prête. Deux mois après, il reçut largement deux cents taëls, il y avait même trente centimes de plus, cela fit que Tch'en était transporté de joie.

Tch'en Hia-tseu était si avarement traité par Mao le Barbu qu'il n'avait ni vin ni viande et il s'aigrissait aussi aigre que le plus aigre des vinaigres. Un jour il saisit une occasion pour dire à Tch'en Tcheng-kong :

« Oncle, vous êtes ici pour vendre de la soie, vous devez carrément donner de l'argent au chef de la guilde pour acheter de la soie, vous pouvez choisir la meilleure soie de la meilleure qualité pour l'acheter, puis, vous mettez cette soie au mont-de-piété, avec l'argent que le mont-de-piété vous donne, vous achetez immédiatement d'autre soie. Quand vous l'aurez achetée, vous la mettez de nouveau au mont-de-piété, comme l'intérêt que le mont-de-piété demande est très petit, de cette manière en achetant et en mettant en gage, avec un capital d'un millier de taëls, vous pouvez faire du commerce comme si vous possédiez un capital de deux mille taëls, cela n'est-il pas mieux ? Pourquoi écoutez-vous toujours Mao le deuxième et prêtez-vous de l'argent à intérêt ? Prêter de l'argent est, après tout, une affaire risquée, et si vous continuez à vous accrocher ici comme cela, quand pourrons-nous revenir à la maison ?

— Cela ne fait rien, ne vous inquiétez pas, répondit Tch'en Tcheng-kong, dans quelques jours nous ferons nos bagages et nous pourrons retourner. »

Un jour, Mao le Barbu reçut une lettre de sa famille, après l'avoir lue, il fit claquer ses lèvres et s'assit plongé dans la réflexion pendant un bon moment.

« Quelles sont les nouvelles de votre famille ? demanda Tch'en Tcheng-kong, pourquoi restez-vous immobile et distrait ?

— Ce n'est rien, dit Mao le Barbu, je suis embarrassé de vous le dire. »

Tch'en le questionna à plusieurs reprises et insista pour savoir.

« C'est une lettre de mon fils, répondit Mao le Barbu, il me dit que le mont-de-piété de la famille des T'an dans la rue de l'Est a perdu sur son capital et désire céder toute sa marchandise. Maintenant il y a un demi-pavillon plein de marchandises d'une valeur de mille six cents taëls; comme actuellement ils sont pressés ils la laisseraient partir pour mille taëls seulement. Je pensais que si je pouvais obtenir ces marchandises pour mon humble petit mont-de-piété, ce serait quand même une belle opération à faire. Malheureusement cela ne peut être réalisé, je n'ai pas l'argent liquide nécessaire!

— Pourquoi ne pas s'associer avec quelqu'un d'autre dans cette opération ? demanda Tch'en.

— J'y ai pensé, répondit Mao le Barbu, si je m'associe avec quelqu'un et emprunte son argent, s'il veut seulement le 1,8 pour cent d'intérêt, je pourrais encore faire un petit profit, mais s'il veut plus de deux pour cent d'intérêt, dans ce cas, " je ne pourrais pas manger la viande de mouton, mais je n'aurais que la mauvaise odeur de mouton "[4], mieux vaut ne pas prendre la peine de faire ce coup!

— Malheureux! pourquoi ne me consultez-vous pas? J'ai encore quelques taëls d'argent que je peux vous prêter pour conclure ce marché. Est-ce que j'ai peur que vous me rouliez!

— Non! non! vieux frère! il y a toujours quelque risque dans le commerce, si je perdais et ne pouvais pas vous rembourser, aurais-je la face de vous voir de nouveau ?! »

Impressionné par son extrême sincérité, Tch'en insista de tout cœur pour lui prêter de l'argent :

« Vieux frère! dit-il. Nous pouvons résoudre ce problème tout de suite, vous pouvez prendre mon argent pour acheter leurs marchandises, je ne vous demanderai pas un intérêt élevé, vous me donnerez seulement deux pour cent comme intérêt par mois, le profit de surplus sera à vous, plus tard vous me rembourserez au fur et à mesure. Même si vous avez des difficultés et ne pouvez pas me rembourser intégralement, nous sommes de si bons amis, est-il possible que je vous en veuille ?!

— Je vous remercie de votre très bonne intention, vieux frère! répondit Mao le Barbu, mais nous devons avoir un intermédiaire pour écrire une reconnaissance de dette détaillée et sérieuse que vous garderez comme témoignage, dans ce cas, vous serez tranquille. Comment pouvons-nous arranger ceci seulement entre nous deux en cachette sans entremetteur ?

— Je sais que vous n'êtes pas un homme malhonnête, j'ai confiance en vous, dit Tch'en, je suis tout à fait tranquille, non seulement nous n'avons pas besoin d'un intermédiaire, nous n'avons pas besoin non plus même d'un agrément écrit, nous comptons sur notre confiance mutuelle, c'est tout. »

Là-dessus, sans le dire à Tch'en Hia-tseu, Tch'en Tcheng-kong rassembla tout l'argent qui était resté dans son sac de voyage et les dettes qu'il avait encaissées pour en faire un bon paquet de mille taëls qu'il donna à Mao le Barbu :

« J'attends que le chef de la guilde vende pour moi la soie que j'ai apportée, dit-il. J'avais l'intention d'utiliser cet argent pour acheter davantage de soie à Hou-tcheou, mais maintenant je vous le donne, mon vieux frère, pour que vous retourniez avant moi faire cette affaire; j'attendrai ici encore quelques jours puis je m'en irai également. »

Mao le Barbu le remercia et prit l'argent. Le jour suivant il monta à bord et retourna à Kia-hing.

Quelques jours plus tard, Tch'en Tcheng-kong finit d'encaisser le paiement pour la vente de sa soie; il prit congé du chef de la guilde, et s'embarqua avec Tch'en Hia-tseu pour retourner à Hang-tcheou. Comme leur bateau passait par Kia-hing, il profita de l'occasion pour débarquer et rendre visite à Mao le Barbu. Le petit mont-de-piété de Mao se trouvait dans la rue de l'Ouest. Ayant été informés et dirigés là, ils trouvèrent un petit édifice de trois pièces donnant sur la rue avec un écran pour empêcher les diables d'entrer [5]. Ils entrèrent par la porte près de l'écran et virent une cour avec un autre édifice de trois pièces dans lesquelles les comptoirs avaient été installés, quelques employés du mont-de-piété faisaient là des affaires.

« Est-ce que c'est le mont-de-piété de Mao le deuxième? demanda Tch'en Tcheng-kong.

— Quel est votre honorable nom? demanda un employé derrière le comptoir.

— Je m'appelle Tch'en Tcheng-kong, répondit Tch'en, je viens de Nankin et voudrais voir Monsieur Mao le deuxième.

— Je vous prie de vous asseoir à l'intérieur », dit l'employé.

Par-derrière, il y avait un entrepôt à deux étages. Tch'en entra et s'assit au rez-de-chaussée, un petit employé apporta une tasse de thé.

« Monsieur Mao le deuxième est-il à la maison? demanda Tch'en tandis qu'il sirotait son thé.

— Ce magasin appartenait à l'origine à Monsieur Mao le deuxième qui l'a tenu au début, répondit l'employé, mais maintenant il l'a cédé à notre patron Wang.

— Est-il venu ici l'autre jour? demanda Tch'en stupéfait.

— Puisque ce n'est plus son magasin, pourquoi viendrait-il encore ici! dit l'employé.

— Où est-il maintenant? demanda Tch'en.

— Il erre partout sans arrêt, répondit l'employé, comment puis-je savoir s'il est allé à Nankin ou à Pékin! »

Ayant entendu ces paroles, « la tête de l'âne ne correspondit pas avec la bouche du cheval » [6], Tch'en fut tellement inquiet qu'il transpira de sueur froide sur tout son corps. Avec Tch'en Hia-tseu, il retourna au bateau et ils se hâtèrent vers leur domicile.

Le matin suivant, quelqu'un frappa à la porte, et ils l'ouvrirent : c'était Fong le quatrième; ils l'invitèrent à entrer et à s'asseoir dans le salon, après l'échange de quelques paroles de politesse sur la longue séparation et la pensée mutuelle :

« Vous avez eu la gentillesse de me prêter une somme d'argent, il y a longtemps que j'aurais dû rendre votre argent, dit Tch'en Tcheng-kong, mais malheureusement récemment j'ai été roulé par quelqu'un, vraiment je ne sais que faire et n'ai pas les moyens de vous rembourser maintenant. »

Fong le quatrième demanda ce qui était arrivé et Tch'en lui raconta en détail toute l'histoire.

« Ne vous inquiétez pas, dit Fong le quatrième, laissez-moi cette affaire, je sais ce que je dois faire. Demain je pars pour Nankin avec Monsieur Ts'in le deuxième, attendez-moi à Kia-hing, je vous garantis que vous recouvrerez votre dette, même pas une seule sapèque de moins, qu'en pensez-vous ?

— Si ce que vous dites est vrai, dit Tch'en, je vous remercierai infiniment avec respect, Monsieur.

— Quant aux remerciements, ce n'est pas nécessaire d'en parler ! », dit Fong le quatrième.

Il prit congé de Tch'en, revint aux appartements de Ts'in et lui raconta cette histoire.

« Vous avez trouvé facilement un autre travail, dit Ts'in le deuxième, cette sorte de tâche est ce que vous aimez le plus accomplir. »

Il ordonna à son serviteur de payer le loyer et fit ses bagages, ensuite ils montèrent à bord à la Baie Brisée.

« J'irai avec vous pour regarder la bagarre ! », dit Ts'in le deuxième lorsqu'ils s'approchaient de Kia-hing.

Avec Fong le quatrième, il débarqua et ils allèrent tout droit jusqu'au mont-de-piété de Mao. Ils trouvèrent Tch'en Tcheng-kong en train de faire une scène à l'intérieur de la boutique. Fong le quatrième fit un pas pour deux, franchit brusquement l'écran et cria :

« Est-ce que le dénommé Mao est à la maison ? Va-t-il rembourser l'argent qu'il doit à Tch'en ou non ? »

Alors que les employés à l'intérieur du comptoir étaient sur le point de répondre, Fong le quatrième saisit la porte de ses deux mains, se pencha un peu en arrière avec effort, et fit tomber la moitié du mur d'écran par terre avec fracas. Ts'in le deuxième qui était entré pour regarder fut presque frappé à la tête. Les employés et les clients avaient tous les yeux écarquillés et restaient bouche bée. Fong le quatrième fit volte-face et marcha à grands pas jusqu'au deuxième édifice où il s'appuya du dos contre l'un des piliers à l'extérieur du comptoir et cria :

« Si vous voulez encore vivre, dépêchez-vous de sortir ! »

Sur ce, il mit ses deux mains croisées derrière lui, arracha violemment le pilier, celui-ci alors se déracina et se tordit. La moitié du plafond s'effondra, les briques et les tuiles tombèrent abondamment et les poussières s'envolèrent Heureusement les employés avaient pris leurs jambes à leur cou et aucun d'eux ne perdit la vie. A ce moment-là, les hommes de la rue avaient entendu le craquement de l'écroulement à l'intérieur et une grande foule se rassembla à la porte pour regarder. Mao le Barbu vit que la chose tournait mal et dut sortir de l'intérieur. Fong le quatrième avait la figure pleine de poussière, mais il avait l'air plus énergique et courageux que jamais.

Il entra dans le rez-de-chaussée de l'entrepôt et se tint le dos contre le pilier principal. Les autres se précipitèrent unanimement en avant vers lui pour l'implorer. Mao le Barbu avoua sa faute et promit de rembourser complètement à Tch'en le capital et l'intérêt de cet emprunt, il suffisait que Fong le quatrième arrêtât de démolir sa boutique.

Fong le quatrième éclata de rire.

« Quelque grand que soit votre nid, cria-t-il, même pas dans le temps que prend un repas, je peux le raser à plat jusqu'au sol! » A ce moment Ts'in le deuxième et Tch'en Tcheng-kong arrivèrent au rez-de-chaussée et prirent des sièges.

« Pour cette affaire, vous aviez tort, frère Mao, dit Ts'in le deuxième. Vous avez pensé que parce qu'il n'y avait pas d'intermédiaires et pas de reconnaissance de dette, Tch'en ne pourrait porter le cas au tribunal ou vous intenter un procès, alors vous pourriez le rouler facilement sans aucun risque. Mais vous devez savoir le dicton : " Peu importe la pauvreté du débiteur, ce qui importe c'est la bravoure de celui qui réclame la dette! " Maintenant vous rencontrez Fong le quatrième, comment pouvez-vous renier une dette! »

Mao le Barbu était à bout d'expédients et dut rembourser entièrement le capital et l'intérêt de l'emprunt, cette affaire fâcheuse fut ainsi réglée. Tch'en Tcheng-kong eut l'argent, il reconduisit Ts'in le deuxième et Fong le quatrième à leur bateau. Quand ils se furent lavé la figure, Tch'en donna cent taëls d'argent en deux paquets pour le remercier.

« Ce n'était que ma fantaisie de vous aider, dit Fong le quatrième en riant, je ne veux pas que vous me remerciiez! Je garde les cinquante taëls que vous me devez pour régler la dette, tandis que ces cinquante taëls, vous devez les reprendre! »

Tch'en le remercia à plusieurs reprises, comme il empochait l'argent, puis il prit congé de ces deux messieurs, monta sur un petit bateau et s'en alla.

Fong le quatrième et Ts'in le deuxième rirent et bavardèrent pendant tout le chemin, ils atteignirent bientôt Nankin et chacun retourna chez soi. Deux jours après, Fong le quatrième alla à la ruelle du Fard pour rendre visite au secrétaire Ts'in :

« Récemment mon maître a passé tout son temps avec Monsieur Tch'en le quatrième de la préfecture de T'ai-p'ing pour s'amuser dans la maison des Tchang au pavillon du Bon Accueil aux Visiteurs, dit le portier, il ne retourne jamais à la maison. »

Plus tard lorsque Fong le quatrième rencontra le secrétaire Ts'in, il lui conseilla de ne pas faire cette sorte de chose, fortuitement une lettre était arrivée provenant de Pékin pour dire que la nomination de Ts'in à un poste vacant approchait, alors le secrétaire Ts'in fit ses bagages et partit pour Pékin. Tch'en le quatrième restait tout seul dans le pavillon du Bon Accueil aux Visiteurs.

Cela a eu pour résultat :

Dans le palais du duc de la Principauté, les deux cousins vident à la hâte et sans cesse leurs coupes en admirant la neige.

Dans le pavillon du Bon Accueil aux Visiteurs, tout à coup, une prostituée se réveille avec surprise d'un rêve dans la nuit profonde (nuit avancée).

En fin de compte, pour savoir ce qu'est ce pavillon du Bon Accueil aux Visiteurs, voyez le chapitre suivant.

NOTES

1. Wou Siang-kou Ts'eu, temple du ministre Wou Tseu-siu, de l'État de Wou pendant l'époque des Printemps et Automnes (722-481 av. J.-C.).

2. *Kin-kang*, statues de colosses, gardiens des temples bouddhiques, qui tiennent une massue de *kin-kang :* « diamant ».

3. Kiu-wou pa, géant contemporain de Wang Mang (45 av. J.-C.-23 ap. J.-C.).

4. Un des dictons usuels chinois, il signifie : je n'obtiendrai pas l'avantage, mais je subirai une perte.

5. *K'an-ts'iang*, littéralement : « mur de surveillance », écran pour empêcher les diables d'entrer, car les Chinois croient que les diables ne peuvent marcher que tout droit et ne savent pas faire un détour.

6. *Lü-t'eou pou touei ma-tsouei :* « La tête de l'âne ne correspond pas à la bouche du cheval », expression courante pour dire que la réponse ne s'accorde pas avec la question.

CHAPITRE LIII

Dans le palais d'un prince apanagé, un convive est retenu par une nuit de neige.
Dans le pavillon du Bon Accueil aux Visiteurs, une rêveuse se réveille en sursaut à la lueur d'un lumignon.

A Nankin, il y avait douze pavillons de prostitution, la porte principale de ce quartier des courtisanes se trouvait au Pont de la Pacification Militaire, la porte arrière était au Pont de la Longue Planche, à l'extrémité sud de la rue du Trésor dans le Parc Oriental. Quand le premier empereur [1] eut pacifié le pays, il transforma en proxénètes et en prostituées d'État tous les descendants des hauts fonctionnaires méritants de la dynastie Yuan et établit un bureau de musique et de danse [2] pour les diriger. Le directeur du bureau avait des satellites pour faire exécuter ses ordres, il tenait aussi le tribunal et battait les gens. Cependant, lorsque venaient les jeunes gens des familles nobles, il n'osait pas les traiter comme des égaux et s'asseoir, il devait se tenir debout respectueusement en laissant pendre les mains. Pendant le deuxième et le troisième mois du printemps, les jeunes femmes de ce lieu se fardaient et se poudraient et se tenaient debout sous les fleurs et les saules près de leur porte, elles s'invitaient mutuellement pour se divertir. Il y avait aussi des réunions où elles se retrouvaient avec de nombreux hôtes; la nourriture et les boissons les plus exquises étaient servies, et tous les cuisiniers tâchaient de se surpasser l'un l'autre. Les prostituées qui avaient quelque beauté ne daignaient pas recevoir n'importe qui. Dans ces pavillons gravitaient un nombre de vieux parasites qui venaient là brûler de l'encens, polir les brûle-encens, disposer les pots de fleurs, essuyer les tables et les chaises et enseigner aux filles la lyre, les échecs, la calligraphie et la peinture. Quoique les prostituées eussent beaucoup de « vieux isolés » (amants), elles aimaient recevoir quelques lettrés pour se montrer distinguées et supérieures.

Dans le pavillon du Bon Accueil aux Visiteurs il y avait une très jeune femme qui s'appelait P'in-niang (la Charmante). Son beau-père qui avait joué les rôles de femme dans la compagnie théâtrale de la Venue Printanière avait été extrêmement populaire dans sa jeunesse. Plus tard lorsque sa barbe eut poussé, il ne put faire ce travail. Il épousa une femme dans l'espoir qu'elle prendrait la succession de ses clients. Mais elle était si grosse et si basanée que pas même un diable ne franchit leur seuil. Finalement ne sachant que faire, il dut adopter un fils et trouver une épouse-enfant pour lui. A l'âge de seize ans, cette épouse-enfant était devenue une beauté rare, désormais les clients venaient en foule sans arrêt et leur seuil était presque brisé par les coups de talon. Quoique la Charmante fût une prostituée, elle préférait à tous les autres hommes recevoir les fonctionnaires. Son oncle maternel Kin Sieou-yi, qui était le fils de Kin Ts'eu-fou, lui amenait souvent un ou deux fonctionnaires. Un jour Kin lui tint ce discours :

« Demain un haut personnage viendra ici se divertir avec vous, c'est le cousin du neuvième fils du duc Siu de la principauté. Son nom est Tch'en, comme il est le quatrième frère dans sa famille, tout le monde l'appelle Monsieur Tch'en le quatrième. Hier nous avons donné une représentation dans le palais du duc, et ce Monsieur Tch'en le quatrième m'a dit qu'il avait entendu parler de votre renommée et qu'il désirait venir vous voir. Plus tard, une fois que vous aurez fait sa connaissance, vous pourrez lier amitié avec Monsieur Siu le neuvième. N'est-ce pas une très bonne chose pour vous ? »

La Charmante était tout oreille et elle se réjouit fort. Après avoir bu son thé, Kin Sieou-yi la quitta.

Le jour suivant, il alla donner la réponse à Monsieur Tch'en le quatrième. Ce Monsieur Tch'en était originaire de la préfecture T'ai-p'ing [3] et habitait dans la maison au bord de la rivière de Monsieur Tong fonctionnaire des Eaux. Kin fut introduit par deux serviteurs habillés de costumes tout flambant neufs. Tch'en le quatrième sortit portant un chapeau carré de lettré, vêtu d'une robe de satin en couleur de jade et d'une veste de fourrure de renard; ses chaussures noires avaient des semelles blanches. De teint clair il était âgé de vingt-huit à vingt-neuf ans. Lorsqu'il vit Kin il demanda aussitôt :

« Avez-vous remis mon message hier ? Quand ferai-je mieux d'y aller ?

— J'y suis allé hier, répondit Kin. Elle attend respectueusement votre venue aujourd'hui.

— Bon, j'irai avec vous dès maintenant », dit Tch'en le quatrième.

Il rentra, se changea, puis réapparut, et fit appeler les porteurs de chaises.

Mais, juste à ce même instant, le jeune serviteur travaillant dans la bibliothèque de Monsieur Siu le neuvième arriva, porteur d'une missive. Tch'en la prit, et lut ce qui suit :

« Le temps de la neige a cessé, les pruniers rouges de mon jardin peu à peu se mettent à fleurir. J'espère, cher cousin, que vous viendrez bavarder toute la journée à côté du feu. Je vous prie instamment de ne pas me refuser.

« Cette lettre est adressée avec respect à mon cousin Monsieur Mou-nan.

« De la part de Siu Yong. »

A cette lecture, Tch'en Mou-nan dit à Kin :

« Maintenant je dois aller au palais du duc, revenez demain! »

Comme Kin Sieou-yi s'en allait, Tch'en Mou-nan sans perdre de temps, escorté par deux serviteurs, monta dans sa chaise à porteurs. A l'arc de triomphe du Grand Mérite il s'arrêta à la porte du palais du duc et ses serviteurs entrèrent pour l'annoncer. Un bon moment après, il était invité à entrer. Tch'en descendit de sa chaise, franchit la grande porte, traversa le palais d'argent et entra par un passage de côté. Le neuvième fils du duc Siu était debout à l'entrée du jardin de Grande Vue.

« Quatrième frère, cria-t-il en s'avançant à sa rencontre, pourquoi portez-vous tant de vêtements ? »

Quant à lui il arborait un chapeau noir de martre, une robe doublée de satin brodée de nuages de fils d'or, une ceinture de soie et des chaussures vermillon. Tous les deux se serrèrent la main. Le jardin était rempli de tertres artificiels travaillés avec art, de différentes tailles creusées dans les roches du Grand Lac, la neige sur leur sommet n'avait pas encore entièrement fondu. Siu le neuvième pria Tch'en de marcher le long d'une balustrade sinueuse, et ils arrivèrent à un kiosque. Ce kiosque était le lieu le plus élevé du jardin, de là on pouvait voir plusieurs centaines de pruniers, à la naissante floraison pourpre.

« Ces temps-ci le climat devient si précocement doux à Nankin, remarqua Siu le neuvième, avant même la fin du dixième mois, on pourra venir contempler les pruniers en pleine floraison!

— Votre palais n'est comparable à rien d'autre, cousin, dit Tch'en Mou-nan. Quoique ce kiosque soit vaste et ouvert sur toutes ses faces, pas le moindre froid n'y vient assaillir les gens.

La phrase du poète T'ang : " Il n'est personne qui puisse se douter du froid qu'il fait à l'extérieur ", s'applique si bien à ce lieu que je peux seulement aujourd'hui apprécier la justesse de ce vers. »

Comme il parlait, on apporta le vin, le service d'argent massif était placé sur un support, l'alcool allumé dans le récipient en dessous gardait les mets chauds sans la moindre fumée. Ils commencèrent à manger.

« Les ustensiles de nos jours sont faits dans de nouvelles formes, remarqua Siu le neuvième, je ne sais pas quels sont ceux que les anciens employaient, mais je pense qu'ils ne témoignaient pas d'autant d'ingéniosité.

— C'est dommage que je sois venu trop tard à Nankin, dit Tch'en Mou-nan. Quand le docteur Yu était à l'Université des Fils de l'État, Tch'e Heng-chan le pria de présider aux sacrifices du temple de T'ai-po; ce qu'ils pratiquaient, c'étaient entièrement la cérémonie et la musique anciennes; les ustensiles de sacrifice étaient de formes authentiquement anciennes. Ils ont longuement étudié avant de les acheter. Si j'avais été à Nankin à ce moment-là, j'aurais certainement participé à ce sacrifice, et j'aurais pu voir ce qu'était le système des anciens.

— Depuis plus de dix années, j'ai été souvent à la capitale, dit Siu le neuvième, mais je ne savais pas que s'y trouvaient ces quelques personnages vertueux et hommes de qualité, je n'ai pu les rencontrer, c'est une chose regrettable! »

Après avoir bu un bon moment, Tch'en Mou-nan sentit la chaleur, et très mal à l'aise il se leva pour enlever sa robe extérieure. Un serviteur s'en saisit prestement et la posa sur le portemanteau.

« Il paraît, dit Siu, que dans le temps un certain Monsieur Tou de la sous-préfecture T'ien-tch'ang a réuni les acteurs du Jardin des Poiriers au lac Sans-Souci pour faire un concours, à ce moment-là il y avait quelques fameux acteurs, mais comment se fait-il que de nos jours parmi les acteurs qui jouent les rôles des jeunes hommes ou des jeunes femmes nous ne pouvons pas trouver même un seul bel homme? C'est à croire que le ciel ne fait plus naître de telles gens!

— Ah! à ce sujet, bien au contraire, Monsieur Tou dans son extravagance a créé un précédent bien fâcheux, dit Tch'en Mou-nan. En effet, depuis l'Antiquité jusqu'à aujourd'hui, quant aux femmes, elles n'ont jamais été ni nobles ni roturières. Une prostituée du Pavillon vert ou une servante, une fois qu'elle devient une concubine puis met au monde un fils, si ce fils devient fonctionnaire, alors en tant que mère, elle sera gratifiée d'un titre nobiliaire. Car, chacun le sait : " La mère devient noble par son fils. " Par contre les acteurs, de toute façon, quoique beaux et bons ont toujours été méprisés. Or, depuis le concours et l'appréciation de Monsieur Tou, chaque fois que les fonctionnaires ou les lettrés donnent un festin, ils invitent toujours quelques acteurs à s'asseoir parmi eux et bavardent avec eux en égaux, quel scandale ! Où sont les convenances ? D'après moi, ce Monsieur Tou ne peut pas se décharger de sa responsabilité et de sa faute !

— C'est aussi la faute de ces nouveaux riches, dit Siu le neuvième, dans ma maison, les acteurs n'oseraient pas prendre de telles libertés et être si audacieux ! »

A ce moment, Tch'en Mou-nan eut un malaise et sentit de nouveau la chaleur, il se hâta d'enlever un autre vêtement, qu'un serviteur attrapa.

« Bien que votre palais soit à nul autre comparable, dit Tch'en Mou-nan, comment se fait-il qu'il y fasse tellement chaud ?

— Ne voyez-vous pas la neige qui fond à dix pieds à l'entour de ce kiosque, quatrième frère ? répondit Siu le neuvième. Ce kiosque a été construit du temps de feu mon père, le duc de la principauté, il a été fait entièrement de maillechort, et chauffé au moyen de charbon qui se consume à l'intérieur des cloisons, c'est pourquoi il fait tellement chaud, trouveriez-vous un endroit semblable ailleurs ? »

Tch'en Mou-nan comprit enfin la cause de cette chaleur. Tous les deux burent de nouveau quelque temps ; quand le crépuscule tomba des lanternes en forme de cornes de bélier furent suspendues à des centaines de pruniers, les unes en haut les autres en bas. Quand elles furent allumées, des milliers de perles brillantes apparurent éclairant les branches de haut en bas, et la floraison des pruniers paraissait plus jolie qu'en plein jour.

Après le vin, ils burent du thé, puis, Tch'en Mou-nan rentra chez lui.

Le jour suivant, Tch'en Mou-nan écrivit une lettre qu'il fit porter à Monsieur Siu le neuvième au palais de la principauté pour lui emprunter deux cents taëls ; avec cet argent, il acheta pas mal de pièces de satin et en fit faire plusieurs vêtements, ensuite escorté de domestiques, il alla chez la Charmante pour les lui donner comme cadeau de première rencontre. Quand ils arrivèrent à la porte du pavillon de Bon Accueil aux Visiteurs, un bichon aboya deux fois, et la tenancière grosse et basanée sortit de l'intérieur pour les accueillir. Quand elle vit combien Tch'en Mou-nan avait l'air distingué, elle le pria obséquieusement d'entrer :

« Veuillez vous asseoir à l'intérieur, beau-frère [4] », dit-elle.

Tch'en Mou-nan entra, c'était une maison à deux chambres à coucher avec un petit cabinet de toilette à l'étage qui était garni avec bon goût de vases à fleurs et d'étagères à brûle-parfums, cet endroit était fort gracieux. La Charmante jouait aux échecs à exercice d'investissement avec quelqu'un [5]; quand elle vit Tch'en entrer, elle mit le damier de côté et le salua :

« Je ne savais pas que vous étiez arrivé, Monsieur, je vous prie de m'excuser, dit-elle.

— C'est Monsieur Tch'en le quatrième, originaire de la préfecture de la Grande Paix, expliqua la tenancière. Vous lisez toujours ses poèmes et vous désiriez le rencontrer. Il vient d'arriver du palais du duc.

— Voici deux vêtements sans valeur, Madame, dit Tch'en Mou-nan, je vous prie de daigner les accepter et de ne pas m'en vouloir de ma négligence et de mon manque de civilité.

— Pas du tout, quelle idée! répondit la tenancière. Vous nous faites trop d'honneur, même si nous vous avions invité, nous aurions eu peur que vous ne vouliez pas venir.

— Quel est le nom honorable de ce Monsieur? demanda Tch'en Mou-nan.

— C'est Monsieur Tseou T'ai-lai du pont de la Porte du Nord, répondit la Charmante, il est le meilleur joueur d'échecs de Nankin, il est mon professeur et m'apprend à jouer.

— Je vous admire depuis longtemps et suis enchanté de vous rencontrer, dit Tch'en Mou-nan.

— Est-ce Monsieur Tch'en le quatrième? demanda Tseou T'ai-lai. Depuis longtemps je sais que vous êtes le cousin du seigneur Siu le neuvième, vous êtes un personnage de haute position, aujourd'hui vous daignez venir ici, vraiment la Charmante est comblée d'avoir un tel visiteur.

— Vous êtes sûrement un bon joueur aussi, Monsieur, dit la Charmante, pourquoi ne feriez-vous pas une partie avec mon professeur? J'étudie avec lui depuis deux ans, je n'ai pas encore appris une ou deux de ses recettes.

— Beau-frère, faites donc une partie avec le professeur Tseou, dit la tenancière, pendant que je vous fais préparer un repas.

— Comment puis-je vous donner l'ennui de m'instruire! dit Tch'en Mou-nan.

— Aucune importance, dit la Charmante, notre professeur Tseou n'aime rien mieux que de jouer aux échecs. »

Elle sépara les pièces blanches des noires et invita les deux hommes à s'asseoir.

« Naturellement nous jouerons à l'égalité, dit Tseou T'ai-lai.

— Vous êtes un champion, Monsieur, objecta Tch'en

Mou-nan. Je ne suis pas du tout un partenaire pour vous! Vous devez m'accorder quelques pièces pour m'instruire. »

La Charmante était assise à côté de Tch'en, sans lui laisser le temps d'obtenir une réponse, elle plaça sept pièces sur le damier pour lui.

« Pourquoi placez-vous tant de pièces! objecta Tseou T'ai-lai. Vraiment vous voulez que je montre ma maladresse!

— Je sais que vous ne jouez pas pour rien, dit Tch'en Mou-nan, voici je mets un enjeu. »

Il sortit un lingot d'argent et le donna à la Charmante, elle pressa son professeur de commencer, Tseou se força à jouer à contrecœur. Au début, Tch'en Mou-nan ne comprit pas ce qui arrivait, mais à mi-chemin de la partie, il se trouva cerné de quatre côtés. Quand il désira prendre l'offensive pour souffler quelques pièces de Tseou, Tseou occupait déjà tous les coins. Quand Tch'en voulut s'arrêter d'attaquer, il se trouva que ses propres pièces de jeu étaient en danger et ne pouvaient pas subsister. A la fin, quoiqu'il eût deux pièces de plus que Tseou, il était épuisé complètement par l'effort.

« Vous êtes un excellent joueur, Monsieur Tch'en le quatrième, dit Tseou, vous êtes vraiment l'adversaire de la Charmante.

— Le professeur Tseou ne se laisse jamais battre au jeu par quelqu'un, remarqua la Charmante, mais aujourd'hui il a perdu une partie comme tout le monde.

— Il est évident que Monsieur Tseou m'a cédé par déférence, dit Tch'en Mou-nan, comment puis-je être un partenaire pour lui et l'égaler! Je voudrais qu'il m'accorde encore deux pièces du jeu de plus et faire une autre partie. »

Comme il jouait pour un enjeu et que Tch'en était un piètre joueur, Tseou T'ai-lai lui accorda neuf pièces sans craindre de le vexer, et il le battit largement avec plus de trente points.

Bouillant intérieurement de rage, Tch'en l'invita à continuer à jouer. Il alla jusqu'à ce que Tseou lui eût accordé treize pièces du jeu, et en fin de compte il fut incapable de gagner.

« Fichtre, vous jouez trop bien, Monsieur, dit Tch'en, vous devez m'accorder encore quelques pièces de plus.

— Sur le damier, il n'y a pas moyen d'en mettre davantage, objecta Tseou T'ai-lai, comment faire?

— Maintenant, jouons d'une manière différente, suggéra la Charmante. Pour commencer, nous ne vous autoriserons pas à bouger, Maître Tseou. Au hasard, je ferai tomber votre première pièce de jeu n'importe où, cela s'appelle : " Compter sur le ciel pour la venue du bonheur. "

— Quelle sorte de jeu est-ce là! dit Tseou T'ai-lai en riant, il n'y a pas de raison! »

Comme Tch'en Mou-nan le pressait de jouer, Tseou dut laisser la Charmante faire tomber au hasard une pièce blanche sur le damier avant de commencer la partie. Dans cette partie, Tch'en investit quatre ou cinq des positions de Tseou. Mais alors que Tch'en était en train de se réjouir secrètement, Tseou créa une diversion qui compliqua la chose, et Tch'en était sur le point de perdre encore. Juste à ce moment-là, le chat couleur de nuage sombre aux pattes blanches que la Charmante tenait dans les mains sauta soudain sur le damier et mit les pièces du jeu en désordre. Les deux hommes éclatèrent de rire et se levèrent, opportunément la tenancière vint annoncer que le repas était servi.

Quand on apporta le vin, la Charmante leva haut ses manches bleues de martin-pêcheur et offrit avec respect la première coupe à Monsieur Tch'en le quatrième. Elle leva la coupe suivante et était sur le point de l'offrir à son professeur Tseou, celui-ci n'osa pas l'accepter et la prit lui-même. Ils posèrent leurs coupes sur la table. La tenancière vint aussi et s'assit à côté d'eux. Lorsque Tch'en eut vidé la première coupe, la tenancière lui offrit également elle-même une coupe de vin :

« Vous êtes habitué au bon vin et aux mets délicieux du palais du duc, Monsieur, dit-elle, comment pouvez-vous venir manger dans une humble maison comme la nôtre ?

— Voyez-vous, ma mère a des paroles futiles! cria la Charmante, serait-ce que Monsieur Tch'en le quatrième ne mange pas bien dans sa propre maison, et doive aller au palais pour avoir un bon repas ?

— La fille a raison, répliqua la tenancière en riant, comme j'ai eu tort de dire cela, je vais boire une coupe comme punition. »

Sur ce, elle se versa une grande coupe de vin et la vida.

« Le vin et les mets sont les mêmes, dit Tch'en avec un rire.

— Monsieur le quatrième, dit la tenancière, je vis depuis plus de cinquante ans à Nankin, chaque jour, j'entends parler du palais du duc, mais je n'y suis jamais entrée, ce doit être comme un paradis! J'ai entendu dire que dans le palais du duc on ne brûle pas de chandelles.

— Cette vieille dame dit des bêtises! railla Tseou T'ai-lai, dans le palais du duc, on ne brûle pas de chandelles, est-il possible qu'on brûle des lampes à huile!

— Monsieur Tseou le premier, vous êtes ignorant, mangez une noisette! dit la tenancière en claquant ses doigts, pouce et majeur vers lui. On ne brûle pas de chandelles, est-il possible qu'on brûle des lampes à huile! Dans toutes les chambres de dames, chaque personne a une grande perle grosse comme un boisseau qui luit dans la nuit suspendue au chevron et éclaire toute la pièce, c'est pourquoi on ne brûle pas de chandelles! N'est-ce pas vrai, Monsieur Tch'en le quatrième?

— Il y a des perles dans le palais, répondit Tch'en Mou-nan, mais je ne pense pas qu'on les emploie comme chandelles. La femme de mon cousin est une dame extrêmement affable, c'est une chose facile, plus tard quand j'amènerai la Charmante pour la voir, vous pourrez vous faire passer pour sa servante en portant un paquet des vêtements. Ainsi vous entrerez et verrez sa chambre.

— Amida Bouddha! dit la tenancière qui joignit ses mains. Si je vois telle chose rare, je n'aurai pas vécu en vain! Je brûle de l'encens et je répète le nom du Bouddha tous les jours, maintenant le Bouddha me protège, puisque cette noble étoile céleste (Tch'en Mou-nan) est venue dans ma maison et m'a promis de me conduire au palais, je deviendrai également un être humain dans ma vie future au lieu de transmigrer en âne ou en cheval.

— Dans le temps quand le premier empereur amena la mère Wang et le père Ki au palais impérial, observa Tseou T'ai-lai, ils le prirent pour un vieux temple, plus tard quand vous irez au palais du duc, Madame, vous le prendrez probablement également pour une ancienne pagode! »

Tout le monde éclata de rire. La tenancière but de nouveau deux coupes de vin ce qui la rendit ivre :

« Ces dames du palais du duc doivent être aussi jolies que les beautés peintes sur des tableaux, dit-elle les yeux soûls à demi fermés. Si vous y amenez la Charmante, Monsieur, comment pourra-t-elle les égaler! »

La Charmante lui jeta un regard froid :

« Dans la vie humaine, il suffit d'être belle, ce n'est pas une naissance noble ou roturière qui vous rend jolie ou laide, dit-elle. Est-ce que toutes les filles des fonctionnaires ou des riches sont belles? Autrefois je suis allée brûler de l'encens au temple de la Kouan-yin (Avalôktêsvara) de Pierre, j'y ai rencontré une dizaine de dames du palais qui venaient de descendre de leurs chaises à porteurs, elles avaient toutes des têtes rondes et des figures dodues et n'avaient rien d'exceptionnel!

— Encore une fois ce que j'ai dit est faux, cria la tenancière, ce que la fille a dit est juste, je boirai une autre grande coupe comme châtiment. »

Sur ce, elle but successivement plusieurs autres grandes coupes, de sorte qu'elle fermait les yeux à demi et trébuchait de droite à gauche. Elle débarrassa la table et ordonna à un proxénète de porter une lanterne pour éclairer Tseou T'ai-lai jusque chez lui, pendant que Tch'en le quatrième fut invité à entrer dans la chambre pour se reposer.

Tch'en Mou-n'an descendit l'escalier et entra dans la chambre de Charmante, il sentit une bouffée de parfums. Il y avait un miroir dressé sur la table en bois de rose [6] devant la fenêtre, sur le mur était suspendue une peinture de Tch'en Mei-kong [7], sur l'estrade murale il y avait une Kouan-yin de jade, huit chaises de bois de *nanmu* [8] très polies et brillantes et au milieu de la chambre un lit incrusté de nacre autour duquel étaient suspendus des rideaux de soie rouge; sur le lit les matelas et les couvertures étaient empilés sur plus de trois pieds de haut, à côté des oreillers; il y avait aussi une bassinoire et devant le lit une étagère portant plusieurs dizaines de cédrats arrangés en forme de nœud d'amour. Au milieu de la chambre dans un brasero de cuivre brûlait du charbon ardent, sur le charbon il y avait un petit vase de cuivre à manche dans lequel de l'eau de pluie chauffait. La Charmante avec sa main fine prit dans une boîte d'étain une pincée du thé le plus fin en forme d'aiguille d'argent et le mit dans une théière de terre de Yi-hing [9]; quand le thé fut infusé, elle l'offrit à Tch'en le quatrième et s'assit près de lui. Elle ordonna à une servante esclave d'apporter de l'eau. La Charmante étendit son mouchoir écarlate sur le genou de Tch'en le quatrième :

« Quatrième Monsieur! dit-elle, puisque vous êtes apparenté à la famille du duc, quand deviendrez-vous un fonctionnaire?

— Je ne dirais ceci à personne, répondit Tch'en Mou-nan, mais comment daignerais-je vous le cacher. L'aîné de mes cousins à Pékin m'a déjà recommandé; dans un an, je pourrai obtenir un poste de préfet. Si vous avez l'intention de rester avec moi, plus tard je parlerai à votre patronne la tenancière, je dépenserai quelques centaines de taëls d'argent pour vous racheter à elle, puis je vous emmènerai avec moi à mon poste. »

A ces paroles, la Charmante serra sa main et se jeta dans ses bras :

« Ces paroles que vous dites ce soir, dit-elle, la bodhisattva de la lumière de lampe les écoute! Si vous m'abandonnez, Monsieur Tch'en, et épousez une autre jeune femme séduisante, je vous avertis que cette Kouan-yin qui m'appartient est toute-puissante et efficace, il me suffit de tourner son visage vers le mur et chaque fois, lorsque vous dormirez avec une autre jeune femme, dès que votre tête s'appuiera sur l'oreiller, elle commencera à vous faire mal. Aussitôt que vous vous lèverez, votre mal de tête s'arrêtera. Je suis une jeune fille de bonne famille, je ne convoite pas d'être femme d'un fonctionnaire, mais je suis tombée amoureuse de vous! Vous ne devez pas être ingrat envers mon cœur sincère! »

La servante-esclave ouvrit la porte et entra pour apporter un seau d'eau chaude. La Charmante se leva précipitamment et ouvrit un tiroir duquel elle prit un paquet de bois de santal en poudre qu'elle versa dans la cuvette, puis elle y ajouta de l'eau chaude, pria Tch'en de s'asseoir, et lui lava les pieds.

Tandis qu'entrait une autre servante-esclave munie d'une lanterne suivie de quatre à cinq jeunes prostituées, portant toutes des cache-oreilles de martre et des fourrures d'hermine ou d'écureuil, elles s'assirent joyeusement sur les chaises des deux côtés :

« Aujourd'hui, vous avez un visiteur de haute position, Charmante, dirent-elles, la réunion des Boîtes aura lieu dans votre maison et vous devez payer toutes les cotisations pour nous tous!

— Naturellement », répondit la Charmante.

Après avoir ri et plaisanté pendant un moment ces quatre ou cinq prostituées s'en allèrent. La Charmante se déshabilla et se mit au lit, Tch'en Mou-nan la trouva potelée et gracieuse comme si elle était faite seulement de chair, elle était tellement douce et tendre qu'elle paraissait ne pas avoir d'os, il était transporté de joie et s'extasiait de plaisir. Plus tard la Charmante s'endormit légèrement et soudain se réveilla avec surprise, elle vit que le lumignon de lampe éclata une fois. Elle se retourna pour regarder Tch'en le quatrième, qui dormait profondément, elle entendit sonner la troisième veille. Elle arrangea la couverture autour de Tch'en et se serra contre lui; elle dormit encore quelque temps puis elle entendit le son d'un gong à la porte du dehors.

« Il est minuit passé, s'étonna-t-elle. Qui peut bien frapper à ma porte? »

Le son du gong s'approchait de plus en plus, quelqu'un à la porte de sa chambre annonça :

« Madame, vous êtes priée de vous rendre à votre poste. »

La Charmante dut jeter une veste brodée sur ses épaules, et enfiler à moitié ses pantoufles en forme d'arc pour se précipiter hors de sa chambre, où elle trouva quatre servantes agenouillées à terre.

« Monsieur Tch'en le quatrième est promu préfet de Hangtcheou, dirent-elles, il nous a envoyées pour vous prier, Madame, de vous rendre à son poste afin que vous puissiez jouir ensemble de la gloire et de la splendeur! »

La Charmante à ces mots revint à la hâte dans sa chambre pour se peigner et mettre ses vêtements extérieurs. Les servantes apportèrent aussi le chapeau en forme de phénix[10] et le mantelet aux nuages rouges[11], elle les mit et arriva devant la cour où une large chaise à porteurs l'attendait. Elle y monta. Une fois portée hors de la grande porte, elle vit une procession de gongs, de drapeaux, d'ombrelles, de musiciens et de gardiens-escortes. Elle entendit quelqu'un dire :

« Il faut la porter d'abord au palais du duc de la principauté. »

Alors qu'ils étaient en train de marcher avec enthousiasme, du bord de la route, s'avança une bonzesse à la figure jaune et à la tête rasée qui saisit la Charmante et la tira pour la faire sortir de force.

« C'est ma disciple! dit-elle en injuriant tous les hommes de la procession. Où la portez-vous ?

— Je suis la femme du préfet de Hang-tcheou, protesta la Charmante, vous, nonne à la tête chauve, comment osez-vous me saisir et me tirer de force ? »

Voulant ordonner aux gardiens-escortes d'arrêter cette bonzesse et de l'enchaîner, elle leva les yeux et vit qu'ils avaient disparu. Dans sa consternation et son impatience, elle cria et heurta Tch'en en tombant dans ses bras. Elle se réveilla, en effet c'était un rêve « dans une fourmilière »[12].

Cela a eu pour résultat :

Un jeune noble galant soudain fera un voyage dans la province de Fou-kien.

Une jeune femme charmante deviendra finalement une bonzesse dans un couvent.

En fin de compte pour savoir ce qui est arrivé ensuite, lisez le chapitre suivant.

NOTES

1. Il s'agit de l'empereur Tchou Yuan-tchang qui régna de 1368 à 1398.

2. *Kiao-fang-sseu*, bureau de la musique et de la danse, créé à l'époque des T'ang, vers 627, qui continua d'exister sous les Song et les Ming, mais fut aboli sous le règne de Yong-tcheng (1723-1735) des Ts'ing.

3. La préfecture de T'ai-p'ing (la Grande Paix) se trouve dans la province du Ngan-houei.

4. *Tsie-fou*, « beau-frère, mari de la sœur aînée », est une appellation intime et polie pour les clients d'une maison de prostitution.

5. *Wei-k'i*, sorte de jeu d'échecs (go en japonais) qui aurait été inventé par l'empereur légendaire Yao.

6. *Houa-li*, bois de rose, très fin, solide et veiné de rouge et de violet; les meubles en bois de rose sont très appréciés.

7. Tch'en Mei-kong (Tch'en Ki-jou) (1558-1639), grand poète, prosateur, peintre et calligraphe des Ming; il a écrit plus de trente ouvrages littéraires.

8. *Nan-mou (Machilus nanmu)*. Les *nan-mou* sont cultivés dans les montagnes du Kouei-tcheou et du Sseu-tch'ouan. Ce sont des plantes à fleurs rouge-jaune, hautes souvent de plus de cent pieds et odoriférantes.

9. Yi-hing, nom d'une sous-préfecture du Kiang-sou, célèbre pour sa fabrication de théières en terre.

10. *Fong-kouan*, chapeau en forme de phénix, chapeau pour les femmes de distinction. A l'époque des Han, l'impératrice-mère portait cette sorte de chapeau. Sous les Ming, la reine le portait aussi. Mais sous les Ming et les Ts'ing, la nouvelle mariée de famille roturière le portait aussi le jour de son mariage.

11. *Hia-p'i*, mantelet sur lequel étaient représentés des nuages rouges et qui, sous la dynastie des Ming, était porté par les femmes de distinction.

12. Nan-k'o, État tributaire du Sud, expression tirée de *Nan-k'o-ki* « Histoire de l'État tributaire du Sud », écrite par Li Kong-tsouo des T'ang. Dans cette histoire, l'auteur raconte qu'un militaire, nommé Tch'ouen-yu Fen, rêva en 794 qu'il se mariait avec une fille de roi et devenait le gouverneur de l'État tributaire du Sud. Mais à son réveil, il découvrit que l'État tributaire du Sud était une simple fourmilière.

CHAPITRE LIV

Une belle femme malade se fait dire la bonne aventure dans une maison de prostitution.
Un grand lettré très sot offre ses poèmes à une courtisane dans un bordel.

Nous avons vu que la Charmante alors qu'elle dormait auprès de Tch'en le quatrième, rêva qu'elle allait à Hang-tcheou prendre le poste de préfète, se réveillant en sursaut, elle remarqua qu'il faisait jour dehors. Elle se leva et procéda à sa toilette. Tch'en se leva aussi. La tenancière entra dans la chambre pour leur souhaiter le bonjour. Alors que Tch'en venait d'achever sa collation du matin Kin Sieou-yi se présenta et prétendit malicieusement que Tch'en l'avait invité en somme à un repas de noces.

« Je vais au palais du duc aujourd'hui, dit Tch'en Mou-nan, demain je reviendrai vous régaler pour vous remercier! »

Kin Sieou-yi entra dans la chambre de la Charmante qui tenait en main son démêloir et n'avait pas fini d'arranger sa coiffure. La moitié de sa belle chevelure noire couleur de nuage pendait encore jusqu'à terre.

« Charmante, je vous félicite d'avoir reçu un personnage d'une telle distinction! dit-il. Voyez, vous êtes toujours à votre toilette à cette heure. Vous êtes encore plus dorlotée et paresseuse, n'est-ce pas! »

Puis il demanda à Tch'en le quatrième :

« A quelle heure viendrez-vous demain? Je jouerai de la flûte et la Charmante chantera une chanson pour vous, seigneur. Il n'est pas une autre fille dans les trente-six pavillons qui chante les trois poèmes sur l'air musical " Plat clair " de Li T'ai-po [1] aussi bien qu'elle. »

Comme il parlait, la Charmante de son mouchoir essuyait légèrement le chapeau de Tch'en le quatrième :

« Venez sûrement ce soir, l'implora-t-elle. Ne mentez pas et ne me laissez pas vous attendre trop longtemps! »

Tch'en Mou-nan promit, franchit la porte et retourna à son logement avec ses deux serviteurs. Songeant qu'il ne lui restait pas d'argent, il écrivit de nouveau un billet et envoya un serviteur au palais du duc pour demander à Monsieur Siu le neuvième de lui prêter encore deux cents taëls.

Après un bon moment, le serviteur revint et rapporta :

« Monsieur Siu le neuvième seigneur vous présente ses salutations : le troisième seigneur du palais vient d'arriver de Pékin, il a été nommé préfet de Tchang-tcheou dans la province de Fou-kien, et partira pour son nouveau poste dans deux jours. Le neuvième seigneur ira également au Fou-kien avec lui pour l'aider à gérer les affaires, il dit qu'il vous apportera l'argent lorsqu'il viendra demain vous dire au revoir.

— Puisque le troisième seigneur est arrivé, dit Tch'en Mou-nan, je vais lui rendre visite. »

Il monta dans sa chaise à porteurs, suivi de serviteurs et se fit transporter jusqu'au palais. Quand il fut annoncé, un régisseur vint lui dire :

« Le troisième et le neuvième seigneurs sont allés à un festin dans le palais du prince Mou, quatrième seigneur, si vous avez quelque chose à leur dire, faites-le-moi savoir, je le leur ferai transmettre.

— Je n'ai rien à leur dire, répondit Tch'en Mou-nan, je venais pour rendre mes respects au troisième seigneur. »

Tch'en Mou-nan retourna à ses appartements. Le jour suivant, le troisième et le neuvième seigneur du palais de Siu vinrent ensemble à sa maison du bord de la rivière pour lui dire au revoir. Quand ils descendirent de leurs chaises à sa porte, Tch'en les accueillit, les fit entrer dans sa salle et les pria de s'asseoir.

« Cher cousin, il y a longtemps que nous ne nous sommes pas vus, dit Monsieur Siu le troisième, votre valeur est devenue de plus en plus remarquable! Quand ma tante votre mère est morte, j'étais au loin à Pékin et n'ai pu venir pour présenter mes condoléances en personne. Depuis ces dernières années pendant mon absence, vous êtes devenu sûrement encore plus savant et érudit.

— Il y a plus de trois ans que feu ma mère a quitté le monde, dit Tch'en Mou-nan, j'ai pensé avec admiration à l'érudition de mon neuvième cousin, c'est pourquoi je suis venu à Nankin pour lui demander des conseils du matin au soir. Maintenant vous allez exercer une fonction avec honneur dans le Fou-kien, s'il vous accompagne à votre poste, je perdrai son appui, et vous me manquerez beaucoup tous les deux.

— Si vous ne voulez pas nous abandonner, pourquoi ne pas y aller avec nous, cousin ? suggéra Monsieur Siu le neuvième. Pendant ce long voyage, nous aurions un compagnon agréable qui nous sortirait de la solitude.

— J'aurais beaucoup désiré faire route avec vous, répondit Tch'en Mou-nan, mais comme il y a une ou deux petites affaires dont je dois m'occuper ici, dans deux ou trois mois seulement, je vous rejoindrai à votre poste, cousin. »

Monsieur Siu le neuvième ordonna alors à son serviteur d'apporter une boîte de cadeau contenant deux cents taëls d'argent pour l'offrir à Tch'en Mou-nan.

« J'attends sincèrement votre visite à mon humble bureau d'administration, cher cousin, dit Monsieur Siu le troisième. J'aurai besoin de vous pour quelques affaires et vous importunerai en sollicitant votre aide à mon nouveau poste.

— Je viendrai sûrement pour vous rendre service. »

A ce moment, ils avaient fini de boire leur thé et les deux frères Siu se levèrent pour partir. Tch'en Mou-nan les reconduisit jusqu'au seuil, puis il monta lui-même sur-le-champ dans sa chaise à porteurs et alla au palais pour les accompagner. Il les escorta jusqu'à leur bateau, alors seulement il leur fit ses adieux et retourna chez lui.

Là il trouva Kin Sieou-yi qui l'attendait, et l'emmena au pavillon du Bon Accueil aux Visiteurs. Ils entrèrent par la grande porte et arrivèrent à la chambre à coucher de la Charmante, ils la trouvèrent le visage pâle et alangui.

« Comme pendant plusieurs jours elle n'a pas vu venir Monsieur Tch'en, elle a fait une rechute, expliqua Kin Sieou-yi.

— Elle a été gâtée depuis son enfance, déclara la tenancière de son côté. Elle souffre du cœur ; chaque fois qu'elle est contrariée, ce mal éclate. Comme Monsieur Tch'en n'était pas revenu de deux jours, elle a cru que vous la détestiez. Alors elle est tombée malade à nouveau. »

Les larmes aux yeux, la Charmante regardait Tch'en Mou-nan, sans souffler un seul mot.

« Où avez-vous mal en vérité ? demanda Tch'en Mou-nan, comment faut-il faire pour vous guérir ? Auparavant, quand vous avez eu ces crises, comment étiez-vous soignée ?

— Auparavant, quand elle a eu une rechute, répliqua la tenancière, elle ne pouvait avaler même une goutte d'eau ou de thé. Le médecin vint et fit acheter quelques médicaments pour elle, mais elle eut peur de leur goût amer et ne voulut pas les prendre, je fus obligée de faire bouillir à petit feu du *gin-seng* et de le lui donner peu à peu, c'est comme cela qu'elle a été soignée pour éviter toute aggravation.

— J'ai de l'argent sur moi, dit Tch'en Mou-nan, je vous laisse cinquante taëls pour acheter du *gin-seng*. Je vais de mon côté acheter le meilleur *gin-seng* et l'apporterai ici moi-même. »

Ayant entendu ces paroles, la Charmante se leva à demi, s'appuya contre son oreiller brodé et s'assit dans sa couverture sur ses jambes croisées; elle portait un corsage rouge :

« Chaque fois que j'ai cette rechute, dit-elle, avec un soupir, je ne sais pas pourquoi je me sens toujours tellement effrayée! Les médecins disent que si je ne mange rien que du *gin-seng*, cela pourra faire sortir l'agitation et la fièvre, j'ai l'habitude de le mélanger avec de la gentiane et de les faire boullir ensemble, si je les consomme mon sommeil est assuré pour la nuit, sinon je me vois obligée de rester éveillée jusqu'à l'aurore.

— C'est bien facile, dit Tch'en Mou-nan, je vous apporterai aussi un peu de gentiane demain matin.

— Dans le palais du duc, le *gin-seng* et la gentiane sont très abondants, même s'ils sont pesés avec une grande bascule au lieu du pèse-argent, ils ne coûtent pas grand-chose à ces gens-là, dit Kin Sieou-yi, la Charmante ne sera pas capable de finir tout ce que Monsieur Tch'en va lui apporter!

— Je ne sais pourquoi mon cœur est agité et craintif, dit la Charmante. Si je ferme les yeux, j'ai des rêves si désordonnés et si ridicules que même dans la journée j'en suis encore effrayée!

— C'est parce que votre santé est délicate, dit Kin Sieou-yi, vous ne pouvez supporter aucune fatigue ni aucune contrariété.

— Probablement avez-vous offensé une divinité quelconque? s'inquiéta la tenancière. Je demanderai à une bonzesse de venir vous exorciser. »

A ce moment, on entendit une claquette résonner à la porte. La tenancière sortit pour voir, c'était Pen-houei, bonzesse du couvent de Longévité qui venait ramasser les offrandes mensuelles de riz.

« *A-ya!* cria la tenancière, c'est la bonzesse Pen! Voilà deux mois que vous n'êtes pas venue, avez-vous été si occupée au couvent ces derniers temps par vos affaires bouddhiques?

— Je ne vous cache pas, Madame, que je n'ai pas de chance cette année, dit la bonzesse, une de mes nonnes qui avait vingt ans est morte l'avant-dernier mois, même la grande messe à Kouan-yin (la déesse bouddhique de la miséricorde) n'a pu être célébrée! Comment va votre belle-fille?

— C'est toujours de même : elle va bien un jour, et est malade l'autre, répliqua la tenancière. Heureusement Monsieur Tch'en le quatrième de la préfecture de la Grande Paix s'occupe d'elle. Il est le cousin de Monsieur Siu le neuvième du palais du duc et vient souvent dans ma maison. Mais la Charmante n'a pas de chance, son ancienne maladie du cœur a recommencé! Entrez et regardez-la! »

Ensemble elles gagnèrent la chambre de la Charmante :

« C'est Monsieur Tch'en le quatrième du palais du duc de principauté, dit la tenancière. »

La bonzesse s'avança et le salua.

« Voici la bonzesse Pen de notre quartier, quatrième seigneur, dit Kin Sieou-yi, elle est très cultivée dans le domaine religieux. »

Après avoir salué Monsieur Tch'en, la bonzesse alla vers le lit pour examiner la Charmante.

« Nous venons de parler de chasser le mauvais esprit, dit Kin Sieou-yi, pourquoi ne pas prier la bonzesse Pen d'accomplir la cérémonie ?

— Je n'ai pas pouvoir d'exorcisme, répliqua la bonzesse Pen, mais je vais regarder un peu sa mine. »

Elle s'approcha et s'assit sur le bord du lit. La Charmante connaissait pourtant bien cette bonzesse, mais aujourd'hui quand elle leva la tête et vit son visage jaunâtre et sa tête rasée, il lui sembla voir la bonzesse de son rêve de l'autre nuit, et malgré elle, elle commença à s'irriter.

« Excusez-moi, je vous prie, cria-t-elle, en saisissant sa couverture; elle s'y blottit et se détourna.

— Votre belle-fille est nerveuse, dit la bonzesse, je vais m'en aller. »

Elle joignit les mains pour saluer et sortit de la chambre. La tenancière lui donna les offrandes du mois, elle s'éloigna avec sa claquette dans la main gauche et son sac dans la main droite.

Tch'en Mou-nan retourna également tout de suite à son logement et donna à ses serviteurs de l'argent pour aller à la hâte se procurer du *gin-seng* et de la gentiane. Sa propriétaire la vieille dame Tong sortit en s'appuyant sur son bâton :

« Monsieur Tch'en le quatrième, puisque vous êtes solide et en très bonne santé, pourquoi donc achetez-vous tout ce *gin-seng* et cette gentiane? demanda-t-elle. J'ai entendu dire que ces jours-ci vous fréquentiez des prostituées. Je suis votre propriétaire de logement et je suis aussi très vieille, je suis gênée d'avoir à vous dire des paroles déplaisantes, quatrième Monsieur. Depuis l'Antiquité, ne dit-on pas : " Un plein bateau d'or et d'argent n'arrive pas à combler le déficit des dettes pour une fleur couverte de brouillard (courtisane)! " Des femmes de ce genre ont-elles de la conscience et du cœur! Quand votre argent sera entièrement dépensé, elles vous tourneront le dos. J'ai plus de soixante-dix ans, je lis les canons bouddhiques et fais des prières au Bouddha valôkitêsvara et Pou-sa (Bodhisattva), écoutez-moi, je le mérite! Comment pourrais-je ne rien dire quand je vois clairement que vous êtes pris au piège!

— Ce que vous dites est juste, Madame, répondit Tch'en Mou-nan, et je suis en accord avec vous, mais ce *gin-seng* et cette gentiane c'est pour le palais du duc que je suis chargé de les acheter. »

Comme il craignait que la vieille dame Tong ne continue à le réprimander et l'importuner, il ajouta :

« Je crains que mes serviteurs ne sachent pas acheter les meilleurs, je ferais mieux d'y aller moi-même. »

Il sortit de la maison et retrouva ses acheteurs chez l'apothicaire, il acheta une demi-livre de *gin-seng* et une autre de gentiane, et ensuite il les transporta comme un trésor au pavillon du Bon Accueil aux Visiteurs, sans oublier de se munir d'argent. A peine avait-il franchi la porte du pavillon, qu'il entendit le son d'un violon à trois cordes dont on jouait à l'intérieur. En effet la tenancière avait fait venir un aveugle pour dire la bonne aventure à la Charmante. Tch'en Mou-nan donna le *gin-seng* et la gentiane à la tenancière et s'assit pour écouter le diseur de bonne aventure.

« La fille a dix-sept ans et elle aura une heureuse fortune cette année *Keng-yin*, dit l'aveugle. Le caractère cyclique *Yin* (année du tigre) et le caractère cyclique *Hai* (année du porc) s'accordent, elle doit rencontrer un homme de haute position, une noble étoile est entrée dans sa vie. Seulement les quatre points cardinaux sont un peu néfastes, une étoile de la queue de panthère est mobilisée, elle lui cause des ennuis et lui donne de l'anxiété, cependant cela ne sera pas trop sérieux. Excusez-moi de vous parler franchement, mais la fille a offensé l'étoile de parasol dans son destin, elle doit se vouer elle-même à l'une des divinités bouddhiques pour contrecarrer cette mauvaise influence. Plus tard, elle épousera un haut fonctionnaire, elle portera un chapeau en forme de phénix et un mantelet orné de nuages rouges, elle aura un destin de grande dame. »

Ayant achevé sa prédiction, il joua de son violon à trois cordes et chanta à nouveau pendant un moment, puis il se leva pour prendre congé. La tenancière le retint pour boire du thé, elle apporta un plat de gâteau de noix aux tranches minces en forme de nuages et un autre plat de jujubes noirs, qu'elle posa sur une petite table, elle le fit asseoir à nouveau. Une servante versa le thé et lui en offrit.

« Dans cette ville de Nankin, est-ce que les affaires marchent assez bien pour vous autres ? demanda Tch'en Mou-nan.

— N'en parlez pas ! dit l'aveugle, ce n'est pas comparable aux anciens jours ! Autrefois nous autres les aveugles étions les seuls à prédire l'avenir, mais ces années-ci, les gens qui peuvent voir disent aussi la bonne aventure, et nous supplantent sans merci ! Tenez, c'était dans cette ville de Nankin, il y a vingt ans, il y avait un certain Tch'en Ho-fou, il n'était pas un homme du pays. Sitôt qu'il est arrivé, il a monopolisé tout le travail de divination pour les familles de hauts fonctionnaires. Maintenant il est mort, à cause de la rétribution de son crime, il a un coquin de fils qui s'est marié dans la famille de mon voisin, il se querelle tellement tous les jours avec son beau-père que tous les voisins ne peuvent vivre en paix. Je vais rentrer chez moi, je vais entendre à nouveau leurs querelles. »

Sur ce, il se leva, les remercia et s'en alla à pied vers sa maison, quand il eut atteint la ruelle près du Jardin Oriental, en effet il entendit le fils de Tch'en Ho-fou se quereller avec son beau-père :

« Chaque jour vous dites la bonne aventure dehors par l'analyse des caractères [2], dit le beau-père, vous devez gagner quand même plusieurs dizaines de sapèques, mais vous dépensez tout en achetant tête de cochon et petites galettes aux sésames pour vous gorger, et n'apportez même pas un sou à la maison, vous ne voulez tout de même pas que je nourrisse votre femme à votre place ? Bien sûr vous pouvez dire qu'elle est aussi ma fille. Mais vous avez acheté à crédit la tête de porc que vous mangez et que vous ne payez pas, vous me demandez de l'argent, du matin au soir et faites des scènes, qu'ai-je fait pour mériter cette malchance !

— Si vous avez mangé cette tête de porc vous-même, vous devez la payer, père, dit le fils de Tch'en Ho-fou.

— Bêtise ! cria le beau-père, si je l'ai mangée, naturellement je la paierai, mais c'est vous qui l'avez mangée !

— Supposons que je vous ai déjà versé l'argent, père, dit le fils de Tch'en Ho-fou, mais que vous l'avez dépensé pour autre chose, maintenant vous devez la payer !

— Vaurien, vous dites des sornettes [3] ! cria le beau-père. C'est vous qui êtes endetté, comment pouvez-vous dire que j'ai dépensé votre argent ?

— Si par hasard le cochon n'avait pas eu de tête, dit le fils de Tch'en Ho-fou, est-il possible qu'il m'aurait demandé de l'argent ? »

Ayant entendu ces paroles oiseuses, le beau-père enragé ramassa un bâton fourchu et rossa son beau-fils en le poursuivant. L'aveugle vint en tâtonnant pour les exhorter à faire la paix.

« Monsieur, cria le beau-père tremblant de colère, il est tellement mauvais qu'on ne peut pas le considérer comme un homme! Quand je le blâme un peu, il me répond avec des paroles absurdes, peut-on prétendre que ce n'est pas haïssable!

— Il n'y a pas de méfait quelconque à me reprocher, père, protesta le fils de Tch'en Ho-fou, je ne bois pas de vin, je ne joue pas de l'argent, et je ne fréquente pas non plus des putains. Chaque jour, je prends un volume de poèmes et le lis en m'appuyant sur la table destinée à prédire la bonne aventure au moyen de l'analyse des caractères, qu'y a-t-il de mal à cela ?

— Ce n'est pas cela que je vous reproche, dit le beau-père, vous laissez de côté votre femme et ne la nourrissez pas, vous comptez toujours sur moi et m'embêtez à m'obliger à m'occuper d'elle, mais mes moyens ne me le permettent pas!

— Si vous n'êtes pas content que votre fille soit ma femme, père, dit le fils de Tch'en Ho-fou, vous n'avez qu'à la reprendre, c'est tout.

— Animal-damné! injuria le beau-père, je reprends ma fille pour quoi faire ?

— Vous la remarierez à un autre mari à votre guise, répondit le fils de Tch'en Ho-fou.

— Peste-esclave! cria le beau-père qui se mit en rage. A moins que vous ne mouriez ou que vous ne deveniez moine, alors seulement elle pourra se remarier!

— Mort ? je ne peux pas mourir tout de suite, répondit le fils de Tch'en Ho-fou, je vais me faire moine demain.

— Allez vous faire moine demain! dit le beau-père avec fureur. »

Après avoir écouté pendant longtemps leur dialogue, l'aveugle comprit que leurs paroles étaient aussi absurdes qu' " une paillasse suspendue sur le mur à la place de tableau dans la salle principale "[4], il cessa d'essayer de les calmer et retourna lentement à tâtons chez lui.

Le matin suivant, le fils de Tch'en Ho-fou se rasa la tête, vendit son chapeau en forme de tuile, acheta un chapeau de moine qu'il mit sur sa tête. Il vint devant son beau-père, joignit ses paumes et fit un salut :

« Moi, pauvre moine, je suis venu aujourd'hui pour vous dire au revoir, père », dit-il.

Le beau-père sursauta de surprise et les larmes coulèrent abondamment le long de ses joues, il fit sérieusement de nouveau des reproches à son gendre, comme il savait qu'il n'avait aucun moyen pour sauver la situation, il ne put faire autrement que de lui demander d'écrire un certificat de divorce, puis il emmena sa fille et se résigna à pourvoir à son entretien.

Désormais, le moine Tch'en étant célibataire se sentit très libre, il lui suffisait d'avoir viande à manger pour être tout à fait satisfait. Il achetait du porc tous les jours avec le revenu de ses prédictions par l'analyse des caractères, quand il était rassasié, il s'asseyait à sa table d'analyse des caractères près du pont de la Vertu Littéraire pour lire des poèmes, il était très à l'aise et n'avait aucun souci. Six mois plus tard, un jour, alors qu'il était en train de lire, un de ses collègues diseur de bonne aventure par la technique de l'anagramme nommé Ting Yen-tche s'approcha. En voyant le livre, Ting demanda :

« Quand avez-vous acheté ce livre ?

— Je viens de l'acheter il y a seulement trois ou quatre jours, répondit le moine Tch'en.

— Ce sont les poèmes de réponse qui ont été écrits au lac du Cou du Loriot, remarqua Ting. Autrefois, cette année-là, Monsieur Hou le troisième a invité Tchao Siue-tchai, King Lan-kiang, Yang Tche-tchong, K'ouang Tch'ao-jen et Ma Tch'ouen-chang tous ces grands fameux lettrés à une grande réunion au lac du Cou du Loriot, ils distribuèrent des rimes et écrivirent des poèmes. Je me souviens que Monsieur Tchao a obtenu la huitième rime *Ts'i* après le tirage au sort. Regardez ce premier vers : " Le lac est comme le cou du loriot et le soleil couchant descend. " Il suffit de ce seul vers pour que le sujet soit exposé, chaque vers qui suit convient si bien et si justement qu'il ne pourrait s'appliquer au sujet choisi à un autre endroit.

— Pour cette réunion dont vous parlez si bien, vous auriez dû me questionner. Comment pouvez-vous être au courant! railla le moine Tch'en. Ce n'est pas du tout Monsieur Hou le troisième qui était l'hôte de la réception au lac du Cou du Loriot, mais elle était donnée par Messieurs le troisième et le quatrième de la famille du Premier ministre Leou. A ce moment-là, feu mon père était un ami extrêmement intime des frères Leou. A cette époque, ceux qui participèrent à cette grande réception au lac du Cou du Loriot étaient : feu mon père, Monsieur Yang Tche-tchong, Monsieur K'iuan Wou-yong, Monsieur Nieou Pou-yi, Monsieur K'iu Chen-fou, Tchang T'ie-pi, les deux hôtes et le fils de Monsieur Yang, neuf en tout. C'est ce que mon père m'a raconté en personne de sa propre bouche, et je connais tout cela de longue date. Mais vous, comment pourriez-vous le savoir ?

— D'après ce que vous dites, ces poèmes de Messieurs Tchao Siue-tchai et King Lang-kiang sont en vérité écrits par d'autres personnes ? rétorqua Ting Yen-tche, réfléchissez un peu, est-ce que vous êtes capable de les écrire ?

— Vos paroles cette fois sont encore moins fondées ! railla le moine Tch'en. Tchao et les autres ont écrit leurs poèmes au lac de l'Ouest et non pas à la réception du lac du Cou du Loriot.

— Il dit clairement que le lac est comme le Cou du Loriot, rétorqua Ting Yen-tche. Comment pouvez-vous dire que ce n'est pas écrit à la grande réception du lac du Cou du Loriot ?

— C'est une anthologie imprimée de poèmes faite par beaucoup de fameux lettrés, dit le moine Tch'en; regardez Ma Tch'ouen-chang par exemple, de toute sa vie il n'a su écrire de poème, mais pourquoi tout à coup y en a-t-il un de lui ici ?

— Ce que vous dites n'est que divagation ! répliqua Ting Yen-tche. Messieurs Ma Tch'ouen-chang et K'iu Chen-fou ont écrit des poèmes innombrables, mais naturellement vous ne les avez jamais vus !

— Non, je ne les ai jamais vus, mais, par contre, vous prétendez les avoir vus ! rétorqua le moine Tch'en. Mais savez-vous qu'à la réunion du lac du Cou du Loriot, aucun poème n'a été écrit ? Je ne sais pas pourquoi les oreilles vous ont tinté et où vous avez entendu ces fausses nouvelles, vous venez ici vous disputer avec moi aveuglément et le plus sottement du monde.

— Je ne le crois pas ! dit Ting Yen-tche, ce n'est pas possible que tous ces fameux lettrés se réunissent sans écrire de poèmes ! De tout ce que vous affirmez on peut conclure que votre père n'a sans doute pas du tout participé à cette réunion du lac du Cou du Loriot. S'il avait participé à cette réunion, il serait également un fameux lettré, et je doute que vous puissiez vraiment être son fils !

— Vous dites des âneries ! cria le moine Tch'en furieux. Alors je prétendrais être le fils de quelqu'un qui n'est pas mon père ! existe-t-il au monde pareille témérité ?

— Tch'en Sseu-jouan ! cria Ting Yen-tche, allez écrire un ou deux poèmes, si vous le voulez, mais à quoi bon insister à vous poser en fils de Tch'en Ho-fou ?

— Ting Che ! cria le moine Tch'en se mettant en rage. Je sais qui vous êtes ! Le maximum de votre capacité en tout et pour tout, c'est de réciter presque par cœur quelques poèmes de Tchao Siue-tchaï, et vous vous permettez d'ouvrir la bouche pour pérorer sur les lettrés illustres avec un air très sûr de vous !

— Même si je n'ai pas le droit de parler des lettrés illustres, de toute manière, vous, vous n'en êtes pas un ! » cria Ting Yen-tche furieux en sautant sur lui.

Tous deux au paroxysme de la colère se prirent l'un l'autre

au collet et commencèrent à se battre en s'injuriant. Ting donna plusieurs coups de poing à la tête chauve du moine qui souffrit atrocement, les deux énergumènes roulèrent à terre jusqu'au pont, le moine ferma les yeux à demi et voulut tirer Ting dans la rivière avec lui, mais Ting le poussa et le fit dégringoler jusqu'au pied du pont où déchaîné, il se mit à hurler frénétiquement.

Tch'en Mou-nan à ce moment arrivait à pas lents, en voyant le moine couché sur le dos dans un état aussi pitoyable, il le remit aussitôt debout :

« Qu'est-ce que cela veut dire ? », demanda-t-il.

Le moine qui connaissait Tch'en Mou-nan montra du doigt le pont :

« Regardez, Ting Yen-tche ce sot, cet ignorant, dit-il. Il est venu me dire que la réunion au lac du Cou du Loriot a été donnée par Monsieur Hou le troisième ! Quand je lui ai expliqué clairement le fait véritable, il m'a contredit obstinément et a refusé de me croire ! En outre il dit que je me fais passer pour le fils de feu mon père, dites-moi, comment peut-il exister pareille aberration ?

— Voyons, ce n'est pas quelque chose de bien important, et qui ne mérite pas que vous vous mettiez dans un tel état, tous les deux, dit Tch'en Mou-nan, en vérité, Monsieur Ting n'aurait pas dû dire que Monsieur Tch'en se réclame témérairement de son propre père, c'est le tort de Monsieur Ting.

— Monsieur le quatrième vous ne comprenez pas, protesta Ting Yen-tche. Naturellement je sais qu'il est le fils de Monsieur Tch'en Ho-fou, seulement il se donne de grands airs de grand lettré, c'est trop hideux et ridicule !

— Vous êtes confrères, dit Tch'en Mou-nan, en riant, à quoi cela rime-t-il d'agir ainsi ? Si Monsieur Tch'en se donne de grands airs de grand lettré, alors comment le docteur Yu et Monsieur Tchouang qui furent convoqués par l'empereur auraient-ils dû se conduire jadis ? Je prendrai une tasse de thé avec vous, je vous réconcilierai, vous ne devrez plus vous quereller après. »

Il les emmena s'asseoir dans une petite maison de thé tout près du pont où ils burent du thé.

« J'ai entendu dire que votre cousin vous avait invité à aller au Fou-kien, Monsieur le quatrième, dit le moine, pourquoi n'êtes-vous pas encore parti ?

— Justement c'est la raison pour laquelle je suis venu vous chercher pour me faire dire la bonne aventure, d'après l'analyse d'un caractère, dit Tch'en Mou-nan, je voudrai savoir quand devrai-je partir ?

— Monsieur, dit Ting Yen-tche, nos prédictions d'après l'anagramme chinois comprennent sept méthodes, mais elles sont toutes des tricheries sans distinction [5], si vous voulez partir, vous n'avez qu'à choisir un jour qui vous convient, à quoi bon vous faire dire la bonne aventure d'après anagramme ?

— Monsieur le quatrième, depuis une demi-année, dit le moine Tch'en, il ne nous a pas été possible de vous rencontrer même une seule fois. Un jour après que je devins moine, j'ai écrit un poème à propos de ma tête rasée, je l'ai porté à votre demeure pour vous demander des conseils, mais votre propriétaire la vieille dame Tong m'a dit que vous étiez encore sorti à vous amuser. Où avez-vous été pendant tout ce temps-là ? Comment se fait-il qu'aujourd'hui vous n'êtes même pas escorté de vos serviteurs et flânez tout seul ici ?

— Comme la Charmante du pavillon du Bon Accueil aux Visiteurs apprécie mes poèmes, dit Tch'en Mou-nan, je reste souvent chez elle.

— Une fille du pavillon vert de prostitution sait également admirer le talent poétique, dit Ting Yen-tche, c'est extrêmement élégant ! Elle doit être très cultivée ! »

Puis Ting se tourna vers le moine :

« Voyez-vous, ce n'est qu'une femme, pourtant elle sait lire la poésie, comment serait-ce possible que les lettrés se sont réunis au lac du Cou du Loriot sans composer des poèmes ?

— Les paroles de Monsieur le moine Tch'en sont pourtant justes, dit Tch'en Mou-nan. Monsieur Leou Yu-t'ing était un des amis de mon père, il était très ami avec Yang Tche-tchong et K'iuan Wou-yong, mais aucun d'eux n'était célèbre pour leurs poèmes.

— J'ai entendu dire que Monsieur K'iuan Wou-yong eut des ennuis plus tard, dit le moine Tch'en, je ne sais pas comment l'affaire s'est terminée ?

— Il a été diffamé par quelques bacheliers de son école sous-préfectorale, répondit Tch'en Mou-nan, plus tard, il a été innocenté de cette accusation. »

Après avoir bavardé encore un moment, le moine Tch'en et Ting Yen-tche prirent congé.

Tch'en Mou-nan paya le thé, puis marcha tout seul jusqu'au pavillon du Bon Accueil aux Visiteurs. Dès qu'il franchit la porte, il trouva la tenancière en train d'enfiler des boules d'osmanthe (ou de cannelle) à l'intérieur avec une vendeuse de fleurs.

« Monsieur le quatrième, je vous prie de vous asseoir, dit-elle en voyant Tch'en Mou-nan.

— Je vais monter voir la Charmante, dit Tch'en.

— Elle n'est pas à la maison aujourd'hui, dit la tenancière, elle est allée à une réunion de boîtes au pavillon de la Fumée Légère.

— Aujourd'hui je suis venu lui dire au revoir, dit Tch'en Mou-nan, je vais partir bientôt pour le Fou-kien.

— Monsieur le quatrième, est-ce que vous partez tout de suite? demanda la tenancière, reviendrez-vous encore plus tard? »

Sur ce, une servante apporta une tasse de thé. Tch'en Mou-nan la prit dans sa main, comme le thé était froid, après une gorgée, il ne le but plus.

« Pourquoi ne daigne-t-il même pas infuser une théière du bon thé bien chaud! » dit la tenancière en voyant le geste de Tch'en.

Elle posa les boules d'osmanthe et alla gronder le proxénète [6].

Tch'en Mou-nan comprit qu'on le traitait avec froideur et mépris, il dut sortir et s'en alla à pas lents. Après avoir marché quelques pas, il se trouva face à face avec un homme qui l'accosta :

« Monsieur Tch'en le quatrième, vous devez quand même tenir un peu votre parole! Pourquoi nous faites-vous courir après vous tout le temps sans arrêt?

— Vous tenez un si grand magasin de *gin-seng*, pourquoi attachez-vous de l'importance à ces quelques dizaines de taëls? Ce n'est rien du tout pour vous! protesta Tch'en Mou-nan. Je ne manquerai pas de les préparer et de venir vous les donner.

— Vos deux honorables serviteurs ont disparu, je ne peux les trouver, dit cet homme. Quand j'arrive à votre honorable demeure, il n'y a que votre propriétaire la vieille dame Tong qui sort me répondre, elle est une femme, comment puis-je discuter avec elle?

— Ne vous inquiétez pas, répondit Tch'en Mou-nan, " Le moine peut se cacher, mais le temple ne peut pas fuir ". Naturellement je réglerai mes dettes. Venez demain à mon domicile.

— Demain matin vous nous payerez sûrement, dit cet homme, il ne faut pas nous faire courir de nouveau pour rien. »

Ce disant cet homme s'en alla. Tch'en Mou-nan rentra dans ses appartements :

« Je suis dans le pétrin, pensa-t-il. Mes serviteurs sont partis, la tenancière ne me laisse pas entrer, j'ai dépensé tout mon argent, et il me reste en outre beaucoup de dettes accumulées [7]. Je ferai mieux de rouler mes bagages et d'aller au Fou-kien. »

Sans dire un mot à sa propriétaire la vieille dame Fong, il prit la fuite comme une traînée de fumée.

Le jour suivant, le vendeur de *gin-seng* arriva à son logement de bonne heure, il s'assit là pendant un long moment, sans voir personne, pas même un fantôme n'apparut. Puis quelqu'un poussa la porte avec un craquement, elle s'ouvrit et un autre homme entra. Il agitait un éventail au papier blanc sur lequel étaient écrits des poèmes, et avait un air calme et lent de lettré. Le vendeur de *gin-seng* se leva et demanda :

« Quel est votre honorable nom ?

— Je suis Ting Yen-tche, répondit cet homme. Je suis venu demander des conseils à Monsieur Tch'en le quatrième sur un nouveau poème que j'ai écrit.

— Je suis venu le chercher également », dit le vendeur de *gin-seng*.

Ils s'assirent là pendant un bon moment de plus, mais sans voir personne sortir, alors le vendeur de *gin-seng* frappa quelques coups sur l'écran. La vieille dame Tong appuyée sur sa canne sortit et demanda :

« Qui cherchez-vous ?

— Je suis venu chercher Monsieur Tch'en le quatrième pour recouvrer une dette, dit le vendeur de *gin-seng*.

— Lui ? Il doit être en ce moment à la porte de Kouan-yin (Avalôkitêsvara).

— En ce cas, vous a-t-il laissé mon argent, Madame ? demanda le vendeur de *gin-seng* consterné.

— Vous me posez encore cette question! répondit la vieille dame Tong, il ne m'a même pas payé mon loyer! Depuis qu'il a été envoûté par la sorcière captivante de la famille Tchang du pavillon du Bon Accueil aux Visiteurs, il a perdu tout à fait la tête, il a escroqué tout le monde et a fait des dettes partout! autant dire qu'il s'est endettté de tout son corps, il vous doit seulement quelques taëls d'argent, c'est vraiment peu de chose! »

Ayant entendu cela, le vendeur de *gin-seng* était comme " un muet voyant en songe sa mère, il ne pouvait dire sa détresse "; il était tellement irrité qu'il frappa du pied follement avec frénésie comme le tonnerre.

« Cher Monsieur, cela ne vaut pas la peine d'être si courroucé, lui conseilla Ting Yen-tche. C'est inutile de s'impatienter, vous feriez mieux de retourner à votre maison. Monsieur Tch'en le quatrième est un lettré, il n'est pas probable qu'il vous escroque. Plus tard à son retour, il vous payera sûrement ses dettes. »

Après avoir fait des pas saccadés de long en large pendant un moment, à bout de ressource, le vendeur ne put faire autrement que de s'en aller.

Ting Yen-tche s'en alla également en se pavanant et en agitant son éventail.

« Les femmes savent aussi lire des poèmes! pensa-t-il. Je n'ai jamais été dans le quartier des seize pavillons des courtisanes, pourquoi ne pas prendre les quelques taëls d'argent que j'ai économisés de mon analyse de caractères et y aller également m'amuser un peu ? »

Ayant pris sa décision, il retourna chez lui, chercha un rouleau de poésie, mit quelques vêtements à moitié usés à moitié neufs et il prit aussi un chapeau carré de lettré. Puis il se rendit au pavillon du Bon Accueil aux Visiteurs. Quand le proxénète (la tortue) vit son air niais, il lui demanda ce qu'il voulait.

« Je suis venu discuter de poèmes avec votre jeune dame, répondit Ting Yen-tche.

— Dans ce cas, payez-moi le droit d'entrée du pavillon », dit le proxénète.

Il prit un pèse-argent jaune. Ting Yen-tche sortit en tâtonnant un paquet de sa ceinture avec juste un peu plus de deux taëls et quarante-cinq centimes de menue monnaie d'argent.

« Il manque encore cinquante-cinq centimes, dit le proxénète.

— Je vous apporterai le reste quand j'aurai vu la jeune dame », répondit Ting Yen-tche.

Il monta tout seul et y trouva la Charmante qui était en train d'étudier le plan des mouvements d'échecs à exercice d'investissement. Il s'avança et salua profondément avec les mains jointes. Avec une grande envie de rire, elle le pria de s'asseoir et lui demanda ce qu'il voulait.

« Je vous admire depuis longtemps à cause de votre grand amour à lire la poésie, répondit Ting Yen-tche, j'ai apporté quelques poèmes maladroits que j'ai écrits et suis venu spécialement pour demander vos conseils.

— La règle de notre maison est de ne pas lire des poèmes gratuitement, dit la Charmante. Payez-moi d'abord les honoraires, je lirai vos poèmes après. »

Ting Yen-tche fouilla pendant longtemps dans sa ceinture, puis sortit vingt sapèques et les plaça sur la table de bois de rose. La Charmante éclata de rire :

« Vous feriez mieux de donner ces sapèques à un serviteur de la maison de prostitution de la rue des Familles Fong dans la sous-préfecture Yi-tcheng! dit-elle. Ne salissez pas ma table avec eux! Reprenez-les tout de suite pour acheter quelques petites galettes salées aux sésames! »

Ting Yen-tche était au comble de la confusion, son visage devint tour à tour rouge et blanc, il baissa la tête, enroula ses poèmes, les mit dans sa robe, descendit furtivement l'escalier et retourna chez lui.

La tenancière avait entendu la Charmante extorquer à un client stupide de « l'argent de fleur » [8], elle monta et lui demanda :

« Combien de taëls avez-vous obtenus tout à l'heure de cet imbécile ? Donnez-les-moi, je veux acheter du satin.

— Le pauvre imbécile n'a pas d'argent! répondit la Charmante, il m'a donné vingt sapèques, naturellement j'ai refusé de les prendre! Je me suis tellement moquée de lui qu'il est retourné chez lui.

— Combien vous êtes maligne et coquine! dit la tenancière. Vous avez eu affaire à un client imbécile, est-il possible que vous n'avez pas su en tirer une belle somme et que vous avez daigné le laisser partir facilement?! Dans le passé, vous avez obtenu beaucoup de belles sommes d'argent de vos clients, mais vous ne m'avez jamais donné même une seule sapèque!

— J'ai gagné tant d'argent pour votre famille, est-ce que cela a été mon tort? répondit la Charmante. Pourquoi faire une telle scène pour une bagatelle comme ceci! Plus tard je me marierai et serai une dame! Vous laissez un imbécile comme celui-ci monter chez moi et je ne vous gronde pas, vous devriez en être contente, mais au contraire vous venez ici vous chamailler! »

La tenancière furibonde s'avança à grands pas, d'une gifle elle renversa la Charmante par terre. La jeune femme roula sur le sol et ses cheveux s'éparpillèrent.

« Je n'ai rien à convoiter pour accepter de subir tous ces tourments, hurla la Charmante en pleurant. Votre famille a plein d'argent, vous pouvez facilement prendre une autre fille, laissez-moi partir pendant que je suis encore en vie! »

Sans laisser l'autre s'expliquer, elle éclata en sanglots, injuria la tenancière et réclama un couteau pour se couper la gorge ou une corde pour se pendre, sa coiffure était disloquée et à la débandade. La tenancière prit peur, elle fit monter son mari, il raisonna et argumenta avec insistance, mais la Charmante ne voulut toujours pas écouter, elle continuait la scène véhémente où elle réclamait la mort. A bout d'arguments ils la laissèrent devenir la disciple de l'abbesse Pen-houei dans le couvent de la Longévité où elle se fit raser la tête et devint nonne.

Cela a eu pour résultat :

Le vent disparaît, les nuages se dispersent, les sages, les héros, les génies et les beautés deviennent finalement le néant.

Les bois de chauffage se consument et le feu (la vérité et le savoir) se transmet sans cesse à la postérité [9], parmi les ouvriers, les artisans, les marchands et les boutiquiers il y a des hommes distingués.

Pour savoir ce qui arrivera, allez lire le chapitre suivant.

NOTES

1. Les trois poèmes sur l'air musical « Plat clair » : d'après le *Song-tch'ouan tsa-lou*, pendant la période de K'ai-yuan (713-741), comme les pivoines du palais étaient en pleine floraison, l'empereur Ming-houang des T'ang ordonna à Li Kouei-nien de donner des feuilles de papier à fleurs d'or à Li Po, lequel, à demi ivre, écrivit tout de suite trois poèmes sur l'air musical « Plat clair ». Ces trois poèmes ont été traduits pour la première fois par le marquis d'Hervey-Saint-Denys, cf. *Poésies de l'époque des Thang*, Paris, MDCCCLXII, pp. 24-28.

2. *Ts'ö-tseu*, analyse des caractères chinois, c'est une sorte d'anagramme chinois pour deviner l'avenir.

3. *Fang-p'i :* littéralement, « lâcher un pet », ici débiter des paroles extravagantes ou proférer des propos absurdes.

4. *T'ang-wou-li koua ts'ao-kien, pou Che-houa*, littéralement : « une paillasse est suspendue dans la salle principale, ce n'est pas une parole (correcte) (ou : ce n'est pas un tableau)! » Il y a calembour, car *Houa* (« paroles ») et *Houa* (« tableau ») ont la même prononciation.

5. *Ts'i-tchan :* sept façons de divination d'après l'anagramme, ce sont : 1. Tirer au sort; 2. Prendre un rouleau de papier écrit; 3. Laisser un oiseau porter une carte dans le bec; 4. Tourner un plateau; 5. D'après les caractères cycliques du bâton céleste; 6. D'après le « Livre des mutations » et 7. D'après la méthode de l'empereur Jaune.

6. *Wou-kouen :* « tortue », nom donné aux proxénètes et aux domestiques des maisons de prostitution. Cf. p. 330, note 10.

7. *Yi p'i-kou leang lei-pa*, littéralement, « une fesse et deux côtes », expression de Nankin et Ngan-houei.

8. *Houa-ts'ien :* « argent de fleur », pourboire donné à une prostituée.

9. *Sin-tsin Houo-tch'ouan :* « Les bois de chauffage se consument, mais le feu (la vérité et le savoir) se transmet sans cesse à la postérité »; expression tirée du *Tchouang-tseu*, chap. 3 avec modification.

CHAPITRE LV

Quatre nouveaux personnages sont introduits pour évoquer le passé et penser à l'avenir.
On joue le morceau de musique « Montagne haute et eau courante [1] » pour terminer l'histoire.

La vingt-troisième année de l'ère Wan-li (1595), tous les plus grands lettrés de Nankin avaient peu à peu disparu. A ce moment-là, les lettrés de la génération du docteur Yu étaient soit devenus vieux, soit étaient morts, d'autres étaient partis au loin et s'étaient dispersés dans toutes les directions, et d'autres encore avaient fermé leur porte et se désintéressaient des affaires du monde. Les parterres et les tavernes n'étaient plus fréquentés par les hommes de talent, les gens honorables n'étudiaient plus à fond les rites, la musique et les œuvres littéraires. En ce qui concerne la conduite, tous ceux qui avaient passé avec succès les examens étaient considérés comme brillants, et ceux qui avaient échoué comme des imbéciles. Au sujet de la libéralité, les riches savaient montrer leurs actions fastueuses et pompeuses, tandis que les pauvres étaient délaissés et contraints à avoir l'air ignobles. Même si vous pouviez avoir le génie littéraire de Li Po ou de Tou Fou et la conduite vertueuse de Yen Houei ou de Tseng Chen [2], personne ne vous aurait demandé conseil et tout le monde vous aurait tourné le dos. C'est pourquoi dans les demeures des grandes familles, lors des cérémonies de la remise du bonnet viril [3], des mariages, des funérailles ou des sacrifices, dans les salles des notables, les invités et les hôtes ne discutaient que promotions, transfert, mutation et dégradation dans le monde des fonctionnaires. Tout ce que les lettrés pauvres et abjects faisaient n'était pas autre chose que d'essayer par astuce de conjecturer les intentions des examinateurs et de les flatter. Cependant, à l'opposé de ce qu'on aurait pu croire, parmi les citadins émergeaient quelques personnages extraordinaires.

L'un nommé Ki Hia-nien était calligraphe; depuis son enfance, il n'avait connu ni famille ni fortune, il logeait toujours dans les temples bouddhiques. Dès qu'il voyait un moine frapper le bois creux en forme de poisson [4], et se rendre au réfectoire avec les autres moines, il apportait également une écuelle de bonze et se tenait là pour manger avec eux. Les moines ne le repoussaient pas. Il avait une très belle écriture, il ne voulait pas imiter le modèle d'écriture des anciens, mais il créait un style qui lui était propre et écrivait au gré de son pinceau. Lorsqu'on lui demandait d'écrire, trois jours auparavant, il jeûnait toute la journée et broyait de l'encre pendant tout le deuxième jour, il ne voulait pas confier ce soin à aucune autre personne. Même pour écrire deux sentences symétriques de quatorze caractères, il usait un demi-bol d'encre. Il n'employait que les pinceaux très usés que d'autres avaient rejetés. Au moment d'écrire, il lui fallait trois ou quatre hommes pour tenir son papier. S'ils ne le tenaient pas convenablement, il les injuriait et les battait. Il fallait attendre son bon plaisir pour qu'il écrivît avec joie. S'il n'en avait pas envie, même si vous étiez roi, marquis, général ou ministre, et que vous lui offriez de grandes quantités d'argent, il ne vous octroyait même pas un regard. Il était très négligé dans sa mise, il portait une robe déchirée et une paire de sandales de paille très usées. Les jours où il écrivait et recevait ses émoluments, il payait ses repas et donnait au hasard le reste de l'argent à des pauvres qu'il ne connaissait même pas.

Un jour, après une tempête de neige, il entra chez un ami, il tachait partout le sol de la bibliothèque avec ses sandales usées jusqu'à la corde et pleines de boue sale. Le maître de la maison connaissant le caractère difficile du visiteur, bien qu'il le trouvât dégoûtant, était embarrassé de le lui dire franchement, il dit simplement :

« Monsieur Ki, vos honorables chaussures sont usées, pourriez-vous en acheter une autre paire et en changer ?

— Je n'ai pas l'argent, répondit Ki Hia-nien.

— Si vous daignez m'écrire une inscription, je vous achèterai une paire de chaussures, dit le maître de maison.

— Allez-vous croire que je n'ai pas mes propres chaussures et que j'ai besoin des vôtres ?! », répondit Ki.

Écœuré d'une pareille saleté, le maître de maison apporta une paire de pantoufles et dit :

« Je vous prie de changer vos chaussures, Monsieur, je crains que vous n'ayez froid aux pieds. »

Ki Hia-nien se fâcha, sans dire au revoir, il sortit par le porche en criant :

« Ah! ah! votre maison est un endroit si important que je ne peux m'y tenir chaussé comme je le suis! M'asseoir chez vous, c'est un honneur que je vous fais. Je n'ai nullement besoin de vos chaussures! »

Il retourna furieux au monastère de T'ien-kiai. Après le repas pris avec les moines, il vit dans la chambre du supérieur une boîte de bâtons d'encre parfumée de qualité supérieure.

« Avez-vous l'intention de vous servir de cette encre ? demanda Ki Hia-nien.

— Elle m'a été offerte hier par le petit-fils du censeur Che, répondit le moine. Je voudrais la garder pour l'offrir à mon tour à un de mes donateurs, je ne voudrais pas l'user.

— Laissez-moi écrire une inscription avec cette encre », dit Ki Hia-nien.

Sans attendre la réponse, il rapporta de sa chambre une grande pierre à broyer, puis il choisit un bâton d'encre, versa de l'eau, et s'assit sur le lit du moine où il se mit à broyer l'encre. Le moine qui connaissait très bien son caractère l'avait provoqué à écrire, exprès. Ki était occupé à broyer l'encre avec entrain au comble du plaisir, quand un serviteur vint annoncer au supérieur : Monsieur Che du Pont Flottant Inférieur.

Le supérieur sortit pour l'accueillir et le fit entrer dans la salle du monastère, il vit Ki Hia-nien, mais ils ne se saluèrent pas, Che s'éloigna avec le supérieur, ils allèrent s'entretenir dans un coin. Ki Hia-nien ayant achevé de broyer l'encre, sortit une feuille de papier et l'étendit sur une table, il demanda à quatre novices de la lui tenir. Il prit un pinceau usé, le trempa soigneusement dans l'encre, regarda pendant quelque temps le papier [5] et écrivit une ligne tout d'une traite et tout d'une haleine. Le novice qui était à sa droite bougea un peu, il lui donna un coup sur la tête, le novice se ratatina à mi-hauteur et se mit à hurler comme si on l'assassinait. Le supérieur, entendant les cris, accourut pour voir ce qui était arrivé et trouva Ki vociférant encore de rage et criant aussi fort que le novice. Le supérieur lui conseilla de ne pas se fâcher, tint lui-même le papier à la place du novice et le laissa finir de calligraphier son inscription. Le petit-fils du censeur Che vint aussi regarder un instant, puis prit congé du supérieur.

Le jour suivant, un serviteur de la famille Che vint au monastère du Royaume Céleste et vit Ki Hia-nien :

« Un calligraphe nommé Ki est-il ici ? lui demanda-t-il.

— Pourquoi le demandez-vous ? répondit Ki Hia-nien.

— Mon maître lui fait demander de venir demain dans notre maison pour écrire », répondit le serviteur.

Ki Hia-nien se contenta de dire :

« Très bien, il n'est pas ici aujourd'hui, je lui dirai d'aller chez vous demain. »

Le lendemain, Ki Hia-nien arrivé à la porte de la famille Che du Pont Flottant Inférieur s'apprêtait à entrer. Mais le portier l'arrêta et demanda :

« Qui êtes-vous ! Vous vous faufilez à l'intérieur comme ça !

— Je suis venu ici pour écrire », répondit Ki Hia-nien.

Juste à ce moment le serviteur sortit de la loge, le vit et dit :

« Ah ! En effet, c'est vous ! vous savez vraiment écrire ! »

Il l'introduisit dans le grand salon et partit l'annoncer. Sitôt que le petit-fils du censeur Che sortit de derrière un paravent [6], Ki Hia-nien se tourna vers lui et l'admonesta sévèrement :

« Quelle espèce d'homme êtes-vous ? Vous osez m'ordonner de venir écrire ! Je n'envie pas votre argent, je ne suis pas impressionné par votre puissance, je ne sollicite pas votre faveur, comment osez-vous m'ordonner d'écrire ! »

Il criait, tempêtait et lançait tellement d'injures que le notable Che ne pouvant ouvrir la bouche, tout à fait muet, rentra à l'intérieur en baissant la tête. Ki Hia-nien continua encore de l'invectiver pendant quelque temps, puis retourna au monastère du Royaume Céleste comme d'habitude.

Un autre de ces personnages extraordinaires était le vendeur d'allumettes de papier [7], nommé Wang T'ai, ses ancêtres de génération en génération étaient maraîchers et vendeurs de légumes aux Trois Arches, mais son père s'étant appauvri dut vendre même leur jardin potager. Depuis son enfance Wang T'ai aimait extrêmement jouer aux échecs *(wei-k'i)*. Plus tard, après la mort de son père, comme il n'avait rien pour vivre, chaque jour, il allait dans la région de la Passe du Tigre s'accroupir pour vendre des allumettes de papier afin de gagner sa vie. Ce jour-là il y avait une foire au couvent de l'Intention Merveilleuse près de l'étang du Dragon Noir. C'était au tout début de l'été; dans un étang, des feuilles de lotus toutes fraîches, élancées flottaient sur l'eau. Le jardin du couvent était sillonné de sentiers sinueux, il y avait également beaucoup de pavillons et de kiosques, les promeneurs entraient nombreux s'y divertir. Parmi eux Wang T'ai errait un peu partout, puis il arriva à une table de pierre à l'ombre d'un saule; sur quatre bancs de pierre qui l'entouraient quelques hauts fonctionnaires s'étaient installés pour regarder deux joueurs d'échecs.

« Notre Monsieur Ma a joué l'autre jour pour un enjeu de cent dix taëls avec les marchands de sel à Yang-tcheou, dit un homme en bleu saphir, les a battus l'un après l'autre et a gagné plus de deux mille taëls.

— Notre Monsieur Ma est un grand champion sans égal sous le ciel, déclara un jeune homme portant une robe couleur de jade, il n'y a que ce Monsieur Pien qui puisse être un rival pour lui, et encore lorsque Monsieur Ma lui donne deux pièces. Quant à nous tous, si nous voulons étudier pour atteindre le niveau de Monsieur Pien, ce nous sera vraiment très très difficile! »

Wang T'ai s'étant approché se fraya un chemin en avant pour jeter un coup d'œil furtif, les serviteurs virent qu'il était vêtu de haillons; ils le repoussaient, l'écartaient et ne l'autorisaient pas à s'avancer.

« Est-il possible qu'un homme comme vous sache suivre une partie d'échecs? demanda l'hôte qui s'assit à la place inférieure.

— Eh! oui, j'en suis capable un tout petit peu », répondit Wang T'ai.

Il se tint là à regarder un moment, puis se mit à rire.

« Vous, l'individu, qui savez si bien rire, jouez-vous mieux que nous? demanda l'homme nommé Ma.

— Probablement oui, tout juste un peu mieux, répondit Wang T'ai.

— Quelle espèce d'homme êtes-vous? protesta l'hôte, pour jouer contre Monsieur Ma.

— Puisqu'il est audacieux, dit l'homme nommé Pien, pourquoi ne pas le laisser montrer sa maladresse! Il comprendra qu'il ne devrait pas placer un mot lorsque nous autres les seigneurs jouons aux échecs! »

Wang T'ai ne s'excusa pas, mais plaça ses pions et pria le dénommé Ma de débuter la partie. Les spectateurs le trouvaient risible. Après quelques mouvements, le dénommé Ma s'aperçut que cet homme n'était pas un joueur ordinaire. Au milieu du jeu, il se leva :

« J'ai perdu une demi-pièce! », dit-il.

Les autres étaient tout à fait effarés et n'en croyaient pas leurs yeux.

« D'après la situation, c'est en effet Monsieur Ma qui perd un peu », confirma le dénommé Pien.

Stupéfaits, ils invitèrent Wang T'ai à boire du vin.

« Il n'y a rien de plus plaisant au monde que de battre un joueur médiocre, je suis tellement joyeux que je n'ai pas envie de boire! »

Sur ce, il rit aux éclats et s'en alla sans même tourner la tête et jeter un coup d'œil en arrière.

Le troisième était le tenancier d'une maison de thé. Il s'appelait Kai K'ouan, il avait possédé jadis un mont-de-piété. Lorsqu'il avait une vingtaine d'années, sa famille était riche, non seulement elle ouvrait une boutique de prêt sur gages, mais elle avait des champs de rizières et des terrains d'alluvion [8]. Tous ses parents avaient de l'argent, mais il détestait leur vulgarité et passait des heures chaque jour dans la bibliothèque à composer des poèmes et lire des ouvrages. Il aimait aussi la peinture. Plus tard comme les tableaux qu'il avait faits étaient excellents, beaucoup de poètes et d'artistes le fréquentaient. Quoique leurs peintures et leurs poèmes ne fussent pas aussi bons que les siens, il aimait leur talent à l'égal de sa propre vie, lorsque de tels visiteurs venaient le voir, il les retenait pour boire du vin et se régaler; il parlait et riait avec eux. Chez ces gens quand se présentait une dépense urgente : cérémonie de prise du bonnet viril, mariage, enterrement, sacrifices, et qu'ils manquaient d'argent, ils lui demandaient un emprunt que Kai K'ouan ne refusait jamais. Les employés de son mont-de-piété en voyant ce comportement de leur maître, disaient tous qu'il devait être un imbécile et ils l'escroquaient de leur mieux par tous les moyens, tant et si bien que son capital peu à peu disparut. En outre, plusieurs années de suite ses champs furent inondés, et il dut combler la perte en grains et semences, alors quelques personnes malhonnêtes vinrent lui conseiller de les vendre. Les acheteurs disant que les champs étaient stériles, ne les payèrent que cinq à six cents taëls alors qu'ils en valaient mille de toute évidence. Cependant il ne pouvait faire autrement que de les vendre. Il ne sut pas faire bon usage du montant de cette vente et garda l'argent à la maison pour le dépenser selon ses besoins. Bien sûr, la somme ne dura pas très longtemps, il n'eut plus que le revenu des terrains d'alluvion pour payer ses dettes. Mais voilà que ses employés étaient de mauvaises gens qui n'avaient pas de conscience, ils mirent le feu dans la cour des piles de combustibles, la chance était contre lui, après quelques incendies successifs, les dizaines de milliers de fagots de bois dans la cour furent entièrement réduits en cendre! Le bois de chauffage de roseaux fondit en brûlant et se tordit en formes étranges et baroques comme les pierres du lac T'ai-hou [9]. Ses employés lui apportèrent quelques-uns de ces tronçons calcinés. Il les trouva cocasses et les conserva dans sa maison.

« Ce sont des choses qui porteront malheur, l'avertirent les membres de sa famille, il ne faut pas les garder! »

Mais il ne voulut pas le croire et les garda dans sa bibliothèque pour s'amuser; ses employés, quand il n'eut même plus de terrain d'alluvion, l'abandonnèrent. Une demi-année après, pour pouvoir acheter la nourriture quotidienne, il vendit sa grande maison pour vivre dans une plus petite. Une autre demi-année après, sa femme mourut, pour subvenir aux frais des funérailles, il vendit aussi sa petite maison. Le pauvre Kai K'ouan avec son fils et sa fille déménagea dans une toute petite demeure de deux pièces dans une rue retirée et y ouvrit une maison de thé. Il laissa à son fils et sa fille la pièce intérieure; dans la pièce extérieure, il disposa quelques tables pour le thé, et sous la partie du toit en saillie par-derrière, il installa un fourneau à thé; sur la droite, il mit un comptoir, qui dissimulait deux cuves remplies d'eau de pluie. Il se levait de bonne heure pour allumer lui-même le feu, après l'avoir éventé et fait flamber, il mettait sur le fourneau une bouilloire à chauffer, puis s'asseyait derrière son comptoir pour lire des poèmes ou peindre des tableaux. Dans un vase sur le comptoir, étaient piquées des fleurs fraîches de saison, et à côté de ce vase étaient entassés beaucoup de livres anciens. Il avait vendu toutes sortes d'autres choses de sa famille, mais il ne daignait pas se séparer de ces quelques livres anciens qu'il aimait de tout son cœur. Quand les clients entraient s'asseoir pour boire du thé, il posait son livre pour leur apporter une théière et des tasses. Le profit de la maison de thé était très limité; il gagnait seulement une sapèque par théière, et comme il n'en écoulait pas plus de cinquante à soixante par jour, il ne gagnait pas plus de cinquante à soixante sapèques par jour. Après avoir payé le combustible et le riz, il ne lui restait presque plus rien.

Ce jour-là, il était assis à son comptoir, un vieux voisin entra pour bavarder avec lui et vit que bien que ce fût la dixième lune, Kai portait encore le vêtement de toile de ramie d'été.

« Maintenant vous êtes quand même dans la misère! dit-il. Et pourtant, autrefois, vous avez aidé beaucoup de gens, mais aucun d'eux ne vient ici vous voir. Tous vos parents sont encore aisés, pourquoi n'allez-vous pas délibérer un peu avec eux et emprunter un capital important pour établir un grand commerce afin d'avoir de quoi vivre ?

— Cher ami, répliqua Kai K'ouan, le proverbe dit : " Les sentiments humains dans le monde sont tantôt chaleureux tantôt froids suivant la situation, les hommes flattent les riches et les puissants et tournent le dos aux pauvres et aux faibles ". Dans le temps, quand j'étais bien habillé et escorté également par des serviteurs élégants, j'étais à égalité avec mes parents, je ne les déshonorais pas. Mais maintenant que je suis dans cet état misérable, si je leur rendais visite, même s'ils n'éprouvaient pas de l'aversion pour moi, je me trouverais moi-même détestable. Quant aux gens que vous dites que j'ai aidés dans le passé, ce sont tous des pauvres, comment peuvent-ils me payer en retour ? Actuellement ils vont chez d'autres hommes riches, pourquoi viendraient-ils ici me rendre visite ?! Et si je vais les voir, je les ennuierai pour rien, quel intérêt y a-t-il ?! »

Quand le voisin l'entendit parler avec tant d'amertume, il dit : « Mon cher, votre maison de thé est très calme, je pense que vous n'aurez pas beaucoup de clients aujourd'hui, profitons du beau temps pour aller nous promener un peu en dehors de la Porte du Sud.

— Nous promener, ce serait très bien, répondit Kai K'ouan, seulement je n'ai pas d'argent, comment faire ?

— J'ai quelques centimes d'argent, dit le voisin, nous prendrons un repas végétarien.

— Vous êtes très gentil, je vous fais dépenser encore une fois pour moi », répondit Kai K'ouan.

Kai cria alors à son fils de sortir surveiller la boutique, puis avec le vieux voisin il marcha vers la Porte du Sud. Dans un restaurant musulman ils prirent un repas végétarien de cinq centimes. Quand le voisin eut payé l'addition et laissé un pourboire, ils marchèrent à pas lents devant eux et entrèrent dans le temple de la Bonté Récompensée. Ils regardèrent la grande salle, le corridor du sud, le lieu de sépulture de Tripitaka et la grande poêle à frire, puis ils revinrent à l'entrée du temple acheter un paquet de bonbons et s'assirent dans une maison de thé derrière la pagode.

« Maintenant le monde a changé, dit le voisin de Kai, il y a moins de visiteurs au temple de la Bonté Récompensée qu'auparavant, ils achètent même moins de bonbons qu'il y a vingt ans !

— Vous êtes âgé de plus de soixante-dix ans, dit Kai K'ouan, vous avez dû voir beaucoup de choses, mais les choses ne sont plus ce qu'elles étaient. Par exemple, je sais quand même dessiner quelques tableaux, si j'avais vécu au temps du docteur Yu et des autres lettrés illustres, je n'aurais pas eu besoin de me faire du souci pour un bol de riz quotidien ! Qui aurait pu penser que la vie deviendrait difficile à gagner à ce point-là !

— Ah ! tiens, vous m'y faites penser, dit le voisin. Près de cette Terrasse des Fleurs de Pluie [10] se trouve le temple de T'ai-po, construit jadis par un Monsieur Tch'e de Kiu-jong, ce fut très animé l'année où il demanda au docteur Yu d'y venir faire des sacrifices ! A ce moment-là, j'avais un peu plus de vingt ans et je forçais à travers la foule serrée pour regarder et je perdis mon chapeau à cause de la bousculade. Mais, hélas !

aujourd'hui il n'y a personne pour veiller sur le temple, et les édifices s'écroulent. Quand nous aurons fini notre thé, allons y jeter un coup d'œil! »

Ils absorbèrent encore une assiette de fromage de soja séché fabriqué par les habitants de la montagne de la Tête du Bœuf, puis payèrent le thé et s'en allèrent. Ayant gravi la côte gauche de la Terrasse des Fleurs de Pluie, ils virent la salle principale du temple T'ai-po, dont la moitié du faîte s'effondrait. Ils arrivèrent devant la porte du temple où cinq ou six enfants jouaient au ballon, un des deux battants de cette porte était tombé au sol. A l'intérieur du temple ils rencontrèrent trois ou quatre vieilles campagnardes qui étaient en train d'extraire les bourses-à-pasteur des fentes de l'allée de pierre qui conduisait à la grande salle, tous les treillis avaient disparu dans la grande salle. Ils traversèrent cinq bâtiments à l'arrière qui étaient complètement dépouillés, pas même une seule planche du plancher n'avait été laissée. Après qu'ils en eurent fait le tour, Kai K'ouan dit avec un soupir :

« Ah! qu'un endroit aussi célèbre tombe maintenant en ruine jusqu'à ce point! et qu'il n'y ait même pas une seule personne qui vienne réparer ce temple! Beaucoup d'hommes riches construisent des monastères de bonzes et des temples taoïstes avec de grosses sommes, mais qui est-ce qui songe à réparer le temple d'un ancien sage?

— Dans le temps, dit le voisin, Monsieur Tch'e acheta beaucoup d'ustensiles, qui étaient tous de forme ancienne, et les conservait dans quelques grandes armoires au rez-de-chaussée de cet édifice, maintenant même ces armoires ont disparu!

— Mentionner les anciens temps rend les gens bien tristes, dit Kai K'ouan, nous ferons mieux de retourner! »

Tous les deux sortirent lentement du temple.

« Irons-nous en passant jusqu'au sommet de la Terrasse des Fleurs de Pluie? » suggéra le voisin de Kai.

Ils regardèrent les montagnes vert clair couvertes de brouillard de l'autre côté de la rivière. Les bateaux faisaient la navette çà et là sur la rivière, leurs voiles et mâts se découpaient nettement et pouvaient être comptés. Le soleil rouge se couchait peu à peu derrière la montagne. Les deux hommes descendirent à pas lents la colline et rentrèrent à la ville. Kai K'ouan continua à vendre du thé pendant une demi-année. Le troisième mois de l'année suivante, une famille lui proposa huit taëls comme traitement en l'invitant chez elle comme précepteur; il accepta.

Enfin, le dernier de ces personnages était un tailleur. Il s'appelait King Yuan et était âgé de plus de cinquante ans, il tenait une boutique de tailleur dans la rue des Trois Montagnes. Chaque jour en dehors des heures que son métier lui prenait, il jouait de la lyre et pratiquait la calligraphie, il aimait beaucoup aussi composer des poèmes. Ses amis et ses connaissances lui demandaient :

« Puisque vous voulez être un homme de lettres, pourquoi continuez-vous à exercer votre honorable profession ? Pourquoi ne fréquentez-vous pas les lettrés des écoles et ne liez-vous pas amitié avec eux ?

— Je ne veux pas être un homme de lettres, répondit-il. J'aime ces choses par disposition naturelle, c'est pourquoi je me livre à l'étude de temps en temps. Quant à mon humble métier, il m'a été transmis par mon grand-père, est-il possible que ce métier de tailleur déshonore mes études ?! En outre, ces lettrés des écoles ne considèrent pas les choses de la même façon que moi, comment daigneraient-ils se lier d'amitié avec moi ? Maintenant chaque jour, je gagne six ou sept centimes, quand j'ai mangé à satiété, si je désire jouer de ma lyre ou pratiquer la calligraphie, je puis le faire comme bon me semble et personne ne m'en empêchera. Je n'envie pas la richesse et la noblesse d'autrui, je n'ai pas besoin d'observer la couleur des visages des autres pour les flatter, le ciel ne me contrôle pas, la terre ne me surveille pas, je suis tout à fait libre et mon propre maître, ah ! vraiment cet état est joyeux ! »

Quand ses amis l'entendirent parler de cette façon, ils ne le traîtèrent plus avec chaleur et intimité.

Un jour, quand King Yuan eut fini son repas, il considéra qu'il était libre de son temps, il marcha sans détour jusqu'à la montagne Ts'ing-leang, l'endroit le plus tranquille et le plus retiré à l'ouest de la ville de Nankin. Il avait un vieil ami nommé Yu qui habitait derrière la montagne. Ce vieux Yu ne faisait ni étude ni commerce. Il avait élevé cinq fils dont le plus âgé avait plus de quarante ans, et même le plus jeune avait déjà plus de vingt ans. Le vieux Yu surveillait et dirigeait les travaux de ses cinq fils dans leur jardin potager. Ce jardin avait une superficie de vingt à trente arpents [11], dans les endroits vides au milieu, ils avaient planté beaucoup de fleurs et d'arbres et entassé des tertres artificiels. Le vieil homme y avait construit une chaumière, et les platanes qu'il avait plantés de ses propres mains atteignaient déjà trente à quarante *wei* [12] de circonférence. Après avoir surveillé l'arrosage des légumes, le vieil homme avait allumé le feu pour infuser le thé dans la chaumière, puis en buvant il contemplait la fraîche verdure du jardin. Ce jour-là, King Yuan arriva à pied, le vieux Yu alla à sa rencontre et dit :

« Depuis longtemps je ne vous ai pas vu venir, vieux frère, avez-vous été très occupé par votre commerce ?

— Oui, répondit King Yuan, aujourd'hui seulement j'ai fini d'expédier mes affaires et j'ai pu m'échapper, je suis venu tout exprès pour vous voir, oncle !

— Justement je viens d'infuser une théière de thé, dit le vieux Yu, je vous prie d'en accepter une tasse. »

King Yuan la prit et s'assit pour boire.

« La couleur, le parfum et le goût de ce thé sont de grande qualité, dit King, où avez-vous trouvé si bonne eau ?

— Notre ouest de la ville n'est pas comme votre sud, dit le vieux Yu, ici nous pouvons boire l'eau de tous les puits.

— Les anciens disaient souvent qu'ils soupiraient après " la source des Fleurs de Pêcher " pour échapper aux troubles du monde[13], dit King Yuan, mais je pense que l'on n'a pas besoin de " la Source des Fleurs de Pêcher ", il suffit d'habiter tranquillement, librement et sans souci dans une montagne boisée de la ville comme vous faites, oncle, et l'on est comme un immortel des temps présents.

— Seulement moi, vieux et maladroit, je ne suis bon à rien, répondit le vieux Yu, si j'avais pu jouer de la lyre comme vous, vieux frère, je pourrais me distraire un peu et soulager mon cœur. Je pense que vous devez jouer mieux que jamais, quand pourriez-vous me laisser vous entendre ?

— C'est facile, répondit King Yuan, si vous n'avez pas de l'aversion à avoir les oreilles mises à l'épreuve, j'apporterai ma lyre demain pour profiter de vos avis. »

La conversation dura encore un moment, puis il retourna chez lui.

Le jour suivant, King Yuan apporta lui-même sa lyre et arriva au jardin, le vieux Yu l'y attendait, après avoir pris soin de faire brûler un encens des plus fins, et après s'être salués et avoir échangé quelques paroles, le vieux Yu déposa la lyre de King Yuan sur un banc de pierre. King Yuan s'assit par terre et le vieux Yu s'assit à côté de lui. King Yuan accorda doucement ses cordes, puis commença à jouer. Les sonorités harmonieuses et argentines faisaient vibrer les branches des arbres, tandis que moineaux et loriots, attentifs, se figeaient silencieux dans les feuillages.

Quand il eut exécuté cet impromptu gracieux, il en modifia *ex abrupto* l'accent et tira de sa lyre des chants émouvants de tristesse et de solitude qui faisaient couler à son insu des larmes d'attendrissement au vieux Yu.

A partir de ce jour, ces deux hommes se fréquentèrent constamment. Mais pour le moment, King prit le chemin du retour.

Lecteurs! Est-ce que désormais il n'y aura plus un seul sage, plus un homme vertueux qui puisse figurer dans cette « Histoire officieuse de la forêt des lettrés » ?

Voici un poème à chanter :

Je me rappelle que dans les jours anciens,
Par amour de la rivière Ts'in-Houai[14],
J'ai quitté sans réfléchir mon pays natal.
Derrière la Forge de la Racine du Prunier[15], *j'ai erré souvent insouciant et fier.*
Dans le village des Fleurs d'Abricotiers[15], *j'ai flâné maintes fois çà et là.*
Comme un phénix qui repose sur un haut sterculier,
Ou comme une cigale qui crie sur une petite terrasse,
J'ai rivalisé avec les lettrés de mon temps.
Mais maintenant, tout est fini !
J'ai rejeté mon chapeau et ma robe officiels comme un insecte sa mue ;
J'ai lavé mes pieds dans les eaux de la rivière des Ondes Bleues[16].
Au moment où l'ennui guette, je vais remplir ma coupe colorée de vin.
Et inviter quelques nouveaux amis à s'enivrer avec moi.
Une centaine d'années sont bientôt passées,
A quoi bon s'attrister !
Une renommée de mille automnes est une affaire importante,
Mais elle nécessite des grands efforts pour l'acquérir !
Les brouillards et nuages colorés[17] *du bas Yang-tseu*[18],
Et les hommes célèbres du Sud de la Houai[19] *que j'ai connus*
Sont décrits dans cet ouvrage fragmentaire, j'en garde le souvenir nostalgique.
Dans les jours à venir,
Mon poêle à médicaments et mes soutras bouddhistes me tiendront compagnie
Et, tout seul, j'invoquerai « le Roi du Vide »[20].

NOTES

1. *Kao-chan lieou-chouei :* « montagne haute et eau courante », parfaite interprétation musicale, amis intimes. Allusion à Po Ya, excellent guitariste qui interprétant sur son instrument des morceaux dans lesquels il essayait de dépeindre la hauteur des montagnes et la vaste étendue des fleuves, était parfaitement compris de Tchong Tseu-k'i, son ami intime. Cf. le *Lie-tseu*, chap. « T'ang-wen ».

2. Yen Houei (521-490 av. J.-C.) et Tseng Chen (505-? av. J.-C.), deux brillants disciples de Confucius. Cf. le *Che-ki* (« Mémoires historiques de Sseu-ma Ts'ien »), chap. 67.

3. *Kouan :* « recevoir le bonnet viril ». D'après le chapitre *K'iu-li* du *Li-ki*, un jeune homme à vingt ans recevait le bonnet viril.

4. *Tch'ouan-pan :* c'est un bois creux en forme de poisson qui est suspendu devant le réfectoire des temples bouddhiques, il est appelé également *Fan-pan*, « bois de repas » ou *Fan-pang*, « bois creux de repas ». Au moment des repas, un moine frappe le bois pour appeler les autres moines.

5. Le calligraphe regarde son papier pendant quelque temps, car il doit évaluer mentalement la place que chaque caractère devra occuper.

6. En Chine dans le grand salon, il y a un paravent pour dissimuler la porte conduisant aux chambres des maîtres et empêcher les revenants d'entrer.

7. *Houo-tche t'ong-tseu :* petits rouleaux de papier destinés à être allumés que l'on emploie pour la pipe d'eau.

8. *Tcheou-tch'ang :* « terrain d'alluvion », îlots de roseaux, terrain où l'on cherche le combustible de roseaux.

9. T'ai-hou, lac T'ai-hou (Grand Lac), se trouve entre le Kiang-sou et le Tchö-kiang; d'une surface de 36 mille hectares, il est réputé pour ses eaux limpides et son paysage de montagnes.

10. Yu-houa-t'ai : Terrasse des Fleurs de Pluie, se trouve au sud de Nankin. D'après la tradition, à l'époque de l'empereur Wou des Leang (502-519), le prêtre bouddhiste Yu-kouang y prêcha des soutras ce qui émut le ciel et des fleurs tombèrent comme pluie.

11. *Mou :* arpent chinois, mesure de superficie équivalant à 1/15 d'hectare.

12. *Wei :* mesure de longueur de circonférence, équivaut à trois ou cinq pouces.

13. *T'ao-yuan pi-che :* « la source des Fleurs de Pêcher où l'on peut fuir les troubles du monde ». Allusion littéraire tirée d'un conte intitulé *T'ao-houa-yuan ki*, (Histoire de la Source des Fleurs de Pêcher), écrite par T'ao Ts'ien (365-427). Dans ce conte l'auteur racontait que des gens avaient trouvé refuge dans un lieu près de la source des Fleurs de Pêcher pour échapper aux troubles de l'époque des Ts'in (246-207 av. J.-C.). Plus tard, la Source des Fleurs de Pêcher signifia « lieu de délices en dehors du monde ».

14. Ts'in-houai : Rivière qui traverse la ville de Nankin.

15. Mei-ken-ye : La forge de la Racine du Prunier. Hing-houa-ts'ouen : Village des Fleurs d'Abricotiers. Sites pittoresques de la sous-préfecture Kouei-tch'e du Ngan-houei.

16. Ts'ang-lang (les Ondes Bleues) : nom d'une rivière qui se trouve dans le Hou-nan. Ce vers est tiré du *Yu-fou* (« Le Pêcheur ») de K'iu Yuan et du livre 4 chap. 1er du *Mong-tseu*. Dans le *Yu-fou* et le *Mong-tseu*, on lit : « Si la Ts'ang-lang est pure, j'y pourrai laver les cordons de mon bonnet, si elle est trouble, je pourrai m'y laver les pieds. » Cf. COUVREUR, *Œuvres de Meng Tzeu*, Paris, 1951, p. 470.

17. *Yen-hia :* « le brouillard et les nuages colorés », expression qui veut dire : beau paysage.

18. Kiang-tso : la gauche du fleuve Yang-tseu, ce sont les régions du cours inférieur du Yang-tseu (par exemple, la région de Nankin).

19. Houai-nan : le sud de la rivière Houai, les régions du Kiang-sou et du Ngan-houei.

20. K'ong-wang : le Roi du Vide, autre nom du Bouddha.

LISTE DES PRINCIPAUX PERSONNAGES

A San, domestique de Ni T'ing-tchou, chap. XXVII.
Chao, domestique de la famille Tou, chap. XXV.
Charmante, cf. Pín-niang.
Che, censeur, chap. XXVII, XLIV, XLIX, L.
Che Jen, sous-préfet, chap. I.
Che Lao-chou, escroc, voisin de Nieou P'ou-lang, chap. XXIV.
Che Mei-k'ing, vend la veuve de son frère, chap. XIX.
Chen aux Grands Pieds, entremetteuse, chap. XXVI, XXVII, XXIX, XXX.
Chen K'iong-tche, fille du lettré Chen Ta-nien, elle refuse d'être la concubine d'un riche marchand de sel, chap. XL, XLI.
Chen Siang-fou, paysan, chap. II, VII.
Chen Ta-nien, bachelier, instituteur et père de Chen K'iong-tche, chap. XL.
Chen T'ien-fou, entremetteur, chap. XXVI, XXVII.
Chen Wen-k'ing, fils de Chen Siang-fou et gendre du chef de village Hia, chap. VII.
Chouang-hong, servante de Mlle Lou, chap. X, XIII, XXXIV.
Chouen (Mlle), prostituée, chap. XLI, XLII.
Fan Tsin, lettré pauvre qui deviendra bachelier, licencié, docteur ès lettres, puis commissaire provincial de l'éducation, chap. III, VII.
Fang, marchand de sel, chap. XXVIII, XLIV, XLV.
Fang Chao, propriétaire d'un mont-de-piété, chap. XLVII.
Fang Kouo-tchen, rebelle, chap. I.
Fong, marchand de sel, chap. XXVIII.
Fong Kiun-jouei, bachelier, chap. XLIII.
Fong le quatrième, homme chevaleresque, chap. XLIX, L, LI, LII. Voir : Fong Ming-k'i.
Fong Ming-k'i, chap. LI. Voir : Fong le quatrième.
Fong Tchouo-ngan, docteur ès lettres, chap. XX, XXII, XXIII.
Fong Ying, il est impliqué dans une affaire criminelle, chap. XLIV.
Hia, chef de village, chap. II.
Hiang Ting, sous-préfet, puis préfet, puis intendant de circonscription, chap. XXIII, XXIV, XXV.
Ho Houa, servante, chap. XXVI.
Ho le deuxième, ami de P'an le troisième, chap. XIX.
Ho Mei-tche, fermier, chap. IV.
Hong Han-sien, escroc, chap. XV, LII.
Hou, boucher, chap. III, IV.

Hou, mégère, voir : Mme Wang née Hou, chap. XXVI.
Hou le huitième, fils d'un ministre, chap. LII.
Hou le troisième, bachelier, fils d'un ministre, chap. XVIII, LIV. Voir : Hou Mi-tche.
Hou Mi-tche, chap. XV, XVIII, voir : Hou le troisième.
Hou Tchen, chap. XV, LII, voir : Hou le troisième.
Hou-qui-tient-la-tête-penchée, clerc du commissaire des finances et père de Mme Wang, chap. XXVI.
Houan-tch'eng, serviteur, fils de Tsin Tsio et amant de Chouang-hong, chap. XII, XIII, XIV.
Houang, acteur, chap. XXIV.
Houang, petit commerçant et beau-père de Nieou P'ou, chap. XXIII.
Houang K'ieou, satellite, chap. XIX.
Houang Meng-t'ong, paysan, chap. V.
Houang Siang-fou, achète la belle-sœur de Che Mei-k'ing, chap. XIX.
Houang Ta, gardien des temples des ancêtres de Tou Chao-k'ing, chap. XXXII.
Houei Min, moine, chap. IV.
Houei-yuan, abbesse, chap. XIII.
Kai K'ouan, propriétaire d'une maison de thé et peintre, chap. LV.
Kao, académicien, chap. XXXIV, XLIV, XLIX, L.
Ki Hia-nien, calligraphe, chap. LV.
Ki Houan, compilateur d'anthologies d'essais, chap. XXVI, XXXVI, XXXVII, XLVI. Voir : Ki Wei-siao.
Ki T'ien-yi, compilateur d'anthologies d'essais, chap. XXVIII, XXIX, XXXIII, XXXVII, XLII.
Ki Wei-siao, chap. XXVI, XXVII, XXVIII, XXIX, XXX. Voir : Ki Houan.
K'i Lien, géomancien, chap. XXXVI.
Kia, première femme de Nieou P'ou-lang, chap. XXIV.
Kia-tsiao, domestique de Tou Chao-k'ing, chap. XXXI, XXXIII.
Kin Sieou-yi, oncle maternel de P'in-niang et fils de Kin Ts'eu-fou, chap. LIII, LIV.
Kin Tong-yai, scribe du ministère des Fonctionnaires, chap. VII, XVIII, XIX, XXIX, XXX, XXXIII, XXXIV, XXXV, XXXVII.
Kin Ts'eu-fou, professeur d'art dramatique dans la troupe de Pao Wen-k'ing, chap. XXV, XXVII, XXXVII.
Kin Yao, bachelier et fils de Kin Tong-yai, chap. XIX.
Kin Yeou-yu, commerçant, beau-frère de Tcheou Tsin, chap. II, III.
Kin Yu-lieou, poète, chap. XXVIII, XXIX, XXX, XXXVII.
King Lan-kiang, propriétaire d'un magasin de chapeaux et pseudo-lettré, chap. XVII, XIX, XX, XXXIII, LIV.
King Pen-houei, chap. XVIII, XXXVII. Voir : King Lan-kiang.
King Yuan, tailleur, chap. LV.
K'iu, préfet, chap. VIII. Voir : K'iu Yeou.
K'iu Chen-fou, compilateur de morceaux choisis d'essais et gendre de l'académicien Lou, chap. XII, XIII, XVII, XXVIII, XXXIII, XXXIV, XXXV, LIV. Voir : K'iu Lai-siun.
K'iu King-yu, secrétaire privé du commissaire provincial de l'Éducation et fils du préfet K'iu, chap. VII, VIII.
K'iu Lai'-siun, fils de K'iu King-yu, chap. VIII, XXXVI, XXXVII. Voir : K'iu Chen-fou.
K'iu Sin-fou, voir : K'iu Chen-fou.
K'iu T'an-ngan, chap. XVIII. Voir : K'iu Yeou.
K'iu Yeou, préfet, chap. VIII.
K'iuan, vendeuse de fleurs, chap. XLVII.
K'iuan Wou-yong, pédant, chap. XII, XIII, XVII, LIV.

Ko Lai-kouan, acteur, chap. XXX, XLI, XLII.
Kou, marchand de sel, chap. XXIII.
K'ouang Eul, chap. XVIII. Voir : K'ouang Tch'ao-jen.
K'ouang K'iong, chap. XV, XVIII. Voir : K'ouang Tch'ao-jen.
K'ouang Tch'ao-jen, bachelier, compilateur de morceaux choisis d'essais, chap. XV, XVI, XVII, XIX, XX, XXVIII, XLII, LIV. Voir : K'ouang Eul et K'ouang K'iong.
Kouei, gendre de Pao Wen-k'ing, chap. XXV, XXVII.
Kouo Li, fils pieux de Wang Houei, chap. XXXVII, XXXVIII.
Kouo T'ie-chan, fils pieux, chap. XXXVII. Voir : Kouo Li.
Kouo T'ie-pi, graveur de sceaux, chap. XXI, XXII, XXVIII, XXIX, XXX, XXXIII, XXXVII.
Lai Fou, serviteur, chap. VI.
Lai Hia-che, prêtre taoïste, chap. XXVIII, XXIX, XXX, XXXIII.
Lei Ki, docteur ès lettres, puis préfet, chap. XLIII, XLIV.
Leou Fong, licencié, 3e fils du Premier ministre, oncle de K'iu Lai-siun, chap. VIII.
Leou le premier, petit-fils de Leou Houan-wen, chap. XXXIII.
Leou le quatrième, chap. LIV. Voir : Leou Tsan.
Leou le troisième, chap. LIV. Voir : Leou Fong.
Leou So-t'ing, 4e fils du Premier ministre, chap. XII. Voir : Leou Tsan.
Leou Tsan, étudiant à l'Université Impériale, 4e fils du Premier ministre, oncle de K'iu Lai-siun, chap. VIII.
Leou Wen-k'o, Premier ministre, chap. VIII.
Leou Yu-t'ing, 3e fils du Premier ministre, chap. XII, XVII, LIV. Voir : Leou Fong.
Li Pen-ying, sous-préfet, puis censeur; chap. XVI, XIX, XX.
Ling Fong, propriétaire d'une distillerie, chap. XLV.
Lou (Mlle), fille d'un académicien, chap. X, XIII, XXXIV.
Lou, académicien, beau-père de K'iu Lai-siun, élève du Premier ministre, chap. X.
Lou Houa-che, étudiant, neveu maternel de Tou Chao-k'ing, chap. XXXIII, XXXVII.
Lou Sin-heou, chap. XXXV, XLI. Voir : Lou To.
Lou To, collectionneur d'ouvrages littéraires, chap. XXXV, XXXVII. Voir : Lou Sin-heou.
Ma le deuxième, chap. XXXIV. Voir : Ma Tch'ouen-chang.
Ma Tch'ouen-chang, bachelier, compilateur de morceaux choisis d'essais, chap. XIII, XX, XXVIII, XXXIII, XXXIV, XXXV, XLII, LII, LIV. Voir : Ma Tsing.
Ma Tsing, chap. XVII, XXXVI, XXXVII. Voir : Ma Tch'ouen-chang.
Mao le Barbu, commerçant, propriétaire d'un mont-de-piété, chap. LII.
Mei Kieou, bachelier, chap. II, VII.
Miao Eul-sieou, général de brigade, chap. L, LI.
Mou Nai, brigand, puis soldat, puis sergent, chap. XXXVIII, XXXIX.
Ni Chouang-fong, bachelier, père de Ni T'ing-si et de Ni T'ing-tchou, chap. XXV.
Ni T'ing-si, acteur, fils de Ni Chouang-fong, fils adoptif de Pao Wen-k'ing, chap. XXV. Voir : Pao T'ing-si.
Ni T'ing-tchou, secrétaire privé d'un gouverneur provincial, frère aîné de Ni T'ing-si, chap. XXVII.
Nieou Pou-yi, poète, secrétaire privé du commissaire provincial de l'éducation Fan Tsin, chap. VII, X, XII, XVII, XX, LIV.
Nieou P'ou, chap. XXI, XXII, XXIII. Voir : Nieou P'ou-lang.
Nieou P'ou-lang, petit commerçant, se fait passer pour le poète Nieou Pou-yi, chap. XXI, XXIV.

Nieou Siang, commerçant, grand-père de Nieou P'ou-lang, chap. XXI.
Nieou Yao, le protégé du marchand de sel Wan Siue-tchai, chap. XXII, XXIII.
Nieou Yu-p'ou, voir : Nieou Yao.
Ning, prince révolté, chap. VIII.
P'an, chef de village, chap. XVI.
P'an le troisième, employé corrompu du commissaire provincial des finances, chap. XVII, XIX, XX.
P'an San, chap. XVIII. Voir : P'an le troisième.
P'an Tseu-ye, chap. XIX. Voir : P'an le troisième.
Pao T'ing-si, acteur, fils adoptif de Pao Wen-k'ing, fils de Ni Chouang-fong, chap. XXV, XXVII, XXVIII, XXXI, XXXII, XXXIII, XXXVII, XLII. Voir : Ni T'ing-si.
Pao Wen-k'ing, acteur, beau-père de Pao T'ing-si, chap. XXIV, XXV.
Pen-houei, bonzesse, chap. LIV.
Pie Tchouang-yen, chef des Miao, chap. XLIII.
P'in-niang, prostituée, chap. LIII, LIV. (La Charmante).
P'ing Tche, gardien de l'héritier du trône, chap. XXXIX.
P'ong, notable, chap. XLIV.
Pou Sin, oncle de Nieou P'ou, chap. XXI, XXII.
Pou Tch'eng, oncle de Nieou P'ou, chap. XXII.
Pou Tch'ong-li, commerçant, père de Pou Sin et de Pou Tch'eng, chap. XXI.
P'ou Mö-k'ing, poète, chap. XVII, XVIII.
Si, prostituée, chap. XLI, XLII.
Siao Chou-tseu, chap. XXXIV. Voir : Siao Po-ts'iuan.
Siao Hao, chap. XXXIX. Voir : Siao Hao-hiuan.
Siao Hao-hiuan, lieutenant, chap. XXXIV, XXXVIII.
Siao Kin-hiuan, compilateur de morceaux choisis d'essais, chap. XXVIII, XXIX, XXX, XXXIII, XXXV, XXXVII, XLII.
Siao Po-ts'iuan, bachelier, chap. XXXIV, XXXV, XLIV.
Siao Ting, chap. XXXVII. Voir : Siao Kin-hiuan.
Siao Ts'ai, chap. XXXIX. Voir : Siao Yun-sien.
Siao Yun-sien, lieutenant, fils de Siao Hao-hiuan, chap. XXXIX, XL, XLIV, XLVI.
Sie Mao-ts'in, précepteur, chap. XXVIII.
Sin, seconde femme de K'ouang Tch'ao-jen et nièce de Li Pen-ying, chap. XX.
Sin Tong-tche, poète, chap. XXVIII, XXIX, XXX, XXXVII.
Sin-yuan, nonne, chap. XIII.
Siu, géomancien, chap. IV, XXI.
Siu Ki, chap. XXXV. Voir : Siu Mou-hiuan.
Siu le deuxième, 2e fils du duc Siu, chap. XXII.
Siu le neuvième, 9e fils du duc Siu, chap. LII, LIII. Voir : Siu Yong.
Siu le troisième, 3e fils du duc Siu, chap. LIV.
Siu Mou-hiuan, gouverneur provincial, puis vice-ministre des rites, chap. XXXIV, XXXV.
Siu Yong, chap. LIII. Voir : Siu le neuvième.
Siue, notable, chap. XXIV, XXXIV.
Siun Mei, docteur ès lettres, élève de Tcheou Tsin, commissaire du sel, ami du père de Ki Wei-siao, chap. II, VII, XXII, XXVII, XXIX.
Song Jen, médecin, chap. XXII.
Song Wei-fou, marchand de sel, chap. XL, XLI.
Souei Ts'en-ngan, bachelier, compilateur d'anthologies d'essais, chap. XVIII, XXVIII.
Souen, notable, chap. XXVI.

Souen, capitaine chargé d'escorter l'argent de l'impôt, chap. XXXIV.
Sseu Teou-tseu, serviteur, chap. VI.
T'ang Che, neveu du sous-préfet T'ang Fong, chap. XLII.
T'ang Eul Bang-tchouei, licencié, camarade de Yu Houa-hiuan, frère aîné de T'ang San-t'an, chap. XLVI, XLVII.
T'ang Fong, sous-préfet, frère aîné de T'ang Tseou, chap. III, IV, V.
T'ang le sixième, cousin de T'ang Tseou, chap. XLII.
T'ang San-t'an, bachelier, chicaneur et escroc, chap. XLV, XLVII.
T'ang Tseou, général, frère cadet de T'ang Fong, père de T'ang Che et de T'ang Yeou, chap. XLIII, XLIV, XLV, XLVI.
T'ang Yeou, neveu du sous-préfet T'ang Fong, chap. XLII.
Tchai, satellite, serviteur dans une administration gouvernementale, chap. I.
Tchang Che-lou, voir : Tchang Tsing-tchai.
Tchang Che-tch'eng, rebelle, chap. I.
Tchang Kouo-tchong, commerçant, chap. XXV, XXVII.
Tchang T'ie-pi (Tchang-aux-bras-de-fer), chevalier errant et charlatan, chap. XII, XIII, XXXVII, LIV. Voir : Tchang Tsouen-min.
Tchang Tsing-tchai, licencié, ancien sous-préfet et notable, chap. III, IV, VI.
Tchang Tsouen-min, chap. XXXI, XXXII, XXXVII. Voir : Tchang T'ie-pi.
Tchang Yun-fong, géomancien, chap. XLV.
Tchao Cheng, satellite, chap. L, LI.
Tchao Kie, voir : Tchao Siue-tchai.
Tchao K'in, clerc, chap. LI.
Tchao Lao-eul, commerçant, frère de la concubine Tchao, chap. VI.
Tchao Lao-han, commerçant, chap. VI.
Tchao Lin-chou, beau-frère de Yu Tch'e, chap. XLV.
Tchao Siue-tchai, poète, médecin et ami de King Lan-kiang, chap. XVII, XVIII, LIV.
Tchao Ta, chef des bandits, puis moine, chap. XXXIV, XXXVIII.
Tche Kien-fong, chap. XVII, XVIII. Voir : Tche Ngo.
Tche Ngo, marchand chargé de saisir le sel de contrebande, poète, chap. XVII, XVIII.
Tch'e Heng-chan, précepteur de Lou Houa-che, chap. XXXIII, XXXIV, XXXV, XXXVI, XXXVII, XL, XLIV, XLVI, XLVIII, XLIX, LIII, LV.
Tch'e Kiun, voir : Tch'e Heng-chan.
Tch'en Hia-tseu, commerçant, neveu de Tch'en Tcheng-kong, chap. LII.
Tch'en Ho-fou, devin, prédit l'avenir d'après la recette surnaturelle de la baguette écrivant sur le sable, chap. VII, XII, LIV.
Tch'en le quatrième, cousin du neuvième fils du duc Siu, chap. LII, LIII. Voir : Tch'en Mou-nan.
Tch'en Li, chap. VII, X. Voir : Tch'en Ho-fou.
Tch'en Mou-nan, chap. LIII, LIV. Voir : Tch'en le quatrième.
Tch'en Ngan, médecin, chap. XXIV.
Tch'en Sseu-jouan, diseur de bonne aventure, puis moine, fils de Tch'en Ho-fou, chap. LIV.
Tch'en Tcheng-kong, commerçant et usurier, chap. LII.
Tch'en Yeou-leang, rebelle, chap. I.
Tcheng, satellite du gouverneur provincial, beau-père de K'ouang Tch'ao-jen, chap. XV, XIX.
Tcheng K'ouei-kouan, acteur, chap. XXX.
Tch'eng, courtier, chap. XLVI.
Tch'eng Ming-k'ing, marchand de sel et ancien patron de Wan Siue-tchai, chap. XXIII.
Tcheou K'ouei-hiuan, voir : Tcheou Tsin.

Tcheou Tsin, instituteur, docteur ès lettres, commissaire provincial de l'Éducation, vice-recteur, chap. II, III, VII.
Tchou-ko T'ien-chen, voir : Tchou-ko Yeou.
Tchou-ko Yeou, compilateur de morceaux choisis d'essais, chap. XXVIII, XXIX, XXXIII, XXXVII, XLII.
Tchou Sin, étudiant à l'Université Impériale, chap. XXXVI.
Tchouang Chang-tche, voir Tchouang Chao-kouang.
Tchouang Chao-kouang, lettré convoqué par l'Empereur, chap. XXXIII, XXXIV, XXXV, XXXVI, XXXVII, XXXVIII, XL, XLI, XLVI, XLVIII, LIV.
Tchouang Fei-hiong, fils de Tchouang Tchouo-kiang, chap. XLI, XLVI.
Tchouang Kie, voir : Tchouang Tchouo-kiang.
Tchouang Tcheng-kiun, voir : Tchouang Chao-kouang.
Tchouang Tchouo-kiang, commerçant, propriétaire d'un mont-de-piété, oncle de Tou Chao-k'ing et neveu de Tchouang Chao-kouang, chap. XLI, XLIV, XLVI, XLIX.
Teng Tche-fou, voir : Teng Yi.
Teng Yi, commerçant, bachelier, son père est l'ami de Wang Yu-houei, chap. XLVIII, XLIX.
T'eng, moine, chap. IV.
T'ien To, fonctionnaire local des Miao, chap. XLIII.
Ting Yen-tche, diseur de bonne aventure, chap. LIV.
Tong, propriétaire du logement de Tch'en Mou-nan, chap. LIV.
Tong Ying, licencié, sous-préfet, puis préfet, chap. XXII, XXIII.
Tou Chao-k'ing, bachelier, fils d'un préfet, cousin de Tou Chen-k'ing, chap. XXXI, XXXII, XXXIII, XXXIV, XXXV, XXXVI, XXXVII, XXXVIII, XL, XLI, XLIII, XLIV, XLV, XLVI, XLVIII. Voir : Tou Yi.
Tou Chen-k'ing, bachelier, petit-fils du ministre des Rites, cousin de Tou Chao-k'ing, chap. XXIX, XXX, XXXI, XLVI.
Tou Yi, voir : Tou Chao-k'ing.
Ts'ai-lien, servante de Mme Wang-la-mégère, chap. XXVI.
Ts'ai-p'ing, servante de Mlle Lou qui est fille d'un académicien, chap. X.
Tsang K'i, domestique de la famille T'ang, chap. XLIII. Voir : Tsang Sseu.
Tsang le troisième, chap. XXXI. Voir : Tsang T'ou.
Tsang Leao-tchai, bachelier, chap. XXXI, XXXII. Voir : Tsang T'ou.
Tsang Sseu (Tsang le quatrième), voir : Tsang K'i.
Tsang T'ou, ami de Tou Chao-k'ing, chap. XXXI, XXXII, XXXVII. Voir : Tsang le troisième.
Tseou Ki-fou, surveillant des tombeaux de la famille Leou, chap. IX, X, XI.
Tseou San, fils de Tseou Ki-fou, chap. IX.
Tseou T'ai-lai, joueur d'échecs, professeur de P'in-niang, chap. LIII.
Ts'i, commandant en chef, chap. XXI, XXII.
Tsin Tsio, serviteur de la famille Leou, chap. IX, XI.
Tsiang, fonctionnaire d'une chambre de justice, chap. XIX.
Ts'ien Ma-tseu, acteur, chap. XXIV, XXXIV.
Ts'in, secrétaire du Grand Secrétariat Impérial et parent de l'académicien Kao, chap. XLIX, L, LII.
Ts'in le deuxième, frère cadet du secrétaire Ts'in, chap. XLIX, LII.
Ts'in Siao-eul-han, berger, chap. I.
Tsong Ki, précepteur, chap. XXVIII, XXXVII.
Tsong Mou-ngan, voir : Tsong Ki.
Tsouei, commissaire provincial de justice, chap. XXIV.
Wan Li, bachelier, ami de l'académicien Kao, se fait passer pour un secrétaire du Grand Secrétariat Impérial, chap. XLIX, L, LI.
Wan Siue-tchai, marchand de sel, chap. XXII, XLIII.

Wang, fille de l'intendant principal de Hiang Ting, première femme de Pao T'ing-si, chap. xxv, xxvi.
Wang (Mme Wang, née Hou), mégère, deuxième femme de Pao T'ing-si, chap. xxvi, xxvii, xxxiii.
Wang Han-ts'o, marchand de sel, parent de Wan Siue-tchai, chap. xxiii, xliii.
Wang Houei, docteur ès lettres, préfet, puis rebelle, puis moine, père de Kouo Li, chap. ii, vii, viii, x, xviii.
Wang Jen, bachelier, beau-frère de Yen Ta-yu, chap. v.
Wang le Barbu, domestique de Tou Chao-k'ing, chap. xxxi, xxxii, xxxiii.
Wang le sixième, propriétaire d'une maison de jeu, chap. xix.
Wang Lieou-ko, frère de la concubine de Tou Chen-k'ing, chap. xxx.
Wang Mien, peintre, chap. i.
Wang San-p'ang, gérant d'un mont-de-piété, premier mari de Mme Wang née Hou, chap. xxvi.
Wang T'ai, vendeur d'allumettes en papier et joueur d'échecs à exercices d'encerclement, chap. lv.
Wang To, bachelier, beau-frère de Yen Ta-yu, chap. v.
Wang Yi-ngan, gérant d'une maison de prostitution, souteneur, chap. xxii, xli, xlii.
Wang Yu-houei, bachelier, chap. xlviii. Voir : Wang Yun.
Wang Yu-kiu, voir : Wang To.
Wang Yu-ts'ieou, commerçant, chap. xxv, xxvii.
Wang Yu-yi, chap. v. Voir : Wang Jen.
Wang Yun, chap. xlviii. Voir : Wang Yu-houei.
Wei, fonctionnaire du Bureau de la Voie publique, chap. xii.
Wei Hao-kou, bachelier, chap. iii, iv.
Wei le quatrième, frère juré du père de Tou Chao-k'ing, chap. xxxi, xxxii. Voir : Wei Tch'an et Wei Sseu-hiuan.
Wei Sou, haut fonctionnaire, chap. i.
Wei Sseu-hiuan, chap. xxxiii. Voir : Wei le quatrième.
Wei Tch'an, chap. xxxiii. Voir : Wei le quatrième.
Wei T'i-chan, licencié, compilateur d'anthologies d'essais, chap. xviii, xxviii.
Wou Chou, bachelier, étudiant à l'Université Impériale, chap. xxxvi, xxxvii, xxxviii, xl, xli. Voir : Wou Tcheng-tseu.
Wou Tcheng-tseu, chap. xxxvi, xliv, xlvi, xlix. Voir : Wou Chou.
Yang, tailleur, chap. xxxi.
Yang Lao-lieou, ivrogne, joueur, fils de Yang Tche-tchong, chap. xi.
Yang Tche-tchong, bachelier, gérant d'un magasin de sel, chap. ix, x, xi, xiii, xvii, liv.
Yao, vendeuse de fleurs, chap. xxxiii.
Yen Ta-wei, bachelier, chap. iv, v. Voir : Yen Tche-tchong.
Yen Ta-yu, étudiant à l'Université Impériale, frère cadet de Yen Ta-wei, chap. v. Voir : Yen Tche-ho.
Yen Tche-ho, voir : Yen Ta-yu.
Yen Tche-tchong, chap. v, xviii. Voir : Yen Ta-wei.
Yen Tchen-sien, chef du clan Yen, chap. vi.
Yeou Fou-lai, sous-préfet, chap. xxxviii, xxxix.
Yeou le Barbu, domestique de la famille T'ang, chap. xlii.
Yeou Tseu, collègue du docteur Yu, chap. xxxvi. Voir : Yeou Tseu-chen.
Yeou Tseu-chen, voir : Yeou Tseu.
Yin Tchao, étudiant à l'Université Impériale, chap. xxxvi.
Yu (Docteur Yu), professeur à l'Université Impériale, chap. xxxvi,

XXXVII, XXXVIII, XL, XLIV, XLVI, LIII, LIV, LV. Voir : Yu Yu-to et Yu Kouo-hing.
Yu Fou, géomancien, cousin de Yu To, chap. XLV.
Yu Ho-cheng, bel homme, chap. XXXIV. Voir : Yu K'ouei.
Yu Houa-hiuan, bachelier, cousin de Yu T'o, arrière-petit-fils d'un ministre, chap. XLVI, XLVII, XLVIII. Voir : Yu Leang.
Yu Kan-k'i, fils de Yu Yu-to, chap. XXXVI, XXXVII.
Yu K'ouei, chap. XXXIV, XXXVII. Voir : Yu Ho-cheng.
Yu Kouo-hing, chap. XXXVI, XL. Voir : Yu Yu-to et Docteur Yu.
Yu le deuxième, chap. XLV, XLVI. Voir : Yu Tch'e.
Yu le premier, chap. XLV, XLVI, XLVII, XLVIII. Voir : Yu T'o.
Yu Leang, cousin de Yu T'o, chap. XLV. Voir : Yu Houa-hiuan.
Yu Tch'e, bachelier, frère cadet de Yu T'o, chap. XLIV, XLV. Voir : Yu Yeou-tchong.
Yu T'o, bachelier, précepteur, cousin de Tou Chao-k'ing et frère aîné de Yu Tch'e, chap. XLIV. Voir : Yu Yeou-ta.
Yu Yeou-ta, chap. XLIV, XLVI. Voir : Yu T'o.
Yu Yeou-tchong, chap. XLIV. Voir : Yu Tch'e.
Yu Yin, géomancien, cousin de Yu T'o, chap. XLV.
Yu Yu-to, géomancien, docteur ès lettres, professeur à l'Université Impériale, chap. XXXVI. Voir : Yu Kouo-hing et Docteur Yu.
Yun Ts'ing-tch'ouan, lettré, chap. XXXVI.

BIBLIOGRAPHIE GÉNÉRALE

DES ŒUVRES DE WOU KING-TSEU

Joulin Waiche (Histoire non officielle de la forêt des lettrés).
- 1803. Édition de la chaumière des loisirs.
- 1816. Édition de la salle des arts antiques.
- 1869. Édition du studio de jade.
- 1869. Édition de Sou-tcheou.
- 1874. Édition du Bureau du journal Chen-pao.
- 1874. Édition de la salle Ts'i-cheng.
- 1881. Édition du journal Chen-pao.
- 1923. Édition de la Maison de l'Asie orientale.
- 1957. Maison d'Édition des Auteurs.
- 1958. Maison d'Édition de la Littérature populaire (le traducteur a utilisé cette édition).

Wen-Mou Chan-Fang-Tsi (Recueil des 182 poèmes de la Maison montagnarde de Wen-mou), Changhai, Maison d'édition de la Littérature classique, 1957, 158 p.

Che-Chouo (Traité sur le Livre de la poésie) (7 volumes, perdus).

Wou King-Tseu Tsi-Wai-Che (Poèmes de Wou King-tseu ne faisant pas partie du *Wenmou chanfangtsi*), compilé par Fan Ning, Pékin, 1958, 69 p.

TRADUCTIONS EN FRANÇAIS ET EN ANGLAIS DU JOU-LIN WAI-CHE

Ho Shih-chun : *Jou Lin Wai Che*, par Wu Ching-tzu; le Roman des Lettrés; étude sur un roman satirique chinois, Paris, 1933, 207 p.

Hsu Chen-ping : Four Eccentrics : the epilogue to Ju Lin Wai Shih; *T'ien-hsia Monthly*, *11* (1940) pp. 178-192.

Hsu Sung-nien : Histoire particulière de la Forêt des lettrés. *Anthologie de la Littérature chinoise*, Paris, 1933, pp. 282-293.

Yang Hsien-yi and Gladys Yang : *The Scholars*. Foreign Languages Press, Peking, 1957, 722 p.

En français et en anglais

Jacques Gernet : Le Rulin waishi; *Le Monde chinois*, Paris, 1972, p. 443.
Ho Chifang : Wu Ching-tzu's « Scholars », People's China, 1955, 111, pp. 17-20, 25.
Ho Shih-chun : *Jou Lin Wai Che*, par Wu Ching-tzu, Paris, 1933, 207 p.
A. W. Hummel : *Eminent Chinese of the Ch'ing Period (1644-1912)*. United States Government Office, Washington, 1943, reprinted by Ch'eng Wen Publishing Company, Taipei, 1972, pp. 866-867.
Max Kaltenmark : Le roman, Littérature chinoise, *Histoire des Littératures 1*, Encyclopédie de la Pléiade, Paris, pp. 1272-1273.
O. Kaltenmark-Ghéquier : Jou Lin Wai Che, *La Littérature chinoise*, Paris, 1948, p. 113.
Lu Hsun : Novels of Social Satire in the Ching Dynasty. *A Brief History of Chinese Fiction*, Peking, 1959, pp. 288-297.
Ou Itai : Le Joulin Waiche, *Le Roman chinois*, Paris, 1933, pp. 113-118.
Wu Tsu-hsiang : The Realism of Wu Ching-tzu, *Chinese Literature, IV*, 1954, pp. 155-165.

En chinois

Académie des Sciences de Chine : Wou King-tseu. *Histoire de la Littérature chinoise*, Pékin, 1962, pp. 1085-1098.
Che Tchen : La Vie sommaire de Wou King-tseu. *Renouveau Populaire **. *Journal du Soir **, 10 décembre 1954.
Comité de Rédaction de la Librairie du Nouveau Continent : Recherches sur le Jou-lin Wai-che, *Jou-lin Wai-che*. Taipei, 1962, pp. 1-5.
Comité de Rédaction de la Maison d'Édition des Auteurs : *Recueil de dissertations sur les Recherches du Jou-lin wai-che*. Pékin, 1955, 148 p.
L'Auteur du Jou-lin wai-che. *Jou-lin Wai-che*. Pékin, 1957, pp. 5-7.
Éditions de Jou-lin wai-che. *Jou-lin wai-che*. Pékin, 1957, pp. 1-4.
Direction de l'Enseignement supérieur : Wou King-tseu. *Projet de l'Enseignement supérieur sur l'Histoire de la Littérature chinoise*. Pékin, 1957, pp. 193-195.
Fan Yen-k'iao : Jou-lin wai-che. Histoire du roman chinois. Soutcheou, 1927, pp. 197-200.
Fong Tche : Traité sur le Jou-lin wai-che. *Journal littéraire. Nos 23-24*, 1954 et dans *Recherches sur la Littérature classique*, Tome I, pp. 100-112, Changhai 1955.
Traité Sommaire sur Wou King-tseu et son Jou-lin wai-che. *Recherches sur la Littérature classique, Tome I*, Changhai, 1955, pp. 113-121.
Fou K'ouei : Pourquoi Wou King-tseu s'oppose-t-il aux « essais en huit parties » ? *Introduction des Ouvrages littéraires **. *N° 12*, 1954.
Remarques sur le Jou-lin wai-che. *Nouvel Observateur **, *N° 21*, 1954.
Ho Kia-houai : Wou King-tseu et son Joulin waiche. *La Jeunesse chinoise **. *N° 24*, 1954.
Calomnies de Hou Che sur Wou King-tseu et le Joulin waiche.

Recueil de dissertations sur les recherches du Roman des Ming et des Ts'ing. Pékin, 1959, pp. 332-340.
Ho Man-tseu : *Traité sur le Joulin waiche*. Changhai, 1957, 94 p.
Ho Tso-han : *Études critiques sur les personnages du Joulin waiche*. Changhai, 1957, 212 p.
Hou Che : Biographie de Wou King-tseu. *Œuvres de Hou Che, vol. 4*. Changhai, 1923, pp. 225-235.
La Chronique de Wou King-tseu. *Hebdomadaire L'Effort* *. *N°s 31-47*, 1922.
Hou Houai-tch'en : Roman des Ts'ing. *Histoire sommaire de la Littérature chinoise*. Hong Kong, 1957, p. 143.
Joulin waiche. *Recherches sur le roman chinois*, Changhai, 1929, p. 142.
Hou Nien-yi : Wou King-tseu et son époque. *Journal « Clarté »* *, 12 décembre 1954.
Hou Yun-yi : Joulin waiche. *Histoire de la Littérature chinoise*. Taipei, 1966, p. 204.
Houang Li : Mademoiselle Wang la troisième et Chen K'iong-tche. *Introduction aux Ouvrages littéraires* *. *N° 12*, 1954.
Jen An : Le Grand Romancier satirique : Wou King-tseu. *Les Grands Romanciers chinois à travers les âges*. Hong Kong, 1963, pp. 50-59.
Ko Hien-ning : Joulin waiche. *Histoire du roman chinois*. Taipei, 1956, pp. 163-166.
K'ong Ling-king : Joulin waiche. *Matériaux historiques sur le roman chinois*. Pékin, 1962, pp. 172-181.
Wou Che-jong : Joulin waiche. *Précis de la Littérature chinoise*. Taipei, 1963, p. 114.
Kouo Tchen-yi : Joulin waiche. *Histoire du roman chinois*. Hong Kong, 1961, pp. 451-454.
Li Houei-ying : Roman satirique de l'époque des Ts'ing. *Histoire du roman chinois*. Hong Kong, 1970, pp. 233-238.
Li Siun : Joulin waiche. *Histoire des Ming et des Ts'ing*. Pékin, 1957, pp. 237-238.
Librairie chinoise : L'Idéologie et l'Art du Joulin waiche. *Matériaux à consulter sur la Littérature classique chinoise*. Hong Kong, 1958, pp. 147-179.
Lieou Hiao-t'ouei : La deuxième incarnation de Wou King-tseu dans le Joulin waiche. *Journal central*, Taipei, le 23 juin 1968.
Lieou Ta-kie : Le Joulin waiche et la littérature satirique. *Journal « Clarté »* *, le 1er août 1954.
Wou King-tseu et le Joulin waiche. *Histoire du développement de la Littérature chinoise*. Hong Kong, 1970, pp. 324-335.
Lieou Ts'ouen-jen : Le Célèbre Roman satirique : Joulin waiche. *Histoire de la Littérature chinoise*, Hong Kong, 1958, pp. 251-252.
Lou K'an-jou : Traité sur Wou King-tseu et son Joulin waiche. *Revue littéraire, historique et philosophique* *. *N° 5*, 1954.
Lou K'an-jou et Fong Yuan-kiun : Wou King-tseu. *Précis de l'histoire de la Littérature chinoise*. Changhai, 1947, pp. 172-173.
Lou Siun : Roman satirique. *Évolution historique du roman chinois*. Hong Kong, 1958, pp. 38-39.
Joulin waiche. *Recueil de critiques anciennes sur le roman chinois*. Hong Kong, 1967, pp. 104-105.
Lü Tcheng-yu : *Joulin waiche*. *Histoire générale chinoise*. Pékin, 1955, vol. 2, p. 960.
Ma Mao-yuan : Le réalisme du *Joulin waiche*. *Littérature du Sud-ouest* *,

octobre, 1954 et dans *Recueil de recherches sur le roman des Ming et des Ts'ing*. Pékin, 1959, pp. 264-275.
Mao Touen : Allocution d'ouverture de la réunion en mémoire du 200e anniversaire de la mort de Wou King-tseu.
Journal « Clarté » *, le 12 décembre 1954.
Mong Fei : Deux sortes de lettrés dans le *Joulin Waiche. Revue littéraire, historique et philosophique* *. *N° 5*, 1954.
Les masques des lettrés dans le *Joulin waiche. Nouvel observateur* *. *N° 21*, 1954.
Mong Tcheou : Critique sur l'idéologie et l'art du *Joulin waiche. Recueil de recherches sur le roman des Ming et des Ts'ing*. Pékin, 1959, pp. 322-331.
Mong Yao : *Joulin waiche. Histoire du roman chinois*. Taipei, 1966, pp. 488-509.
P'an Hiu-lan : Critiques sur la valeur idéologique du *Joulin waiche. Recueil de recherches sur le roman des Ming et des Ts'ing*. Pékin, 1959, pp. 308-321.
Section d'Études chinoises de l'Université de Pékin : *Joulin waiche. Histoire de la littérature chinoise. Vol. 4*. Pékin, 1959, pp. 138-153.
Joulin waiche. Histoire sommaire du développement de la Littérature chinoise. Pékin, 1962, pp. 400-411.
Siu Tchong-yu : L'Art linguistique du *Joulin waiche*.
Études linguistiques *. *N° 6*, 1954.
Song Yun-pin : Roman satirique : *Joulin waiche*.
Journal de la Libération *, le 14 février 1954.
Sou Hong-tch'ang : La conception du monde et la méthode créatrice de Wou King-tseu.
Rocher rouge *. Nov. et déc. 1965 et dans *Recueil de recherches sur le roman des Ming et des Ts'ing*. Pékin, 1959, pp. 276-307.
Souei Chou-chen : *Joulin waiche*.
Traité sur la Littérature chinoise (traduit du japonais). Taipei, 1954, p. 148.
T'an Tcheng-pi : *Joulin waiche*.
Aperçu de l'histoire de la Littérature chinoise. Changhai, 1947, pp. 109-110.
Tchang Houei-kien : Le *Joulin waiche* et son auteur.
Journal « Clarté » *, le 8 août 1954.
Étude critique sur les relations sociales de Wou King-tseu.
Journal « Clarté » * le 31 octobre 1954 et dans *Recueil de Recherches sur le Roman des Ming et des Ts'ing*, Pékin, 1959, pp. 350-365.
Qu'est-ce que le *Joulin waiche* a démontré ?
Journal de Pékin, le 11 décembre 1954.
Introduction au Joulin waiche.
Joulin waiche. Pékin, 1958, pp. 1-14.
Tchang Ta-k'i : Les éditions et le nombre de chapitres du *Joulin waiche*.
Introduction aux ouvrages littéraires *, *N° 142*, 1954.
Tchang Tch'ang-kong : *Joulin waiche*.
Nouvelle histoire de la Littérature chinoise, Taipei, 1960, pp. 237-238.
Tchao King-chen : Wou King-tseu.
Histoire sommaire de la Littérature chinoise. Hong Kong, 1966, pp. 122-123.
Tch'en Jou-heng : Les séjours de Wou King-tseu à Yang-tcheou et leur influence sur le *Joulin waiche*.
Supplément au patrimoine littéraire. Vol. 8. Pékin, 1961.

Tch'en Tou-sieou : Nouvelle préface pour le *Joulin waiche.*
Joulin waiche. Changhai, 1923.
Tch'en Yeou-k'in : Deux remarques sur le *Joulin waiche.*
Journal « Clarté » *, le 12 décembre 1954.
Tcheou Tsou-tchouan et Tch'en Tsin-tchong : *Joulin waiche. Histoire de la Littérature chinoise.* Université de Cha-men, 1965, pp. 309-315.
Teng Tche-tch'eng : *Joulin waiche. Histoire chinoise de deux mille années. Vol. 5.* Hong Kong, pp. 583-584.
Ting Tche-kien : Le grand romancier satirique : Wou King-tseu. *Les Dix Grands Romanciers chinois.* Taipei, 1967, pp. 46-54.
Ts'ao Tao-heng : Le *Joulin waiche* et le système des examens à la fin des Ming et au début des Ts'ing.
Journal « Clarté » *, le 19 décembre 1954.
Tsiang Jouei-tsao : *Joulin waiche.*
Études critiques sur le roman. Changhai, 1957, pp. 176-178 et 561-562.
Tsien Po-tsan : Explications sur les examens et les titres des fonctionnaires dans le *Joulin waiche.*
Études littéraires *. *N° 8*, 1956, et dans *Problèmes historiques.* Pékin, 1962, pp. 253-275.
Ts'ien Hiuan-t'ong : Nouvelle préface sur le *Joulin waiche.*
Joulin Waiche, Changhai, 1923.
Université de Fou-tan : Roman satirique : le *Joulin waiche.*
Histoire de la Littérature chinoise, vol. 3, Changhai, 1959, pp. 259-275.
Université de Pékin : *Joulin waiche.*
Brouillon de l'histoire du roman chinois. Pékin, 1960, pp. 371-403.
Wang Che-tchao : Wou King-tseu, penseur révolutionnaire du début des Ts'ing.
Tribune de l'Indépendance *. *Vol. 3. N° 6*, août 1952, pp. 13-14.
Wang Wei-lin : Quelques matériaux sur la vie de Wou King-tseu. *Supplément au patrimoine littéraire*, vol. 11, Pékin, 1962.
Wen Tsi : Le *Joulin waiche* et la littérature satirique.
Le Roman chinois classique. Hong Kong, 1960, pp. 151-174.
Wou Chouang-yi : Wou King-tseu et le *Joulin waiche.*
Roman des Ming et des Ts'ing. Hong Kong, 1958, pp. 66-76.
Wou Fou : Sur la langue du *Joulin waiche.*
Introduction aux ouvrages littéraires *. *N° 12*, 1954.
Wou King-hien : Wou King-tseu et sa conception de la société. *Tendances scientifiques* *. *Vol. 3. N° 2*, mars 1933.
Wou Siao-jou : Wou King-tseu et son *Joulin waiche.*
Nouvelle Construction *, août 1954, et dans *Roman chinois.* Changhai, 1955, pp. 71-105.
Wou T'ong-pao : Wou King-tseu et son *Joulin waiche.*
Nouvelle Construction, août 1954.
Wou Tsou-siang : L'idéologie et l'art du *Joulin waiche.*
Littérature populaire *, *N° 8*, 1954.
Yang Yin-chen : *Joulin waiche.*
Précis de l'histoire de la Littérature chinoise. Hong Kong, 1958, pp. 472-473.
Yao Siue-yin : Traité sur la valeur idéologique du *Joulin waiche.*
Littérature de Tch'ang-kiang *. Avril 1954.
Yeou Kouo-en : Sur le *Joulin waiche.*
Réveil (Supplément littéraire du Journal Républicain) *, 18 janv.-4 mars 1924.
Yeou Kouo-en et autres : *Joulin waiche.*
Histoire de la Littérature chinoise, Pékin, 1964. pp. 1095-1106.

Yen Touen-yi : Trois remarques sur le *Joulin waiche.*
Introduction aux ouvrages littéraires *, *N° 12*, 1954.
Yi Kiun-tso : *Joulin waiche.*
Histoire de la Littérature chinoise, Taipei, 1969, p. 433.
Yong Chou : Le fond historique du *Joulin waiche.*
Contre-attaque. N° 183, pp. 16-18, Taipei, 1957.

* Cité par la Bibliothèque de l'Université de Lan-tcheou : Index des matériaux littéraires, première partie (1949-1954), Maison d'Édition populaire de Kan-sou, Lan-tcheou, 1957, pp. 59-60.

TOME I

INTRODUCTION VII

CHAPITRE PREMIER

En racontant ce prologue, je montre la voie correcte à suivre, en racontant la vie d'un homme illustre, mon but est de donner la morale du roman. 1

CHAPITRE II

Le licencié Wang rencontre un camarade de promotion dans une école de village. Dans sa vieillesse, l'instituteur Tcheou est reçu premier à l'examen. 18

CHAPITRE III

Le commissaire provincial d'éducation Tcheou fait passer les examens et choisit le vrai talent.
Le boucher Hou, par sa conduite méchante, trouble l'annonce des candidats victorieux. 32

CHAPITRE IV

En célébrant des rites bouddhiques, un bonze est impliqué dans un procès.
En « battant le vent d'automne » un notable subit un malheur imprévu. 51

CHAPITRE V

Les bacheliers Wang discutent de la façon de légitimer une concubine.
Yeu, étudiant de l'Université, meurt de maladie à son domicile. 66

CHAPITRE VI

Un notable-lettré faisant semblant d'être malade s'irrite contre des bateliers.
Une veuve affligée par une injustice porte plainte contre son beau-frère. 83

CHAPITRE VII

Le commissaire d'éducation provincial Fan fait passer l'examen et rend grâce à son maître.
Le secrétaire Wang qui travaille au ministère des Travaux publics resserre des relations d'amitié. 98

CHAPITRE VIII

L'intendant de circuit Wang retrouve une connaissance aux abois.
Dans leur pays natal, les frères Leou, fils du Premier ministre, rencontrent un ami pauvre. 114

CHAPITRE IX

Les frères Leou, de leur propre argent, payent la dette de leur ami.
Le commandant Lieou, prenant un faux nom, frappe des bateliers. 129

CHAPITRE X

L'académicien Lou qui aime les lettrés de talent se choisit un gendre.
Le petit-fils de K'iu devient le « mari-gendre » d'une riche famille. 143

CHAPITRE XI

La jeune mariée Lou, fille d'académicien, met son nouvel époux dans l'embarras en lui faisant subir les épreuves littéraires du programme officiel.
Le Sseu-hiun (instructeur de l'école sous-préfectorale) Yang présente à la maison du Premier ministre un homme sage. 159

CHAPITRE XII

Des lettrés célèbres donnent un grand festin sur le lac Ying-teou.
Un chevalier errant trompe ses amis à propos d'une tête humaine. 174

CHAPITRE XIII

K'iu Sin-fou cherche un homme de valeur pour lui demander conseil au sujet des examens.
Ma Tch'ouen-Chang (Ma Tsing) met son argent au service d'un ami par idéalisme. 188

CHAPITRE XIV

Le jeune K'iu prend congé d'un bon ami dans une librairie.
Le bachelier Ma rencontre un immortel dans une grotte de montagne. 203

CHAPITRE XV

Le bachelier Ma conduit à sa tombe un immortel.
Le T'ong-cheng *(candidat au baccalauréat) K'ouang accomplit ses devoirs de piété filiale.* 217

CHAPITRE XVI

Dans le village du Grand Saule, un fils pieux remplit ses devoirs envers ses parents.

Un bon sous-préfet de la sous-préfecture Lö-ts'ing du Tchö-kiang encourage un lettré. 232

CHAPITRE XVII

Le bachelier K'ouang revient dans un pays déjà connu.
Le médecin Tchao occupe un rang élevé sur la scène poétique. 246

CHAPITRE XVIII

Des lettrés célèbres amènent K'ouang Eul (K'ouang le deuxième, K'ouang Tch'ao-jen) à une réunion poétique.
Dans une librairie, K'ouang Tch'ao-jen rencontre P'an San (P'an le troisième) qui venait le voir. 261

CHAPITRE XIX

K'ouang Tch'ao-jen a le bonheur de rencontrer un bon ami.
P'an Tseu-ye a des mésaventures. 275

CHAPITRE XX

K'ouang Tch'ao-jen (K'ouang le Surhomme) se met joyeusement en route pour Tch'ang-ngan.
Nieou Pou-yi (Nieou habit de toile, Nieou le roturier) meurt en voyage à Wou-hou (lac Abandonné). 289

CHAPITRE XXI

Un jeune homme ambitieux se fait passer pour un autre afin de se faire un nom.
Un vieillard songe à son parent défunt et tombe malade. 303

CHAPITRE XXII

En adoptant un petit-neveu, Nieou Yu-p'ou reconnaît une personne du même nom de famille que le sien comme une parente par le sang.
Parce qu'il aime avoir des relations d'amitié, Wan Siue-tchai retient ses hôtes. 316

CHAPITRE XXIII

Un poète qui révèle un secret reçoit une raclée.
Une veuve qui déplore une vieillesse solitaire part à la recherche de son défunt mari. 332

CHAPITRE XXIV

Nieou P'ou-lang (Nieou P'ou) est impliqué dans de nombreux procès.
Pao Wen-k'ing reprend son ancienne carrière. 347

CHAPITRE XXV

Pao Wen-k'ing rencontre un vieil ami à Nankin.
Ni T'ing-si (Pao T'ing-si) se marie à Ngan-k'ing. 362

CHAPITRE XXVI

Après être avancé en grade, le Kouan-tch'a *(intendant de circuit comprenant plusieurs préfectures) Hiang pleure la mort d'un ami. Après la mort de son père, Pao T'ing-si se remarie.* 376

CHAPITRE XXVII

Madame Wang se brouille avec son mari.
Ni T'ing-tchou (Ni, la Perle impériale) rencontre son frère. 390

TOME II

CHAPITRE XXVIII

Ki Wei-siao devient « gendre adopté » à Yang-tcheou.
Sia Kin-hiuan compile un recueil de morceaux choisis à Po-hia. 403

CHAPITRE XXIX

Tchou-ko Yeou rencontre un ami dans une bonzerie.
Tou Chen-k'ing prend une concubine à Kiang-kiun (Nankin). 418

CHAPITRE XXX

Aimant la beauté masculine, un lettré se rend au temple taoïste de la Joie Divine pour y rencontrer un ami.
Pour se montrer galant, il tient une réunion magnifique au lac Sans Tristesse. 433

CHAPITRE XXXI

Des personnages rendent visite à un héros dans la sous-préfecture de T'ien-tch'ang du Ngan-houei.
Des amis insignes s'enivrent dans le pavillon où sont conservés les livres donnés par l'empereur. 448

CHAPITRE XXXII

Où l'on parle des actions généreuses de Tou Chao-k'ing, et des dernières recommandations de Leou Houan-wen (Leou la Culture Splendide) 464

CHAPITRE XXXIII

Tou Chao-k'ing et son épouse font une excursion sur les collines.
Tch'e Heng-chan et ses amis discutent sur les rites 477

CHAPITRE XXXIV

Pour parler des rites et de la musique, des lettrés illustres rendent visite à un ami.
Avec des présents d'invitation, l'empereur convoque un sage. 491

CHAPITRE XXXV

Le Fils du Ciel cherche un sage pour lui demander les principes du gouvernement.
Tchouang (Chao-kouang), convoqué par l'empereur, refuse les dignités offertes et s'en retourne chez lui. 508

CHAPITRE XXXVI

Un vrai lettré confucéen naît dans la sous-préfecture Tch'ang-chou (du Kiang-sou).
Un sage célèbre préside un sacrifice au temple de T'ai-po. 522

CHAPITRE XXXVII

En offrant des sacrifices à un sage, des lettrés rétablissent les rites à Nankin.
Des frais de voyage sont donnés à un fils pieux qui part pour le Sseu-tch'ouan occidental à la recherche de son père. 537

CHAPITRE XXXVIII

Le fils pieux Kouo rencontre des tigres en pleine montagne.
Un moine du monastère de la Rosée Douce rencontre un ennemi dans la brousse. 553

CHAPITRE XXXIX

Siao Yun-sien sauve la vie d'un homme sur la colline de la Lune Brillante.
Le Second Gardien de l'héritier au trône, P'ing, remporte une victoire dans la ville de l'Érable-Vert au Sseu-tch'ouan occidental. 566

CHAPITRE XL

Siao Yun-sien admire la neige dans la montagne de Kouang-wou.
Chen K'iong-tche vend ses poèmes au pont de Li-chö. 578

CHAPITRE XLI

Tchouang Tchouo-kiang parle des anciens temps avec un ami au bord de la rivière Ts'in-houai.
Chen K'iong-tche est arrêtée et transférée à la sous-préfecture de Kiang-tou. 593

CHAPITRE XLII

Des jeunes seigneurs parlent des examens officiels dans une maison de prostitution.
Un domestique rapporte des nouvelles de la région des Miao. 608

CHAPITRE XLIII

Un général livre une grande bataille à Ye-yang-t'ang.
Un chef de tribu attaque par surprise le camp adverse au terrain des chants et des danses. 622

CHAPITRE XLIV

Le général T'ang, après sa victoire, retourne dans son pays natal. Le bachelier Yu, pendant un festin, se renseigne sur les enterrements. 636

CHAPITRE XLV

Par amour fraternel, le frère cadet supporte un blâme pour éviter une condamnation à son frère aîné. Un fils retourne chez lui pour enterrer sa mère et se renseigne auprès des géomanciens. 649

CHAPITRE XLVI

A la porte des Trois Montagnes des sages se réunissent en un banquet d'adieu. Les habitants de la sous-préfecture des Cinq Rivières s'empressent auprès des riches et des puissants. 664

CHAPITRE XLVII

Le bachelier Yu répare le Pavillon Yuan-wou. Le marchand de sel Fang fait du scandale dans le temple des Femmes Vertueuses. 678

CHAPITRE XLVIII

Une veuve vertueuse de la préfecture de Houei-tcheou se donne la mort pour suivre son mari dans la tombe. Plus tard, un lettré évoque avec mélancolie le passé dans le temple de T'ai-po. 692

CHAPITRE XLIX

Un académicien de la Forêt des Pinceaux parle hautement de « la liste des dragons et des tigres ». Un imposteur se fait passer pour un secrétaire dans l'Étang des Phénix. 705

CHAPITRE L

Un faux fonctionnaire est conduit, à sa honte, à travers les rues. Un homme chevaleresque fait acheter pour son ami un titre honorifique. 718

CHAPITRE LI

Une jeune femme séduit un marchand et le dupe. Un homme brave endure la torture de son plein gré. 729

CHAPITRE LII

Un fils de ministre est blessé dans une compétition athlétique. Un brave démolit une salle pour recouvrer une dette. 739

CHAPITRE LIII

Dans le palais d'un prince apanagé, un convive est retenu par une nuit de neige.
Dans le pavillon du Bon Accueil aux Visiteurs, une rêveuse se réveille en sursaut à la lueur d'un lumignon. 752

CHAPITRE LIV

Une belle femme malade se fait dire la bonne aventure dans une maison de prostitution.
Un grand lettré très sot offre ses poèmes à une courtisane dans un bordel. 765

CHAPITRE LV

Quatre nouveaux personnages sont introduits pour évoquer le passé et penser à l'avenir.
On joue le morceau de musique « Montagne haute et eau courante » pour terminer l'histoire. 782

LISTE DES PRINCIPAUX PERSONNAGES 795

BIBLIOGRAPHIE GÉNÉRALE 803

Ouvrage reproduit
par procédé photomécanique.
Impression S.E.P.C.
à Saint-Amand (Cher), le 25 septembre 1986.
Dépôt légal : septembre 1986.
Numéro d'imprimeur : 1531.
ISBN 2-07-070747-4. / Imprimé en France.

38930